Wilhelm von Sternburg

Lion Feuchtwanger

Ein deutsches Schriftstellerleben

Athenäum
1984

Die Abbildungen 1–15 stammen aus dem Archiv von Marta Feuchtwanger, die die Fotos freundlicherweise zur Verfügung stellte.

Lektorat: Horst Linder

CIP-Kurztitelaufnahme der Deutschen Bibliothek

Sternburg, Wilhelm von:
Lion Feuchtwanger : e. dt. Schriftstellerleben /
Wilhelm von Sternburg. – Königstein/Ts. : Athenäum, 1984.
ISBN 3-7610-8350-5

Umschlaggestaltung: Werner Rebhuhn, Hamburg
Satz: Computersatz Bonn GmbH, Bonn
Druck und Bindung: Bercker, Graphischer Betrieb GmbH, Kevelaer
Printed in West-Germany

ISBN 3-7610-8350-5

Inhalt

Vorwort

Im Januar 1982 blätterte ich im Jerusalemer King-David-Hotel am Zeitungsstand das Taschenbuchangebot durch und fand eine deutsche Übersetzung des *Jüdischen Krieges* von Flavius Josephus. Es war ein herrlicher Abend, von meinem Fenster aus blickte ich auf den in der Abendsonne liegenden Tempelberg und las dann über die tragischen Geschehnisse, die sich hier im Jahre 70 n. Chr. zugetragen hatten. Wieder in Deutschland, stieß ich in einer Buchhandlung – mehr oder weniger zufällig – auf Feuchtwangers gleichnamigen Roman. Er beeindruckte mich tief; in den nächsten Wochen las ich alles, was ich von diesem mir weitgehend unbekannten Autor finden konnte. Zu meiner Überraschung aber gab es zu diesem Zeitpunkt kein einziges Buch auf dem westdeutschen Markt, aus dem ich etwas über das Leben und das Werk dieses Schriftstellers, dessen Romane mich so fesselten, erfahren konnte. Lion Feuchtwanger war in seinem Heimatland-West ein vergessener und, wie ich bald feststellte, ein verdrängter Schriftsteller. Wie bei so manchem, der in den finstersten Jahren unserer Geschichte Deutschland verlassen mußte, schwiegen sich Wisssenschaft und Kritik bis auf wenige Ausnahmen über sein einst auch bei uns so viel gelesenes Werk aus. Ich fand dann zwei Aufsätze, die recht hochmütig und pauschal über Werk und Mensch hinweggingen. Ich ärgerte mich. Auch deswegen ist dieses Buch geschrieben worden.

Lion Feuchtwangers Leben und seine Bücher sind ohne die politischen Ereignisse seiner Zeit nicht begreifbar. Deshalb nehmen sie in dieser Beschreibung eines deutschen Schriftstellerlebens einen verhältnismäßig breiten Raum ein. Dabei blieb mir bewußt, daß die oft knappen Einblicke nur Skizzen sein können.

Wer ein Buch wie dieses schreibt, verdankt zahllosen anderen wichtige Einsichten, Anregungen und Deutungen. Das gilt auch für die verschiedenen Essays, Dissertationen oder Monographien, die zum Thema Feuchtwanger erschienen sind und aus denen ich viel gelernt habe. Ohne all diese Arbeiten wäre dies Buch nicht zustandegekommen. Auch nicht ohne die Unterstützung und Hilfe von Marta Feuchtwanger und Lola Humm-Sernau.

Zugeeignet ist es Inga, der Gefährtin der letzten 25 Jahre, ohne deren Zuneigung und Klugheit die Dummheit der Welt den Verfasser längst überwältigt hätte.

Wiesbaden, im Mai 1984 — Wilhelm von Sternburg

Anfänge

Zeitläufe

Der Schriftsteller Lion Feuchtwanger wurde am 7. Juli 1884 in München geboren. 13 Jahre vorher hatte der preußische Ministerpräsident Otto von Bismarck wieder einmal einen seiner nervösen Weinkrämpfe zu überstehen gehabt. Folge eines tage- und nächtelangen Ringens mit seinem greisen König, der in der aufgedrängten Kaiserwürde sehr hellsichtig mehr Abschied als Erhöhung empfand. Aber aller Widerstand half nicht: Das Reich, wenn auch nur „kleindeutsch", war in drei Kriegen zusammengezwungen worden.

Als der staatenlose Jude Lion Feuchtwanger am 21. Dezember 1958 in Los Angeles starb, waren ebenfalls 13 Jahre vergangen, seit im Berliner Führerbunker eine politische Karriere mit einem Revolverschuß jämmerlich abgebrochen wurde. Dem Tod des Massenmörders folgte das endgültige Ende des 74 Jahre vorher von Bismarck gegründeten Reiches.

Dazwischen lagen die Erfindung des Autos und des Flugzeugs, die Entdeckung der Kernspaltung, der Bau und Abwurf der ersten Atombombe. Sigmund Freud formulierte seine bahnbrechende Lehre vom Unbewußten, Albert Einstein schuf ein neues Bewußtsein von der Wirkung der Naturgesetze. In Rußland machte Lenin Revolution, in Italien etablierte Mussolini den Faschismus. Hitler löste diese italienische Oper durch die Aufführung einer furchtbaren germanischen Götterdämmerung ab, deren Dramaturgie selbst einem politischen Wahndenker wie Richard Wagner nicht eingefallen wäre.

Dazwischen lagen zwei Weltkriege, die Europa aus dem Zentrum der Völkergeschichte herauskatapultierten und die Karl Marx postum einen – wenn auch zweifelhaften – politischen Teilerfolg bescherten.

In den Schützengräben von Verdun und den Straßen von Stalingrad wurde einer der letzten geistesgeschichtlichen Beiträge des Abendlandes, die Aufklärung, zu Grabe getragen.

In den Gaskammern von Auschwitz und Treblinka mündete jahrhundertelang geschürter Haß in eine Vernichtungsorgie. Der Antisemitismus, gepredigt von Martin Luther und Richard Wagner, oder – wenn auch in anderen Tönen – von Heinrich von Treitschke und Wilhelm II., fand in Hitler und Himmler, in Streicher und Eichmann seine Vollstrecker.

Ein Jahrhundert zuvor war der Kapitalismus wie eine „Sturmflut" über die Deutschen hereingebrochen. Mit einiger Verspätung zwar, aber dafür umso heftiger. Innerhalb von 60 Jahren veränderte er die Welt an Rhein und Ruhr, in Berlin und München. Während viele wilhelminische Untertanen noch im Denken des Postkutschenzeitalters verharrten, preußische Landjunker und bayrische Einjährige immer noch glaubten, die längst verlorene Vergangenheit sei mit einer forschen Kavallerie-Attacke zurückzuholen, bedienten die Herren der Zukunft bereits die Hebel der Macht.

Auch sie trugen Monokel und Uniformen – oder schlichtes Zivil. Sie rissen Kasinowitze oder gingen auf die Pirsch, wie die, deren Lebensstil sie nun nachäfften. In ihren Kontoren aber rechneten sie nüchtern Soll und Haben auseinander. Sie beherrschten die doppelte Buchführung, spekulierten mit Millionenbeträgen an der Börse und scheuten kein geschäftliches Risiko. Sie gründeten Banken und eröffneten Warenhäuser. Sie schufen rasend wachsende Industrieunternehmen und verwandelten den technischen Fortschritt in eine Güterflut. Sie bauten riesige Kanonen und stählerne Schlachtschiffe.

Die Mächtigen hießen Krupp und Borsig, Rathenau und Siemens, Ballin und Thyssen, Bleichröder und Wertheim. Ihre Frauen und Söhne saßen abends in abgedunkelten Theaterlogen und sahen Gerhart Hauptmanns Mitleids-Dramen. Das Spiegelbild auf der Bühne indes – sie konnten es nicht erkennen, so trunken waren sie von ihrer Lust und ihrer Angst.

Der Gründerrausch wurde zwar immer wieder unterbrochen – Konjunkturschwankungen nannten das die noch um wissenschaftliche Reputation ringenden Nationalökonomen – aber nichts konnte den Glauben an den Aufstieg und an die Macht des Geldes erschüttern. Wenn es nach unten ging, machten einige Herren Bankrott; die Knechte aber – sehr bald hießen sie Industriearbeiter – mußten sich noch stärker einschränken oder verkamen.

Die Massenproduktion zerstörte viele Handwerksbetriebe; die Warenhäuser vernichteten zahlreiche Existenzen im Kleinhandel. Der Mittelstand – im Biedermeier noch satt und behäbig die Ordnung der Welt lobend – wurde aggressiv: „Der Jude nimmt uns Brot und Geschäft." Zuerst erklang dieser Ruf an den Biertischen, schon bald aber im Reichstag und in den Landesparlamenten. Der Antisemitismus begann sich erneut zu formieren. Nur 100 Jahre währte der Traum von der Emanzipation der Kinder Israels in einem liberalen, vom Geist eines Lessing und Moses Mendelssohn berührten Deutschland.

Schlimmer ging es in diesen Jahren allerdings den ‚vaterlandslosen Gesellen': Die Sozialdemokraten, zunächst verhöhnt, dann verfolgt und schließlich mißbraucht, waren Staatsfeind Nummer eins. Im Londoner Exil aber hatte ihr Prophet vom unumstößlichen Gesetz der Geschichte geschrieben, das den Arbeitermassen Befreiung und Selbstverwirklichung verhieß. Die immer krasser auftretenden Klassengegensätze – Karl Marx deutete sie als Widersprüche eines ökonomischen Systems, dessen Zusammenbruch unaufhaltsam sei.

Selbst dann, als der Kampf um die Märkte längst die Reichsgrenzen überschritten hatte und die Kabinette in London, Paris, Petersburg, Wien und Berlin sich gegenseitig mit Zollschranken und Kanonenbooten bedrohten, gab es kein Erwachen. Der im August 1914 beginnende Völkermord läutete vier Jahrzehnte ein, wie sie die Menschen nur selten erlebt hatten. So schlimm wie das düstere 14. Jahrhundert, als der Schwarze Tod und die wilden Hungersnöte in Europa wüteten. So fürchterlich wie der Krieg, der in der ersten Hälfte des 17. Jahrhunderts dreißig Jahre lang die Mitte des Kontinents brandschatzte und ganze Regionen entvölkerte.

Und nichts hatten die politischen und wirtschaftlichen Eliten gelernt. Dolchstoß und Verrat riefen sie, den Haß auf die Republik im Herzen. Sie bauten neue Fabriken, spekulierten wieder an der Börse und stürzten die Regierungen. Die ostelbischen Gutsbesitzer verschuldeten sich immer tiefer, die Produzenten verloren Absatzmärkte an die amerikanische Konkurrenz, und die Massen gingen in Arbeitslosigkeit und Inflation unter. Sozialdemokraten und Kommunisten aber zerfleischten sich.

Am Ende fiel Hitler alles in den Schoß. Und die Juden hörten diesmal nicht das gurgelnde „Hep! Hep!" wie damals, als die Legionäre des Titus die Brandfackeln in den Tempel warfen, oder wie tausend Jahre später, als sich die Kreuzzügler-Massen das Rheintal hinabwälzten und jeden Beschnittenen totschlugen, dessen sie habhaft wurden, oder wie noch einmal 600 Jahre danach, als im August 1616 die Fettmilch-Aufständischen das Frankfurter Getto stürmten und niederbrannten. Diesmal pochte es nur an die Türen. Korrekte Beamte stellten exakte Zeitpläne für den reibungslosen Bahntransport zusammen. Ingenieure bauten die notwendigen Leitungen in die Duschräume, Chemiker legten die tödliche Dosis fest. Haare und Goldzähne wurden der Wiederverwendung zugeführt. Der Tod hatte sich der Zeit angepaßt. Er trug ein sauberes Hemd und Krawatte, spielte abends mit den Kindern und schlief nachts fest. Der Tod in der Maske des Kleinbürgers.

Die Intellektuellen unseres Jahrhunderts waren Antreiber und Opfer zugleich. Zumindest darin unterschieden sie sich nur wenig von ihren Vorgängern in früheren Jahrhunderten. Schopenhauer hatte sie melancholisch gestimmt. Nietzsche erschütterte ihre Selbstsicherheit, befreite sie aber auch. Die literarischen Stile wechselten in diesem Zeitabschnitt wie Kleidermoden. Vom poetischen Realismus zum Naturalismus, vom Expressionismus zum Dadaismus, von der neuen Sachlichkeit zum Existenzialismus.

Gottfried Keller und Conrad Ferdinand Meyer, Theodor Storm und Wilhelm Raabe, Gustav Freytag und Theodor Fontane – das Neue spürend, von der Trauer über das Verlorene berührt – gaben dem deutschsprachigen Roman eine ganz neue Qualität. Sie waren Chronisten eines Bürgertums, das aufwuchs in einer Welt, die Goethe noch kannte und Büchner übersah. Eines Bürgertums, das erwachsen wurde, als Kapitalismus und Nationalismus dörfliche Idylle und städtische Behäbigkeit überrollten, an der politischen Macht beteiligt und sie bald schon mißbrauchend – wie die, denen sie in jahrhundertelangen Auseinandersetzungen abgerungen worden war.

Arno Holz und Gerhart Hauptmann, Heinrich und Thomas Mann, Frank Wedekind und Arthur Schnitzler wurden schon zu Deutern der neuen Zeit. Von Nietzsches Umwertungen tief betroffen, Zolas ‚naturwissenschaftliche' Arbeitsmethode, Ibsens und Strindbergs Demaskierungen der bürgerlichen Moral bewundernd, spürten sie die Brüchigkeit ihrer Zeit.

Im verwinkelten, noch immer vom Geist des Mittelalters durchzogenen Prag aber schrieb Franz Kafka über seine Ängste. Im abgeschirmten Zimmer in der rue de Hamelin hielt Marcel Proust die sinnlichen Sehnsüchte eines kultischen Ästhetizismus fest. In der Einsamkeit des irischen Connemara verfaßte James Joyce seinen nicht endenden inneren Monolog – Gesänge über die Verlorenheit des Menschen, in einer nie vernommenen Sprache.

In München, Berlin und Wien empörten sich Franz von Stuck und Fritz von Uhde, Max Liebermann und Gustav Klimt gegen die Künstlerherrschaft der Etablierten. Die ‚Sezessionen' wirkten aufrüttelnder, als ihre geistigen Väter ahnen konnten. Das Ornament des Jugendstils wird zur Dekadenz-Schwärmerei eines entwurzelten Bürgertums. 1905 zeugten die grellen Farben der ‚Brücke' – Maler Ernst Heckel, Karl Schmidt-Rottluff und Ernst Ludwig Kirchner bereits vom Aufkommen des Expressionismus, der in Pechstein und Nolde, Jawlensky und Kokoschka in Deutschland seine künstlerischen Höhepunkte erreicht, bei den Franzosen mit Picasso, Matisse und Braque völlig neue Wege geht. „Nicht mehr Stimmung, sondern Schrei ." Der Ästhetizismus wird durch harte, fast brutale Linien endgültig abgelöst.

Nach dem Inferno des Ersten Weltkriegs sucht Walter Gropius das Verbindende der bildenden Künste im ‚Bauhaus', das bis zu jenem Tag, an dem der österreichische Postkartenmaler bestimmte, was Kunst ist in Deutschland, Architektur und Industrieform, Malerei und Plastik richtungsweisend beeinflußt. Paul Klee, Wassily Kandinsky und Lyonel Feininger – die Auflösung der Form begleitet die Zerstörung gewohnter gesellschaftlicher Strukturen.

Und doch: Als die Konfrontation mit der politischen Wirklichkeit blutiger Ernst wurde, wirkten sie oft hilflos oder – schlimmer noch – gaben sich opportunistisch. Gerhart Hauptmann, Thomas Mann und

Robert Musil schrieben Jubelartikel, als der Imperialismus 1914 sein Scheitern mit patriotischen Phrasen übertönte und Millionen Menschen in den Tod schickte. Gottfried Benn rief knapp 20 Jahre später ein spontanes „Ja", Ernst Jünger ein ästhetisch verbrämtes „Die Zeit ist da", und Richard Strauss trat für den verjagten Bruno Walter bedenkenlos ans Bayreuther Dirigentenpult, als Deutschland dem Faschismus verfiel. Aber auch dies: Hunderte von ihnen wurden getötet, in den Selbstmord getrieben oder verjagt. Geist und Macht, Moral und Politik wurden im Zeitalter des Massenwahns zu Todfeinden.

In jener Zeit also lebte der Schriftsteller Lion Feuchtwanger. Während die Welt aus den Fugen geriet, schrieb er 15 Romane, 29 Theaterstücke, 20 Kurzgeschichten, ein *Amerikanisches Liederbuch*, zwei umfangreiche Erlebnisberichte, fünf autobiographische Skizzen, eine Doktorarbeit über Heines *Rabbi von Bacherach* und Hunderte von Essays, Theaterkritiken und Buchrezensionen. Mit 41 Jahren war er weltberühmt. Seine Romane erreichten Millionenauflagen und erschienen schließlich in über 20 Sprachen. Zweimal warf man ihn ins Gefängnis, zweimal mußte er ins Exil gehen. Als er im Alter von 74 Jahren starb, galt er in Osteuropa und in den angelsächsischen Ländern als einer der bedeutendsten Schriftsteller deutscher Sprache.

In seinem Vaterland West waren bereits damals nur noch wenige seiner Werke im Buchhandel zu kaufen. Die geistig restaurative Adenauer-Ära hatte ihn politisch verfemt. In seinem Vaterland Ost wurden damals viele seiner wichtigen Bücher gedruckt. Der ideologisch-verbohrte Ulbricht-Staat versuchte, ihn politisch zu mißbrauchen.

Im ersten Exil hatte er geschrieben: *„Der Schriftsteller L. F. war 19mal in seinem Leben vollkommen glücklich und 14mal abgründig betrübt. 584mal schmerzte und verwirrte ihn bis zur Betäubung die Dummheit der Welt, die sich durch keine Ziffer ausdrücken läßt. Dann wurde er dagegen abgestumpft. Sehr genau erkennend, daß Leistung sich nicht deckt mit Erfolg und daß der Mann sich nicht deckt mit der Leistung, würde er, falls man ihn fragte: ‚Bist Du einverstanden mit Deinem bisherigen Leben?', erwidern: ‚Ja. Das Ganze nochmal.'"* (*Der Autor über sich selbst*, 1935)

Zwischen den Fronten

Von seinem Leben zu erzählen ist nicht einfach. Die eigene Biographie schien diesem Gestalter von hunderten unterschiedlicher Charaktere mit Blick auf die Nachwelt belanglos: *„Ich bin ein überzeugter Anhän-*

ger meines heute und habe keine Freude daran, mich pietätvoll in mein gestern zu vertiefen... Im Friedhof meiner Vergangenheit, soweit sie nicht Kunst geworden ist, herumzugraben, macht mir keinen Spaß."
(Zitiert nach Wolfgang Berndt, *Centum Opuscula,* 1956)

Zwei umfangreiche autobiographische Erlebnisberichte *(Moskau 1937, Der Teufel in Frankreich)* und ein paar für Zeitschriften oder Zeitungen verfaßte Lebensskizzen, deren ironische Distanz meist mehr verbirgt als erhellt – das ist alles. Die Briefe – die Korrespondenz mit Arnold Zweig liegt gedruckt vor – noch fast vollständig unveröffentlicht, sind nüchtern, bleiben überwiegend im Vordergründigen: Werkberichte, Verlagsverhandlungen, Übersetzungsprobleme oder konventionelle Beschreibungen äußerer Lebensumstände. Ganz selten nur öffnen sie den Blick ins Innere des Schreibenden. Tagebücher hat er, stenographisch niedergeschrieben, über mehrere Lebensabschnitte hinweg geführt. Ein großer Teil der „schwarzen Leinwandhefte" ging im Chaos der Flucht vor Hitlers Schergen verloren.

Wie die Witwe, Marta Feuchtwanger, dem Verfasser berichtete, enthielten auch diese Aufzeichnungen nur eine nüchterne Faktenaufzählung über den Tagesablauf, gedacht als Gedächtnisstütze für eine geplante, aber nie geschriebene Autobiographie.

Die Zeugnisse der Freunde, der Schriftstellerkollegen oder flüchtigen Besucher sind zwar zahlreich, aber auffallend eintönig, oft oberflächlich-freundlich und unengagiert. Dazu trug manches bei. Der große materielle und künstlerische Erfolg hat noch stets seine Neider gefunden, besonders natürlich in schweren Zeiten. Und dem Schriftsteller Lion Feuchtwanger war ein glückliches Schicksal beschieden, auch dann, als im grauen, eintönigen Alltag des Exils viele seiner Weggefährten der zermürbende Überlebenskampf in Hoffnungslosigkeit und Resignation trieb. Während Feuchtwangers Bücher auch nach der Flucht vor dem Faschismus, als ihm das deutsche Leserpublikum unerreichbar wurde, weiterhin hohe Auflagen erreichten und damit das Schreiben eine gesicherte Existenz garantierte, suchten die Schicksalsgefährten oft vergebens neue Verleger und Leser.

Im Umgang mit der Welt und ihren umtriebigen, den Klatsch, die Intrige schätzenden Bewohnern oft von naiver Unbesonnenheit, liebte es Feuchtwanger zudem von seinem Erfolg zu erzählen. Manchmal wohl in einer auf die Nerven gehenden Ausführlichkeit. Kaum zur Freude derjenigen seiner Zuhörer, denen das Exil den Glanz und den Ruhm vergangener Jahre grausam vorenthielt.

Am eindringlichsten hat dies Hermann Kesten beschrieben, scharfzüngiger, meist wenig tiefblickender Schilderer des deutschen Literaturzirkels. In seinem Buch *Meine Freunde, die Poeten* erzählt er von Begegnungen mit Feuchtwanger im südfranzösischen Sanary-sur-Mer, Ort eines über siebenjährigen Exils des Schriftstellers. Kesten schreibt da, wie Feuchtwanger ihn bei einem Besuch in der ‚Villa Valmer', hoch über dem Mittelmeer gelegen, in seine große Bibliothek führt. Kesten wollte sich zunächst eines der wertvollen Bücher anschauen, da rief ihn der Hausherr in eine andere Ecke des Zimmers, um ihm eine kroatische Ausgabe des *Jud Süß* zu zeigen. „Ich wandte mich enttäuscht einem anderen interessanten Schmöker zu, da rief er mich wieder, etwas Besonderes, es war die spanische Ausgabe der *Häßlichen Herzogin*, so ging es noch zweimal oder dreimal..." Und an anderer Stelle schreibt Kesten: „Ich ging mit meinem Nürnberger Schulfreund... spazieren, ... als wir plötzlich Feuchtwanger trafen, der eine Stunde lang zu meinem Freund in Zahlen redete, in den Auflagenzahlen von Feuchtwangers Werken, 130 000 die ‚Häßliche Herzogin', 240 000 der ‚Jud Süß', 350 000 Exemplare der ‚Erfolg', wie hoch die Tantiemen waren, wieviel Monate er auf der Bestseller-Liste gestanden, und die albanische Ausgabe, oder die vierte andalusische, oder neunte koptische Ausgabe, oder die Literary Guild und der Book of the Month Club, ... 790 000 und 34 000 Dollar, oder Pfund? Als mein georgianischer Schulfreund und ich, alleingeblieben, dem Dichter nachblickten, wie er immer kleiner wurde, ... stand mein Freund bleich und betreten da und fragte: ‚Ist das ein großer Dichter?' ‚Ein sehr berühmter, sehr erfolgreicher', sagte ich."

Kestens bissiger, nicht ganz falscher, aber auch psychologisch wenig ergiebiger Bericht, hat für viele das Bild von Feuchtwanger geprägt. Spuren davon findet man in fast allen persönlichen Betrachtungen, die über diesen Schriftsteller in den Jahren nach 1945 erschienen sind. Sie übersahen aber wohl doch, daß er kein besonders eitler Mensch war, sondern ein von seiner Arbeit tief erfüllter Autor. Vom Erfolg reden, hieß für ihn von seinem Werk sprechen. Und dies stand – vor allem in der zweiten Lebenshälfte – im Mittelpunkt seines Denkens und Arbeitens.

Der kluge, wahrhaftig ebenbürtige und ebenfalls vom äußeren Schicksal begünstigte Thomas Mann hat das auf noble und nur ihm eigene, freundlich-ironische Art umschrieben: „Besonders gern höre ich ihn über sich selber sprechen, seine persönlichen Angelegenheiten, seine Verlags- und Übersetzungsprobleme, seine weiträumigen Erfolge, – und wirklich, er spricht häufig und ausführlich davon. Bei einem anderen könnte das langweilen, aber die behagliche Erfülltheit, mit der er es tut, ist dermaßen gewinnend, daß man mit wahrem Vergnügen zuhört und ihn durch Nachfragen beim Thema zu halten sucht." Öffentliche Worte über den ‚kleinen Meister' von einem Kollegen, der sehr wohl im Künstlerischen auch Distanz zum erfolgreichen Exilgefährten spürte.

Vor allem aber war es die Politik, die Feuchtwangers ‚Ruf' in Deutschland West dauerhaft schädigen sollte. Der intellektuelle Rebell, der sich in seinen Anfängen gegen das jüdisch-orthodoxe Elternhaus und die Konventionen des Bürgertums auflehnte, näherte sich in den dreißiger Jahren, als der Kampf gegen den deutschen Faschismus fast hoffnungslos erschien, den Ideen des Marxismus. Eine Reise Ende 1936 nach Moskau, bei der es auch zu einer Begegnung mit Stalin kam, verführte den umschmeichelten und wohl auch von den berüchtigten Potemkinschen Dörfern geblendeten Gast zu einem optimistischen Bericht über die Sowjetunion. Die blutigen Schauprozesse, die Unterdrückung der Bevölkerung oder der Zynismus des Funktionärsstaates – er sah es nicht, zumindest schwieg er darüber in der Öffentlichkeit. Verziehen haben es ihm die Ideologen der anderen Seite nie.

Aber daß damals Millionen Menschen, darunter viele Intellektuelle, fast süchtig dem Blut-und-Boden-Mythos des Faschismus verfielen, daß Hunderttausende meist sehr idealistisch gesinnter West-Europäer in der bolschewistischen Oktoberrevolution den Beginn einer neuen, humaneren Gesellschaft zu sehen glaubten, haben die Feuchtwanger-Kritiker dabei verdrängt.

Ein Blick in die Schriften Ernst Blochs aus diesen Jahren oder – um einen politisch unverfänglicheren Zeitgenossen heranzuziehen – auf die oftmals verzweifelten Äußerungen Thomas Manns über die politische Verkrustung der westlichen Demokratien und seine nachdenklichen Bemerkungen über den Kommunismus zeigt sehr eindrucksvoll, daß Lion Feuchtwanger damals keineswegs eine isolierte politische Position unter den deutschen Schriftstellern einnahm.

Der Wiener Robert Musil schrieb bereits 1920 über den Bolschewismus: „Er wird zuviel verleumdet, und wir haben die Schuld, keine Aufklärung eingeholt zu haben." Ein Jahrzehnt später, also noch vor der faschistischen Machtübernahme: „Ich sehe in der Revolution (Oktober 1917) eine große geistige Stütze für uns alle, die da hoffen, daß aus dem Menschen, wenigstens in irgendeiner Hinsicht noch etwas Gutes werden kann."

Auch der Einsiedler von Montagnola, Hermann Hesse, wird in den dreißiger Jahren sehr deutlich: „Ich halte den Kommunismus nicht nur für berechtigt, sondern ich halte ihn für selbstverständlich – er würde kommen und siegen, auch wenn wir alle dagegen wären. Wer heute auf seiten des Kommunismus steht, der bejaht die Zukunft." Gemeinsam war ihnen allen, daß sie das Ende des bürgerlichen Zeitalters heraufdämmern sahen. Noch einmal Hermann Hesse im Jahr 1950: „Daß die sozialen Zustände am Ende der kapitalistischen Epoche nicht mehr lebensfähig sind und weggefegt werden, ist unvermeidlich."

Thomas Mann, Robert Musil und Hermann Hesse haben sich allerdings zu diesem Thema sehr unterschiedlich geäußert, und die Begriffe Kommunismus und Bolschewismus waren für sie keineswegs automatisch deckungsgleich. Hier liegt der Unterschied zu Feuchtwanger. Er hat sich seit Ende der dreißiger Jahre öffentlich und eindeutig zum Sozialismus bekannt, und in der politischen Realität war für ihn, der mit seinem historischen Verständnis die Menschheitsgeschichte in großen Zeitepochen erfaßte, das Experiment der Oktoberrevolution die richtungsweisende politische Tat seines Jahrhunderts. Diese Hoffnung auf eine bessere – und das hieß für ihn sozialistische – Zukunft der Menschheit wurde aber angesichts des braunen Barbarentums, das sich von München und dann von Berlin ausgehend über fast ganz Europa ausbreitete, von vielen geteilt.

Es war sicher tragisch, daß der Schriftsteller Lion Feuchtwanger nach 1945 sehr rasch zwischen die Fronten des Kalten Krieges geriet. Die Adenauer-Deutschen, zur Trauer über das auch in ihrem Namen Geschehene unfähig und ihre Geschichte verdrängend, sahen in Feuchtwanger sehr bald nur noch einen ‚kommunistischen' Schriftsteller. Und je mehr der Ulbricht-Staat ihn umwarb und druckte, desto stärker distanzierte sich das andere Deutschland.

Der alternde, auch politisch inzwischen skeptisch gewordene Erfolgsautor erlebte im fernen Amerika McCarthy's Hexenjagd auf alle, die der Wahrheit und nicht nur dem Machtanspruch der westlichen Führungsmacht zu dienen versuchten. In einem Brief vom 10. Oktober 1947 schrieb er, tief beunruhigt über die Kommunistenhysterie in Amerika: *„Aber alles wäre nicht so schlimm, wenn nicht die politische situation so drückend wäre. Es ist die luft des berlin von 1932 und des sanary von 1940, die um einen weht. Und die meisten ringsum sind blind."* Empfindungen, die kaum geeignet waren, den Teufel nur im sozialistischen Lager zu sehen.

Feuchtwanger war nie Marxist (was keine Schande gewesen wäre), und er nahm nie – wie beispielsweise die Freunde Bertolt Brecht und Arnold Zweig – seinen Wohnsitz in der DDR, die aus Prestigegründen auch um ihn heftig buhlte. In einem Brief vom 10. März 1953 schreibt er illusionslos über ihr Leben in Ostberlin: *„Es ist nicht so, daß unsere Freunde schreiben können, was sie wollen, das heißt, schreiben können sie es, aber veröffentlichen können sie es nicht."*

Um Mißverständnissen vorzubeugen: Hier soll niemand heiliggesprochen werden. Politisch war Lion Feuchtwanger – vor allem mit Blick auf die Sowjetunion – oft von naivem Optimismus erfüllt. Ein Tatbestand, der auf Intellektuelle bekanntlich nicht gerade selten zutrifft. Bei ihm kam noch die fast zwanghafte Neigung hinzu, politische ‚Wahrheiten' öffentlich zu bekunden. In *Moskau 1937* steht ein Satz, der Feuchtwangers Haltung sehr deutlich macht: *„Ich habe das leiden-*

schaftliche Bedürfnis, das, was ich spüre, denke, sehe, lebe, ungehemmt auszudrücken, ohne Rücksicht auf einzelne, ohne Rücksicht auf eine Klasse, eine Partei oder eine Ideologie.“ Taktik war diesem Aufklärer so fremd wie Mangel an Zivilcourage. Eigenschaften, die bei uns nicht nur selten sind, sondern in der Regel auch von der gesellschaftlichen Umwelt mißbraucht werden.

Ludwig Marcuse, langjähriger Exilnachbar in Südfrankreich und Kalifornien, hat im Hinblick auf Feuchtwangers Moskau-Bericht nicht ganz unrecht, wenn er in seinen Erinnerungen schreibt: „Feuchtwanger gehörte zu denen, die hinfahren und zurückkommen und auf der Reise keine Entdeckung gemacht haben. . .Sein Dogma schützte ihn vor der Aufdringlichkeit des Faktums.“

Und doch: Es war Lion Feuchtwanger, der Ende der zwanziger Jahre den ersten großen, viel gelesenen Roman *(Erfolg)* schrieb, in dem hellsichtig der Aufstieg des Faschismus geschildert wird. Damals glaubte noch kaum jemand ernsthaft, daß der Fanatiker, der im Münchner Zirkus ‚Krone‘ seinen tiefen Haß auf Demokraten und Juden herausschrie, wenige Jahre später zum brutalen „Führer“ der Deutschen aufsteigen würde. Der Schriftsteller war zum Propheten geworden.

Nach der Katastrophe der ersten deutschen Republik vom Januar 1933 war es wiederum Lion Feuchtwanger, der in nur wenigen Monaten den ersten bedeutenderen Roman *(Die Geschwister Oppermann)* schrieb, der über die neuen Machtverhältnisse und die unmenschlichen Unterdrückungsmethoden von Hitlers Sturmtrupps berichtete. Viele im In- und Ausland wollten damals noch lange nicht glauben, daß Deutschland zu einem großen Konzentrationslager geworden war. Feuchtwanger hatte da keine Illusion. „Hitler means war“, war sein lapidarer öffentlicher Kommentar, als ihn die Machtergreifung während eines Amerika-Aufenthaltes überrollte.

Und schließlich schrieb er in den Jahren der Vertreibung auch einen der wenigen wirklich großen deutschsprachigen Romane über das *Exil.* Sein Urteil über das Leben der Vertriebenen und Entwurzelten war unbestechlich. Die Schatten des Exils, die Zerissenheit der politischen Lager, die auch ‚draußen‘ kein Ende fand – Feuchtwanger wurde zu ihrem Chronisten. Im Jahrhundert der millionenfachen Völkervertreibung und politischen Massenmorde, in den Jahrzehnten, in denen sich der europäische Humanismus aus der Geschichte verabschiedete, waren Feuchtwangers politische Analysen, seine Deutungen der Zeitereignisse meist klarer und hellsichtiger als die vieler seiner Zeitgenossen. Hans Mayer irrt sich gründlich, wenn er in seinem sehr widersprüchlichen Feuchtwanger-Aufsatz 1965 schreibt: „Ein Leben voll von Nicht-Entscheidungen und falschen Entscheidungen.“

Das Gegenteil trifft zu. Von frühester Jugend an hat Lion Feuchtwanger eindeutig Position bezogen: gegen das konservative Elternhaus, gegen die Verlogenheit bürgerlicher Scheinmoral im wilhelminischen Deutschland, gegen eine gesicherte Universitätskarriere, die ihn als Juden gedemütigt hätte, gegen den Faschismus, gegen den Opportunismus seines Exillandes Frankreich, als die politischen Schatten über der Dritten Republik immer länger wurden, gegen die Kommunistenhysterie seines zweiten Exillandes Amerika in der Nach-Roosevelt-Ära, gegen die von beiden deutschen Nachkriegsstaaten versuchte kulturelle Vereinnahmung des damals weltberühmten Schriftstellers. Sein Irrtum begann dort, wo er nicht wahrhaben wollte, daß auch der bolschewistische Traum von Gleichheit und Brüderlichkeit in einer Gewaltorgie untergegangen war.

In seinen letzten Lebensjahren, auch das Werk weist dies aus, ist er politisch unsicherer geworden, nähert er sich wieder seinen großen historischen Themen. Die Grundsympathie, die politische Vision bleibt. Über die DDR schreibt er in einem Brief am 6. April 1953: „*Alles in allem bin ich pessimistisch auf die nächste Zukunft, optimistisch auf eine längere Frist.*" Aber er ist ernüchtert. Noch einmal ein Zitat aus dem Brief vom 10. März 1953, in dem Feuchtwanger sich mit der Lage von Brecht und Arnold Zweig in Ostberlin beschäftigt: „*Soviel ist Tatsache, daß keiner von unseren Freunden in den Jahren, die sie nun in Berlin sind, ein wirklich wesentliches Werk veröffentlicht hat oder ein solches, das einem seiner wesentlichen früheren Werke gleichgekommen wäre. Ganz offenbar also ist ersprießliche Tätigkeit dort nicht leicht.*" Von politischer Blindheit zeugen solche Sätze wohl kaum.

Schließlich ist da noch die deutsche Germanistik, die sich in den Jahren nach 1945 ohnehin schwer tat mit den deutschsprachigen Dichtern des Exils. Heinrich Mann, Alfred Döblin oder Bertolt Brecht – um nur einige wenige zu nennen – hatten es schwer in jenem Teil des Nach-Hitler-Deutschlands, das sich dann Bundesrepublik nannte. Selbst bei Thomas Mann konnte es einem Gymnasiasten in den 50er Jahren schon mal passieren, daß die Wahl einer Erzählung dieses großen Autors für eine Schülerarbeit beim Deutschlehrer Stirnrunzeln auslöste. Bei den Mitläufern des Faschismus, angesichts der Verdrängungen, mit denen sich Millionen vor der schwer erträglichen Wahrheit der Hitler-Jahre zu schützen versuchten, haftete den 1933 vertriebenen oder aus Ekel freiwillig die Not des Exils wählenden Schriftstellern der Geruch der „Nestbeschmutzer" an. Lion Feuchtwanger stand da nicht allein.

In den ersten Nachkriegsjahren griff der deutsche Leser zudem begierig auf die bis dahin verpönten und so lange nicht erreichbaren Bücher ausländischer Autoren zurück. Sartre und Camus, die Verkünder der neuen Lehre vom Nichts, vom Absurden der Existenz, Hemingway und Faulkner, die nicht vom blonden Heros, sondern vom Leben einsamer, besiegter, aber nicht zerstörter Menschen schrieben – sie alle wurden bei uns erst richtig gelesen, als sie schon weltberühmt waren.

Schließlich dann die Entdeckung der Literatur der Experimente, die Germanisten, Kritiker und Leser fesselte. Kafka und Joyce, Beckett und Genet – die Enträtselung ihrer Werke füllt ganze Bücherwände.

Lange Zeit waren es zwei Arbeiten aus der Feder einflußreicher, ansonsten kluger Beobachter der Literaturszene, die die Stellung von Feuchtwangers Werk bei Wissenschaft und Kritikerzunft in der Bundesrepublik entscheidend bestimmten. Und leider nicht zu seinem Vorteil.

1965 erschien der Aufsatz von Hans Mayer mit dem Titel *Lion Feuchtwanger oder Die Folgen des Exils.* Mayer will darin nachweisen, daß der einst weltberühmte Schriftsteller in seinem Exil, das immerhin ein Vierteljahrhundert umfaßte, kein nennenswertes Werk mehr geschrieben hat. In dieser Zeit habe ihn „der Geist der Sprache ... verlassen". Seine Bücher wirkten auf die Dauer „langweilig und monoton." Der in Frankreich und Amerika lebende Autor „bemühte sich immer verzweifelter um Stilisierung der Sprache, weil er spürte, die Verbindung mit dem lebendigen Deutsch unserer Tage, und damit unserer heutigen Literatur verloren zu haben."

Als Kronzeugen für seine These führt Mayer den Angeklagten selbst an. Er zitiert einen Satz aus einem Vortrag Feuchtwangers zum Thema *Schriftsteller im Exil,* der 1943 gehalten worden war und der Mayers Vorwurf unterstreichen soll: *„Allmählich, ob wir es wollen oder nicht, werden wir selber verändert von der neuen Umwelt, und uns verändert sich alles, was wir schaffen."*

Abgesehen davon, daß Feuchtwanger im Exil bedeutende Werke wie die zwei letzten Bände der *Josephus*-Trilogie, *Exil, Goya* oder *Die Füchse im Weinberg* schrieb, hat Mayer den von ihm herangezogenen Vortrag leider gründlich mißverstanden. Dort heißt es nämlich nur wenige Absätze weiter: *„Denn wenn das Exil zerreibt, wenn es klein und elend macht, so härtet es auch und macht groß. Es strömt dem Schriftsteller im Exil eine ungeheure Fülle neuen Stoffes und neuer Ideen zu, ... die ihm in der Heimat nie begegnet wären. Ja, wenn wir uns bemühen, unser Leben im Exil historisch zu sehen, dann erweist sich jetzt schon, daß beinahe alles, was unsere Arbeit zu behindern schien, ihr am Ende zum Heil ausschlug."* Und in Bezug auf die Sprache meint Feuchtwanger: *„Ich darf in diesem Zusammenhang nicht verschweigen, daß zum Beispiel auch der erzwungene ständige Kontakt mit der fremden Sprache, über den ich vorhin so laut zu klagen hatte, sich am Ende als Bereicherung erweist."*

Briefe Feuchtwangers aus den 40er und 50er Jahren machen im übrigen deutlich, daß von einem „verzweifelten" Bemühen um die Sprache bei diesem Schriftsteller wohl kaum die Rede sein kann. So sehr diese Briefe auch immer wieder von der Last des Alltags – Vertragsverhandlungen, Übersetzungsärger, politische Angriffe – sprechen, eines leuchtet immer wieder durch: die Genugtuung über die ungebrochene Schaffenskraft. Am 27. Mai 1941: „*Andererseits habe ich ausgezeichnet gearbeitet, und über Mangel an Einfällen kann ich nicht klagen.*" Oder am 16. August 1941: „ *Meine Arbeitskraft hat eher zu- als abgenommen... Ich arbeite noch langsamer als bisher, noch gründlicher, aber auch besser.*" Und am 10. März 1953 schreibt er im Hinblick auf eine mögliche Rückkehr nach Europa: „*Das ist an sich nicht schlimm, nur fürchte ich eben, daß ich dort die vierzehn Bücher, die ich noch schreiben möchte, nicht würde schreiben können.*" Ein fast 70jähriger Schriftsteller, der solche Arbeitspläne hat, scheint nicht gerade unter einer vom Exil hervorgerufenen Schaffenskrise zu leiden.

Hans Mayers Aufsatz, der auch manch kleine Ungenauigkeit enthält – so war Feuchtwanger z. B. nie als Dramaturg bei den Münchner Kammerspielen angestellt – endet mit dem zum vorher Behaupteten etwas widersprüchlichen und fast biederen Aufruf: „Feuchtwangers wichtigste Bücher, vor allem diejenigen zwischen 1923 und 1935, sind erregend und lesbar geblieben und verdienen es durchaus – bei aller Fragwürdigkeit der Form und oft auch der Aussage –, von neuem gelesen und sorgfältig gedeutet zu werden." Dies „verdienen", ohne daß die Seele des Lesers Schaden daran nehmen dürfte, auch manche nach 1935 erschienenen Bücher Feuchtwangers.

Acht Jahre später, 1973, erschien ein Aufsatz von Marcel Reich-Ranicki mit dem Titel *Lion Feuchtwanger oder der Weltruhm und seine Folgen.* Und da wird es dann doch ärgerlich. Feuchtwanger, der „zu kurz gekommene Bühnenautor", der es seinem Publikum „allzu leicht macht", der in seinen früheren Romanen „sexuelle Motive stark akzentuiert", dessen Bücher „doch immer vordergründig bleiben" und die „schlau und bieder, verschmitzt und hausbacken zugleich" sind, weswegen er, man höre und staune, in der Sowjetunion und den USA so erfolgreich ist – dieser Feuchtwanger, Gipfel alles Kunstversagens, „bemüht sich ... um sein Publikum."

Und daß der Kritiker mit seiner Meinung nicht alleine steht, beweist er auf geradezu kuriose Weise. Er hat im Gedenkband zum 70. Geburtstag Lion Feuchtwangers – erschienen in der DDR – nachgeschlagen, die Zeilen gezählt und genau geprüft, welcher prominente Literaturkollege in seinem Beitrag zu wenig Enthusiasmus gezeigt hat. Anna Seghers „beschränkte sich auf einen kaum vier Maschinenzeilen umfassenden Gruß". Johannes R. Becher „sandte ein Sonett..., das aber so allgemein gehalten war, daß es sich auf jeden anderen vom Autor geschätzten Zeitgenossen beziehen konnte.“ Bertolt Brecht, so schlußfolgert der Kritiker Reich-Ranicki, habe wohl gar nicht mitmachen wollen, weswegen „man sich genötigt sah, von ihm ein aus dem Jahr 1935 stammendes Gedicht abzudrucken.“ – Heinrich Manns Beitrag ist eine seiner „schwächsten“ Arbeiten, und die liebevoll-freundlichen Worte von Thomas Mann sind natürlich ironisch-abfällig gemeint.

Da wußte Reich-Ranicki 1956, also 17 Jahre zuvor, bessere Belege für seine damals im Grunde entgegengesetzte Einschätzung Feuchtwangers beizubringen, als er die *Jüdin von Toledo* in einer Kritik noch „ein Meisterwerk deutscher Prosa“ nannte.

Mayer und Reich-Ranicki stört wohl vor allem – neben sicher auch beachtenswerten sprachkritischen Einwänden – eins: Das Werk dieses Schriftstellers ist ihnen zu „trivial“, der Mann wird von seinen Lesern verstanden.

Drei Jahre bevor Reich-Ranicki seinen Aufsatz veröffentlichte, schrieb Günter Wallraff: „Immer noch gilt für die herrschende Literaturkritik, und das ist immer noch mehr oder weniger die Kritik der Herrschenden: je verklausulierter und unverständlicher ein literarisches Werk ist, um so sicherer ist ihm die Anerkennung der Kritiker.“ Was immer man am Werk Feuchtwangers kritisieren mag, er hat für seine Leser geschrieben. Seine Bücher – auch darin blieb er ein Mann der Aufklärung – sollten etwas bewirken: der Vernunft in dieser von Unvernunft beherrschten Welt durch „Erklären“ eine Chance zu bieten. Insofern ist dies – im Sinn von Wallraff – sicher keine Literatur der Herrschenden.

Bernt Engelmann schreibt 1977 in seinem Buch über radikale Deutsche zum Thema Feuchtwanger: „In der Bundesrepublik Deutschland ist dieser bedeutende Schriftsteller, dessen Beschreibung der den Faschisten in die Hände arbeitenden bayerischen Reaktionäre an Aktualität nichts eingebüßt hat, mit Sorgfalt nahezu in Vergessenheit gebracht worden.“

Und wirklich, nachdem Mitte der 60er Jahre noch einmal die *Josephus*-Trilogie als Taschenbuch erschienen war, konnte man auf dem Buchmarkt der Bundesrepublik bis Ende der 70er Jahre Feuchtwanger-Werke praktisch nur antiquarisch erstehen. Inzwischen ist jedoch ein deutlicher Wandel spürbar, Engelmanns bittere Anklage trifft in den 80er Jahren nicht mehr zu. Von Feuchtwangers 15 Romanen sind bei uns fast alle wieder auf dem Taschenbuchmarkt erschienen. Allerdings als Lizenzausgaben des Ostberliner Aufbau-Verlags, also mit einigen Strichen im Roman *Erfolg*, wo besonders kräftige antikommunistische Passagen dem DDR-Zensor zum Opfer fielen. Auch die westdeutsche Germanistik hat mittlerweile aufgeholt und den Stand der Forschung in der DDR und den angelsächsischen Ländern erreicht.

Die große Feuchtwanger-Biographie gibt es allerdings immer noch nicht. Lothar Kahns 1975 in Amerika erschienene Lebensbeschreibung ist recht faktenreich, aber wenig analytisch. Die bisher vielleicht, beste biographische Arbeit legte 1976 (Neuauflage 1983) der DDR-Germanist Joseph Pischel vor. Ihr Nachteil ist die ideologische Voreingenommenheit des Autors, die manchen notwendigen Einblick in Werk, Denken und Zeit Feuchtwangers versperrt. In der Bundesrepublik erschien 1983 das erste Buch, das sich überhaupt etwas ausführlicher mit dem Leben Feuchtwangers beschäftigte: ein schmales, stark auf die Werkinterpretation konzentriertes und verständlich geschriebenes Bändchen von Wulf Köpke, der – in diesem Zusammenhang nicht uninteressant – in Amerika lehrt. Ein paar wenige Aufsatzsammlungen noch – und das ist alles. Die wachsende Zahl der zum Teil hervorragenden Disserationen kann hier außer Betracht bleiben.

Die Wiederentdeckung der Exil-Literatur, die bei uns vor einigen Jahren einsetzte und eine große Zahl von Publikationen mit sich brachte, hat in der Bundesrepublik zweifellos auch ihren Teil zur vorsichtig beginnenden Feuchtwanger-Renaissance beigetragen. Eine neue Generation beginnt die „verfemte" deutsche Literatur für sich zu entdecken. Der Abstand zu den furchtbaren Jahren der Vernichtung des deutschen Judentums wächst und damit vielleicht auch das Interesse an der gerade in Feuchtwangers Büchern so dominierenden Welt des Judentums, die Europas Kultur in den letzten Jahrhunderten tief beeinflußt hat. Auch der Erfolg eines anderen Schriftstellers unserer Tage in der Bundesrepublik, der ebenfalls im jüdischen Milieu angesiedelten Bücher des Literatur-Nobelpreisträgers Isaac Singer, spricht für diese Vermutung.

Die DDR hat Feuchtwangers Werk sehr viel früher und umfangreicher gewürdigt und gedruckt, als dies im westlichen deutschen Staat geschah. die *Gesammelten Werke in Einzelausgaben* wurden vorgelegt, zum Teil in mehreren Auflagen. Eine Gesamtausgabe allerdings gibt es auch hier nicht – die frühen Werke fehlen, und selbst die angekündigten zwanzig Bände sind noch nicht vollständig.

Die DDR-Germanistik sieht in dem Bewunderer der Oktober-Revolution von 1917 nach wie vor den bürgerlichen Künstler, der zwar progressiv die Zeichen der gesellschaftlichen Zukunft gesehen und beschrieben, das Heil der „reinen Lehre" aber nicht erfahren hat. Typisch dafür ist eine Passage in Eberhard Hilschers kleiner Feuchtwanger-Studie: „Trotz aller Aufgeschlossenheit für das Neue vermochte sich Lion Feuchtwanger nicht zu lösen von idealistischen Denkgewohnheiten, von Traditionen und den ‚gespürten Annehmlichkeiten' der Welt seiner Herkunft. Er blieb ein bürgerlicher Schriftsteller, Mittler und Chronist ‚seines' Zeitalters."

Die DDR-Germanistik hebt besonders Feuchtwangers Romananalysen der vor-revolutionären Gesellschaften im Frankreich Rousseaus und Beaumarchais' oder im Spanien des Malers Goya hervor.Und sie zeichnet die Wege der aus ihrer Sicht „positiven" Figuren in Feuchtwangers antifaschistischen Romanen in ihren Werkinterpretationen nach – Wege innerer politischer Auseinandersetzungen, die etwa den Schriftsteller Tüverlin *(Erfolg, Exil)* oder den Komponisten Trautwein *(Exil)* in die Nähe marxistischer Überzeugungen führen. Den unabhängigen Intellektuellen Feuchtwanger, den aufklärerischen Humanisten, der sich den Ideen der revolutionären Gewalt in seinem Werk nur in politisch ganz extremen äußeren Zeitumständen während des Schreibens nähert, den allen Ideologien skeptisch gegenüberstehenden Schriftsteller aber vernachlässigt sie dabei.

Gemeinsamkeiten in der deutsch-deutschen Germanistik gibt es jedoch auch – da nämlich, wo sie vor dem nicht ins jeweilige ideologische Bild passenden Schriftsteller Lion Feuchtwanger in sprachlich-ästhetische Kriterien flieht.

Seit den zwanziger Jahren wird sein Werk, wird seine darin zum Ausdruck kommende Deutung der Zeit und der Welt – mit unterschiedlicher Leidenschaft – diskutiert. Seine politische Grundhaltung, seine geistige Unabhängigkeit, haben ihm dabei mehr Gegner geschaffen als seine Bücher. Aber auch die Werke riefen bei der Kritik und manchem schriftstellernden Zeitgenossen fast schon aggressive Reaktionen hervor. Eine Briefäußerung Kurt Tucholskys aus dem Jahr 1934, nach dem Erscheinen der *Geschwister Oppermann*, ist dafür typisch: „Feuchtwangers ‚Oppenheims' werden ein gutes Werk tun. Künstlerisch ist es ganz schlecht – strohig, aus Pappe. Ich halte den Mann für sinnlos überschätzt." Oder Robert Musil: „Lion Feuchtwanger: Danke nein." George Tabori zitiert – allerdings schon vom Sprachduktus her sehr unglaubwürdig – Thomas Mann über die Bücher Feuchtwangers mit dem Satz: „Reine Scheiße."

Die vielen positiven Äußerungen seiner Freunde oder Anhänger werden dabei häufig unterschlagen oder als subjektiv, nur höfliches, in Wirklichkeit gar nicht so gemeintes Lob abgetan. Vieles bleibt widersprüchlich. So wird zum einen der Auflagenerfolg als Beweis für Feuchtwangers „Trivialität" herangezogen, zum anderen dagegen das angebliche Desinteresse der (bundes)deutschen Leser als Indiz für sein schriftstellerisches Versagen gewertet.

Die Literaturkritik in der Bundesrepublik – stets darauf bedacht, den Unterschied zwischen Dichter und Schriftsteller nicht zu verwischen – wirft ihm häufig sprachliche Armut, billige Effekthascherei und unsolide Vereinfachung vor. Natürlich ist in einem solch umfangreichen Werk manches mißlungen, gibt es schwächere und stärkere Bücher. Verblüffend nur, wie pauschal und verbittert die Verdammungsurteile im Vaterland des Schriftstellers gefällt werden und wie wenig man sich hier bemüht hat, dem Leser das literarische Werk nahezubringen, um ihn über die Qualität vielleicht selbst entscheiden zu lassen.

Der an der University of South California lehrende Feuchtwanger-Forscher Harold von Hofe berichtete dem Verfasser von einer noch unveröffentlichten Dissertation über die amerikanische Feuchtwanger-Kritik der letzten fünf Jahrzehnte. Das Ergebnis: Die Zustimmung überwiegt deutlich. Auch im „Fall" Feuchtwanger gilt also wohl die These, daß wir Deutsche uns schwer tun mit unseren Intellektuellen.

Der Autor selbst hatte zu Lebzeiten gegenüber der Kritik eine große Unabhängigkeit. Viele seiner Äußerungen zeugen von seiner inneren Souveränität. Daß er den Erfolg liebte und auf die Wirkung seiner Bücher hoffte, widerspricht dem nicht. Er sah dies sehr realistisch: *„Ich glaube, daß ein Werk, welches Anspruch erhebt, ein wahres Kunstwerk zu sein, sowohl dem Urteil der Kenner, wie dem Urteil der Massen muß standhalten können. Was die Massen, doch nicht den Kenner befriedigt, ist aus zu billigem Material gemacht und somit ohne Dauer; was nur den Kenner bewegt, doch nicht die Massen, wirkt lediglich durch seine Form und nicht durch den Inhalt und ist somit gleichfalls ohne Dauer."* (*An meine Sowjetleser*, 1938)

Spurensuche

Erste Spuren führen ins 16. Jahrhundert. Es ist die Zeit des großen Aufbruchs, es beginnt die Epoche, die die Historiker später unter dem Begriff ‚Neuzeit' einordnen werden. Die Europäer haben die Grenzen ihres Kontinents überschritten. Wissensdurstig und machtgierig stoßen verwegene Abenteurer aus Spanien und Portugal, England und den Niederlanden in unbekannte Länder und Erdteile vor. Mordend, brennend und raubend errichten sie das Zeichen ihres Gottes, und fast wahnsinnig vor Gier nach den scheinbar unerschöpflichen Goldmengen in den Tempeln der fremden Götter vernichten und unterdrücken sie die eingeborenen Völker. Das Zeitalter des Kolonialismus hebt an.

In der alten Welt hat der Rebell aus Wittenberg die Grundfeste der jahrhundertealten Ordnungsmacht erschüttert. Die Papstkirche, innerlich längst verfault und ein Spielball in den Händen der weltlichen Mächte, droht zunächst unter den schonungslosen Anklagen der Reformatoren fast ohne Gegenwehr zusammenzubrechen. Der Mönch Martin Luther hat eine Revolution bewirkt. Erst die Späteren werden den ganzen Umfang dieses Aufbegehrens erkennen. Es war weit mehr als eine Kirchenspaltung. Luther hat das soziale Gefüge der mittelalterlichen Welt zerstört.

Auch in Mittelfranken, dem Herrschaftsgebiet der Landgrafen von Nürnberg, spüren die Bürger die Folgen der Auflösung der alten Ordnung: Die jahrhundertelang unterdrückten und geschundenen Bauern stehen gegen ihre hochmütigen Herren auf, unterliegen aber in einem langen, blutigen Gemetzel schließlich. Der ‚Bundschuh' und der ‚Arme Konrad' leben bald nur noch in den Liedern des Volkes weiter, wenn es – heimlich die Faust wider die Obrigkeit ballend – vom Zerbrechen seiner Ketten träumt.

Im kleinen Städtchen Feuchtwangen an der Sulzach hat man Glück. Vom fürchterlichen Bauernkrieg bleibt man verschont. Eine Hinrichtung auf dem Marktplatz, willkommene Unterbrechung eines träge geregelten Alltags – mehr erleben Feuchtwangens Bürger von den Stürmen der Zeit nicht mit. Auch als zwanzig Jahre später die Truppen Karls V. im Schmalkaldischen Krieg plündernd durch Süddeutschland ziehen, kommen die Feuchtwanger einigermaßen glimpflich davon.

Schlecht ging es ihnen im übrigen auch vorher nicht. Ein Benediktinerkloster, im 9. Jahrhundert gegründet und ab 1197 sogar ein Chorherrenstift, brachte ihnen das notwendige Auskommen. Die Mönche, Kinder ihrer Zeit, waren längst verlottert und dem Sinnlich-Weltlichen zugetan wie jeder andere. Ein Chronist berichtet: „Die Stiftsherrn hielten es mit ihren Haushälterinnen, und ihrer Kinder waren genau soviele, daß man, wie eine alte Eingabe besagt, ein Dorf damit bevölkern könnte."

Und auch Juden gab es in Feuchtwangen. Das war nichts Besonderes. Immer wieder hatten sie sich überall dort in den christlichen Reichen Europas niedergelassen, wo Grafen und Fürsten, Könige und Kaiser es ihnen gestatteten. In der Regel gegen eine beträchtliche Bezahlung. Immer wieder auch wurden sie verjagt. Wartete ein gütiges Schicksal auf sie, dann durften sie wegziehen – gegen eine hohe Auslösesumme, versteht sich.

Es gab Schlimmeres. In Zeiten der Pest und des Hungers suchten die verzweifelten Menschen nach Gründen für den Zorn ihres Gottes. Waren da nicht die Hostienschänder und Entführer christlicher Kinder, die in grausigen Ritualmorden bereits den künftigen Sieg über die Christen feierten? Ein paar Worte nur genügten oft, und wie in einem Rausch zogen die Menschen in die Viertel der Juden. Sie erschlugen Männer und Frauen, Greise und Kinder. Die meisten von ihnen waren nicht bei Sinnen oder von einem religiösen Wahn befallen. Die Anführer aber rechneten schon aus, wieviel Zins sie dem toten Juden nun nicht mehr zu zahlen hatten. Die Geldschuld, jahrelang angehäuft, war auf einfache, sich immer wiederholende Weise getilgt.

Vergeblich die Hoffnung der Juden, daß die neue Freiheit des Christenmenschen auch ihr Elend beenden oder doch zumindest erleichtern würde. Der Doktor Martin Luther aus Eisenach wurde längst von seinen Gewaltvisionen heimgesucht. Der Preis für die ungeheure Willenskraft, fast einer ganzen Welt zu widerstehen, war hoch. Es wurde im Alter düster in seiner Seele, der gepeinigte Geist verdunkelte sich. Überall wähnte er Teufel und Papisten, die sein Werk zerstören wollten. So wurden die aufständischen Bauern, die doch gerade im Gefolge der Reformation die eigene Kraft neu entdeckten, bald zu „tollwütigen Hunden, die man totschlagen muß".

1543 erscheint seine Schrift *Von den Juden und ihren Lügen.* Ein böses Pamphlet, das die Vorurteile seiner Zeit demagogisch verwertet und die alten Verleumdungen erneuert. „Daher gibt man inen offt in den Historien schult, das sie die Brunnen vergifft, Kinder gestolen und zepfrimet haben wie zu Trent, Weissensee etc. Sie sagen wol Nein dazu. Aber, es sey oder nicht, so weis ich wol, das am vollen, gantzen, bereitem willen bey inen nicht feilet. Wo sie mit der that dazu komen köndten, heimlich und offenbar."

Eine schlimme Schrift für die Juden, deren Reichsschutz durch die zunehmende Entmachtung des Kaisertums ohnehin beträchtlich gesunken ist. Luthers Worte, wie auch die der katholischen Kirche, bescherten vielen Christen sogar noch ein gutes Gewissen, wenn sie die Judenviertel stürmten und niederbrannten. War das nicht ein rechter Dienst an Gott, die Jesusmörder zu schinden und zu morden? Wen wundert es da noch, daß die Juden zwischen 1540 und 1560 wieder einmal aus zahlreichen deutschen Städten verjagt wurden.

Im mittelfränkischen Feuchtwangen kam die Leidenszeit 1555. Ein Pogrom, dessen unmittelbarer Anlaß unbekannt ist, vertreibt die jüdischen Einwohner aus der Stadt. Die Verjagten zerstreuen sich in verschiedene Richtungen. Sie finden Unterschlupf in Schwabach bei Nürnberg und im oberpfälzischen Sulzbürg. Andere verschlägt es nach Pappenheim im Altmühltal.

Drei Brüder mit ihren Frauen und Kindern aber machen sich auf in die nächstgelegene Judensiedlung im bayrischen Fürth. Es wird eine dramatische Flucht. Zwei der Brüder werden unterwegs von herumvagabundierenden Volkshaufen gelyncht. Die anderen können sich unverletzt zur Fürther Judengemeinde durchschlagen. Fortan nennen sich die Überlebenden dieser Gruppe die „Feuchtwanger". Ebenso übrigens wie die Leidensgefährten in Schwabach, Sulzbürg und Pappenheim.

In der einzigen noch greifbaren *Geschichte der Stadt und des ehemaligen Stiftes Feuchtwangen* liest man darüber natürlich nichts. Der Verfasser, Kirchenrat Wilhelm Schaudig, füllte die Seiten seines 1927 erschienenen Werkes lieber mit den ehrenwerten christlichen Namen der zahlreichen Stiftsherren. Und im Jahre 1983 verschickte die Stadtverwaltung eine Zeittafel zur Geschichte ihrer Gemeinde, in der zwar die Pflasterung der Hauptstraße anno 1550 aufgeführt wird, die Vertreibung der Juden fünf Jahre später aber nicht. Seien wir gerecht: Feuchtwangens Stadthistoriker befinden sich da in vollem Einklang mit fast allen Heimatforschern in Deutschlands Städten und Gemeinden.

Elternhaus

Lion Feuchtwangers jüngerer Bruder Martin schreibt in seinen Erinnerungen: „Mein Vater wurde in Fürth in Bayern geboren und sein Vater auch in Fürth und dessen Vater ebenfalls in Fürth. Wahrscheinlich auch der Urgroßvater und wahrscheinlich auch der Ururgroßvater.“ Es sind also die Fürther Feuchtwangers, von denen der Schriftsteller Lion Feuchtwanger abstammt. Es sollte auch der bedeutendste Zweig unter den jüdischen Familien sein, die diesen Namen trugen.

Was die Fürther Feuchtwangers in den beiden Jahrhunderten nach der Vertreibung machten, ist nicht überliefert. Der erste, von dem die Familiengeschichte knapp berichtet, ist Jakob Löw Feuchtwanger. Er starb 1809. Sein Sohn Seligmann, der sich wie fast alle Erstgeborenen der Familie hebräisch Aaron Meir nannte, hatte ein angesehenes Silberwarengeschäft und 18 Kinder.

Die Familienchronik berichtet von einem bescheidenen Mann, der sein Geschäft schloß, wenn die Wochenausgaben verdient waren, und dessen Frau Fanny Wassermann das in die Ehe mitgebrachte schwarze Seidenkleid bis zu ihrem Tod bei allen festlichen Gelegenheiten trug. Ein Sohn, Abraham, hielt 1848 auf den Münchner Barrikaden hitzköpfige politische Reden und wurde ins Gefängnis geworfen. Er starb, wie 70 Jahre später sein Großneffe Lion, 1888 in Amerika.

Elkan, 1823 geboren, war das vierte der 18 Kinder Seligmanns. Er wurde Kaufmann, Goldschmied und Seifensieder. In Haidhausen bei München gründete er eine Margarinefabrik, die schon bald Zweigstellen in Rumänien, Holland und Ägypten besaß. Seine Frau Sarah Fürther kam aus Pappenheim, wo ebenfalls seit 300 Jahren Juden mit dem Namen Feuchtwanger lebten. Elkan und Sarah hatten sieben Kinder. Das älteste wurde am 2. März 1854 geboren. Sie nannten es Sigmund, hebräisch Aaron Meir. Es war der Vater des Schriftstellers Lion Feuchtwanger.

Er wurde wie seine Vorfahren Kaufmann. Aber es gab einen entscheidenden Unterschied: Sigmund Feuchtwanger wuchs bereits in einem materiell gesicherten Haushalt auf. Nach seiner Ausbildung übernahm er die Filiale des väterlichen Unternehmens in Kairo. Nach dem Tod des Vaters wurde er 1902 Eigentümer der Margarinefabrik „Saphir Werke“, die er bis zu seinem Ende 1916 zusammen mit zwei Brüdern leitete.

Sigmund Feuchtwanger war bayrisch-bodenständig. Er fühlte sich dem deutschen Bürgertum zugehörig und setzte, wie viele seiner Glaubensbrüder, auf eine allmähliche gesellschaftliche Assimilation der Juden. Er sprach wie alle Münchner Feuchtwangers – und das waren schließlich etwa 300, in ganz Bayern gab es über 600 Feuchtwangers – ein breites, kräftiges Bayrisch. Sohn Martin schreibt: „Er sagte nicht: Halt den Mund. Sondern: Halt die Goschen.“

Aber Sigmund Feuchtwanger blieb bei aller sonstigen gesellschaftlichen Anpassung dem Glauben seiner Väter treu. Er war ein orthodoxer Jude, der die Vorschriften seiner Religion ernst nahm und darauf achtete, daß seine Kinder sich nicht dem jüdischen Glauben entfremdeten. Der Sabbat wurde in der Familie Feuchtwanger geachtet, der Synagogenbesuch war Pflicht für alle.

Lion schreibt später: *„Meine Eltern hielten darauf, daß ich die umständlichen, mühevollen Riten rabbinischen Judentums, die auf Schritt und Tritt ins tägliche Leben eingreifen, minutiös befolgte. Die strenge Einhaltung der Speisegesetze und der Sabbat-Gesetze, die vielen langen täglich zu verrichtenden Gebete, der sehr häufige Synagogenbesuch, die zahllosen, umständlichen Gebräuche spannten das Leben in einen verzweifelt engen Rahmen. Auch mußte ich unter der Leitung eines Privatlehrers täglich mindestens eine Stunde dem Studium der hebräischen Bibel und des aramäischen Talmuds widmen.“ (Aus meinem Leben*, 1963) Zwänge, die dann bald zu den ersten Vater-Sohn-Konflikten führen sollten.

Ein Manager Ende des 19. Jahrhunderts litt in der Regel noch nicht unter den künstlich erzeugten beruflichen Streßerscheinungen der Wirtschaftsführer unserer Tage. Sigmund Feuchtwanger hatte nicht allzuviel Interesse an seinem Unternehmen. Die meisten Feuchtwangers arbeiteten in freien oder geistigen Berufen. Manch namhafter Arzt oder Anwalt trug diesen Namen. Auch das Münchner Bankhaus J. L. Feuchtwanger, zu dessen Kunden der berühmte Verfasser der *Buddenbrooks* zählte, spielte bis zu seiner Liquidierung durch die Nazis 1936 eine beachtliche Rolle in der bayrischen Wirtschaft.

Sigmund Feuchtwangers Liebe gehörte in seinem Privatleben der jüdischen Literatur und dem Disput über theologische Auslegungsfragen, den er meisterhaft beherrschte. Seine Sammlung althebräischer Werke war wertvoll und bedeutend. Nach seinem Tod erhielt sie die Oxforder

Universitätsbibliothek. Sehr bürgerlich für die damalige Zeit war ein anderes Hobby des Fabrikanten: die Briefmarkensammlung.

Zeitgemäß auch sein tiefes Interesse für die Werke Goethes, Schillers und Shakespeares oder für die damals modernen Autoren Paul Heyse und Gerhart Hauptmann, während seine Vorliebe für Frank Wedekind schon weniger typisch war. Die Ideale des deutschen Bildungsbürgertums wurden von ihm mitempfunden, und die Liebe zur Literatur beeinflußte vor allem den ältesten Sohn. Er wuchs mit Büchern auf.

Das Elternhaus Lion Feuchtwangers war politisch konservativ. Der Patriotismus – Großvater Elkan war 1866 stolzer Teilnehmer der Schlacht von Königgrätz – blieb bayrisch und wurde nicht preußisch-kleindeutsch. Wenn Sigmund Feuchtwanger dabei mehr der nationalliberalen als der ultra-konservativen Seite zuneigte, dann aus der Erkenntnis, daß nur ein Aufstieg des Bürgertums auch der Emanzipation der deutschen Juden eine Chance bot.

Sozialdemokrat – wie eine Münchner Zeitung vor ein paar Jahren schrieb – war er nie. Allerdings sah er in der Arbeiterbewegung nicht – wie die meisten seiner bürgerlichen und konservativen Zeitgenossen – den Klassenfeind, den zu bekämpfen Pflicht des Staates sei. Dies wohl weniger, weil Sigmund Feuchtwanger ein besonders soziales Engagement verspürte, sondern aus einem tiefen, fast schon stur zu nennenden Gerechtigkeitsempfinden. Er war auf seine Weise – wie später der berühmte Sohn – ein Wahrheitssucher.

Für die Kinder war er Respektperson und außerhalb der Mahlzeiten und der jüdischen Festlichkeiten weitgehend unsichtbar. Aber seine Freude an der Diskussion, sein großer Bildungsdrang machten ihn für seine Familie häufig zu einem großen Erzähler. „Er konnte uns Kindern am Mittag von der Verschiedenheit der Auslegungen von Hilliel und Schamai erzählen und fünf Minuten später von der Tücke der Elisabeth gegenüber der Maria Stuart oder von den Schönheiten der versunkenen Glocke. Altjüdische Gelehrsamkeit und neue deutsche Literatur in einem Topf.“ (Martin Feuchtwanger)

Im Wohnzimmer hing eine Lithographie, die Lessing, Moses Mendelssohn und Lavater zeigt. Sie deutet die andere Seite des Lebens eines jüdischen Bürgers im wilhelminischen Deutschland um die Jahrhundertwende an. Noch einmal aus den Erinnerungen von Lions Bruder Martin: „Auch über dieses Bild sprach der Vater immer wieder lange und mit Begeisterung. Er erzählte von Lessing, wie Lessing gelehrt habe, daß alle Religionen, Judentum, Christentum und mohammedanische Religion gleich wertvoll seien, er erzählte von Nathan dem Weisen und von der Geschichte von den drei Ringen. Und an der Intensität seiner Ausführungen erkenne ich in der Rückerinnerung, daß es mit der Gleichheit und der Emanzipation doch noch nicht so weit her war und daß mein Vater doch irgendwie darunter gelitten haben muß, obwohl er Vermögen und großes Einkommen hatte, eine geachtete Frau, geratene Kinder, ein angesehenes Haus und obwohl man ihm allgemein mit Achtung entgegen kam. Er fühlte, daß der andere fühlte, daß er nicht ganz dazugehörte, daß er ein Jude war, etwas Minderes." Ein Thema, das auch den Sohn Lion ein Leben lang nicht loslassen sollte.

Im August 1883 hatte Sigmund Feuchtwanger die ebenfalls wohlhabende Darmstädterin Johanna Bodenheimer geheiratet. Sie war zehn Jahre jünger und sollte ihm neun Kinder gebären. Über diese Ehe weiß man wenig; so etwas war damals auch, im Gegensatz zu heute, kein Thema. Immerhin, das familiäre Rollenspiel blieb zeitgemäß: Johanna führte den großen Haushalt und die Dienstboten.

Sie war keine auffallend schöne Frau, ernst und ordnungsliebend. Kleinbürgerliche Züge waren ihr nicht fremd: Ihre ständigen Auseinandersetzungen mit den Dienstboten, die von ihr ausdrücklich betonten Klassenunterschiede zwischen Personal und Herrschaft forderten von dem gebildeten, menschenfreundlichen Ehemann wohl mehr als einmal geduldige Nachsicht. Später, als der älteste Sohn dem Münchner Boheme-Leben zuneigte, fand er bei der Mutter wenig Verständnis. Die bürgerliche Reputation des Namens Feuchtwanger schien ihr durch diesen Lebenswandel denn doch arg gefährdet. Johanna Bodenheimer sollte ihren Mann um genau 10 Jahre überleben, sie starb 1926.

Kindheit

Zwei Jahre nach Lions Geburt war die Familie nach einem Brand 1886 von der Hildegardstraße in das Haus Annaplatz 2 gezogen. Das stattliche Bürgerhaus im Münchner Stadtteil Lehel wurde im Inferno der Bombennächte des Zweiten Weltkriegs zwar erheblich zerstört, steht aber noch heute. Gegenüber liegt die St. Anna-Kirche; die Synagoge wenige Ecken weiter ist verschwunden. Vor der Jahrhundertwende war dies auch die Wohngegend des wohlhabenden Bürgertums – nicht so exklusiv wie die Arcisstraße, wo sich die jüdische Gelehrtenfamilie Pringsheim ihr Stadtpalais errichtet hatte und wo zwei Jahrzehnte später der Erfolgsautor der *Buddenbrooks* um die Hand der schönen Tochter des Hauses anhielt, aber doch, die Feuchtwangers wohnten standesgemäß. Der Annaplatz wurde für Lion und seine Geschwister zur Heimat ihrer Jugend.

Rein äußerlich eine geborgene Kindheit. In den Straßen und Hinterhöfen spielen Juden- und Christenkinder noch unbeschwert von den Vorurteilen der Erwachsenen miteinander. Alle haben die gleiche Angst vor dem ‚Herrn Gendarm', der in seiner königlich-bayrischen Uniform herumstolziert, als säßen die ‚Saupreußen' noch immer auf ihren märkischen Sandböden. Und die Franziskanermönche, die vom Kloster zur St. Anna-Kirche huschen, geben allen die Hand, ob Judenkind oder Christenbub. Die einen sagen dann ‚Gelobt sei Jesus Christ', die anderen bleiben stumm.

Die Erziehung war, läßt man einmal das jüdisch-religiöse beiseite, konservativ. Sauberkeit und Ordnung, Fleiß und Disziplin wurden verlangt, oft nur um der Form willen. Aber es blieb den Kindern die Freiheit der Wohlhabenden. Das Küchenmädchen wurde gehänselt, der glatzköpfige Hauslehrer, Herr Wetzlar, geärgert und die täglich ins Haus kommende kleine verwachsene Schneiderin Mariechen und ihre Nähmaschine bestaunt. Ferienwochen an den bayrischen Seen oder in den Bergen. Eine bürgerliche Idylle?

Lion war klein. Inmitten seiner recht großgewachsenen Geschwister blieb der Älteste körperlich unterlegen. Hinzu kam eine besonders auffallende manuelle Ungeschicklichkeit. Die Brüder und Spielkameraden hänselten ihn. Er zog sich zurück, wurde schüchtern und blieb es sein Leben lang. Er baute sich seinen inneren Schutzwall auf. Geistig von rascher Auffassungsgabe, fand er in der Bibliothek des Vaters bald Ersatz für manche Kränkung.

Lion las viel und lernte leicht. Bald fühlte er sich den Gleichaltrigen geistig überlegen und war es wohl auch. Fragte man ihn etwas, antwortete er ziemlich arrogant: „Das verstehst du doch nicht." Die Mutter blieb ihm gegenüber kühl und reserviert. Eine viktorianische Kindheit.

Die Volksschule in seinem Viertel war einklassig und derb. Klassenunterschiede gab es hier nicht, und ein Jude war israelitisch, ein Christ katholisch oder protestantisch. In den Erinnerungen von Martin Feuchtwanger, denen wir manche Information aus dem Leben am Annaplatz verdanken, heißt es lapidar: „Den wichtigsten Satz, den man erlernte und der einen in den Schlaf verfolgte, war: Bayern ist mein Heimatland, weil ich hier geboren und erzogen wurde. Erst viel, viel später wurde ich gewahr, daß in allem, was man lernte, Feindseligkeit gegen die Preußen steckte."

Lion hatte es auf der Schule nicht schwer. Ihm blieb das Schicksal eines Thomas Mann oder Hermann Hesse erspart. Er wurde nicht vom lebenslangen Trauma des gescheiterten und gedemütigten Schülers gepeinigt. Hanno Buddenbrooks alptraumartige Lateinstunde oder Hans Giebenraths Verzweiflung an dem Leben, das die Erwachsenen von ihm forderten, erlebte er nicht.

Aber der scheue Knabe litt in dieser Zeit zum ersten Mal an seinem Judentum. Er durfte am Sabbat nicht zur Schule gehen, später beim Umziehen in der Turnstunde wurde der kleine Miniaturgebetsmantel, der Arba Kanfot, für die Klassenkameraden sichtbar. Nur besonders fromme Juden tragen ihn ständig unter der Kleidung. Lion fühlte sich als Außenseiter.

Im Rückblick auf diese Zeit schreibt er Jahrzehnte später: „*Wiewohl ich mich mit meinen Schulkameraden gut vertrug und wiewohl wir zu Hause unser Deutsch mit dem gleichen breiten, kräftigen bayrischen Akzent sprachen wie alle anderen und am bayrischen Leben teilnahmen, soweit das die jüdischen Bräuche eben zuließen, fand ich mich von früh an gründlich verschieden von den anderen. Von meinen Eltern trennten mich tiefe und jugendlich hochmütige Zweifel an ihren Bräuchen und Meinungen, von meinen Lehrern und Kameraden trennte mich meine Vertrautheit mit allem, was jüdische Theologie anging.*“(*Aus meinem Leben,* 1963)

Er wird 10 Jahre alt, und es kommt zum ersten Konflikt mit dem Vater. Lion lehnt sich gegen die orthodoxe Erziehung auf, er verweigert das strenge Einhalten der jüdischen Gesetze. Für Sigmund Feuchtwanger der Beginn einer tiefen Enttäuschung. Nie wird er seine Kinder mehr ganz verstehen können, die nach und nach ihre Strenggläubigkeit verlieren. Vor allem im Verhältnis zu Lion entsteht eine Kluft, die beide bald nicht mehr überbrücken können.

Es spricht für den Vater, daß er dem Sohn später trotz des wachsenden Zerwürfnisses die finanzielle Unterstützung nicht entzieht, bis dieser sie selbst zurückweist. Den großen literarischen Ruhm des Sohnes sollte Sigmund Feuchtwanger nicht mehr erleben, dem Weg dorthin stand er keineswegs verständnislos gegenüber. Nicht ohne Stolz nahm er noch die ersten wissenschaftlichen und literarischen Erfolge zur Kenntnis. Trotzdem, Lion bleibt der verlorene Sohn.

Das Auseinanderleben in der Familie Feuchtwanger ist kein Einzelfall, aber es sollte für den Sohn große Bedeutung gewinnen. Auch wenn die Trennung vom Elternhaus äußerlich erst erheblich später erfolgte, seine Jugend wird von diesem Konflikt mitbestimmt.

Ernst Schulin hat in seinem Aufsatz über die Familie Rathenau auf Untersuchungen hingewiesen, die sich mit den Vater-Sohn-Konflikten in jüdischen Kaufmannsfamilien beschäftigen. Schulin zitiert dabei eine Arbeit von Hans Dieter Hellige, die in unserem Zusammenhang äußerst aufschlußreich ist. Hellige schreibt: „Daß zwischen Generationskonflikt und Aufbegehren gegen kapitalistische Zweckrationalität sowie dem Drang zu einem künstlerischen, zweckfreien Beruf zwar kein Automatismus, aber doch ein struktureller Zusammenhang besteht, zeigt der Umstand, daß unter den deutschen Schriftstellern der Wende vom 19. zum 20. Jahrhundert die Söhne von Kaufleuten, Bankiers und Unternehmern und unter diesen eindeutig die jüdischen überrepräsentiert sind...“

Stefan Zweig, Hugo von Hofmannsthal, Carl Sternheim, Maximilian Harden, Walther Rathenau, Egon Friedell und eben auch Lion Feuchtwanger – eine beachtliche Namensliste, die diese These zumindest bemerkenswert erscheinen läßt.

Der jüdische Fabrikantensohn Stefan Zweig weist in seinem Erinnerungsbuch *Die Welt von gestern* auf ähnliche Zusammenhänge hin: „Unbewußt sucht etwas in dem jüdischen Menschen, dem moralisch Dubiosen, dem Widrigen, Kleinlichen und Ungeistigen, das allem Handeln, allem bloß Geschäftlichen anhaftet, zu entrinnen und sich in die reinere, die geldlose Sphäre des Geistigen zu erheben, als wollte er – wagnerisch gesprochen – sich und seine ganze Rasse vom Fluch des Geldes erlösen. Darum ist auch fast immer im Judentum der Drang nach Reichtum in zwei, höchstens drei Generationen innerhalb einer Familie erschöpft, und gerade die mächtigsten Dynastien finden ihre Söhne unwillig, die Banken, die Fabriken ... ihrer Väter zu übernehmen."

Walther Rathenau, auch ein „Betroffener", formuliert dies allgemeiner: „Das Gesetz des Kontrastes, das die Generationen sondert, zwingt zur stillen und jähen Opposition der Söhne gegen die Väter."

Für noch einen, für Franz Kafka, gewann die Vatergestalt eine überragende Bedeutung. Sein nie abgeschickter, in einer langen, selbstquälerischen Nacht verfaßter Brief an den Vater, jüdischer Händler und Kaufmann in Prag, ist ein Aufschrei gegen das nie überwundene Über-Ich: „Nur eben als Vater warst Du zu stark für mich."

So bedeutend diese Hinweise auf die Söhne des bürgerlichen Judentums dieser Zeit sind, sie können nicht isoliert gesehen werden. Die Auseinandersetzung mit dem Vater griff auch tief in das Leben nichtjüdischer Bürgerfamilien ein. Thomas Mann hielt 1930 in seinem Essay *Lübeck als geistige Lebensform* fest: „Wie oft im Leben habe ich mit Lächeln festgestellt, mich geradezu dabei ertappt, daß doch eigentlich die Persönlichkeit meines Vaters es sei, die als geheimes Vorbild mein Tun und Lassen bestimme."

Der Generationen-Konflikt ist so alt wie die Menschheitsgeschichte. Aber die Form, in der er ausgetragen wird und seine psychischen Auswirkungen hängen entscheidend von den gesellschaftlichen Strukturen ab.

Das Ende des 19. Jahrhunderts war bereits von einem tiefen Umbruch gekennzeichnet. Der Bau der Eisenbahn, die Erfindung der Dampfmaschine hatten die in Jahrhunderten gewachsene regionale Zusammengehörigkeit zerstört und die sozialen Umwälzungen die alten Klassenverhältnisse nachdrücklich in Frage gestellt.

1878 – die Bismarckschen Sozialistengesetze stehen vor der Tür – läßt Innenminister Graf Eulenburg protokollieren: „In der Familie, in der

Gemeinde, im Staat, überall trete Opposition nicht als berechtigte Kritik, sondern als Auflehnung gegen menschliches und göttliches Gesetz unter Verhöhnung der Religion auf." Die Autoritäten des bürgerlichen Zeitalters standen vor der Abdankung.

Die Söhne spürten dies zuerst, die Väter wehrten sich ohne Überzeugung oder doch zumindest tief verunsichert. Schließlich resignierten sie oder klammerten sich aggressiv, bis zur Selbstzerstörung des Geschaffenen, an die Wertvorstellungen einer untergehenden Epoche. Wer jedoch als Jude in dieser Zeit aufwuchs, erlebte die Bindungslosigkeit, die Verstörtheit des Ausgesetzten doppelt.

Lion Feuchtwanger hat sich später fast überhaupt nicht über die Trennung vom Elternhaus geäußert. In seinem Inneren aber hinterließ sie deutliche, traumatische Spuren. In beinahe allen seinen Romanen gewinnt das Vater-Kind-Verhältnis eine unübersehbare dramaturgische Bedeutung. Der Verlust des Kindes wird zur Tragödie vieler seiner „Helden", zum Scheitelpunkt ihrer Existenz. Der jüdische Schriftsteller Flavius Josephus erwacht erst dann aus seinem „kosmopolitischen" Traum von einem Leben zwischen Römern und Juden, als seine Söhne für ihn verloren sind. Der Münchner Rechtsanwalt und SPD-Politiker Siegbert Geyer zerbricht an der unerwiderten Liebe zu seinem gestrandeten, unehelichen Sohn *(Erfolg)*. Der Möbelfabrikant Martin Oppermann muß hilflos miterleben, wie sein einziges Kind durch die Demütigungen eines Nazi-Lehrers in den Selbstmord getrieben wird. Sepp Trautwein, dessen Frau am Exil-Leben verzweifelte, bleibt vereinsamt zurück, als der Sohn Hanns in die Sowjetunion geht. Der alte Benjamin Franklin bleibt auch im Augenblick seines diplomatischen Triumphes getroffen vom Verrat seines Sohnes William an der amerikanischen Revolution *(Die Füchse im Weinberg)*. Der württembergische Hofjude Süß Oppenheimer, der königlich-spanische Ratgeber Jehuda Ibn Esra *(Die Jüdin von Toledo)* und der alttestamentarische Richter Jefta aber bringen ihre geliebten Töchter zum Opfer, weil sie sich von ihrem hochmütigen Aufbegehren gegen eine Welt der Dummheit und des Mittelmaßes, von ihrem steilen, scheinbar unerschütterlichen Aufstieg zur Macht blenden lassen.

Noch eines weist auf tiefenpsychologische Zusammenhänge zwischen Leben und Werk Feuchtwangers in diesem Punkt hin. Nach seiner Eheschließung 1912 wird er Vater einer Tochter. Sie stirbt schon nach wenigen Wochen. Marta Feuchtwanger schreibt in ihren Erinnerungen: „Das Kind von Lion Feuchtwanger und mir liegt in dem ländlichen Friedhof von Pietra Ligure begraben. Auf dem Grabstein hat Lion den Spruch meißeln lassen: Aliena in terra – sub terra aliena (In fremdem Lande – unter fremder Erde). Er war wieder in die Trostlosigkeit seiner Münchner Jahre verfallen."

Der doppelte Verlust von Vater und einzigem Kind ist für Lion Feuchtwanger neben seinem Judentum, neben der geistigen Hinwendung zu den asiatischen Weisheitsphilosophien und neben den politischen Umwälzungen, die er miterlebte, zu einer der entscheidenden Konstanten in seinem Werk geworden.

Gymnasiast

Kehren wir zurück in das Haus am Annaplatz und in das Jahr 1894. Lion Feuchtwanger kommt auf das Münchner Wilhelm-Gymnasium. Auch hier bleibt es dabei: Der Schüler Feuchtwanger hat keine Lernschwierigkeiten, allenfalls langweilt er sich in einem streng reglementierten Paukunterricht. 1933 schreibt er: *„Ich wurde humanistisch erzogen, lernte lateinische und griechische Syntax und viele Zahlen aus der antiken Geschichte. Es war eine pedantische, nüchterne Ausbildung ohne Zusammenhang mit dem realen Leben, ohne Sport, konservativ, patriotisch. Man lernte Mathematik und Verslehre nach der gleichen Methode, man lernte nach strengen Gesetzen, deutsche, lateinische und griechische Verse schreiben.“* (*Selbstdarstellung*, 1933)

Das humanistische Gymnasium ist zu jener Zeit schon heftig umstritten. Im sogenannten „Schulkrieg“ fordern seine Gegner auch andere gymnasiale Zweige, die zum Abitur führen. Der wilhelminische Staat braucht Techniker, Verwaltungsbeamte und Führungsnachwuchs für die Wirtschaft. Das erfordert differenzierte Ausbildungswege. Der Kaiser, selbst auf einem humanistischen Gymnasium in Kassel gequält und gelangweilt, erweist sich als Befürworter moderner Bildungsgänge an den Schulen des Reiches. Allerdings in erster Linie aus politischen Gründen. Auf der Schulkonferenz von 1890 spricht der Monarch höchstselbst ein Machtwort: „Wenn die Schule das getan hätte, was von ihr zu verlangen ist, ... so hätte sie von vornherein von selber das Gefecht gegen die Sozialdemokratie übernehmen müssen.“

Aber – wie auch immer die Lehrplangestaltung aussah – das Gymnasium bleibt das Tor zum sozialen Aufstieg. Es berechtigte zum Universitätsstudium, wer die „Matura“ schaffte, konnte mit einer relativ gesicherten Berufsexistenz rechnen. Wer die Schulmütze eines Gymnasiums trug, besaß später zudem das Privileg, sein Patent als Reserveoffizier zu erdienen, was im wilhelminischen Staat dem gesellschaftlichen Prestige nachdrücklich zugutekam.

Zwischen 1860 und 1907 – dem Jahr, in dem Lion Feuchtwanger die Universität endgültig verließ – sank der Anteil der Kinder höherer Beamter, Ärzte und Unternehmer zwar von über 50 auf 35 Prozent, da die Söhne und (vereinzelt) Töchter des Mittelstandes nach oben strebten, aber Arbeiterkinder blieben auf den deutschen Gymnasien noch lange eine Seltenheit. Zu viele im übrigen sollten diesen Schulzweig ohnehin nicht besuchen. Eine gute Bildung, das wußte man im Untertanenstaat, verführt bekanntlich manchen Jüngling zu selbständigen, möglicherweise sogar politisch gefährlichen Gedanken.

Das Wilhelm-Gymnasium hatte in München einen guten Ruf und später noch manchen namhaften Zögling wie etwa Katja Pringsheim, die Thomas Mann heiratete, oder Johannes R. Becher, der als expressionistischer Lyriker und Kultusminister der DDR bekannt wurde. „Im Gymnasium", so beschreibt Martin Feuchtwanger die Atmosphäre, „herrschte eine eiserne Disziplin. Der Rektor war ein uraltes Männchen, ein Adliger, ein getaufter Jude, angetan mit einem vornehmen Gehrock und einem spiegelblanken Zylinder. Zu Schulbeginn versammelte er alle Professoren und die tausend Gymnasiasten in der Aula. Er betrat den Saal und sagte mit einer krächzenden Fistelstimme: Ruhe! Dann ließ er eine Pause von zwei Minuten eintreten und weidete sich an der lautlosen Ruhe in der Halle, an der Regungslosigkeit der tausend Köpfe und Körper."

Trotzdem, der Schüler Lion Feuchtwanger bleibt von den pseudopädagogischen Ritualen seiner Gymnasiastenzeit nahezu unberührt. Er schreibt später keinen *Professor Unrat* oder muß sich nicht mit einem Werk wie *Unterm Rad* von den seelischen Zwängen einer unüberwundenen, gepeinigten Schulkindheit befreien. Das deutsche Gymnasium bleibt für ihn die Stätte einer *„prüden"* Ausbildung, in der *„Disziplin, Würde, gipserne Antike, Heuchelei herrschte"* (*Selbstdarstellung*, 1933). Wenn er überhaupt daran zurückdenkt, dann mit viel Ironie wie in seinem 1935 veröffentlichten kleinen Bericht *Der Autor über sich selbst.* Da heißt es spöttisch: *„Er* (der Schrifsteller L. F.) *wurde von insgesamt 98 Lehrern in 211 Disziplinen unterrichtet, darunter waren Hebräisch, angewandte Psychologie, Geschichte der altbayerischen Fürsten, Sanskrit, Zinseszinsrechnung, Gotisch und Turnen, nicht aber waren darunter englische Sprache, Nationalökonomie oder amerikanische Geschichte. Der Schriftsteller L. F. brauchte 19 Jahre, um von diesen 211 Disziplinen 172 vollständig in seinem Gedächtnis auszurotten. Es wurde im Laufe seines Unterrichts der Name Plato 14 203mal, der Name Friedrich der Große 22 641mal, der Name Karl Marx keinmal genannt."*

Allerdings, die Leichtigkeit dieser Sätze darf nicht täuschen, Lion Feuchtwanger mußte hart lernen. Die Schule forderte einen hohen Leistungseinsatz, und der Vater ließ nicht locker: Bei einem jüdischen Lehrer mußte der älteste Sohn weiterhin seine Hebräisch-Kenntnisse ausbauen, Bibel und Talmud studieren. Freiheit gab es nur in den Ferien,

Unbeschwertheit nur bei den damaligen Freuden der Jugend des Landes Bayern: Schwimmen in den Alpenseen, Bergsteigen und Radfahren.

Die strenge geistige und zeitliche Disziplin, die Schule und Elternhaus von ihm verlangten, beurteilte Feuchtwanger später aber auch positiv. Durch sie, so schreibt er, habe er „Gründlichkeit und Methode" gelernt.

In seine Gymnasiastenzeit fallen auch die ersten literarischen Versuche. Die umfangreiche häusliche Bibliothek und die Theaterbegeisterung des Vaters gewinnen immer stärker sein Interesse, geben erste wichtige Hinweise. Sehr bald schon fällt den Klassenkameraden das Formulierungstalent ihres stillen Mitschülers auf. Er wird ausgewählt, ein Festspiel zu Ehren des greisen Prinzregenten Luitpold zu verfassen, dessen 70. Geburtstag die Schule feiern will. *„Ich war damals 13 Jahre alt. Ich hatte eine leichte Hand, und es geriet mir ein schönes, allegorisches Spiel. Eine Büste des Regenten stand in der Mitte; Schüler des Gymnasiums umstanden sie und behaupteten, sie seien die Architektur oder die Dichtkunst..."* (*Wie ich meine erste Dichtung schrieb*, 1928)

Es wurde ein Schülererfolg. Der Rektor lobte, der Regent schickte eine Auszeichnung, eine Zeitung druckte nach, und es gab ein Honorar.

Aber auch erste Zweifel. Als der Schulleiter ihm die Auszeichnung überreicht, empfindet der 13jährige Hohn und Scham über die Szene. *„Der Gegensatz zwischen der von mir errichteten Gipsbüste des Regenten, die alle mir zu glauben vorgaben, und dem wirklichen, von allen gekannten Bild des Fürsten, eines kleinbürgerlichen, egozentrischen, rechenhaften, im übrigen nicht ungemütlichen alten Mannes, der Gegensatz also zwischen der offiziellen Wahrheit und der wirklichen, wurde der Gegenstand meiner ersten erlebten Dichtung."* (*Wie ich meine erste Dichtung schrieb*, 1928) Und das war ein Versdrama, in dem der idealistische Held ständig die Wahrheit sagt und darüber natürlich jämmerlich scheitert.

Eng damit zusammen hängt das zweite Erlebnis, von dem Feuchtwanger aus seiner Schulzeit berichtet. Ein Jahr vor der Festspielaufführung erklärt ein Mitschüler dem 12jährigen Lion, neidisch auf sein von Lehrern und Klassenkameraden hochgelobtes Schreibtalent, das, was er mache, sei alles „Dreck". Das einfachste wirkliche Erlebnis sei sinnvoller als all seine Verseschmiederei. *„Wir waren in der Badeanstalt, es war früh im Jahr, ich war blau vor Kälte und wußte, noch ehe er zu Ende war, daß er recht hatte."* Wenig später erschoß sich dieser Schüler, weil er sitzenbleiben sollte.

Nicht von ungefähr erzählt der über 40jährige, inzwischen weltberühmte Künstler, von diesen noch in der Kindheit liegenden Erfahrungen mit seinen ersten kleinen schriftstellerischen Versuchen. Die Wahrheit zu suchen, sie nicht zu verdrängen, sie trotz aller Irrationalität des menschlichen Seins und trotz der großen ideologischen Lügen der Zeit zu finden und auszusprechen – dies wird eine der tragenden Ideen in seinem Werk, Wahrheit und Vernunft sind zwei Schlüsselworte im Leben und in den Büchern Feuchtwangers.

Viele seiner Zeitgenossen haben ihm später gerade deswegen sehr häufig Naivität vorgeworfen. Es hat ihn selten bekümmert.

Frühe Empörung

1903 macht der 19jährige sein Abitur. Ein entscheidendes Datum für ihn, denn der Bruch mit seiner Familie ist nun bald auch äußerlich vollzogen. Wenige Jahre später wird er das Elternhaus verlassen, sich in der Altstadt ein Zimmer nehmen und auf jede finanzielle Unterstützung durch den wohlhabenden Vater verzichten. Entscheidend für diesen konsequenten Schritt ist die unnachgiebige Forderung Sigmund Feuchtwangers an den Sohn, streng den jüdischen Glaubensvorschriften zu folgen; die zermürbenden, jahrelangen Auseinandersetzungen mit den Geschwistern, die das tägliche gemeinsame Mittagessen begleiten, treiben den Ältesten ebenso aus dem Haus wie der häufige Spott des Vaters und die Kälte der Mutter.

Aber es ist mehr: Lion will mit seiner Unabhängigkeit, mit dem Lösen von der elterlichen Gewalt auch seine frühe Ablehnung der Welt des wilhelminischen Bürgertums demonstrieren. Die Risse in der glänzenden Fassade seines „Milieus“, die verlogene Doppelmoral einer in sexuellen Fragen immer noch viktorianischen Gesellschaft, der Provinzialismus bayerischer Selbstgerechtigkeit, die „ungeistige“ Materialisierung der Zeit als Folge der stürmischen und immer wieder von Krisen begleiteten Industrialisierung – es gibt vieles, was dem frischgebackenen Abiturienten an seiner Zeit und ihrer Gesellschaft tief mißfällt.

Allerdings, Lion Feuchtwanger rebelliert nicht aus politischen Gründen, sondern es ist eine moralisch-ästhetische Auflehnung, wie sie mancher seiner Altersgenossen in diesen Jahren durchlitten hat. Ein Protest, der nicht etwa von den Ideen des Karl Marx oder Ferdinand Lassalle gespeist wurde, sondern von den anti-bürgerlichen Gedanken eines August Strindberg, Oscar Wilde oder Heinrich Mann. Er flieht in die Literatur, in die Philosophie, in die Welt des Theaters. Andere wiederum glaubten in diesen Jahren in der Wiederentdeckung der Natur, im Verweigern der verachteten Zivilisation neue Lebensinhalte zu finden.

Im Elternhaus ist es jedoch eine Empörung, die der Haltung des Vaters nicht gerecht wird. Denn der liberale Sigmund Feuchtwanger war bereit, dem literarisch interessierten Sohn auch einen „brotlosen“ Beruf zu ermöglichen. Allein, der Glaube der Väter, das uralte Vermächtnis des vertriebenen Volkes ließ eine Heilung des Bruchs nicht zu. Eltern und Sohn trafen sich auch noch danach, vor allem die Mutter hielt darauf, daß die Form gewahrt wurde, aber die Wege hatten sich getrennt.

Der junge Mann, der da ins Leben tritt und äußerlich so kühl und selbstsicher alles von sich wirft – er leidet an sich selbst. Er ist 165 Zentimeter groß, also recht klein, wiegt 60 Kilogramm, hat dichtes dunkelblond gewelltes Haar. Das kindliche Gesicht wird beherrscht von zwei Augengläsern, die starke Kurzsichtigkeit läßt sich nicht verbergen. Die Stimme ist hell, nicht immer angenehm. Der literarische Ästhet ist kein schöner Mann, und er weiß darum. Schwere Jahre: Lion Feuchtwanger ist ein sinnlicher Mensch, die Beziehungen zu Frauen werden in seinem Leben (und in seinem Werk) ein beachtliche Rolle spielen. Der Weg zu ihnen ist für den schüchternen, gehemmten Studenten der philosophischen Fakultät zunächst nicht leicht.

In das Abiturjahr 1903 fällt auch die erste Buchveröffentlichung. In der „Allgemeinen Taschenbibliothek“ des Münchner Monachia-Verlages – die „dem gebildeten Publikum in einer besonders handlichen, überall mitzunehmenden Ausgabe die besten neueren Autoren“ bietet – erscheinen zwei Prosaskizzen unter dem für sein damaliges Lebensgefühl bezeichnenden Titel *Die Einsamen*. Sie erzählen vom Scheitern des Menschen in der Bindungslosigkeit, von der Einsamkeit einer von der Gesellschaft aufgezwungenen Isolation des „Außenseiters“. Auch vom Hochmut der Macht und des Ruhms.

Die erste Skizze, *Wenn Menschen Götter werden*, schildert das sonderbare Leben des Hans Schulerer: „*Mit zehn wurde er Gymnasiast, mit zwanzig Student, mit dreißig Privatdozent, mit vierzig außerordentlicher, mit fünfundvierzig ordentlicher Professor, mit fünfzig berühmt, mit fünfundfünfzig verrückt, und mit sechzig ist er gestorben.*“ Das literarische Vorbild des Hans Schulerer ist unübersehbar der Philosoph Friedrich Nietzsche, dessen Werk die Intellektuellen um die Jahrhundertwende faszinierte. „*Mit wuchtigen Hieben*“, so schildert Feuchtwanger eine Vorlesung seines Helden, „*zerschmetterte er die alten Götzen. Krachend sanken sie unter seinen Streichen. Und an die Stelle der Lügen, die ein Jahrtausende altes Vorurteil der Menschheit eingeimpft, setzt er das neue Ideal: die Wahrheit.*“ Eine Szene, die ziemlich exakt beschreibt, was die neue Generation an Nietzsches Werk und Person fesselte. Aber der junge Erzähler läßt auch die eigenen Zweifel an der Nietzsche-Begeisterung seiner Zeit durchblicken: „*Von Wagner kam er auf Goethe, von Goethe auf Spinoza, von Spinoza auf den Egoismus, vom Egoismus auf die Moral, von der Moral auf Darwin, von*

Darwin auf die gesellschaftliche Ordnung – ein toller Wirbeltanz von genialen und wahnsinnigen Ideen."

Die zweite Skizze, *Und die Schwingen, die Schwingen gebrochen!*, schildert das einsame Leben des Jochen Birke, eines Ausgestoßenen, der durch die Ablehnung, die er in der Gesellschaft erfährt, selbst düstern und hart wird. Und sie erzählt auch von Empfindungen, die den Autor in diesem Lebensabschnitt bewegen. *„Aber in den Jahren wuchs auch der Drang in ihm, sich auszusprechen. Er wollte einen Menschen finden, an den er sich anschließen könnte. Er wollte sein wie die anderen und lachen und fröhlich sein wie die anderen.*" Der Ton dieser kleinen Erzählungen ist spöttisch, die gespielte Souveränität des Autors entspricht dem Zeitgeist. Literarisch noch recht belanglos, sind sie jedoch biographisch von Interesse. Denn in ihnen ist nicht nur viel von den theoretischen Auseinandersetzungen, die der 19jährige mit seiner Zeit austrägt, in Literatur umgesetzt worden, sondern auch manches von den seelischen Erschütterungen, von dem „einsamen" Lebensgefühl, das der Erzähler in diesen Lebensjahren verspürt. Es wird lange dauern, bis der Verlust des Glaubens, die Trennung vom Vater und die Ablehnung des „Ich" überwunden sind. Ganz gelingt dies nie, aber wenn das Ziel gefunden und das Talent ausgereift ist, wird sich dieser „arge Weg der Erkenntnis" als ungemein schöpferisch erweisen.

Äußerlich ist von diesen Konflikten kaum etwas zu merken. Die Zurückweisung bürgerlicher Konventionen hält ihn nicht davon ab, „ordentlich" und gewissenhaft die Universität zu besuchen.

Feuchtwanger studierte in München und ab 1905 vier Semester in Berlin. Die zwei Jahre in der lärmenden, neureichen Hauptstadt des Reiches bleiben Episode. Allerdings, die Theaterszene, auf der Max Reinhardt mit seinen aufsehenerregenden Inszenierungen erste große Erfolge feiert, beeindruckt ihn und erweitert den Blick für die neuen Formen des Theaters. Sicher gibt ihm Reinhardt wichtige Anstöße für eigene Bühnenarbeiten. In Berlin vollendet Feuchtwanger seine sechs noch dem ästhetischen Zeitgeschmack unterworfenen Einakter und das fünfaktige Schauspiel *Der Fetisch.*

Seine Hauptstudienfächer sind deutsche Philologie und Geschichte. Beide Wissenschaften sollen ihn fortan nicht mehr loslassen, sie werden zu einer geistigen Leidenschaft fürs Leben. In seinem Erlebnisbericht *Der Teufel in Frankreich* heißt es 1940: *„Als Schriftsteller bin ich interessiert an der Verbindung von zweierlei Arten geistiger Betätigung, von zwei Wissenschaften, wenn man so will, nämlich an der Verbindung von Geschichte und Philologie.*"

Philosophie, Anthropologie und Sanskrit werden ebenfalls belegt. Stark beschäftigen ihn, besonders in den ersten Münchner Semestern, kritische Bibelstudien. Die großen Bücher seines Volkes, vor allem das Alte Testament und der Talmud, werden ihn sein Leben lang begleiten.

Seine Lehrer – in Berlin Erich Schmidt und Richard Meyer, in München der spätere Reichskanzler Georg von Hertling und der Literaturwissenschaftler Franz Muncker – erkennen sehr rasch sein philologisches Talent, seine starke analytische Begabung, seine Fähigkeit zum methodischen Arbeiten. Vor allem mit Muncker kommt es zu einem vertrauensvollen, fruchtbaren Lehrer-Schüler-Verhältnis. Der Spezialist für neuere Literaturgeschichte berät seinen begabten Studenten auch bei dessen literarischen Plänen. Seine Hoffnung allerdings, daß der Schüler am Ende die Universitätslaufbahn einschlagen wird, sollte sich nicht erfüllen.

Finanziell geht es ihm nicht gut. Nachhilfestunden und einige Schreibarbeiten reichen gerade für das Notwendigste. Ob nicht doch in besonders schweren Notwochen Geld vom Vater kam, ist nicht belegt. Undenkbar erscheint es nicht, das Studentenleben war auch im Kaiserreich nicht billig.

Auf den Universitäten hatte sich im übrigen ein unübersehbarer Wandel vollzogen. Die Studentenzahlen waren enorm gestiegen. Ende 1907, als der frischpromovierte Dr. phil. Lion Feuchtwanger die Hochschule verließ, gab es 42.600 eingeschriebene Studenten an den deutschen Universitäten; sechzig Jahre vorher waren es gerade 12.300 gewesen. Vor allem aber hatte sich die Gewichtung innerhalb der Wissenschaftsbereiche verschoben. Die theologischen und philosophischen Fakultäten verloren im letzten Drittel des 19. Jahrhunderts endgültig ihre Spitzenpositionen. Die Naturwissenschaften und die Medizin lagen nun, was die Zahl der immatrikulierten Studenten betraf, eindeutig vorn.

Dieser Prozeß, deutliches Signal für einen tiefgreifenden gesellschaftlichen Wandel, darf bei der Betrachtung der Vorkriegsjahre Lion Feuchtwangers nicht übersehen werden. Dieser Lebensabschnitt nämlich mündet sehr bald in eine Entwicklung, die für den Menschenkreis, in dem er lebt und schreibt, diskutiert und streitet, nicht untypisch ist. Es ist die philosophisch-moralische Haltung einer Minderheit, die sich abgestoßen von den niederen Zwängen einer politisch zu interpretierenden Welt dem Geistigen verschrieben hat, allein der Form, der Idee, der Entwicklung eines großen Gedankens huldigend und von der Wirklichkeit durch den bunten Schleier des Ästhetizismus unheilvoll getrennt.

Oscar Wilde, literarisch-modisches Vorbild der jungen, etwas versnobten, manchmal talentierten Boheme-Jugend, feiert diese Ästhetik in fatalen Thesen: „Die Schönheit einer bestimmten Person oder Sache wahrzunehmen, ist das Höchste, das uns erreichbar ist. Selbst der Farbensinn ist für die Entwicklung des Einzelnen wichtiger als ein Gefühl für Recht und Unrecht."

In Deutschland klingt dies noch ein wenig martialischer. Cosima Wagner verknüpft in ihrem Tagebuch am 20. Juni 1871 den künstlerischen Ästhetizismus (Wagners *Ring des Nibelungen*) und die Politik (Deutsch-Französischer Krieg) in erschreckender, zukunftsweisender Art: „Am Tage sagte ich..., ich glaubte an eine unerhörte Blüte des deutschen Reiches, denn daß das Nibelungenwerk zusammenfällt mit den deutschen Siegen ist kein Zufall...“

Lion Feuchtwangers Gedankenwelt ist zwar weit entfernt von den Gesamtkunstwerk-Monomanien des Hauses Wagner, aber sein Leben spielt sich in diesen Jahren in der kaum weniger unwirklichen Faschings- und Theaterwelt der Münchner Boheme ab. Sein Denken kreist um philosophische Weisheitslehren. Seine feuilletonistischen Arbeiten, die ab 1908 regelmäßig in der geistvollen „Schaubühne“ Siegfried Jacobsohns erschienen, streiten für Max Reinhardts neue Bühnendramaturgie und gegen das verzopfte Theater des Hofrats Ernst von Possart, lehnen Hofmannsthals Übertragung des *Ödipus* mit der Bemerkung ab, hier sei die *„Seele der Griechen“* nicht mehr zu finden, und begeistern sich an Wedekinds Ruf nach einer natürlichen Erotik. Technischen Fortschritt und Industrialisierung, wachsende Klassengegensätze und Wahlrecht, Flottenprogramme und Kanonenbootpolitik, also die politisch folgenreichen Ereignisse seiner Zeit, nimmt er kaum wahr.

Wie so viele seiner gleichgesinnten Gefährten wird er erst von den tödlichen Revolverschüssen im serbischen Provinznest Sarajewo jählings aus seinen Träumen vom Leben für das Schöne, für die Kunst als Selbstzweck herausgerissen. Hätten sie alle nur ihren vergötterten Nietzsche genauer gelesen, vielleicht wäre ihnen manches erspart geblieben. Schon zwei Jahre nach der Reichsgründung schreibt der Unerbittliche in seinen *Unzeitgemäßen Betrachtungen* über das immer lauter werdende Geschrei, auf dem Schlachtfeld von Sedan habe nicht nur die preußische Armee, sondern auch die germanische Kultur gesiegt: „Dieser Wahn ist höchst verderblich, ... weil er imstande ist, unseren Sieg in eine völlige Niederlage zu verwandeln: in die Niederlage ... des deutschen Geistes zugunsten des deutschen Reiches.“

Natürlich gibt es Bedenken, hellsichtige Augenblicke, in denen die Sinnlosigkeit, auch Gefährlichkeit einer Weltauffassung, empfunden wird, die die Wirklichkeit spielerisch verdrängt. Hofmannsthal in einer Tagebuchnotiz: „Weltzustand. – Während ich hier ... am Rande des Waldes über dem leuchtenden See sitze und schreibe, ereignet sich in der Welt dieses: In Venezuela läßt der Diktator Castro in den überfüllten Gefängnissen erwürgen und zu Tode martern.“ Und der Balladendichter Frank Wedekind singt sarkastisch: „Nun hört zum Schluß noch die Moral/Gebrechen sind oft sehr fatal/Sind manchmal eine Qual/Frau Poesie schafft ohne Graus/Beneidenswertes gleich daraus!“

Auch dies sei aber nicht vergessen: Heinrich Mann beendete sein Manuskript des *Untertanen* noch vor dem 1. August 1914. Bruder Thomas, der damals noch unpolitische Betrachter seiner Zeit, sah im Künstler den Außenseiter, den in seiner „ästhetischen" Isolation Gefährdeten, und Carl Sternheim schrieb das erste seiner antibürgerlichen Schauspiele über den Aufstieg des Spießers Theobald Maske bereits 1913.

Und der Student, der literarische Anfänger, der in den Schwabinger Cafés von schönen Frauen und erfolgreichen Stücken träumt? Der schmächtige Jüngling mit den klugen blauen Augen hinter den Gläsern ist berauscht von der dämonischen „Lulu", dem Geist und der Schönheit der „Herzogin von Assy", der schamlosen Dekadenz der „Salomé". Seine Götter auf Erden heißen Frank Wedekind, Heinrich Mann und Oscar Wilde.

Allerdings, Lion Feuchtwanger steht dem Ästhetizismus, der Welt der Kunst, auch in seinen Anfängen nicht ohne innere Vorbehalte gegenüber. Sein frühes Theaterstück *Der Fetisch*, 1906 während des Studienaufenthaltes in Berlin entstanden und ein Jahr später in München gedruckt, zeigt dies sehr deutlich.

Hier ist nicht nur der eigene Vater-Sohn-Konflikt verarbeitet, wobei der Schauspieldirektor Artur Friedländer als starker Charakter, sein Sohn Leon als weicher, schwankender, von der Vatergestalt geprägter Mensch dargestellt wird. Mit Heinrich Lorm, dem vom Tod gezeichneten Theaterkritiker, läßt Feuchtwanger in seinem Schauspiel auch den Ästheten seiner Zeit zu Wort kommen, und was er zu sagen hat, zeigt schonungslos die bewußt gewählte Isolation dieses Kreises. *„In meiner Ästhetik hab' ich mir eine feste Burg gebaut"*, sagt Lorm, *„in der ich sicher bin vor jedem theoretischen unpraktischen Zweifel. Da ist ein Reich, in dem ich zu Hause bin... Vielleicht ist sie enge, meine Welt: aber mein ist sie. Ganz mein. Und ich werde mich hüten, einen Boden zu betreten, auf dem ich nicht ganz sicher bin."*

Den Hofrat Friedrich Körner läßt Feuchtwanger in diesem Stück Sätze formulieren, die nicht mehr nur von Skepsis, sondern von klarer Ablehnung zeugen: *„Aber den Persönlichkeitsdusel, der so viele von uns ergriffen hat, den fürchte ich und den hasse ich. Da glaubt jeder Zwerg, er könne sich selbst genug sein. Und beguckt sich und bespiegelt sich und meint, er sei Wunder was Interessantes. Und hält sein Hühnerauge für wichtiger als die Revolution in Rußland. Und dann flickt er sich aus allerlei mißverstandenen ästhetischen und metaphysischen Sätzen 'ne fadenscheinige Weltanschauung zusammen."*

Die geistige Gegenwelt aber wird von dem Machtmenschen Artur Friedländer repräsentiert, dem Mann, der in seiner Jugend die geliebte Frau für die Karriere aufgegeben hat. „Er hat mich geopfert. Einem

Fetisch geopfert ... seinem Willen zur Macht." Am Ende scheitert aber auch der Nietzscheaner Friedländer und verliert über dem Fetisch Erfolg sein Glück.

Es klingt in diesem Jugendwerk schon vieles von dem an, was später die reifen Arbeiten prägt. Der Mensch zwischen Tun und Nichttun, sein Scheitern bei dem Versuch, Seelenglück und Machthunger in ein inneres Gleichgewicht zu bringen. Noch findet der 22jährige keine Antworten. Aber daß der Ästhetizismus der Vorkriegsjahre sie ebensowenig zu geben vermag wie Nietzsches Mythos vom Egoismus des Einzelgängers, darüber gibt es für Feuchtwanger schon sehr früh keine Zweifel.

Viel später schreibt er in seiner *Selbstdarstellung*: *„Die jungen Literaten jener Jahre beschäftigten sich ziemlich ausschließlich mit artistischen Fragen und mit Problemen der Erotik... Und allgemein anerkannt war als künstlerisches Grundprinzip, daß es nicht auf das Was, sondern selbstverständlich nur auf das Wie der Darstellung ankomme...*"

Als Student jedoch bleibt trotz aller literarischer Interessen die Arbeit an der Universität im Mittelpunkt. Die Münchner Künstlerwelt wird ihn erst dann endgültig in ihren Bann schlagen, wenn er sich ganz für das „freie" Leben des Schriftstellers und Theaterkritikers entschieden hat. Aber Lion Feuchtwanger nimmt schon jetzt lebhaft Anteil an den leidenschaftlichen, oft jedoch sehr akademischen Debatten in der brodelnden Münchener Kunstszene.

So wird er Mitbegründer und sehr aktives Mitglied eines dilettantischen, literarischen Vereins, der sich modisch, stilvoll „Phoebus" nennt. Kein Einzelfall, denn solche schwärmerischen, aber für die Förderung und Durchsetzung moderner progressiver Werke oftmals wichtigen Gründungen schossen damals wie Pilze aus den kulturträchtigen Böden von Berlin und München, Wien und Prag.

Auch die jungen, literaturbegeisterten „Phoebus"-Mitglieder veranstalten Lesungen und Theateraufführungen; sie treten für Strindberg und Wedekind ein, die umstrittenen, vom bürgerlichen Theaterpublikum als schockierend empfundenen Autoren der „Moderne". Im Münchner Volkstheater finden „Phoebus"-Aufführungen statt. Lion schlüpft hie und da selbst in die Rolle des Regisseurs, inszeniert Strindberg oder auch Hauptmanns *Und Pippa tanzt.*

Auch eigene Einakter kommen im Volkstheater auf die Bühne oder stehen im Mittelpunkt von Rezitationsabenden. Ein Brief vom 17. Oktober 1904 an den hochgeachteten Kritiker der „Münchner Neuesten Nachrichten", Hanns von Gumppenberg, ist das erste Dokument, das von der öffentlichen Aufführung eines Feuchtwanger-Werkes spricht: *Hochverehrter Herr Baron! Der ergebenst Unterzeichnete gestattet sich,*

Euer Hochwohlgeboren zu dem am 22. d. M. stattfindenden Rezitationsabend im Schlachtensaal des Café Luitpold geziemend einzuladen. Zum Vortrag kommt: ‚Donna Bianca, Renaissancedrama in I Akt von Lion Feuchtwanger'. Für eine durchgehend würdige Besetzung der einzelnen Rollen haben wir Sorge getragen... In steter Hochschätzung und Verehrung! Literarischer Verein Phoebus. I. A. Lion Feuchtwanger, cand.phil."

Leider fand der literarische Anfänger in Baron von Gumppenberg einen zunächst herben Kritiker. Die „Münchner Neuesten Nachrichten" wußten nämlich recht Abfälliges über das Werk des „Phoebus"-Mitglieds zu berichten.

Noch schlimmer kam es am 25. September 1905. Im Volkstheater stand Feuchtwangers Einakter *König Saul* auf dem Programm. Es gibt einen fürchterlichen, peinlichen Durchfall; das Stück wird sofort abgesetzt. Die Familie, zu diesem Abend geladen und erschienen, fühlt sich erneut in der Einschätzung bestätigt, daß da ein Angehöriger auf bedenkliche Irrwege geraten ist. Ein Onkel gibt den dringlichen Ratschlag, sich doch bitte künftig mit einem Pseudonym vor der Gesellschaft zu blamieren, damit der Name Feuchtwanger seinen bislang respektvollen Klang in der Münchner Bürger- und Geschäftswelt behält.

Nur der Autor selbst scheint unberührt. Schon unmittelbar nach der Theaterpleite, so berichten jedenfalls die Zeitgenossen, sitzt er im Café wenige Ecken von der Stätte seines Unheils entfernt, um mit einem Freund neue Pläne zu diskutieren. Wie tief ihn aber die künstlerische Niederlage getroffen hat, wird fünf Jahre später in seinem ersten Roman *Der tönerne Gott* sichtbar. Da erzählt er nicht ohne persönliche Bitterkeit von den großen Theatererfolgen des egoistischen, skrupellosen Heinrich Friedlänger.

Allerdings ist es nicht nur Maske, was der 21jährige nach dem Theaterdurchfall zu Schau trägt. Es wird auch ein Charakterzug sichtbar, der später noch sehr viel deutlicher hervortritt. Lion Feuchtwanger entwikkelt eine fatalistische Lebenseinstellung, die ihm besonders in den schweren Augenblicken seines Lebens helfen wird, Haltung zu bewahren, dem Unvermeidlichen mit Gelassenheit entgegenzutreten.

Mehr noch: Die Lehren des Ostens von der Wiederkehr des Lebens als ewiges Werden und Vergehen, das in jahrhundertelangen Leiden gespeiste Vermächtnis seines Judentums, wonach es auf Erden keine sichere Bleibe gibt, die Entfremdung des Menschen in einer Welt des Hasses und der Unvernunft, die Leitmotive seines literarischen Werks also, sie klingen in diesen Jahren der Suche und der Trostlosigkeit schon an.

Vier Jahre später, im Februar 1909 – wir greifen voraus – machen Aktivitäten der „Phoebus"-Jünger noch einmal peinvolle Schlagzeilen.

Ein großer Faschingsball wird arrangiert, eine Münchner Firma erbietet sich zwecks Eigenwerbung die Dekorationen kostenlos zu errichten. Mitten im Festtrubel erscheinen jedoch Arbeiter, verlangen den nicht gezahlten Lohn und drohen mit sofortigem Abbau.

Ein kleiner Gesellschaftsskandal, den die Zeitungen begierig aufgreifen. Die meist wohlhabenden Väter, auch der Fabrikant Sigmund Feuchtwanger, erklären sich bereit zu zahlen. Und immerhin – der Sohn, für dessen manchmal kaum nachvollziehbare Einfälle hier gebürgt werden muß, ist kein törichter Pubertätsknabe mehr, sondern 25 Jahre alt und Doktor der Philosophie, er arbeitet gerade an einem Roman und schreibt regelmäßig Kritiken in der „Schaubühne". Gut, daß es da wenigstens auf anderen Gebieten Erfolge vorzuweisen gibt.

Denn das Studium wird mit Bravour beendet. Die Promotion über Heinrich Heines *Rabbi von Bacherach* begeistert den väterlichen Lehrer Franz Muncker außerordentlich, und sie stellt eine glanzvolle Hochschullaufbahn in Aussicht. Und wirklich, es ist eine noch heute lesenswerte wissenschaftliche Arbeit. Interessant für die Betrachtung dieses Schriftsteller-Lebens aber ist vor allem die Tatsache, daß sich Lion Feuchtwanger bereits in seiner ersten größeren Arbeit mit einem Werk befaßt, das in seiner ursprünglichen Konzeption als historischer Roman gedacht war. Denn Heines Fragment gebliebener Bericht von der Vertreibung und dem Martyrium der Judengemeinde des Rheinstädtchens Bacharach sollte ein „historisches Sittengemälde" werden, stark beeinflußt vom Werk des „schottischen Barden" Walter Scott, dem auch der Doktorand manche Anregung zu verdanken hatte.

Es gibt einen weiteren, vieleicht entscheidenderen Grund, der Feuchtwangers Blick auf den *Rabbi* lenken mußte. Beschäftigte sich der junge Heine nicht gerade in jener Zeit mit diesem Thema, als er die Taufe erwog, sie schließlich vollzog und an ihr litt? In einem Lebensabschnitt also, in dem er sich mit seiner Stellung in der Gesellschaft auseinandersetzte – einer Position, von der die verehrte Rahel Varnhagen meinte, sie versage ihr als Jüdin das „natürliche Dasein", dessen sich jede Bäurin und Bettlerin erfreuen könne. Ging es hier nicht um einen Schriftsteller, dessen religiöse Erziehung der eigenen, so schwer ertragenen ähnelte?

Sätze aus der Arbeit, die Betroffenheit ahnen lassen: *„Selbst wenn Heines Vater wirklich der Freigeist war, als der er so gerne hingestellt wird, so hat er, der eine zeitlang Vorsteher der ‚Gesellschaft zur Ausübung menschenfreundlicher Handlungen und zum Rezitieren der Psalmen' in Düsseldorf gewesen, eines Vereins mit ausgesprochen orthodoxen Tendenzen, doch sicherlich darauf gehalten, daß der junge Harry Heine die mannigfaltigen, umständlichen, jüdischen Zeremonialgebräuche aufs sorglichste beachtet. Zahlreiche Anekdoten ... lassen uns einen*

Rückschluß ziehen auf die strenge Wahrung des jüdischen Rituals im Hause Samson Heines."

Manches, was Lion Feuchtwanger in dieser schönen Arbeit über Heines Werdegang schreibt, weist Parallelen zur eigenen Glaubens- und Lebenskrise auf. So heißt es beispielsweise: „*Andererseits mußte die religiös-indifferente Erziehung, die der Knabe später im Düsseldorfer Lyzeum genoß, ... sehr bald jedes tiefere Verständnis für religiöse Dinge in ihm ersticken. Aber ebenso gewiß ist es, daß das behagliche Stimmungsvolle der jüdischen Symbole auf ihn einen tiefen, nachhaltigen Eindruck ausübte, der sich später in seinen Schriften oft widerspiegelte.*" Schreibt er da nur über Heine oder nicht auch über sich selbst?

Bald sollte der Taufkonflikt in sein eigenes Leben treten. Die starke philologische Begabung, nachdrücklich unterstrichen durch die Arbeit über Heine, ermutigte Franz Muncker, den Schüler zur Habilitation zu drängen.

Lion Feuchtwanger zögerte aus verschiedenen Gründen. Da ist die Freiheit, die winkt, das ungebundene Boheme-Leben in der kunstvernarrten königlich bayerischen Residenz. Da ist gerade ein fünfaktiges Theaterstück entstanden, das bereits erwähnte Schauspiel *Der Fetisch*, das vielleicht schon den großen ersehnten literarischen Ruhm des 23jährigen begründen kann. Da ist aber vor allem die Demütigung, die ertragen werden muß, will er dem Weg folgen, den der Lehrer weist. Ein Jude kann an einer bayerischen Hochschule nicht ordentlicher Professor werden. Was bleibt, ist die Taufe oder die Beschränkung auf eine Karriere als Privatdozent.

Muncker läßt nicht locker, spricht mit dem Vater, und beide überreden schließlich den Zögernden. Das Thema seiner Habilitation: „Die Anfänge des deutschen Journalismus". Er beginnt mit umfangreichen Vorstudien, aber beenden wird er die Arbeit nicht. Lion Feuchtwanger, zum ersten Mal ernsthaft und an einem entscheidenden Punkt seines Lebens als Jude herausgefordert, geht nicht den Weg Heinrich Heines.

Vielleicht denkt er an den verzweifelten Brief, den der zum Christentum übergetretene Dichter am 9. Januar 1826 schreibt und der in der Dissertation über den *Rabbi von Bacherach* zitiert wird: „Ich bin jetzt bei Jude und Christ verhaßt. Ich bereue sehr, daß ich mich getauft hab. Ich seh noch gar nicht ein, daß es mir seither besser gegangen sei – im Gegenteil, ich hab seitdem nichts als Unglück."

Judentum

Bevor wir den jungen Feuchtwanger aber in die Welt der Münchner Boheme begleiten, seine ersten Schritte als Zeitschriften-Herausgeber und Theaterkritiker beschreiben, muß von Lion Feuchtwanger dem Juden gesprochen werden. Denn ohne das 3000jährige Erbe seines Volkes hätte es sein Werk nicht gegeben, das sich nun in ihm zu formen beginnt.

Kurz vor seinem Tod hat Feuchtwanger einen merkwürdigen biographischen Satz notiert: *„Ich wüßte keinen Fall, in dem ich auf der Schule, auf der Universität oder sonstwo irgendwelchen Antisemitismus zu spüren bekommen hatte.“* Ein Altersurteil, das nur dann verständlich wird, wenn man die Zeit seiner Jugend mit dem Antisemitismus der 20er und 30er Jahre unseres Jahrhunderts vergleicht und an die furchtbaren Folgen denkt, die diese Politik für das europäische Judentum gehabt hat. Aber nimmt man die Jahrhundertwende für sich, so war die wilhelminische Wirklichkeit für die deutschen Juden keineswegs eine liberale Idylle. Die Epoche ihrer Emanzipation als Folge des Aufstiegs eines fortschrittlichen Bürgertums ging schon um 1890 wieder zu Ende. Und auch in den vorangegangenen knapp 100 Jahren war sie ein schwieriger Prozeß.

1846, zwei Jahre bevor die „Grundrechte des deutschen Volkes“ endlich wenigstens die formale Gleichstellung der Juden brachten, ließ sich in der bayerischen Kammer ein Abgeordneter mit einem Satz vernehmen, der auch in der Folgezeit seine Gültigkeit nicht verlieren sollte: „Mit der Muttermilch ... haben wir alle ein Vorurteil gegen sie eingesogen. Alles, was verwerflich, was verächtlich ist, alle diese Attribute eines Ganzen setzt man zusammen, und dieses Ganze ist eben der Jude.“ Und ein Graf Montegleas warf im Februar 1858 bei einer Debatte über die Gleichstellung der Juden die wohl nicht nur rhetorisch gemeinte Frage auf: „Soll der bayerische Staat in Zukunft noch, wie bisher, ein christlicher sein...?“

Bald warnten sie denn auch wieder – Constantin Frantz, Heinrich von Treitschke und der Mann der Kirche am Hofe Hohenzollern, Prediger Adolf Stoecker – vor der „Vorherrschaft“ der Juden. Der Kaiser meinte unter dem Beifall vieler seiner christlichen Untertanen, die Juden sollten nun endlich wieder etwas „bescheidener“ werden. Mit der Krise des Kapitalismus, der ein Produkt der liberalen, bürgerlichen Gesellschaft war, kam auch schon das Ende jüdischer Hoffnungen. Der antisemitische Chor erhob wieder seinen inhumanen Gesang. Konservative, politische Katholiken und auf kleinbürgerliche Ängste und Neidgefühle setzende Agitatoren besaßen erneut ihr altes gemeinsames Feindbild.

Der Anteil der Juden an der Gesamtbevölkerung des wilhelminischen Reiches betrug nur etwa ein Prozent. Aber welchen Aufstieg sie in den Jahrzehnten nach der Befreiung aus dem Getto erreicht hatten, beweist eine andere Zahl: Rund vier Fünftel der deutschen Juden gehörten um die Jahrhundertwende dem mittleren oder gehobenen Bürgertum an. Da ließen sich leicht die alten Vorurteile wecken und der Haß schüren.

Vor allem aber nahm der Antisemitismus in der zweiten Hälfte des 19. Jahrhunderts eine neue und – wie sich dann zeigen sollte – tödliche Form an. Die Rassenlehre wird salonfähig. Im Gefolge des französischen Schriftstellers Graf Gobineau, der in Richard Wagner und dessen englischem Schwiegersohn Houston Stewart Chamberlain begeisterte Anhänger und populäre Interpreten seines *Versuches über die Ungleichheit der Menschenrassen* findet, wird ein beträchtlicher Teil der deutschen Bildungs- und Oberschicht anti-jüdisch.

Für die Betroffenen bedeutet dies zunächst, daß aller formaler Gleichstellung zum Hohn für sie der Staatsdienst und damit auch der Zugang zur Machtelite weitgehend verschlossen blieb. Wer es dennoch schaffte, etwa im Justizdienst Richter zu werden, dem war der weitere berufliche Aufstieg versagt.

An den Universitäten sah die Situation etwas günstiger aus, aber für die ungetauften Juden blieb auch hier der Beamtenstatus nahezu unerreichbar. Bis zum Ende des Kaiserreiches wurde in den Fächern Germanistik und Philologie kein einziger Jude zum ordentlichen Professor ernannt.

Eine Aktennotiz des bayerischen Königs Ludwig II. charakterisiert die Situation. „Das ist aber das letzte Mal“, so schreibt der ärgerliche Monarch an seinen Kultusminister, „daß ich Ihnen einen Juden unterschreibe“. Es ging um den Lehrstuhl für Chemie an der Münchner Universität, und Richard Willstätter, dessen Berufung den Zorn des Landesherrn herausgefordert hatte, wurde 1915 Nobelpreisträger für Chemie.

Einem Juden im wilhelminischen Deutschland blieb also die persönliche Auseinandersetzung mit seinem durch die Geburt bestimmten Außenseitertum nicht erspart. So unterschiedlich das Ergebnis dieser Selbstfindung im einzelnen auch gewesen sein mag – das Leiden an ihrem Judentum haben sie wohl alle erfahren.

Walther Rathenau, der später Opfer des Antisemitismus von Weimar wurde, hat dieses Trauma nüchtern beschrieben: „In den Jugendjahren eines jeden deutschen Juden gibt es einen schmerzlichen Augenblick, an den er sich zeitlebens erinnert: wenn ihm zum ersten Male voll bewußt wird, daß er als Bürger zweiter Klasse in die Welt getreten ist und daß keine Tüchtigkeit und kein Verdienst ihn aus dieser Lage befreien kann.“

Oder ähnlich Arthur Schnitzler in seiner Autobiographie über die Wiener Jugendjahre: „Es war nicht möglich, insbesondere für einen Juden, der in der Öffentlichkeit stand, davon abzusehen, daß er Jude war, da die anderen es nicht taten, die Christen nicht und die Juden noch viel weniger."

Viele von ihnen waren im übrigen Nationalisten, fühlten sich ganz bewußt dem Deutschtum zugehörig. Sie rätselten und suchten Wege, beides zu verbinden – Judentum und Deutschtum. Jakob Wassermann, Jude aus Fürth und einer der vielgelesenen Autoren seiner Zeit, schrieb einen Essay, in dem er sich intensiv mit dieser Frage auseinandersetzte. Am Ende der Betrachtung seines *Weges als Deutscher und Jude* heißt es verzweifelt: „Was bleibt? Selbstvernichtung? Ein Leben in Dämmerung, Beklommenheit und Unfreude. . ., unfaßlich für die Erleuchteten oder Seelenhaften, die nur zu wählen haben zwischen grenzenloser Einsamkeit und aussichtslosem Kampf –? Es ist besser, nicht daran zu denken."

Nicht wenige unter ihnen ließen sich taufen. Aber das blieb meist ein formaler Akt. Und besonders die sensiblen, intellektuellen Juden erkannten die Doppelbödigkeit dieses Schrittes.

Kurt Tucholsky schrieb 1935, schon tief vereinsamt und entschlossen, Hand an sich zu legen: „Ich bin im Jahre 1911 ‚aus dem Judentum ausgetreten', und ich weiß, daß man das gar nicht kann."

Viele wie Karl Marx, Karl Kraus oder Franz Kafka entwickelten aus dieser Not einen tiefen „Selbsthaß", der ihre Werke, noch mehr ihre persönlichen Äußerungen über das Judentum kennzeichnet. Wieder andere antworteten auf die Herausforderung ihres Judentums mit einem bewußten Bekenntnis. Der berühmte Theaterkritiker Alfred Kerr ließ nie einen Zweifel daran, daß er „die Herkunft von diesem Fabelvolk immer als etwas Beglückendes gefühlt" hat.

Nichts deutet darauf hin, daß der Schriftsteller Lion Feuchtwanger jemals einen Glaubensübertritt auch nur gedanklich in Betracht gezogen hat. Im Gegenteil, wie Alfred Kerr hat er sich trotzig und bewußt als Jude gefühlt und sich immer wieder öffentlich dazu bekannt. Nachdem die jugendliche Empörung gegen die Zwänge des orthodoxen Elternhauses einer nüchternen Beurteilung gewichen ist, wird die jüdische Identität sehr bald stärker empfunden und herausgestellt. Feuchtwanger sollte nicht nur ein deutscher Schriftsteller jüdischer Abstammung werden, sondern wie kein anderer seiner Zeitgenossen, deren Bücher Weltruhm erlangten, auch und vor allem ein jüdischer Schriftsteller, der in deutscher Sprache schrieb.

Während seines Aufenthaltes in der Sowjetunion 1936 erzählte er: *„Ich wurde oft gefragt: Sind Sie ein jüdischer, ein deutscher oder ein* *kosmopolitischer Schriftsteller? Darauf kann ich nur so antworten: meine Vernunft ist international, aber mein Herz bleibt jüdisch."*

Welche Bedeutung das jüdische Element für sein Werk gewinnen sollte, zeigt bereits die Themenwahl. Drei der sechs Einakter des noch jugendlichen Autors haben biblische Geschichten zur Grundlage. Die Doktorarbeit beschäftigt sich nicht nur mit einem jüdischen Schriftsteller und einer Geschichte über Juden, sondern sie beweist auch, über welche gründliche Kenntnis jüdischer Geistesgeschichte ihr Verfasser verfügt.

In fünf von seinen fünfzehn Romanen sind die Hauptfiguren Juden, ist ihr erzähltes Schicksal stark, wenn nicht entscheidend von ihrem Judentum bestimmt. In fast allen anderen Romanen spielen jüdische Personen mit oder sind Schilderungen des jüdischen Milieus eingewoben.

Aber nicht nur in seinem Romanwerk und vielen verstreuten persönlichen Äußerungen hat Feuchtwanger seine Haltung zum Judentum deutlich gemacht, sondern auch in drei größeren Essays und der Satire *Gespräche mit dem ewigen Juden.* Diese vier Arbeiten sind zwischen 1920 und 1933 entstanden, als der Antisemitismus nationalsozialistischer Machart sichtbar wurde und sich Feuchtwanger vom Zeichen des Hakenkreuzes nicht nur politisch, sondern auch als Jude herausgefordert fühlte.

Sein Judentum ist in der engen Beziehung verankert, die er seit der frühen Kindheit zur Lehre seines Volkes besessen hat. Schon der 5jährige Knabe lernte ja Hebräisch, und bald darauf wird er in den Talmud und die Bibel eingewiesen. Regelmäßige Synagogenbesuche und die strenge Befolgung der jüdischen Gesetze im Haushalt am Annaplatz begleiten ihn durch die Jahre der Kindheit.

Vor allem ist es die Bibel, die ihn während seines ganzen langen Schriftstellerlebens fesselt und anregt. Feuchtwanger, sicher einer der belesensten und literarisch gebildetsten Männer seiner Zeit, hat sich immer wieder geradezu euphorisch über das große Buch seines Volkes geäußert. *„Einen Kanon haben wir zusammengestellt aus den zehntausenden unserer Bücher..., und diese Bücher haben wir zusammengefaßt zu einem Buch. Aber was für ein Buch ist das! Das Buch der Bücher und wir sind das Volk dieses Buches... Das Buch ist der Inhalt unseres Lebens, es ist unsere Seele und unser Staat. Unser Gott manifestiert sich nicht in seiner Gestalt, er offenbart sich im Geist, in diesem Buch." (Der Tag wird kommen)*

In seinem Aufsatz *Der historische Prozeß der Juden,* den er 1930 verfaßte, heißt es: *„Nächst den Chinesen sind die Juden wohl das literarischste Volk der Welt. Ihre Gruppe war seit zwei Jahrtausenden nicht mehr zusammengehalten durch ein staatliches Gebilde, auch der Begriff* *der Rasse war ihnen fremd, sie waren zusammengehalten nur durch ein Buch, durch die Bibel.“*

Aber da spricht nicht nur der Jude, sondern auch der Philologe, der Schriftsteller, der die Macht der Sprache immer wieder beschwört und sie im Namen der Vernunft und der Aufklärung schließlich im politischen Kampf seiner inhumanen Zeit einsetzt. Das Bekenntnis des Flavius Josephus, als er die aus dem niedergebrannten Jerusalemer Tempel geretteten Thora-Rollen in die neuerrichtete Synagoge Roms trägt – es ist auch das hohe Lied des Dichters Lion Feuchtwanger auf die suggestive, unbesiegbare Kraft des Wortes: *„Mit ein paar Buchstaben, durch die Magie des Wortes, besiegen wir den Tod. In diesen kleinen Rollen haben wir Judäas Leben eingefangen, so daß es nie auslöschen wird. Das Reich Israel konnte untergehen, das Reich Juda, das zweite Reich Judäa, der Tempel: der Geist der Rollen ist unzerstörbar.“ (Die Söhne)*

Die Wirklichkeit wird diese Sätze bald grausam in Frage stellen. Nicht die Macht, sondern die Ohnmacht des Geistes nämlich sollte sein Volk in der schlimmsten Prüfung seiner an Leiden ohnehin schon reichen Geschichte erleben.

Feuchtwanger beendet den letzten Band seiner *Josephus*-Trilogie, *Der Tag wird kommen,* nachdem Hitler Europa bereits in Flammen gesetzt hat, als dem tödlich bedrohten Schriftsteller die Flucht aus dem französischen Internierungslager gelungen ist und er wieder vor einer unbekannten Zukunft steht. Dennoch heißen die letzten Sätze aus dem Buch über das Leben und Sterben des Flavius Josephus: *„Der Tag war da. Es war ein anderer Tag, als er ihn geträumt hatte, aber er war es zufrieden.“*

Die skeptische Zuversicht, die Lion Feuchtwangers Bücher trotz der politisch jahrelang fast hoffnungslosen Entwicklungen zeigen, haben also auch viel mit seinem Judentum zu tun.

„Die Juden sind unter den weißen Völkern das einzige“, so schreibt er in den ersten Wochen seines französischen Exils 1933 selbstbewußt, *„das alten Kulturbesitz aus sehr frühen Zeiten bis in unsere Tage in ununterbrochener Tradition, in nie gestörtem Fluß herüberretten konnte. Es ist infolgedessen sehr wahrscheinlich, daß der Sozialismus dieser Menschengruppe, da er 2 000 Jahre älter ist als der der übrigen Gruppen, weiter fortgeschritten ist auf dem Weg von bloßer Einsicht zum Instinkt, daß er in dieser Gruppe tiefer wurzelt als in anderen.“ (Nationalismus und Judentum,* 1933)

Judentum ist für Lion Feuchtwanger nicht eine Frage der Rasse, der Nation, des Volkes, sondern einer in Jahrtausenden gewachsenen Geisteshaltung, einer „gemeinsamen Mentalität“.

Diese „Geisteshaltung“ hat ihm nicht nur persönliche Kraft, sondern auch einen über seiner Zeit stehenden „gläubigen“ Optimismus geschenkt. Sehr schön hat dies Ludwig Marcuse in seinen Erinnerungen umschrieben: „Woraus bestand der mächtige Wall, der ihn sein Leben lang so gut schützte? Es war ein vierfacher Wall... Der zweite Gürtel der Festung bestand aus dem Stolz auf seine Zugehörigkeit zum ältesten Kulturvolk, das schon gelesen und geklärt habe, als die jüngeren... noch auf den Bäumen herumkletterten."

Die historische Aufgabe der Juden sieht Feuchtwanger – und hier zeigt er sich stark beeindruckt von den Gedanken Theodor Lessings – in der Vermittlerrolle zwischen den Kulturen und Ideen von Morgen- und Abendland, von Ost und West. Denn, so heißt es in dem Aufsatz *Der historische Prozeß der Juden: „Gestellt zwischen Europa und Asien, ein kleiner Pufferstaat zwischen den Giganten Babylon, Assyrien auf der einen, Ägypten auf der anderen Seite, mußte das winzige Volk, wollte es nicht zerrieben werden, politisch und weltanschaulich immerzu lavieren... Von Osten her drang ständig auf sie ein die Lehre von der Notwendigkeit des Nichtwollens, des Nichttuns, des Aufgehens im großen Nichts. Vom Abendland her hämmerte unablässig auf sie ein die Lehre, daß der Mensch geboren sei zur Tat und zum Kampf."*

Aufgrund dieser geschichtlichen Erfahrung, die das Volk der Juden mit beiden Weltideen konfrontierte, sind sie die *„gegebenen Vermittler"*, um eine Utopie Wirklichkeit werden zu lassen: *„Die Welt wird nicht mehr aus zahlreichen Höhlen bestehen, deren Insassen sich gegeneinander absperren und sich gegenseitig belauern, wie sie sich am erfolgreichsten überfallen können, sondern sie wird ein großes Hotel sein, in dem eine geeignete Zentralstelle für alle unter den gleichen Bedingungen sorgt." (Der historische Prozeß der Juden*, 1930)

Die „Mentalität" der Juden, die sie dazu befähigt, ihre von Feuchtwanger so verstandene „kosmopolitische" Aufgabe zu lösen, umschreibt der Schriftsteller mit einer kleinen Anekdote aus dem Talmud. Auf die Frage eines Heiden, was denn die Grundlehre des Judentums sei, antwortet Rabbi Hillel: *„Was du nicht willst, das man dir tu', das füg auch keinem andern zu. Das ist alles."*

Das utopische Moment in Feuchtwangers theoretischen Äußerungen zum Judentum wird im erzählerischen Werk zwar nicht aufgegeben, aber doch erheblich relativiert. Das Leiden und Versagen, das vergebliche Hoffen auf die Morgenröte der Versöhnung ist ein immer wiederkehrendes Romanmotiv dieses Autors. Flavius Josephus, der Jude zwischen Jerusalem und Rom, zwischen Nationalismus und Weltbürgertum, ist am Ende seines Weges gescheitert. Denn schließlich verfällt auch er dem Traum seines Volkes von nationaler Unabhängigkeit. *„Das Land holte ihn und er suchte es. Er hatte die Welt gesucht, gefunden hatte ihn nur sein Land, denn er hatte die Welt zu früh gesucht." (Der Tag wird kommen)*

Auch Jehuda Ibn Esra, der jüdische Ratgeber König Alfonsos, muß schließlich erleben, wie seine Idee, durch die Schaffung von Wohlstand und Sicherheit in Spanien den Frieden zwischen Moslems, Christen und Juden zu erhalten, auf dem Schlachtfeld zerbricht. Aber wie die *Josephus*-Trilogie das „Prinzip Hoffnung" aufrechterhält – „zu früh" verheißt ein Später – so wird auch in der *Jüdin von Toledo* der große Gedanke des Buches, *„eine Unze Frieden ist besser als eine Tonne Krieg"*, vom geschlagenen und aller Illusionen beraubten Alfonso in seiner tieferen Wahrheit schließlich erkannt und gelebt.

„Ich habe versucht", schreibt Feuchtwanger selbst, *„in meinen Büchern ‚Jud Süß' und ‚Der jüdische Krieg' den Weg von Juden aufzuzeigen, die von der Macht zum Geist gingen, die den Weg fanden von Nietzsche zu Buddha, die Verknüpfung des heutigen Abendlandes mit der uralten Weisheit des Ostens, den Weg von Simson zu Jesaja."* (*Nationalismus und Judentum*, 1933)

Es war also ein sehr selbstbewußtes Judentum, das Lion Feuchtwanger schließlich vertrat. Mit zunehmendem Alter und wachsendem literarischen Erfolg ohnehin selbstsicher geworden, hat er das jüdische Denken und Fühlen, die „Geisteshaltung" seines Volkes nicht verteidigt, sondern – mit Recht – als eine tiefe Bereicherung der abendländischen Kultur empfunden und dargestellt.

Scharf, aber auch spöttisch hat er dabei stets die antisemitische These von der „Verjudung der abendländischen Kultur" zurückgewiesen. Schon 1920 – Hitler hatte in München gerade seine erste Massenveranstaltung durchschrieen – schreibt er über die angebliche Wirkung der „internationalen jüdischen Literatur": *„Man hätte ebensogut eine Literatur der Schwarzhaarigen oder der Kurzsichtigen konstruieren können... Nie hat ein Literaturhistoriker daran gedacht, aus der griechischen Literatur gewisse Poeten hinauszuweisen, weil sie asiatischem oder ägyptischem Völkermischmasch entstammten. Wer zählt Chamisso zur französischen Literatur? Wer Nietzsche, Dehmel zur slawischen?"* (*Die Verjudung der abendländischen Kultur*, 1920)

Kriterium literarischer Zugehörigkeit ist für den Philologen Feuchtwanger allein die Sprache. In seinem Aufsatz *Nationalismus und Judentum* heißt es dazu: *„Ich habe mich oft mit größter Sorgfalt in die Werke deutscher Autoren jüdischer Herkunft vertieft, um irgendein sprachliches Merkmal zu finden, das eindeutig auf ihre jüdische Abkunft hinwiese. Es ist mir trotz emsigsten Studiums nicht geglückt, in irgendeinem Werk der großen deutschen Dichter jüdischer Abstammung, von Mendelssohn bis Schnitzler und Wassermann, von Heine bis Arnold und Stefan Zweig, irgendein solches Merkmal zu entdecken"*. So sehr also jüdische Philosophie und Geistesgeschichte sein Denken und damit auch sein schriftstellerisches Werk beeinflußt haben – Feuchtwanger, dessen

Englisch noch im amerikanischen Exil einen breiten bayerischen Akzent besaß, fühlte sich zeitlebens der deutschen Sprache tief verbunden.

Bevor wir in das München der Zeit vor dem Ersten Weltkrieg zurückkehren, soll noch ein Blick auf Feuchtwangers Beziehungen zum Zionismus geworfen werden. Er stand ihm grundsätzlich positiv gegenüber, teilte ihn aber zunächst nicht in dem orthodox-nationalistischen Sinn, wie es viele Anhänger von Theodor Herzl angesichts des bedrohlichen Anwachsens des europäischen Antisemitismus taten. Er nannte diese Haltung zionistischer Kreise damals eine Art *„jüdische Hitlerei"*. 1933 stellte er außerdem etwas erstaunt fest, es sei seltsam, *„daß gerade zu der Zeit, da man sich unter den Juden heiß bemüht, in Palästina eine neue Heimat zu schaffen, in der übrigen Welt der Glaube an die verbindende Kraft von Heimat und Scholle mehr und mehr ins Wanken kommt."* (*Nationalismus und Judentum*, 1933)

Eine für das Jahr 1933 zweifellos äußerst fragwürdige Feststellung, die mit Feuchtwangers optimistischer – und sich nicht bewahrheitender – Auffassung zusammenhing, die Welt sei *„auf dem Weg zur Erkenntnis, daß die Begriffe Nation und Territorium nicht notwendig miteinander verbunden sein müssen"*.

Aber der Weltbürger Feuchtwanger sah keinen grundlegenden Widerspruch zwischen kosmopolitischem Denken, wie er es für sich und das Judentum forderte, und dem Zionismus. Jedenfalls solange dieser *„durchtränkt bleibt von der stärksten Idee des Judentums, der von seiner messianischen Sendung."*

Einen politischen Nationalstaat herkömmlicher Prägung lehnte der Schriftsteller damals für die Juden ab, der Zionismus war für ihn nur dann akzeptabel, wenn er zum geistigen Nationalismus führt.

Der Holocaust, der sein Volk in den europäischen Kriegsjahren dann niederschlug, hat den alternden Dichter korrigiert. Ein Jahr vor seinem Tod bekennt er sich eindeutig zum Staat Israel: *„Auch das stolzeste Ereignis der neueren Geschichte der Juden, die Errichtung ihres Dritten Staates im Lande Israel, hat zur Quelle dieses lebendige Bewußtsein der historischen Kontinuität."* (*Vom Geschichtsbewußtsein der Juden*, 1957)

Und da ist er am Ende seines Lebens wieder bei seinem geliebten „Buch der Bücher". Denn das Bewußtsein, von dem er in diesem Aufsatz aus dem Jahr 1957 spricht, nimmt sichtbar Gestalt an in der Bibel: *„Mohammed hat die Juden ‚das Volk des Buches' genannt. Mit Recht. Das Buch, das Große Buch, ihre heilige Schrift, ist die Grundlage ihrer völkischen Existenz. Das Skelett dieses Buches aber ist die Darstellung und Deutung der Geschichte Israels. Die Israeliter waren das erste Volk, das Geschichte schrieb."*

Und sein letzter Roman, den er kurz vor diesem Aufsatz veröffentlichte, dringt noch einmal in die historischen Tiefen seines Volkes vor. Es ist die Geschichte des Richters Jefta, Sohn einer Hure, von seiner Familie verjagt, vom HERRN berufen, sein Volk zu führen, und vom Fluch dieser Auserwähltheit geschlagen: *„Aber er spürte qualvoll die Einsamkeit des Gipfels und seine klare, schneidende, tödliche Kälte."* *(Jefta und seine Tochter)*

Fin de siècle

Genau 48 Jahre bevor der Schriftsteller Lion Feuchtwanger die Geschichte Jeftas aus dem Buch der Richter neu erzählt, öffnet sich für ihn der nächste Lebensabschnitt. Die Habilitation wird beiseitegelegt; Teile der unfertigen Arbeit über den deutschen Journalismus veröffentlicht später die „Frankfurter Zeitung". Nicht trockenes Stundengeben oder Korrekturlesen ist die Zukunft, für die er sich entschieden hat, sondern die Teilhabe an den, wie es ihm damals schien, wirklich wichtigen Auseinandersetzungen seiner Zeit. Dem Kampf um das neue, moderne Theater, um die Literatur von morgen, auf die der deutsche „Spießbürger", wie ihn Gustav Meyrink nannte, geschockt und der wilhelminische Staat mit erschreckter Zensur reagierten.

Dieses München um die Jahrhundertwende, in dem er lebt und nun zu schreiben beginnt, war wie praktisch alle Großstädte im Zuge einer mächtigen Wanderbewegung, ausgelöst durch die Industrialisierung, in den drei Jahrzehnten von 1880 bis 1910 enorm gewachsen. Die Einwohnerzahl hatte sich auf fast 600 000 verdoppelt. Als die Feuchtwangers am Annaplatz einzogen, bot die königlich-bayerische Hauptstadt allerdings noch an vielen Ecken eine beinahe dörfliche Idylle.

Die Beschreibung eines Zeitgenossen aus dem Jahr 1903 läßt etwas spüren von der behäbigen, aber auch täuschenden Ländlichkeit dieser bayerischen Stadt: „Die Innenstadt war damals noch ein gemächlicher Traum. Die grünen Kuppelbauten der Frauenkirche schwammen im sanften Fönlicht, Studenten in bunten Mützen und langmähnige Kunstjünger flanierten in der Neuhauser und Kaufinger Straße mitten über den Fahrdamm, der nach Holzpflaster und Roßäpfeln roch, und die kerzenbesteckten Kastanien am Stachus und Maximilianplatz standen wie im leichten Treiben eines großen Parkes."

Im nördlichsten der damaligen Stadtteile, in Schwabing, erlebte das München der letzten Wittelsbacher noch einmal einen weit widerhallenden Ruhm. Nicht als Hauptstadt einer politischen Macht oder als Metropole der Hochfinanz, sondern als Kunststadt.

Das Dorf Schwabing mit Bauernhöfen und lauschigen Gärten, einer kleinen spitztürmigen Kirche, ländlichen Wirtsstuben und engen Dorfhäusern wurde von einer zunächst kleinen Schar kunstbegeisterter Jünger entdeckt und erobert. Dann überrollte es eine bunte Boheme, die lärmend das Wachsen des Dorfes zur Vorstadt und schließlich zum Stadtteil miterlebte. Herrschte der Münchner Kunstdiktator Franz Lenbach, als der Ruhm ihn erreichte, noch in einem prächtigen Palazzo, so zog es die neue Generation in dieses Schwabing.

Viele Namen der Literatur, der Malerei, der Bildhauerei oder der Musik wurden in den Straßen jenseits des Siegestores bereits mit Achtung genannt, als die Welt sie noch nie gehört hatte. Max Halbe lebte Jahrzehnte hier; Thomas Mann wohnte an der Ecke Franz-Josef-Straße und schrieb dort in einer seiner frühesten Novellen den berühmten Anfangssatz: „München leuchtete"; Rilke tauchte auf; der düstere Stefan George sammelte seinen elitären Kreis um sich; Alfred Kubin und Olaf Gulbransson wurden ebenso Schwabinger wie der „Simplicissimus"-Verleger Albert Langen. Die Gräfin aus altem nordischen Geschlecht, Franziska Reventlow, wirbelte durch dieses München, ihr Mutterglück bis zum Exzeß durchlebend und – wie ihre Tagebücher zeigen – mit Trauer in ihrem Herzen.

In den 90er Jahren lebte noch einer in diesem schillernden Bohemekreis – einer, der zwei Jahrzehnte später Geschichte schreiben sollte: Wladimir Iljitsch Uljanow, genannt Lenin, sammelte in seiner engen Schwabinger Wohnung russische Emigranten um sich, und auch sie träumten von einer anderen Welt. Der Schriftsteller Lion Feuchtwanger, der im Dezember 1936 von Lenins Nachfolger Josef Stalin im Kreml empfangen werden wird und der die Oktoberrevolution Lenins in seinen Exiljahren als „das größte Ereignis des 20. Jahrhunderts" bezeichnete, ahnte damals nichts von der Anwesenheit des späteren Führers der Bolschewisten. Und der hätte ihn zu diesem Zeitpunkt wohl auch wenig beeindruckt.

Aber täusche sich niemand über Schwabing: Boheme, das war mehr Tragödie und Untergang als Komödie und Ruhm. Viele sammelten sich im Münchner „Sturm und Drang"-Viertel, im Café Stefanie oder im „Simpl", wenige nur waren talentiert, ganz wenige, deren Namen in der zweiten Hälfte des neuen Jahrhunderts noch einen Klang haben.

Neben München waren Berlin, Wien und Prag um die Jahrhundertwende die großen Kunstmetropolen des deutschsprachigen Raumes. In den Cafés und Theatern, den Kabaretts und Zeitschriftenredaktionen, aber auch in den stillen Hinterzimmern dieser Städte wurde in wenigen Jahren das geboren, was später als Beginn und Durchbruch der modernen Kunst in Deutschland beschrieben werden sollte.

Es war ein Aufbruch, der nur von wenigen getragen wurde, aber die

Zeit dafür war reif. Wissenschaft und Technik hatten das menschliche Zusammenleben schon damals tiefgreifend verändert, das bürgerliche Zeitalter trat in seine Spätphase ein. In den Hoftheatern aber deklamierten die Schauspieler Schiller, als gelte es tatsächlich noch gegen die Tyrannen – mit denen man sich doch längst arrangiert hatte – aufzustehen. In den Kunstakademien lehrten brave Professoren das Schöne und Edle im klassizistischen Bild, während für immer mehr Menschen das Licht der Sonne vom Rauch der Fabrikschornsteine verdunkelt wurde.

Tatsächlich hatte das deutsche Bürgertum den Traum von 1848 längst begraben. Solch vorwitzige Ideen politischer Mündigkeit hatte ihm der preußische Junker Otto von Bismarck endgültig und gründlich ausgetrieben. Das Reich war abgerundet, regiert wurde im Kanzleramt, hin und wieder auch im Berliner Schloß. Und so suchte sich manch gebildeter, von jedem Mitspracherecht in den Staatsgeschäften ausgeschlossener Deutsche eine andere Revolte, die Kulturrevolution. Jedenfalls die Söhne.

Beim Nachbarn, dem Habsburger, sah es kaum anders aus. Nur daß hier die Wehmut über das Ende eines Zeitalters, der Abschied vom scheinbar endlos dahinsiechenden Vielvölkerstaat eine ganz eigene Stimmung hervorrief, die sich auf unwiederholbare Weise in den Werken von Arthur Schnitzler und Hugo von Hofmannsthal, von Stefan Zweig und später Joseph Roth wiederfindet. Aber es gab in Wien auch Karl Kraus, der in fast manischer Zitierwut die Verzerrung der Wirklichkeit durch die Sprache mit beißenden Verrissen anprangerte. Und es gab auch den großen Literaturzirkus, der vom Café Griensteidl ins Café Central umzog und von dort 17 Jahre später direkt in den Krieg fuhr.

Im Wien des Fin de siècle erspürte ein melancholisch gestimmtes Bürgertum vielleicht stärker als anderswo etwas von den „modernen" Erfahrungen der Künstler. Das Gegeneinander der Habsburgvölker, das einfache Lösungen ebensowenig zuließ wie alte politische Rezepte, machte es aufnahmebereiter für die vielfältigen, bis dahin oft ungeahnten Wahrheiten und Wirklichkeiten, von denen die Dichter und Maler, Architekten und Musiker ihnen neuerdings Beispiele boten.

An der Moldau jedoch, in der hunderttürmigen Stadt der Heiligen und Magiere, da saßen sie in diesen Jahrzehnten in ihren Ghettos – die Juden, die Deutschen, die Tschechen und spannen am Mythos ihres geliebten, ihres gehaßten Prag. Wer sich lösen konnte, ging – wie Franz Werfel und Rainer Maria Rilke. Andere wie der erst viel später erkannte Franz Kafka aber blieben bis zum Tod in „den Krallen des Mütterchens" Prag.

Es war in den Cafés und den hohen Räumen der von dahindämmernder Pracht verlorener Zeiten gezeichneten Häuser, als ob man sich auf einer Insel träfe. Prag schuf damals eine Literatur der gespiegelten Innenwelt. Die Schriftsteller fanden ihre Themen in den Legenden der geheimnisvollen Stadt, und sie entdeckten, mit der wachsenden kulturellen Isolierung das Ende ahnend, die Entfremdung vom Ich, das vergebliche Ringen um die eigene Identität.

Die abendländische Welt aber erkannte in ihren Gedanken die Beschreibung der eigenen Krise. So wurden ihre Bücher – oder doch einige von ihnen – Weltliteratur.

Im wilhelminischen Reich, zu dem die Bayern, der Volksstamm des Schriftstellers Lion Feuchtwanger, zu ihrem Leidwesen seit 1871 endgültig zählten, war die Staatsführung nicht nur um das Heer und die Marine, die preußischen Gutsbesitzer und die Feuerwehr besorgt, sondern auch um die Kunst oder, wie es korrekt hieß: die deutsche, die wahre Kunst.

Aber während sich das bürgerliche Deutschland noch am Pathos der großen Oper und an den heroischen Aufführungen seiner Klassiker berauschte, während die leichtfüßigen Lustspiele, Schwänke und Possen von Paul Lindau und den Brüdern Franz und Paul Schönthan die Theatersäle füllten, begann mit den Skandalaufführungen der Naturalisten ein neues Zeitalter des Theaters.

Gegen die offizielle Kulturpolitik, wie sie sich etwa in den Spielplänen der etablierten Hoftheater darbot, wurden die Werke der Dichter Arno Holz und Johannes Schlaf, Max Halbe und Gerhart Hauptmann zu Wegweisern für eine ganze Generation von Autoren. Aus dem Ausland holten die Erneuerer Stücke von Maurice Maeterlinck, August Strindberg und Hugo von Hofmannsthal, die wieder aus einer Ablehnung der Naturalisten entstanden waren.

Dann kam das Kabarett, vom Erbfeind Frankreich, der doch gerade erst auf dem Schlachtfeld besiegt worden war, frech importiert. In Berlin das „Überbrettl" des Ernst von Wolzogen und Max Reinhardts „Schall und Rauch", drei Monate später, im April 1901, in Münchens Schwabing „Die elf Scharfrichter" des Frank Wedekind. Daß der damals 17jährige Lion Feuchtwanger schon bei der Scharfrichter-Premiere dabei war, ist unwahrscheinlich, später aber ist er vom Hauptakteur dieses Kabaretts, von Frank Wedekind, zeitweise gefesselt.

Denn da gab es ganz neue Töne und Texte zu hören. Es sollte, so pries man sich an, unterhalten werden. „Es wird das Ziel meines Ehrgeizes sein", schreibt der Chef des „Überbrettl", „den wirklichen Geheimrat ebenso in seinen Ansprüchen an eine amüsante, abwechslungsreiche Unterhaltung zu befriedigen, wie etwa den jungen Lebemann von verwöhntem Geschmack und den jungen Künstler von eigensinnigen Idealen." Und manchmal wurde aus dem Spielerischen, dem Improvisierten oder auch lange Ausgefeilten das, was unsere akademischen Lehrer später Kunst genannt haben.

Bei alledem kam eine bislang unbekannte Sprache auf die Bühne. Die Stücke – welcher Richtung sie sich auch zugehörig fühlten – forderten vom Zuschauer eine neue Sicht der gesellschaftlichen Realitäten ihrer Zeit und die Bereitschaft, ein ganz anderes als das gewohnte Bewußtsein zu akzeptieren und nachzuvollziehen.

Aber nicht nur der Zuschauer, auch die Schauspieler, Regisseure und Bühnenbildner standen mit den neuen Stücken und Ideen vor einer Herausforderung. Die antiquierten Hof- und Provinztheater mit ihrem Plüsch- und Pomp-Geschmack, halb Gesellschaftsereignis, halb Kunsterleben, konnten keine geeigneten Aufführungen solcher Bühnenwerke leisten. Dafür mußten die Privattheater einspringen, die seit der Gewerbefreiheit kurz vor der Reichsgründung in den Großstädten ihre Tore öffneten. Immer bereit zu investieren, solange Gewinne lockten, boten sie ihre Bühnen für Experimente an – sie verließen sich darauf, daß der Skandal in der Kunst noch stets die Neugierde geweckt hatte.

Vereine – manche mit politischen, manche mit literarischen Ambitionen – gründeten eigene Bühnen. Die bekanntesten wurden die „Freie Bühne" – gegründet in Berlin von Maximilian Harden, Otto Brahm und dem Herausgeber des „Berliner Tageblatts", Theodor Wolff – und die von Sozialdemokraten getragene „Freie Volksbühne". Sie alle hatten den unschätzbaren Vorteil, daß sie die wilhelminische Zensur oftmals durch sogenannte Privataufführungen unterlaufen konnten.

Der Einsatz des elektrischen Lichts brachte nun auch völlig neue dramaturgische Möglichkeiten der Beleuchtung, die Drehbühne wurde entwickelt, der Rundhorizont entdeckt. Die Regisseure standen vor neuen, ungeahnten Möglichkeiten. Die genialen unter ihnen nutzten sie meisterhaft. Allen voran der junge Max Reinhardt, dessen Berliner Inszenierungen nicht nur den Studenten Lion Feuchtwanger begeisterten.

Eine neue Generation von Schauspielern wuchs heran. Sie lernte auf der Bühne zu schweigen, das künstliche Pathos abzulegen, die nuancierten Charakterstudien der Autoren durch eine völlig neue Rollenauffassung glaubhaft zu machen. Der große Otto Brahm hatte viele von ihnen auf diesen Weg gebracht. Die Schauspieler waren es denn auch, die für viele im Zuschauerraum das eigentlich „Neue" waren, was sie da auf der Bühne erblickten.

Der Spiegel

Was in diesen Jahren aus Wien und Prag, aus Berlin und München in die Öffentlichkeit dringt und auf den Theaterbühnen mit aufsehenerregenden Inszenierungen für Diskussionen sorgt, steht im Zentrum der künftigen Arbeit des jungen Philologen. Lion Feuchtwanger nämlich wird Theaterkritiker.

Am Anfang dieser Karriere steht eine Zeitschrift. Die „Phoebus"-Jünger wollen stärker wirken als bisher, aus ihrer Mitte wächst die Idee. Aber es ist der Engagierteste unter ihnen, der sie dann in die Tat umsetzt, das Projekt organisiert, es schließlich durchsetzt.

Am 30. April 1908 erscheint die erste Nummer: „Der Spiegel. Blätter für Literatur, Musik und Bühne". Das Impressum lautet: „Verantwortlich für Verlag und Redaktion: Dr. Lion Feuchtwanger". Von April bis September will man zweimal, von Oktober bis März sogar viermal im Monat erscheinen. Und hochgestimmt, im Sprachstil der Zeit, heißt es: *„Diese Blätter wollen die Erscheinungen der Literatur, der Musik und der Bühne in einem klarlinigen, klartönigen Bild widerspiegeln... Wir errichten uns strenge Schranken: Was nicht literarische, musikalische und theatralische Dinge eng berührt, kümmert uns nicht."*

Eine beachtliche Liste von Mitarbeitern ist schon verlockend im ersten Heft aufgeführt: darunter Lou Andreas-Salomé, Julius Bab, Hermann Bahr, Max Halbe, Siegfried Jacobsohn, Thomas Mann, Alexander Roda-Roda und Jakob Wassermann.

Da wird versprochen, was dann nicht zu halten ist. Von Wassermann oder Jacobsohn, Bahr oder Lou Andreas-Salomé sucht der „Spiegel"-Leser in den folgenden Nummern vergeblich Beiträge. Von Thomas Mann findet er nur einen, den Nachdruck eines kleinen Aufsatzes aus der Monatsschrift „Nord und Süd". Trotzdem, beachtliche Schriftsteller, Kritiker und Literaturwissenschaftler der Zeit, heute vielfach vergessen, tragen zum „Spiegel"-Inhalt bei. Außer den Genannten auch Autoren wie Waldemar Bonsels, Arthur Kutscher (späterer Wedekind-Biograph), Michael Georg Conrad, Richard Schaukal oder Wilhelm von Scholz. Dabei auch der geschätzte Universitätslehrer Franz Muncker mit einer literaturwissenschaftlichen Arbeit über Friedrich von Hagedorn, den verschollenen Dichter aus der Vor-Goethe-Zeit.

Der Herausgeber selbst ist vor allem mit Theaterkritiken vertreten, aber auch mit einem sehr lesenswerten, mehr philologischen Artikel über *Heinrich Heine und Oscar Wilde*, einem Aufsatz zur *Psychologie der Bühnenreform* und einer eigenen kleinen Erzählung *Der Karneval von Ferrara.*

Alles in allem setzt sich der „Spiegel" für die neuen Bestrebungen auf dem Theater ein, nimmt im Streit zwischen den Naturalisten um Otto Brahms Lessingtheater und Max Reinhardts neuromantischer Einstellung im Deutschen Theater Partei für den letzteren, veröffentlicht literaturwissenschaftliche Artikel oder äußert sich lobend über neue Kompositionen, wie Debussys damals vielfach so unverstandene und umstrittene Oper *Pelléas et Mélisande.*

Aber dennoch, es ist ein zu ehrgeiziges Unterfangen. Die Ausstattung – ein schöner Einband, ganz im Modetrend des Münchner Jugendstils, teures Papier – liegt über dem Durchschnitt vergleichbarer Blätter, die Konkurrenz jedoch ist groß und die Abonnentenzahl klein. Wie das Projekt überhaupt finanziert wurde, ist heute nicht mehr genau festzustellen. Es waren vorwiegend junge jüdische Kaufleute, die eine Zeitlang Geld gaben.

Fünfzehn Nummern schafft der ehrgeizige Herausgeber, dann muß er im letzten Heft, am 24. Oktober 1908, sechs Monate nach dem Start des Unternehmens, zur Kenntnis geben: *„An unsere Leser: Der Verlag Oesterheld & Cie. Berlin und der Spiegel-Verlag München sind überein gekommen, ihre Zeitschriften Die Schaubühne (Herausgeber Siegfried Jacobsohn) und Der Spiegel (Herausgeber Dr. Lion Feuchtwanger) zu fusionieren. Das neue Blatt wird den Namen der älteren Zeitschrift ‚Die Schaubühne' beibehalten."* Ein hübscher Satz, mit dem der „Spiegel"-Herausgeber elegant vermieden hat, seinen Lesern allzu deutlich die Pleite des eigenen Blattes verkünden zu müssen.

Aber er fällt weich, das Zeitschriftenabenteuer geht für ihn persönlich bestens aus. Denn, so heißt es in der „Spiegel"-Nummer 15 weiter: *„Nachdem die Münchner Redaktion in den Händen Dr. Lion Feuchtwangers bleibt, hoffen wir, daß die Fusionierung, die lediglich eine Erweiterung und Vertiefung bedeutet, unseren Lesern willkommen sein wird."* Im Klartext: Lion Feuchtwanger wird künftig für die „Schaubühne" aus der Münchner Theaterwelt berichten.

Es ist eine beachtliche Zeitschrift, deren Mitarbeiter er geworden ist. Die „Schaubühne" war zum ersten Mal am 7. Spetember 1905 erschienen, und der Herausgeber beschreibt das bald unverwechselbare Konzept der Zeitschrift in seinem Geleitwort: „Solange das Gefühl nicht ganz erstorben ist, daß der Geist eines Volkes und einer bestimmten Zeit eindringlicher als in der übrigen Literatur im Drama zum Ausdruck kommt, solange wird immer von neuem der Wunsch lebendig werden, daß der Schaubühne ein Strom künstlerischer und geistiger Neuwerte entquelle, da jetzt zumeist Geschäftsleute bemüht sind, den Theatern mit dem geringsten Einsatz an Geist den größten Gewinn zu entlocken."

Es ist also eine Zeitschrift, die sich ganz dem Theaterleben zuwendet, die sich zur Aufgabe macht, „das Theater wieder zur Würde des Kunstinstitutes zu erheben." Das Pathos dieser Worte sollte nicht täuschen, in der „Schaubühne" wurde mit scharfer Sprachklinge gefochten, der pointensichere Wiener Kritiker und Feuilletonist Alfred Polgar sorgt nicht weniger dafür als der Herausgeber selbst, dessen regelmäßige „Antworten" an den Leser meisterhafte journalistische Miniaturen sind: „Darf ich auf ihre Anfrage, ob die Schaubühne auch außerhalb Berlins gelesen werde, ein bißchen prahlen? Ja, sie wird es. Wie der Chinese Lotten und Werther mit ängstlicher Hand auf das Glas malte, so verfehlt er nicht, beim Zopfwickeln das gute Papier des Blattes zu benutzen, das Sie in der Hand haben. Australneger stehen guttural murmelnd zusammen und sind gegen mich... Tscherkessen sprengen in den Steppen Asiens umher und halten links den alles erjagenden Speer, rechts ein rotes Heftchen. Die Paschäräs tun es nicht unter einem Jahresabonnement. Und nur in Neu-Ruppin kommen wir nicht recht vorwärts."

Es erscheint dieses kleine ziegelrote Heft mit der Jugendstil-Vignette auf der Umschlagseite jede Woche nahezu vierzehn Jahre lang. Am 4. April 1918 erreicht es den Leser unter dem Namen „Weltbühne. Wochenschrift für Politik, Kunst, Wirtschaft", um deutlich zu signalisieren, daß die Zeiten vorbei sind, in denen man der Illusion nachhängen konnte, die Schaubühne sei die Bühne der Welt. Der alte und gleichzeitig neue Herausgeber schreibt: „Es hatte seinen Reiz und seine Notwendigkeit für das Theater zu sorgen, aber es wäre falsch, nur für das Theater zu sorgen."

Und diese „Weltbühne" wird in den nächsten wiederum vierzehn Jahren zu einer der wenigen unbestechlichen, radikal-demokratischen Stimmen der labilen Republik. In ihren Spalten erscheinen überwiegend Artikel der demokratischen, aufklärerischen Intelligenz der Weimarer Jahre. Eine lange Liste des „anderen Deutschland": Kurt Tucholsky, Carl von Ossietzky, Egon Erwin Kisch, Walter Mehring, Ernst Toller, Walter Hasenclever, Axel Eggebrecht und viele mehr. Auch der inzwischen berühmt gewordene Lion Feuchtwanger gehört dazu.

Damals 1908, als er Münchner Theaterkorrespondent der „Schaubühne" wurde, hatte sie eine Auflage von knapp unter 8 000 Exemplaren. Zehn Jahre später waren es schon rund 17 000.

Zur Zeit der „Schaubühne"-Gründung war im übrigen auf dem deutschen Zeitschriftenmarkt eine bereits länger anhaltende, rasante Entwicklung zu beobachten. Von den großen Familienblättern wie „Die Gartenlaube" oder allgemeinen Kulturzeitschriften im Stil der „Deutschen Rundschau" bis hin zu den politisch-literarischen Zeitschriften, zu denen so berühmt-berüchtigte zählten wie „Die Fackel" (Herausgeber Karl Kraus) und „Die Zukunft" (Herausgeber Maximilian Harden) – die wilhelminischen Bürgerhaushalte wurden von einer Flut von Schrifterzeugnissen überschwemmt. Unterhaltung und Bildung, Aufmüpfigkeit im Stil des „Simplicissimus" und natürlich auch etwas Ideologisches für die germanische Seele, wie sie etwa „Der Türmer" bot, das war es, was die Mehrheit der deutschen Familienväter und – wenn sie das Blatt durchgelesen hatten – auch die Mütter, größeren Kinder und die Dienstboten als Lesekonsum begehrten.

Da waren die elitären, künstlerisch oft wertvoll aufgemachten Blätter wie „Pan", „Die Insel" oder die berühmte „Jugend" schon eher für Minderheiten gedacht. Ebenso natürlich die speziellen Theaterzeitschriften, zu denen die „Schaubühne" gehörte.

Insgesamt hat der „Deutsche Journal Katalog" für das Jahr 1903 beispielsweise rund 300 Zeitschriftentitel der hier geschilderten Richtungen ausgewiesen. Viele erlebten allerdings das Schicksal von Feuchtwangers „Spiegel"; sie konnten nicht einmal ihren ersten Geburtstag feiern.

So unterschiedlich die Qualität und die – damit nur selten zusammenhängende – Auflagenhöhe der einzelnen Blätter auch waren, der pulsierende Zeitschriftenmarkt war mit ein Symptom dafür, daß eine politisch entmündigte Gesellschaft Ersatz suchte oder auf kritische Distanz zum Obrigkeitsstaat der Hohenzollern ging. Genau genommen, traf letzteres lange Zeit nur auf die kleine Schicht der Intellektuellen in den geistig-kulturellen Zentren des Reiches zu. Und natürlich auf die Arbeiterbewegung. Aber deren Entfremdung vom Staat wurde weniger bei den hier geschilderten Entwicklungen sichtbar. „Die Gartenlaube" las man auch im Arbeiterhaushalt.

„Die Schaubühne" gehörte sicher zu den Blättern, die diese Distanz deutlich machten. Natürlich zunächst auf ihrem eigenen Gebiet, dem der Kunst. Da konnte der Leser immer wieder sarkastische, für die Zeit sehr mutige Äußerungen zur wilhelminischen Kulturpolitik lesen.

Etwa am 19. Juni 1913: „Des Kaisers eigene Kunstschöpfungen sind so belanglos, daß sie kaum zeigen, was er ausdrücken will... Es ist die Kunst eines Mannes, der seine Widersacher zerschmettert, wenn auch nur mit dem Munde, der eine Verfassung in Scherben zu schlagen droht ... der sein Volk ‚herrlichen Zeiten' entgegenführt, ohne daß das Volk es bemerkt hätte. Wer Armeen aus der Erde stampft, Kanäle zieht, Flaggen auf ragende Masten hißt: der bequemt sich schwer zu dem Zugeständnis, daß in seinem Reich Dinge geschehen dürfen, die nicht letzten Endes den Zwecken eben dieses Reiches und seiner Macht dienen."

Entscheidend für die Haltung der Zeitschrift war ihr Schöpfer, Herausgeber und Chefredakteur Siegfried Jacobsohn, eine ungewöhnliche Persönlichkeit. 1881, also drei Jahre vor Lion Feuchtwanger, in Berlin als Sohn eines jüdisch-preußischen Kaufmanns geboren, wird er schon in jungen Jahren ein begeisterter Theatergänger. Mit 20 schreibt er in Berliner Zeitungen seine ersten, bald große Aufmerksamkeit erregenden Kritiken und wird zu einem engagierten Anhänger des Theaterstils von Max Reinhardt. Gerade 23 Jahre alt, muß er seine erste steile Journalistenkarriere jäh abbrechen, als das „Berliner Tageblatt" ihm vorwirft, Plagiate veröffentlicht zu haben. Er ist Opfer seiner unglaublichen Fähigkeit geworden, Gelesenes im Gedächtnis zu speichern, das er Jahre später unbewußt in eigenen Arbeiten benutzt. Er wird – tief getroffen, aber keineswegs gebrochen – Herausgeber der „Schaubühne".

Neben Alfred Kerr und Karl Kraus, Alfred Polgar und Herbert Ihering ist Jacobsohn einer der wortmächtigsten Theaterkritiker dieser Jahre. 1926, nicht einmal 46 Jahre alt, stirbt dieser unermüdliche Arbeiter und hochbegabte Redakteur.

Kurt Tucholsky, seit langen Jahren enger Mitarbeiter der „Schaubühne"/„Weltbühne" wird Nachfolger, dann übernimmt Carl von Ossietzky als „Chef" das Blatt. Die letzte „Weltbühne" vor der Emigration erscheint am 7. März 1933 – die Republik, die sie so lange kritisiert und doch so leidenschaftlich verteidigt hat, ist untergegangen.

Einer der letzten Sätze dieser März-Nummer zeigt noch einmal die mutige Entschlossenheit, aber auch die illusionären Hoffnungen der deutschen „Links-Intelligenz": „Trotzdem: es wird weiter gearbeitet, denn der Geist setzt sich doch durch." Ein furchtbarer, ein doppelter Irrtum.

Die neuen Herren schleppen Ossietzky ins Konzentrationslager, wo er bis 1938 – selbst der Friedensnobelpreis kann ihn nicht mehr retten – zu Tode gequält wird. Auch Kurt Tucholsky treiben sie in den Untergang, er nimmt sich 1935 im schwedischen Exil das Leben.

Dem nachdenklichen Satz von Rolf Michaelis ist nichts hinzuzufügen: „Keiner der drei, die alle – mit Siegfried Jacobsohn – von dem roten Bändchen der Wochenschrift als von dem ‚geronnenen Herzblut' zu sprechen jedes Recht hätten – keiner ist 50 Jahre alt geworden."

Die Verbindung mit der „Schaubühne" ist für Lion Feuchtwanger ein wichtiger, folgenreicher Schritt seiner Entwicklung. Der unpolitische, sich noch ganz dem „Theaterkrieg" hingebende junge Philologe tritt damit in einen Menschenkreis, der in wenigen Jahren einen beachtlichen Teil der nicht parteigebundenen Intelligenz des späten Kaiserreiches und der ihm folgenden Republik stellen wird.

Sein politisches Bewußtsein, das sich vor allem in den Kriegsjahren zu entwickeln beginnt, ist durch die gesellschaftskritischen Denkansätze eines Kurt Tucholsky kaum weniger geprägt worden als dann später durch die Begegnung und jahrzehntelange Freundschaft mit Bert Brecht.

Feuchtwanger gehörte in den 20er Jahren zwar nicht mehr zu den regelmäßigen Autoren der „Weltbühne" – die literarische Produktion stand schon im Mittelpunkt seiner Arbeit – aber er hat sich stets den Ideen und dem politischen Engagement, das die Zeitschrift unerschrokken vertrat, verbunden gefühlt.

Besonders sichtbar wird dies noch einmal, als alles schon fast zu Ende ist, am 10. Mai 1932. „Weltbühne"-Herausgeber Carl von Ossietzky muß zum ersten Mal eine Gefängnisstrafe antreten. Der Grund ist der schon 1929 veröffentlichte Artikel eines Mitarbeiters über „Windiges aus der deutschen Luftfahrt", also über verfassungsrechtlich Bedenkliches in der Reichswehr. Über 100 Freunde und Autoren der „Weltbühne" begleiten den Herausgeber bis an das Gefängnistor. An dieser Demonstration für die Freiheit der Presse und gegen die sich immer deutlicher abzeichnende antidemokratische Haltung des Kreises um Reichspräsident Hindenburg nimmt auch der mittlerweile berühmte Schriftsteller Lion Feuchtwanger teil.

Theaterkritiker

Aber bis dahin ist noch ein weiter Weg innerer Entwicklung. Im Herbst 1908, als die erste Verbindung entsteht, pendelt der junge Feuchtwanger zwischen Hof-, Residenz- und Künstlertheater, zwischen Cafés und seinem recht spartanischen Zimmer, um Stoff und Ideen zu suchen. Er wird heimisch in der aufgeregten kleinen Schauspielerwelt Münchens, den streitsüchtigen Künstlerzirkeln, und er schreibt viel. Die Familie blickt immer unverständiger auf das Bohemeleben des eigenwilligen Sohns, der nur noch selten – schweigsam und hochmütig wirkend – in ihrer Mitte zu finden ist.

Er selbst aber scheint innerlich von dem aufgesetzten, meist eitlen Treiben seiner Umwelt fast unberührt. Er bleibt der Einzelgänger, der Suchende. Seine schriftstellerischen Arbeiten in diesen Jahren zeigen dies sehr deutlich.

1907 erscheint das bereits erwähnte Schauspiel *Der Fetisch*, 1910 in Waldemar Bonsels kleinem Künstlerverlag der erste Roman, *Der tönerne Gott.* Schnell geschrieben, von Heinrich Manns damaligem Modebuch über die *Herzogin von Assy* stark beeinflußt.

Sein eigenes Urteil, 23 Jahre später gefällt, trifft bis auf das Wort „wirksam" ziemlich genau: *„Ich schrieb in jenen Jahren einen wirksamen, hochmütigen und sehr artistischen Roman, darstellend das reiche spielerische und gewissenlose Leben eines jungen Mannes aus der Gesellschaft."* (*Selbstdarstellung*, 1933) Aber zu dem Menschen, der diesen Roman geschrieben hat, so heißt es weiter, habe er „heute" kein Verhältnis mehr.

Wie bereits in dem Schauspiel *Der Fetisch* gibt es auch in dem Roman biographisch Bemerkenswertes zu beobachten. Der „Held" Heinrich Friedländer ist nämlich ein Künstler, der den Ästhetizismus im antiethischen Sinn Oscar Wildes feiert und dabei nicht nur sich selbst zugrunderichtet. Der Bohemien Lion Feuchtwanger bleibt also weiterhin auf Distanz zu dem Leben, das die Menschen um ihn führen, auch wenn er es zum Teil wohl auch selbst durchleidet. Zunächst zeigt sich dies nur in seinem schriftstellerischen Werk; einige Jahre später wird er den Bruch auch äußerlich vollziehen.

Als Motto für sein Theaterstück *Der Fetisch* hat Feuchtwanger einige für sein damaliges Empfinden äußerst aufschlußreiche Zeilen Goethes ausgewählt: „Kaum bist Du sicher vor dem gröbsten Trug/ Kaum bist Du Herr vom ersten Kinderwillen/ So glaubst Du Dich schon Übermensch genug./ Versäumst, die Pflicht des Mannes zu erfüllen./ Wieviel bist Du von andern unterschieden?/ Erkenne Dich, leb mit der Welt in Frieden!"

Das ist nicht nur eine unübersehbare Verneinung des modischen Nietzsche-Taumels – zeit seines Lebens stand Lion Feuchtwanger Nietzsches Denken skeptisch gegenüber, verehrte aber den großen Stilisten und näherte sich seiner Geschichtsauffassung – sondern das klingt auch nicht gerade nach einer besonders leichtfertigen Lebenseinstellung. Im Gegenteil, es deutet auf eine sehr kritische Selbstreflexion der eigenen frühen Empörung hin.

Er wird sein Leben lang bleiben, der Protest gegen die dumpfe Engstirnigkeit eines Bürgertums, das die eigenen Ängste und Zwänge durch Bigotterie und nationalen Rausch zu verdrängen sucht. Dem hat er bald sein offenes, vernunftbetontes und, wenn es sein muß, auch mutiges Weltbürgertum entgegenzusetzen. Aber der jugendliche Protest gegen die aus der Welt des Vaters herüberreichende Tugend zum Pflichtbewußtsein wird vergehen. Das Goethe-Motto ist in Verbindung mit der eigenen Biographie wohl kaum anders zu verstehen.

Doch das ist Innenwelt. In der Öffentlichkeit dagegen sind es nicht diese beiden Werke, die Lion Feuchtwanger erstes Echo bringen, sondern seine Theaterkritiken. In vier Jahren, bis zur ersten „Flucht" aus der Heimatstadt, schreibt er weit über 200 Artikel. Überwiegend für die „Schaubühne" und vom Geschehen in den Münchner Theatern. Aber auch die liberale „Frankfurter Zeitung" und die Berliner „Vossische Zeitung" drucken gelegentlich etwas aus der Feder des talentierten Journalisten.

Feuchtwanger gehörte sicher nicht zu den ganz großen Kritikern oder Publizisten dieser Jahre. Die stilistische Meisterschaft und egozentrische Kulturpose eines Alfred Kerr waren ihm in diesem Metier ebensowenig gegeben wie die Sprachkonzentration Siegfried Jacobsohns oder der „wienerische" Feuilletonismus Alfred Polgars. Aber der Münchner Theaterkorrespondent besaß seine unbestreitbaren und bald auch sichtbar werdenden Stärken: Philologisch bestens ausgebildet, in der jüdischen Geisteswelt zu Hause, durch die Beherrschung der griechischen und lateinischen Sprache ein Kenner der antiken Welt und ihrer hochgeschätzten, literarischen Werke und durch seine Beschäftigung mit dem Sanskrit in das Denken des weisen „Nichtstun" eingedrungen, bringt er vielfältige Grundlagen für die künftige Arbeit mit.

Seine Kritiken zeichnen sich denn auch bei aller Subjektivität, der nicht immer zu folgen ist, durch gründliche Werkkenntnis aus. So sind sie in der Regel mehr eine kritische Auseinandersetzung mit dem Stück als mit der Aufführung. Meist umfaßt die Werkinterpretation bei Feuchtwanger mindestens zwei Drittel des Artikels, der Rest bleibt für die Inszenierung und für die Würdigung der Schauspieler.

Später, etwa ab 1910, werden seine Theaterkritiken freier, stilistisch weniger akademisch, dafür „journalistischer" und voll von ironischen Spitzen: *„Die einzige bühnenwirksame Szene des Dramas... hat man durch eine Fehlbesetzung ihrer Wirkungsmöglichkeiten beraubt. Man hat nämlich den Prinzen Arthur Fräulein Reubke anvertraut, einer Darstellerin, die für diese Rolle nichts mitbringt als dralle Beine und seelenlose Deklamation. Hätte in dem von Goethe inszenierten ‚König Johann' Fräulein Reubke anstelle der lieblichen Christiane Neumann den Arthur gespielt, dem Alten wäre viel Aufregung erspart, die Elegie ‚Euphrosyne' wäre nie geschrieben worden, und die Germanistik hätte sich über ihre Entstehungszeit nicht die Köpfe zerbrechen müssen."* (*König Johann,* 1909)

Sein Verständnis von Kritik und Theater läßt sich zunächst an zwei Artikeln deutlich machen, die ganz am Anfang dieser Schaffensperiode stehen. Im Geleit zur ersten „Spiegel"-Nummer kündet er an, die Zeitschrift werde ein klares Bild der Erscheinungen der Literatur, der Musik und der Bühne widerspiegeln. *„Ein solches Bild zu zeigen"*, heißt es weiter, *„mögen zwei Lichtquellen sich einen, die Strahlen wissenschaftlich-forschender, rein verstandesmäßiger Kritik und die Strahlen künstlerisch-optimistischen, intuitiven Erkennens."* Eine gute Kritik verlangt für Feuchtwanger also beides – einen hohen wissenschaftlichen Standard *(„kalte Schärfe der Forschung")* und die Fähigkeit, das Kunstwerk in seinen metaphysischen Tiefen *(„das Feuer empfänglicher Impressionen")* zu erfassen.

In seinem kleinen Essay *Zur Psychologie der Bühnenreform,* ebenfalls noch 1908 im „Spiegel" (Doppelnummer 5 und 6) erschienen, macht der junge Theaterkritiker dann unmißverständlich deutlich, wo er persönlich in den leidenschaftlichen Auseinandersetzungen um die Zukunft des Theaters steht. *„Seit Goethes Tod"*, so ruft er seinen Lesern zu, *„zerklafft die deutsche Literatur in zwei Richtungen. Die eine ist harmonisierend, betont die Idee, die Bedeutung der Menschen und der Dinge und ist im innersten Kern durchaus germanisch, nordisch. Die andere ist kritizistisch, sondernd, betont bei Menschen und Dingen die Psyche, ist temperamentvoll, aber ohne Gemüt und stark durchsetzt mit romanischen und jüdischen Wesenselementen."*

Die *„idealistische"* Richtung sei für das Einfache, das Gemütvolle und Gesunde. *„Sie liebt das Gutbürgerliche, den Sonntag, den Bratenrock...* " Als Vertreter dieser Partei nennt Feuchtwanger Gottfried Keller und Theodor Storm, Wilhelm Raabe und Hermann Hesse, aber auch den damals vielgespielten Ernst von Wildenbruch. Eine wohl doch etwas sehr bunte Reihe!

In fast schon expressionistischen Sätzen wird dem Leser mitgeteilt, wo die Liebe des Theaterkritikers Lion Feuchtwanger liegt: *„Die andere Richtung liebt die Weltstadt, das rege, tosende Leben, das Moderne und Modernste, den Komfort, die Verweichlichung, die tausenderlei Raffinements entwickeltster Natur. Das Nachtleben, die Eleganz, müde, intellektuelle Krawatten und erklügelte Geschlechtskitzel."* Arthur Schnitzler, Hugo von Hofmannsthal, aber auch Frank Wedekind und Henrik Ibsen zählt er zu dieser „seiner" Richtung. *„Diese zweite Richtung hat unser Theater zu dem gemacht, was es heute ist."*

In zwei weiteren theoretischen Aufsätzen zum Theater *(Das Erlebnis und das Drama* und *Schauspielkunst und Religiosität),* beide 1909 erschienen, äußert er auch grundsätzliche Auffassungen über die Arbeit des Dramatikers, Schauspielers und Regisseurs. Es sind alles in allem sehr zeitgebundene Gedanken, manches davon sieht er nach seinen Diskussionen mit Brecht und den Erfahrungen mit eigenen Bühnenwerken später anders.

Damals erklärt er, daß das *„normale"* Erleben immer episch (da breit und wellenförmig), allenfalls lyrisch sei, aber nie dramatisch. Denn die Wirklichkeit des Lebens, so Feuchtwanger, sträube sich, in ein Drama, das Gipfelpunkte und Einseitigkeiten fordere, eingefügt zu werden. Für den Dichter des Dramas sei jedoch das eigene Erleben, die Bewegtheit der eigenen Zeit entscheidend. Die *„undramatische Ruhe"* im Leben Goethes oder Conrad Ferdinand Meyers habe ihr *„theatralisches Versagen"* verursacht.

In Gegensatz dazu stellt Feuchtwanger die Dramatiker Shakespeare, Kleist und Hebbel, deren Werke *„ohne den Hintergrund eines sturmreichen Lebens"* oder *„einer an Taten schwangeren Zeit"* undenkbar gewesen wären. Und da *„die Wurzeln der dramatischen Kunst"* die gleichen sind *„wie die Wurzeln der mimischen"*, muß der Bühnendichter *„Schauspieler im eigentlichen Sinn des Wortes ... sein. Tausend Leben in sich spüren."*

Der Schauspieler aber, der im Auftrag des Dramatikers das Werk auf der Bühne zum Leben erweckt – er *„schafft aus sich selbst."* Jedenfalls dann, wenn er ein großer ist. *„Nicht daß er beobachtet und nachahmt, ist seine Kunst, sondern daß er die Empfindungen, die der Dichter ihm vermittelt, neu, naiv, ohne Vorurteil ganz in sich aufnimmt, daß er der Mensch wird, der zu sein ihm der Dichter vorschreibt."* In einem weiteren Aufsatz *Shylock auf unseren Bühnen* schildert Feuchtwanger schließlich sehr facettenreich und überzeugend an der unterschiedlichen Rollenauffassung dieser so schillernden und vielfach ausgelegten Bühnenfigur Shakespeares die Arbeit des Schauspielers.

Zehn Jahre später, also 1919, äußert er sich in einer Polemik gegen den „*Wald- und Wiesenregisseur*" sehr viel praktischer und damit auch realistischer über Regiearbeit als in den früheren Reflexionen über den Dramatiker und den Schauspieler. Sehr modern heißt es da: „*Für den wahren, den geborenen Regisseur ist die Dichtung Rohstoff, aus dem er Neues formt. Er pfeift auf Pietät und Tradition.*" Die Griechen, Goethe oder Schiller, so meint er zu Recht, sie wären alle nicht mehr ansehbar, würden sie nach den Regeln ihrer Zeit oder den Regiegeboten ihrer Schöpfer aufgeführt.

In den frühen Theaterrezensionen bespricht Feuchtwanger Stücke von Shakespeare, Schiller, Kleist oder „moderner" Autoren wie Ibsen, Strindberg, Wedekind, Hauptmann und Shaw, die neben den damals oft neu übersetzten oder nachgedichteten griechischen Klassikern auf den Münchner Bühnen gespielt werden. Sehr viel seltener geht er auf Opern und Operetten ein. Immer sind es engagierte, parteiliche Kritiken, die an die „Schaubühne" abgeschickt werden. Über die ganzen Jahre hinweg gibt es dabei zumindest eine Konstante: die zwar nicht unkritische, aber nie verleugnete Bewunderung für das Theater Max Reinhardts. Ob Schillers *Braut von Messina* oder Offenbachs *Schöne Helena* – Reinhardts Inszenierungen sind für Feuchtwanger stets Anstoß zu einer neuen Betrachtung der Stücke oder zu bühnentheoretischen Erörterungen. Die Ablehnung wird mit Schärfe vorgetragen, das Lob ist enthusiastisch.

Über Reinhardts *Orestie* 1909 in München, als „Volksfestspiel" gegeben, heißt es: „*Was in aller Welt geht den Metalldreher Vordermeier das Schicksal des Orest oder den Briefträger Hinterhuber die Stiftung des Areopags an? Und kein Volksschwärmer der Welt wird mir weismachen, daß dem bajuwarischen Kleinbürger die schöne Form der Hellenen etwas bedeutet.*" Sein Bericht von den Festspielen in Syrakus über eine *Agamemmnon*-Aufführung aber endet mit einer Reinhardt-Hymne: „*Gebt ihm diese Sonne, dies Meer, dies Land! Und Europa wird Weihefestspiele haben von nie geträumter Herrlichkeit.*" Das Theatergenie Max Reinhardt hat nicht nur den Münchner Theaterkorrespondenten der „Schaubühne" immer wieder aufs Neue gefesselt.

Zumindest in der bayerischen Hauptstadt wird Lion Feuchtwanger allmählich ein beachtetes Mitglied der Kulturszene. Intendanten und Regisseure, Schauspieler und Bühnenbildner müssen sich manch grobes

Wort gefallen lassen, besonders ein gewisser Herr Lützenkirchen und das schon erwähnte Fräulein Reubke. Lob und Ermunterung gibt es in diesen Kritiken erheblich weniger, zunehmend aber für den Schauspieler Albert Steinrück und den Regisseur Eugen Kilian, beide vom Hofschauspiel. Und wenn Tilla Durieux, die dämonische Schöne, auf einer Münchner Bühne auftritt, dann findet sie beim Kritiker Lion Feuchtwanger stets höchstlöbliche Beurteilungen.

Ein streitbarer Mann ist er in diesen Jahren auf jeden Fall. Bald fordert er durch bissige, auch sehr persönliche Angriffe Lokalfehden heraus, die die Blätter der Wittelsbacher Residenz über Wochen bewegen. Etwa wenn er dem in Münchener Bürgerkreisen allseits geachteten Rezensenten der „Münchner Neuesten Nachrichten", Hanns von Gumppenberg, vorwirft, seine Schauspielkritiken seien *„objektiv, frostig, verstimmend in ihrer kahlen Nüchternheit... Altbacken und nur fürs Mittelmaß."* Ein bißchen persönlicher Ärger mag da mitspielen. Die spitzen Anmerkungen Gumppenbergs zu den Aufführungen seiner ersten Theaterversuche hat er offensichtlich nicht vergessen. Noch weniger aber dessen Gegnerschaft zu Max Reinhardt. Ein merkwürdiges Verhältnis, denn Gumppenberg hat den Anfänger zunächst sehr freundlich beraten, und später, in seinen Lebenserinnerungen, spricht er anerkennend „vom begabten, damals mit Erstlingen auf dem Plan erschienenen jungen Bühnenschriftsteller Lion Feuchtwanger."

Ein weiterer Artikel aus seiner Feder läßt kein einziges gutes Haar an den Oberammergauer Festspielen: *„Das Fürchterlichste aber ist die Sprache: dieser Wechselbalg, gezeugt vom Sprachgeist des Evangeliums und eines Landgeistlichen, der statt des gewohnten Dialekts ein krampfhaftes Schriftdeutsch anstrebt. Man ... begreift, warum das Vorspiel gleich im zweiten Vers die Hörer als ein von Gottes Fluch gebeugtes Geschlecht anspricht."* Und er übersieht nicht die vielen antisemitischen Textstellen, die die Oberammergauer Spiele enthalten. Da werden der bayerische Stolz und der gesunde Geschäftssinn der Fremdenverkehrsindustrie schon arg strapaziert.

Immerhin, der Verfasser ist sich bewußt, was er seinen Landsleuten zumutet. In einem Brief vom 5. März 1910 an die Zeitschrift „März" schreibt er: *„Sehr geehrte Redaktion, ich erlaube mir die ergebene Anfrage, ob ich Ihnen eine scharf zersetzende Kritik des Textes und der Vorbedingungen der Oberammergauer Spiele zur Prüfung übersenden darf. Mit der Bitte um gütigen baldigen Bescheid. In ausgezeichneter Hochachtung, Dr. Lion Feuchtwanger."*

Und tatsächlich, der Redaktion der in München erscheinenden Halbmonatszeitschrift für Kultur ist das Angebot zu „zersetzend", sie lehnt ab. Der Oberammergauer-Verriß erscheint schließlich in zwei Folgen am 14. und 21. April 1910 in der „Schaubühne". Berlin ist eben doch weit weg, und in der preußischen Hauptstadt hält man die Bayern ohnehin für zurückgebliebene Barbaren.

Am schlimmsten aber ergeht es dem hochgeehrten Hofintendanten im Ruhestand, Ritter Ernst von Possart. Immer wieder muß der alte Herr als Beispiel herhalten, wenn der Kritiker Feuchtwanger altes gegen neues Theater setzt. Jahrzehnte hatte Possart das Münchner Bühnengeschehen beherrscht und geprägt. Und es ist verständlich, wenn er den jungen Anhängern von Reinhardt oder Brahm als Symbol eines pathetisch-verlogenen Schauspiels erscheint.

Dennoch, selten ist – vor allem in der damaligen Zeit – ein so frecher Artikel zum 70. Geburtstag eines „Prominenten" veröffentlicht worden wie der Feuchtwangers über Possarts Jubiläum. Begnügen wir uns mit dem letzten Absatz: *„Er aber ist lächerlich und jede Faser an ihm ist verlogen und komödiantisch, und jeder Anlaß ist willkommen, ihn zu bekämpfen, ihn und seine Schule und seine Jünger, die das Wachstum unseres Münchner Hofschauspiels und das Wirken unseres gesunden Nachwuchses gefährden."*

Als der Kritiker Lion Feuchtwanger im Frühjahr 1912 München verläßt, um im Süden sich selbst, seinen Weg als Künstler zu finden, da hat mancher sicher aufgeatmet. Mag sogar sein, daß es bereits diese Jahre des Streites und der oft provinziellen Reaktionen auf seine sicher verletzenden, aber doch immer mit großem Sachverstand vorgetragenen Urteile waren, die ihn seiner Vaterstadt entfremdet haben. Und umgekehrt. Bis zu seinem Tod und darüber hinaus hat München sich schwer getan, ein angemessenes Verhältnis zu diesem großen Sohn zu finden.

Er selbst blickt später auf diese Jahre journalistischer Arbeit nicht ohne Selbstkritik zurück: *„Ich schrieb... ziemlich viele Rezensionen in jenen Jahren. In einem reichlich brillianten, fechterischen Stil, ziemlich bösartig. Ich habe manchem Manne wehgetan damals, denn ich wußte viel, ich war in den Ästhetiken mancher Epochen gut beschlagen, ich konnte, wenn ich wollte, recht scharf treffen... geblieben ist aus jenen Jahren nur manche Feindschaft."* (*Selbstdarstellung:*, 1933)

Dem lokalen, etwas zwiespältigen Ruhm bleibt jedoch materiell fast jeder Erfolg versagt. Auch wenn in diesen Jahren auf dem Briefkopf des Dr.phil. Lion Feuchtwanger selbstbewußt „Redakteur der Schaubühne" steht – gesicherte Verhältnisse kann dies nicht meinen. Er hat kein festes Einkommen, sondern wird als freier Mitarbeiter pro Artikel bezahlt.

Wieviel er damals einnahm, ist nicht mehr feststellbar, aber ungefähre Angaben sind doch möglich: 1910 verdient ein Arbeitnehmer im Deutschen Reich durchschnittlich im Monat 81 Reichsmark. Als Siegfried Jacobsohn im Februar 1901 als Festangestellter in die Berliner „Welt am Montag" eintritt, erhält er monatlich 50 Mark. Der „freie" Korrespondent Lion Feuchtwanger, über Münchens Grenzen hinaus ein noch weitgehend unbekannter Journalist, dürfte diese Summe kaum erreicht haben.

So lebt er denn auch weiter in seinem sehr kargen Dachzimmer. Die Versuche, durch Kartenspiel die Kasse aufzufüllen, scheitern recht kläglich. Marta Feuchtwanger schreibt in ihren Erinnerungen: „Er saß in einem Kaffeehaus an der schönsten Straße Münchens gegenüber dem Englischen Garten, ohne Blick für das reiche Grün, vertieft in die Karten, leicht auf der Oberlippe schwitzend. Und immer verlierend, nicht nur weil ihm die Gabe des Bluffens fehlte – er hat es auch in seinem späteren Leben nicht gelernt – sondern weil er von seinen besten Freunden nach Strich und Faden betrogen wurde."

Er verspielt einen schon geplanten Italienurlaub, manchmal auch einige seiner geliebten Bücher. Eine gewisse Spielleidenschaft bleibt. Später in Monte Carlo oder im französischen Exil zieht es ihn immer wieder an den Spieltisch. Allerdings hält er – wie in fast allen Dingen des äußeren Lebens – klug Disziplin, die Verluste bleiben im Rahmen. Dostojewskis Roulett-Fieber wird ihn nie packen.

Neben seinen philologischen, bühnentheoretischen Aufsätzen und den Rezensionen veröffentlicht Lion Feuchtwanger nach seinem Roman bis zum Ausbruch des Krieges 1914 außer einer kleinen vergessenen Ballettpantomime (*Pierrots Herrentraum*) und der Neubearbeitung eines Protestanten-Dramas keine schriftstellerischen Arbeiten. Sicher auch ein Zeichen für die innere schöpferische Krise dieser Jahre.

Die Neubearbeitung von Arthur M. Müllers *Ein feste Burg ist unser Gott* bringt immerhin dank mehrerer Aufführungen im Volkstheater etwas Geld. Die drängendsten Schulden können davon beglichen werden.

Arthur M. Müller, ein schon 1911 fast verschollener Dichter des gerade abgelaufenen Jahrhunderts, wird vom Philologen Feuchtwanger bei seiner Beschäftigung mit dem damals vielgespielten Drama *Glaube und Heimat* von Franz Schönherr entdeckt. Er bemerkt starke Ähnlichkeiten in beiden Stücken, die Schönherr in den Verdacht bringen, ein Plagiat verfaßt zu haben.

In zwei Aufsätzen, beide in der „Schaubühne" erschienen, setzt sich Feuchtwanger mit den Stücken auseinander. Im September 1911 – die eigene Bearbeitung von Müllers *Feste Burg* ist schon fertig – schreibt er: *„Es wäre sehr erfreulich, wenn Schönherrs großer Erfolg eine wagemutige Direktion veranlaßte, Müllers österreichisches Protestantendrama auszugraben."* Das Volkstheater wagt es, und das von Feuchtwanger bearbeitete Glaubensdrama, das in Österreich, acht Jahre vor dem Regierungsantritt von Maria Theresia spielt, findet Anklang. Im übrigen wurde das traditionsreiche Volkstheater, in dem – wie wir gesehen haben – auch erste Bühnenversuche Feuchtwangers zur Aufführung kamen, im November 1983 mit Schönherrs düsterem Drama wiedereröffnet.

Marta

Zwei Jahre zuvor, also 1909, auf einem Ball der Schwester im Elternhaus ist etwas viel Entscheidenderes geschehen. Lion Feuchtwanger begegnet zum ersten Mal der damals gerade 19jährigen Marta Löffler. Ein bildhübsches Mädchen aus bayerisch-jüdischer Kaufmannsfamilie, dunkelhaarig, schlank gewachsen, ein Hauch vom damals so gefeierten Salome-Typ.

Ein Blumenstrauß zum Geburtstag, ein Gedicht *An Marta Gabler* – ein Wortspiel: Gabler für Martas Geburtsname Löffler – in der Münchner „Jugend", und der Verehrer verschwindet erst einmal nach Italien. Aber er hat die Begegnung nicht vergessen.

Nach seiner Rückkehr, so berichtet Marta, „wurde ich von Lion angerufen... Wir trafen uns am höchsten jüdischen Feiertag, den Lion wie auch ich fastend und im Gebet verbringen sollten. Statt dessen gingen wir ins Isartal, dann auf sein Zimmer. Dort begann unsere Ehe."

Es ist der Beginn einer fast 50jährigen Lebensgemeinschaft. Marta wird die Frau an der Seite des Schriftstellers. In den Jahren der finanziellen Not und der künstlerischen Suche, des Aufstiegs und des Ruhms, in den Jahrzehnten des Exils. Sie wird nach dem Tod des berühmten Mannes zur umsichtigen, unermüdlichen und unersetzbaren Verwalterin seines Werks.

Die erotische Ausstrahlung der schönen Frau, die Bewunderung der Klugheit des so umstrittenen, im Münchner Klatsch so häufig erwähnten Kritikers verbindet sie. Aber es ist auch die von ihnen gemeinsam empfundene Verachtung bürgerlicher Scheinmoral, die Auflehnung gegen die Einengungen, die das Elternhaus abfordert, was sie zusammenführt. Drei Jahre später, nach der Hochzeit, vertieft die Trauer über den Tod des einzigen Kindes diese Verbindung. Die danach gemeinsam erlebten „Vagabundenjahre" in Italien, Sizilien und Nordafrika werden für beide zu einem befreienden Erlebnis.

Später, in den Kriegsjahren und den turbulenten Zeiten der Republik wird die Münchner Wohnung der Feuchtwangers zum Treffpunkt mehr oder weniger Gleichgesinnter aus Kunst, Literatur und Theater. Martas Kochkünste werden kaum weniger gelobt als ihre Schönheit. Das bleibt so in Berlin, in Sanary, in Los Angeles.

Nachbar Ludwig Marcuse beschreibt einen Abend bei Feuchtwangers, in ihrem schönen letzten Haus an der Pazifikküste, und zeichnet dabei ein sympathisches Bild: „Es waren friedliche Abende, diese Vorlesungen. Nachher gab es italienischen Salat und selbstgemachten Apfelstrudel mit Schlagsahne. Frau Marta, hochgewachsen, Tag und Nacht sonnengebräunt, Sommer und Winter, in der Provence und am Stillen Ozean, morgens den Fluten entsteigend, der eleganten Gattin eines Indianerhäuptlings nicht unähnlich, war die liebenswürdigste Gastgeberin. Ich habe den Eindruck, im Hause Feuchtwanger wurde nie üble Nachrede gehalten. Er hatte nicht das Bedürfnis, sich ein bißchen zu rächen, weil ihn niemand und nichts auch nur ein bißchen hatte treffen können."

Als die Anforderungen, die das Werk stellt, den Mann zu überwältigen drohen, wird Marta zur entscheidenden Helferin im lästigen Alltag. Sie sucht und kauft die Häuser, die für den Schriftsteller als ruhige Werkstatt immer größere Bedeutung gewinnen, und richtet sie ein. Auch später, in den schwierigen Exiljahren. Sie hält lästige Besucher ab, sie packt ihm – dem unglaublich Unpraktischen – die Koffer, wenn er reisen muß. Sie hält auf strenge Zurückhaltung beim Essen, denn schon früh plagt ihn die Familienkrankheit der Feuchtwangers, ein übersensibler Magen. Das tägliche Schwimmen, die morgendliche Gymnastik oder der gemeinsame Dauerlauf – Marta achtet darauf, daß sich der körperlich stets etwas anfällige für die stundenlange Arbeit am Schreibtisch den notwendigen Ausgleich schafft.

Marta teilt zeitlebens seine antibürgerliche Haltung und – vielleicht nicht so konkret und etwas gedämpfter – seine politischen Auffassungen. Die wenigen Lebensfreundschaften des Schriftstellers – mit Bruno Frank, Bert Brecht oder Arnold Zweig – werden von ihr mitempfunden. Sie ist wohl auch Helferin am literarischen Werk, weniger als „Muse", aber sicher als geduldige Zuhörerin, als lebensnahe Ratgeberin.

Eine „ideale Ehe", wie Reinhart Hoffmeister in seiner kleinen Schrift über den regionalen Hintergrund des Romans *Erfolg* schreibt? Ach nein, so etwas gibt es nur in Märchen oder auf der Bühne. Das wirkliche Leben kann sich – im besten Fall – „Idealen" immer nur nähern.

Sie waren auch sehr verschieden. Marta stets zur Askese neigend, dem Sport, der körperlichen Bewegung eine zentrale Bedeutung in ihrem Leben beimessend. Sie war sparsam und häufig pessimistisch mit Blick auf die eigene finanzielle Situation, ärgerte sich über „sinnlosen Luxus". Sie konnte in der Gesellschaft manches freimütig zum Besten geben, was ihm peinlich war; ihre kecke Zunge brachte den schüchternen, in der Öffentlichkeit stets zurückhaltenden, berühmten Mann mehr als einmal in Verlegenheit.

Sie liebte es, für sich zu sein – am Meer, in den schneebedeckten Bergen, wo sie bis ins hohe Alter Ski lief oder in ihren selbst angelegten, herrlichen Gärten. Die Sekretärinnen des Schriftstellers, zunächst bis zum Ende des französischen Exils Lola Sernau, dann ab 1940 in Amerika Hilde Waldo, denen er seit Mitte der 20er Jahre seine Bücher und fast die gesamte Korrespondenz diktierte und die eng an den Haushalt Feuchtwanger angeschlossen waren – sie hatten es nicht immer leicht mit Marta.

Lion war ein Genußmensch. Er aß gerne und gut, zeitweise auch viel. Eine erlesene Flasche Wein wußte er zu schätzen. An Winternachmittagen konnte er in seiner Villa im südfranzösischen Sanary lange darüber plaudern, welches Pariser Spezialitätenlokal er aufsuchen würde, wäre er jetzt in der Hauptstadt an der Seine, welche Sorte Austern er wählen, welchen Wein bestellen würde. Wenn er reiste, liebte er den Luxus: gute bequeme Schlafwagen, erstklassige Hotels. Er hatte im Grunde seines Herzens wenig übrig für die körperliche Betätigung, nur das Schwimmen betrieb er von Jugend an mit Freude.

Martas Forderungen nach einem gesunden Leben, nach Bewegung und Diät – er litt nicht selten darunter, aber erkannte doch die Notwendigkeit. Der Genußmensch hielt Disziplin, der Vernunft gehorchend, von Marta geführt. Er hat es ihr nicht immer gedankt.

Der Stoßseufzer „Sie kennen ja Marta" ist hier und da in Briefen zu finden, aber wohl nicht ganz gerecht. Das „gesunde Leben" nämlich, es war vor allem in den späteren Jahren die Voraussetzung für eine ungebrochene Schaffenskraft, für ein Leben, das bis zum schließlich raschen Ende von körperlichen Unbilden weitgehend verschont blieb. Und das immerhin bei einer physischen Grundkonstitution, die stets labil war, sehr leicht nervöse Reaktionen hervorrief. Ein Glas Cognac, das er in großer Gesellschaft oder im intimen Freundeskreis abzulehnen sich oft nicht recht traute, es rief schon Magenbeschwerden hervor. Tabak-Geruch bedrängte ihn – nur wenige, hochgeschätzte Besucher durften in seiner Gegenwart rauchen.

Aber zum Genuß gehört auch die Erotik. Und Lion Feuchtwanger war ein erotischer Mensch. Sein Leben ist begleitet von vielen Begegnungen mit Frauen, flüchtigen sexuellen Erlebnissen oder tieferen Beziehungen, die über Jahre andauern. Der auf den ersten Blick so wenig attraktive Mann, er hatte Erfolg bei schönen Frauen. Er konnte ihnen zuhören, der Blick aus seinen klugen Augen bewies Verständnis, Interesse und Zuneigung. Sicher, auch der Ruhm des gereiften Schriftstellers wird das Seine dazu beigetragen haben.

Selten, eigentlich nie hat sich Lion Feuchtwanger zu diesem Thema außerhalb seines literarischen Werks geäußert. Aber in seinem kleinen, 1933 erschienenen Aufsatz *Selbstdarstellung*, machen einige Sätze doch deutlich, wie sehr ihn Frauen angeregt haben, wie hoch er ihre Gesellschaft, ihr Urteil einschätzte. So heißt es dort: *„Seltsamerweise habe ich unter... Frauen meine fruchtbarsten Kritiker gefunden. Mit ihrem sicheren Gefühl für Qualität, mit dem Vermögen, sich einem Kunstwerk ganz hinzugeben, ohne das Ohr für falsche Töne zu verlieren. Die mit feinstem Ohr hörenden unter meinen Kritikern in Annahme und Ablehnung waren Frauen."*

Wenige Sätze weiter, wenn er davon spricht, wie gut zwar der schriftstellerische Erfolg schmeckt, aber wie er auch allmählich zur Gewohnheit wird, beendet er diese autobiographische Skizze mit einem Bekenntnis: *„Ewig und immer von neuem reizvoll aber bleiben die Abenteuer der Arbeit, Sieg und Niederlage und – vielleicht – die Wirkung des Vollendeten im bewegten Gesicht einer verstehenden Frau."*

Da war Eva Herrmann, deutsch-amerikanischer Herkunft und von ausnehmender Schönheit. Thomas Mann nannte sie, ihr Profil bewundernd, die „Gemme". Jugend- und Lebensfreundin von Klaus und Erika Mann, lebte die begabte Zeichnerin, deren Karikaturen die Seiten manch angesehener Literatur- oder Kunstzeitschrift zierten, in München und Berlin, Paris oder Sanary, New York und Los Angeles. Lion liebte die 17 Jahre jüngere. Er traf mit ihr während des französischen Exils öfter in Paris zusammen, sie war im Dezember 1936 seine Begleiterin, als er Moskau besuchte. Später im kalifornischen Exil wurden sie – wie schon in Sanary – wieder Nachbarn. Als die Flucht der Feuchtwangers aus Europa 1940 in Los Angeles endete, fanden sie zunächst bei Eva Herrmann Aufnahme. Im Alter – Eva Herrmann starb 1978 – lebte sie ganz ihren schon immer vorhandenen spiritistischen Interessen, schrieb mehrere Bücher, in denen sie von „Begegnungen" mit Menschen aus dem Totenreich berichtet.

Da war Eva Boy, 1905 geboren und kurze Zeit als Journalistin tätig. Eine Beziehung, die in die Münchener Jahre zurückreicht und bis ans Lebensende anhielt. Im Berliner Haus der Feuchtwangers, in der Mahlerstrasse 8, feierte sie ihre Verlobung mit dem berühmten Haydn-Forscher van Hoboken. Sie war eine der ersten Besucherinnen bei Feuchtwangers in Los Angeles nach dem Kriegsende 1945. Eva Boy, intelligent und amüsant, schrieb mehrere Romane und veröffentlichte Gedichte. Später beschäftigte sie sich sehr stark mit der Lehre des Zen-Buddhismus.

Da war auch schließlich Lilo Dammert, ebenfalls mit ihm im Dezember 1936 in Moskau. Sie lebte in Sanary und kurze Zeit in Kalifornien, schrieb später in Frankreich Filmskripte.

Lions Beziehungen zu diesen drei Frauen waren intensiv, und die Freundschaft übertrug sich auch auf Marta. Mit allen drei Frauen hielt sie über den Tod des Schriftstellers hinaus engen Kontakt.

Auch in seiner grundsätzlichen Einstellung zur Rolle der Frau in der

Gesellschaft erwies sich Lion Feuchtwanger als Mann der Aufklärung. Ingrid Zwerenz zitiert in einem Aufsatz Marta Feuchtwanger mit dem Satz: „Lion Feuchtwanger hat bei allen Verschiedenheiten (vive la différence) nie an der Gleichwertigkeit und der Gleichberechtigung der Frau gezweifelt." Er zeigt diese Haltung nicht nur im Leben, sondern sie wird auch in der Gestaltung seiner weiblichen Romanfiguren besonders unterstrichen. Sie gehören zu den sympathischsten und eindruckvollsten Charakteren, die er geschaffen hat.

Die schöne Schauspielerin Desirée Mesnard etwa, aus dem Volke kommend, in den Kreis der Mächtigen und Vornehmen des vorrevolutionären Frankreich eintretend, verliert trotz aller Demütigungen und Verlockungen nie ihre natürliche Klugheit, ihr Gefühl für das Wahrhafte und die Wahrheit: *„Sie hielt sich an die Mächtigen, weil das nützlich war, doch die großen Namen der Wirtschaft und der Aristokratie blendeten sie nicht, sie sah, mit wie wenig Weisheit Frankreich regiert wurde, aus der Höhe ihres guten Verstandes schaute sie auf die Herren herunter."* (*Die Füchse im Weinberg*)

Und ist nicht Margarete von Tirol, die so grundhäßliche, von ihrem Volk mit dem fürchterlichen Namen „Maultasch" gebrandmarkt, trotz aller Enttäuschungen erst ganz am Ende ihres einsamen Lebens verzagend, ein großer Charakter inmitten einer Schar jämmerlicher, egoistischer Männergestalten?

Wo im *Oppermann*-Roman ist eine andere Person von so mutiger und gradliniger Entschlossenheit wie die junge Zionistin Ruth? Oder Anna Trautwein, zwischen Mann und Sohn stehend, die – im Kampf der politischen „Ideen" verstrickt – die Last des grauen Exil-Alltags auf ihre Schultern legen. Mit welcher stillen, verzweifelten Tapferkeit kämpft diese Anna Trautwein um das Überleben, bis sie in ihrer Einsamkeit zugrundegeht. Eine große Frau. Oder Johanna Krain, die im Kampf um die Befreiung des Kunsthistorikers Martin Krüger zu einer Persönlichkeit reift, die schließlich die innere Freiheit gewinnt, die ihr die Kraft des Durchhaltens gibt, den „Erfolg" beschert.

Auch hier muß aber wieder an Marta gedacht werden. Denn manche Züge der Frauen in Feuchtwangers Romanen dürften vom Bild der Lebensgefährtin mitgeprägt worden sein. Sie blieb die beherrschende Frau in diesem für erotische Reize empfänglichen Dichterleben. *„Ich war 1 Mal verheiratet"*, schreibt er, und dieser lapidare Satz ist gleichzeitig auch ein Bekenntnis. Herkömmliche, bürgerliche Moralvorstellungen, in denen der Schein zur Lebenslüge wird, war beiden fremd. Das tiefe und gegenseitige Vertrauen in diese Gemeinschaft, die Souveränität, mit der Marta und Lion Feuchtwanger das Eigenleben des anderen respektierten, kennzeichneten diese Ehe. *„Für meine Freundin"* lautet die Widmung im ersten Roman Feuchtwangers, im *Tönernen Gott*. *„Für*

Marta" heißt auch die Widmung mancher der folgenden Bücher. Sie ist es, die sein Gesamtwerk bis zum Schluß begleitet hat.

Die Begegnung mit Marta 1909 ändert äußerlich zunächst wenig im Leben des Theaterkritikers und Schriftstellers Lion Feuchtwanger. Der 1910 erschienene Roman *Der tönerne Gott* ist erfolglos, er findet über den Münchener Boheme-Kreis hinaus kaum Beachtung. Lion arbeitet nicht allzuviel, schläft lang, verbringt seine Zeit in Cafés und taucht an der Seite der schönen Gefährtin im Münchner Faschingstrubel unter.

Seine Kritiken werden polemischer, der fehlende literarische Erfolg, die Unsicherheit über das eigene Schaffen läßt manche bittere Zeile für die „Schaubühne" entstehen. Nicht nur die schon erwähnten Verrisse über Oberammergau und die Angriffe gegen Ernst von Possart fallen in diese Zeit, sondern auch eine Auseinandersetzung mit dem „Bayerischen Kurier", die unter dem monströsen Titel *Münchens Hoftheater und das Zentrum oder die Schaubühne als unmoralische Anstalt betrachtet* im März 1912 erscheint. In dieser Polemik setzt sich Feuchtwanger für das Hoftheater und seinen Intendanten von Speidel ein. Anlaß ist die Aufführung von Sternheims *Kassette*, die vom konservativen, dem Hof nahestehenden „Bayerischen Kurier" scharf abgelehnt wird. In seinem Aufsatz greift Feuchtwanger aber nicht nur das Blatt an, sondern – und dies schafft ihm sicherlich nicht allzuviel Anhänger – auch das Münchner Publikum: *„Dem ist zu entgegnen, daß das Münchener Publikum unglaublich wenig Kritik hat, daß die Stadt, die für Schillers ‚Horen' ganze drei Abonnenten aufbrachte und der Schiller, Hebbel und Heine das Salz absprachen, an Kunstverstand kaum zugenommen hat. Und so ist es noch heute möglich, daß, wie seinerzeit Wagner aus München verjagt wurde, auch jetzt wieder etliche vom Pöbel unterstützte Dunkelmänner die Tempelhüter unseres aufblühenden Hofschauspiels vertreiben und aus dem Theater ein Deklamations-Institut für den katholischen Gesellenverein machen."*

München war ihm eng geworden. Gut zwanzig Jahre später schreibt Feuchtwanger Empfindungen über diese Stadt nieder, die viel von dem spüren lassen, was den jungen, unbekannten Schriftsteller 1912 bewegt hatte: *„Es war nicht viel echt an dieser Stadt, eigentlich nur die Umgebung, die schönen staatlichen Bilder- und Büchersammlungen, der Karneval und wahrscheinlich auch, aber davon verstehe ich nichts, das Bier. Die Stadt hielt damals noch viel auf ihre Tradition als Kunststadt. Es war aber nicht weit her mit dieser Kunst. Viel mehr war sie eine akademische, wichtigmacherische, spießbürgerliche Institution, von einer zähen, dumpfigen und geistig nicht gut gelüfteten Bevölkerung im wesentlichen aus Gründen des Fremdenverkehrs beibehalten."* (*Selbstdarstellung*, 1933)

Herbe Sätze, eine sicher in dieser pauschalen Form ungerechte Kritik. Hier werden sehr subjektive Empfinden ausgedrückt, die mehr über den inneren Zustand des Schreibenden als des Beschriebenen aussagen. Und doch enthält Feuchtwangers kritisches Münchenbild auch viel Wahrheit. Denn im Vorkriegsdeutschland hatte sich die Kluft zwischen dem wilhelminischen Staat und seinen progressiven Intellektuellen erweitert. Allerdings, die Reaktion der meisten von ihnen beim Kriegsausbruch am 1. August 1914 sollte zeigen, daß dieser Bruch weitgehend im ästhetisch-künstlerischen Bereich, im Kampf um die Unabhängigkeit von Kunst und Künstlern stattgefunden hatte, nicht aber in der moralischen Einschätzung dessen, was bis heute „Realpolitik" genannt wird. Da mußte erst die Erschütterung des millionenfachen Mordes auf den Schlachtfeldern von Flandern oder in den Schützengräben von Verdun kommen, um bei der Mehrzahl der deutschen Intellektuellen ein „politisches" Umdenken zu bewirken.

Feuchtwangers Kritik an München stimmt auch insofern, als das Bildungsbürgertum – und das waren die Theaterbesucher oder Abonnenten der Kunst- und Kulturzeitschriften – vom Einbruch der Massenzivilisation tief verunsichert wurde. Waren es, wie Manfred Rasch schreibt, um 1800 etwa hunderttausend Menschen, die zu den „gesellschaftlichen Trägerschichten der deutschen Hochkultur" zählten, so beschäftigten sich hundert Jahre später schon rund 10 Millionen Menschen „mit anspruchsvoller Lektüre.... und etwa 1 Million mit der zeitgenössischen literarischen Entwicklung". Allerdings, solche Zahlen dürfen nicht täuschen. Die weitaus meisten wilhelminischen Bürger nämlich wurden durch die technischen Umbrüche, durch die „Modernisierung" des gesellschaftlichen Alltags von einem Unbehagen heimgesucht, das sich in Ablehnung und Aggression gegen das Neue – auch in der Kunst – ausdrückte.

Wilhelm II. selbst spricht in einer programmatischen Rede 1901 das aus, was viele seiner Untertanen denken: „Wenn nun die Kunst – wie es jetzt vielfach geschieht – weiter nichts tut, als das Elend noch scheußlicher hinzustellen, wie es schon ist, dann versündigt sie sich damit, am deutschen Volk... soll die Kultur ihre Aufgabe voll erfüllen, dann ... kann sie (das) nur, wenn sie erhebt, statt daß sie in den Rinnstein niedersteigt". Walther Rathenau hat 1919 in seiner Schrift *Der Kaiser* die Stimmung des deutschen Bürgertums dieser letzten Jahre der „guten alten Zeit" sehr treffend dargestellt: „Die militärisch gedrillte Masse wollte ihre erlernten Künste in kriegerischen Glanzspielen zeigen, und gezeigt sehen. Dem Steuerzahler tat es wohl, dem Kaufmann nützte es, wenn aus seinem Taler und Groschen die prachtvoll bedrohliche Flotte erwuchs. Der leichte Erfolg im Geldverdienen sollte in vierteljährlichen politischen Erfolgen seinesgleichen haben". Eine orientierungslos gewordende Gesellschaft, von ihrer sich immer militanter gebärdenden Führungsschicht in Großmachtträume getrieben, begann mit dem Feuer zu spielen. Bis aus dem Spiel blutiger Ernst wurde.

München – bei aller Liberalität, die das Kulturleben dieser spät-wittelsbacher Metropole gegenüber anderen deutschen Städten auszeichnete – war zudem betont katholisch und immer noch von einer ländlich orientierten Bevölkerung geprägt. Die dumpfen Ängste saßen hier vielleicht sogar noch tiefer, als im lärmenden Berlin, wo „Preußens Gloria" manch nachdenkliche Frage übertönte. In seinem großen Roman *Erfolg*, dessen Held das Land Bayern sein wird, setzt sich der Schriftsteller Lion Feuchtwanger Ende der 20er Jahre mit seiner engeren Heimat literarisch auseinander. Auch dann aber wird sie ihn mißverstehen, das Kunstwerk aus gekränkter Eitelkeit oder aus politischem Haß lange nicht erkennen könnend.

Damals aber, im Jahr 1912, kam auch Persönliches hinzu. Seine Kritiken und Aufsätze hatten ihm zahlreiche Feindschaften eingebracht. Die finanzielle Situation bleibt schlimm, auch wenn für kurze Zeit Honorare Erleichterungen verschaffen. Die literarische Produktion steht nahezu still. Die Auseinandersetzungen mit der Familie werden, obwohl er nicht mehr im Elternhaus lebt, immer unerträglicher. Der Spott des Vaters über den erfolglosen Sohn, die hochmütige Kälte und Ablehnung der Mutter, die das Künstlerleben des Ältesten verachtet, und die hämischen Anspielungen der Geschwister lassen jedes familiäre Zusammentreffen für Lion zur Qual werden.

Er ist 28 Jahre alt, hat einen Roman, drei Kurzgeschichten, sechs Einakter und ein fünfaktiges Schauspiel geschrieben. Ohne jeden größeren literarischen Erfolg. Er leidet an München, die „Provinz" erdrückt ihn. Die flüchtigen Abenteuer mit schönen Schauspielerinnen hinterlassen ein Gefühl der Leere. Lion Feuchtwanger ist im Frühjahr 1912 – mit der Elle seiner bürgerlichen Umwelt gemessen – ein Gescheiterter. Allein die Verbindung mit Marta läßt ihn nicht vollends in die „Trostlosigkeit" versinken.

Vagabundenjahre

Da greift das Schicksal ein. Marta erwartet ein Kind. Lion schlägt ohne zu zögern die Heirat vor, an die die anti-bürgerliche Gefährtin bis dahin überhaupt noch nicht gedacht hat. Die Mutter Martas willigt ein, die Feuchtwangers sind in München eine Familie, die man mit Fug und Recht als gute Partie bezeichnen kann. In Lions Elternhaus wird die Ankündigung des Sohnes schweigend aufgenommen. Marta überliefert in ihren Erinnerungen einen Satz von Sigmund Feuchtwanger, gerichtet an ihren Vater, der das Verhältnis zum Sohn dramatisch beleuchtet: „Mein Sohn ist ein Lump, und wenn ihre Tochter ihn heiratet, ist sie auch nicht besser."

Am 10. Mai 1912 heiraten Marta und Lion Feuchtwanger in Überlingen am Bodensee. „Ich erschien", so schreibt Marta, „in einem schwarzen Schleppkleid mit breitrandigem Hut und Pleureuse. So hießen damals die großen Straußenfedern. Lion und ich fanden das sehr schön." Von Überlingen reist das Paar in die Schweiz. In Lausanne soll das Kind zur Welt kommen.

Es wird eine Reise, die schließlich über zwei Jahre dauern sollte, bis zu dem Zeitpunkt, an dem die Politik endgültig und ihn nicht mehr verlassend in das Leben Lion Feuchtwangers eingreift. Die Reise beginnt mit einer Tragödie, dem Tod des einzigen Kindes; sie endet mit einem Drama, der Flucht aus dem nordafrikanischen Gefängnis. Für die Entwicklung Feuchtwangers bedeuten diese Jahre sehr viel. Denn es wird eine Reise der inneren Selbstfindung, der Befreiung von den Zwängen der Kindheit und der Heimat. Die Entdeckung des Südens, der Welt der Antike, die Begegnung mit Menschen, deren Leidenschaft und Lebenskunst auch Armut und Fortschritt kaum beeinflussen können, lassen den Künstler in ihm reifen.

In *Die Geburt der Tragödie* beschreibt Nietzsche mit teilweise berauschenden Worten die beiden Kunstgottheiten der Griechen, Apollo und Dionysus. Vielleicht hat Lion Feuchtwanger bei seinen langen, einsamen Wanderungen durch Italien und Sizilien etwas von dem verspürt, was der damals noch ganz im Banne Richard Wagners stehende Philosoph schrieb: „Unter dem Zauber des Dionysischen schließt sich nicht nur der Bund zwischen Mensch und Mensch wieder zusammen: auch die entfremdete, feindliche oder unterjochte Natur feiert wieder ihr Versöhnungsfest mit ihrem verlorenen Sohne, dem Menschen."

Als Feuchtwanger im Herbst 1914 wieder nach München zurückkehrt, beginnt sein eigentliches Leben als Schriftsteller. Nahezu ohne große Schaffenspause wird er dann sein umfangreiches literarisches Werk schreiben. Zunächst als Dramatiker, dann als Meister des historischen Romans. Ohne das „Versöhnungsfest", das er auf seiner langen Reise durch den Süden feierte, wäre dies Werk wohl nicht denkbar gewesen. 1933 schreibt er im Rückblick auf die italienischen Jahre: *„Ich arbeitete wenig in dieser Zeit. Meine Hauptbeschäftigung war, den ungeheueren Wust, den ich gelernt hatte, zu vergessen. Es war freie Luft, und die Landschaft Homers sah erheblich anders aus als der Homer, den ich gelernt hatte."* (*Selbstdarstellung*) Am Beginn dieses Weges in die Freiheit steht die Begegnung mit dem Tod. Nach einer anstrengenden Wanderung in den Schweizer Bergen erleidet Marta fast eine Fehlgeburt. In Lausanne wirft sie nach der Geburt des Kindes ein schweres, fast tödliches Fieber für Monate nieder. Das Kind, ein Mädchen mit dem Namen Marianne, ist schwach. Feuchtwangers hoffen auf das milde Klima des Mittelmeeres und ziehen in das kleine italienische Rivieradörfchen Pietra Ligure. Vergebliche Hoffnung, das Kind stirbt nach wenigen Wochen. Die Mutter überlebt das Fieber, Lion fällt in tiefe Trauer. *„Wie warst du mir süß, Naemi, meine Tochter! Liebe! Liebliche! Lilie des Tals! Rose von Saaron!"* (*Jud Süß*)

Sie bleiben für Monate in dem kleinen Haus am Meer. Nachts stehen sie am Strand und beobachten das immer wieder gleiche, ewige Spiel der Wellen. Sie sollten diese Stunden nie vergessen. Später, als sie aus ihrem Vaterland verjagt werden, leben sie nur noch am Meer. In Sanary, in herrlicher Höhe über dem französischen Mittelmeer, in Kalifornien an der Küste des weiten Pazifik. In Pietra Ligure ist es allerdings noch keine Villa, ausgestattet mit einer vieltausendbändigen Bibliothek, die sie beherbergt, sondern eine recht ärmliche Hütte, ohne elektrisches Licht und ohne Heizung. Aber die Einsamkeit dieser langen Wochen, in der Marta allmählich ihre Krankheit überwindet und beide den Schmerz über die verlorene Tochter bewältigen, führt sie zu sich selbst.

Lion Feuchtwanger findet zurück zu seinen philologischen Interessen. Er schreibt drei germanistische Arbeiten, unter anderem über mittelalterliche Lieder. Sie werden in der „Frankfurter Zeitung" und der Berliner „Vossischen Zeitung" abgedruckt. Er beginnt ein Stück, *Die Fleischtöpfe Ägyptens*, das aber über erste Skizzen nicht hinauskommt. Marta erinnert sich an die wenigen hellen Stunden in diesen dunklen Tagen: „Die beste Zeit hatten wir, wenn Lion mir vorlas. Er las Thomas Manns ‚Buddenbrooks' und Romane von Heinrich Mann, der sein Vorbild war."

Gerade zur rechten Zeit kommt eine beträchtliche Geldsumme. Die „Frankfurter Zeitung" kauft Feuchtwangers unvollendete Habilitation über den Journalismus, aus der sie später einige Abschnitte veröffentlicht. Der Winter in Pietra Ligure ist kalt geworden, Lion und Marta gehen an die französische Riviera, in ein recht gutes, vor allem geheiztes Hotel.

Dieser Teil der Riviera ist damals, in den letzten Jahren vor dem Untergang des alten Europa, noch mondäner Treffpunkt der Geldeliten. Monte Carlo, Nizza oder Cannes wird Ziel einer anderen „Boheme" als der im Münchener Schwabing. In den Hotelhallen und Luxusrestaurants, in den Spielsälen und auf den langen Strandpromenaden sitzen russische Großfürsten und Gutsbesitzer, englische Lords und amerikanische Millionäre, deutsche Kohle- und Stahlmagnaten und auch gelegentlich ein von der Mode der Zeit emporgeschwemmter, reich gewordener Literat, Maler oder Bildhauer. Und manchmal erschießt sich einer von ihnen im Morgengrauen hinter dem Spielcasino von Monte Carlo, das unverwechselbare, klickende Geräusch der rollenden Roulette-Kugel noch im Ohr, weil er in einer rauschhaften Nacht sein Vermögen verspielt hat.

Marta und Lion Feuchtwanger stürzen sich in dieses Treiben. Kurz nach ihrer Ankunft wartet Monte Carlo zudem mit einer skandalumwitterten Opernsensation auf. Die Direktion will den *Parsifal* geben, das letzte Werk Richard Wagners, und dies, obwohl nach dem Willen des Bayreuther Meisters das „Bühnenweihfestspiel" nur in seinem Festspielhaus auf dem grünen Hügel aufgeführt werden darf. Nach der Uraufführung am 26. Juli 1882 ist der *Parsifal* bis dahin nur einmal außerhalb Bayreuths gegeben worden. Der „göttliche Freund" und Retter, Bayerns menschenscheuer König Ludwig II., hatte sich 1884 eine separate Vorstellung in München ausbedungen. Und eisern kämpft, in der Villa „Wahnfried", das Erbe mit mystischer Verehrung verwaltend, die Witwe Cosima Wagner gegen die „Entweihung" dieses Spiels vom heiligen Gral.

Im Januar 1913 – die 30jährige Schutzfrist war abgelaufen – bietet also die Operndirektion von Monte Carlo ihrem nach Sensation und Abwechslung lechzenden Publikum einen neuen Kitzel. Allerdings, wer Einlaß begehrt, dessen Eintrittskarte muß den Vermerk „streng persönlich" tragen. Denn die Nachfrage ist groß, der Saal überfüllt. Lion Feuchtwanger steht auf der Liste der Theaterkritiker, die aus vielen Ekken Europas zum Wagner-Spektakel an die Riviera geeilt sind.

Es wird zunächst am Freitagabend zur „Probe" geladen, aber – der Hauch des Ungewöhnlichen bleibt erhalten – der Vorhang geht nicht auf, der Regisseur vertröstet auf Sonntag. Dann tatsächlich, Monsieur Jehin hebt den Taktstock, das Spiel beginnt: „He! Ho! Waldhüter ihr, Schlafhüter mitsammen, so wacht doch mindest am Morgen!" Aber was sich dann mehr als vier Stunden in der Vorhalle von Spielsälen und Oper, der Stätte des Ereignisses vollzieht, scheint erbärmlich gewesen zu sein.

Das deutsche Opernpublikum, in der Frage, wo der *Parsifal* aufgeführt werden darf und wo nicht, heillos zerstritten, liest jedenfalls am Morgen des 31. Januar 1913 im „Berliner Tageblatt" unter der Überschrift *Der heimliche Parsifal* wenig Erbauliches aus der Feder des Kritikers Lion Feuchtwanger: „*Wer sich indes nicht mit der pikanten Sensation begnügen wollte, das Bühnenweihefestspiel im Dunstkreis der Roulette gesehen zu haben, kam nicht auf seine Rechnung ... Nun stürzt die Litvinne (Kundry) herein. Das heißt sie stürzt nicht, sie... watschelt eilig auf Gurnemanz zu. Ein böses Geraun geht durch das Haus. Nein, das ist unmöglich! Auch der kultiviertesten Gesangskunst verzeiht man nicht diese ungeheuren Massen kolossaler Weiblichkeit.*" Und so geht es dann weiter, drei Aufzüge lang. „*Alles in allem: man wollte in der Hochburg der Sinnenfreude ein Büßerdrama inszenieren.*" Es mißlang wohl kläglich.

Wenig später aber stößt auch dem spöttischen Kritiker ein herbes Mißgeschick zu. Immer wieder zieht es ihn in diesen Wochen, die kleine Leidenschaft bleibt ungestillt, an die Roulette-Tische von Monte Carlo. Er setzt hoch, gewinnt manchmal sogar sehr viel, will aber mehr. Es ist, viele Äußerungen in seinem Leben zeugen davon, wohl nicht das Geld, das ihn reizt. Es ist die kleine, manchmal auch ewig erscheinende Spanne zwischen dem „Rien ne vas plus" und dem kurzen Klick, das den Stillstand der alles entscheidenden, blanken Kugel anzeigt, die er genießt. An einem dieser Abende steht er schließlich vom Spieltisch auf und hat alles verloren. Marta besitzt gerade noch genug, um die Hotelrechnung zu bezahlen.

Zurück nach München? Wieder die Enge der Provinz, wieder die doch kleinlichen Kämpfe der Kulturszene, die Pein eines nicht endenwollenden Familienzwists, der Zwang, über Werke und Ideen anderer zu schreiben, statt eigenes zu schaffen? Sie ziehen in ein kleines Hotel in Nizza, Marta versetzt eine Uhr und die Eheringe. Dann packen sie ihre Rucksäcke, wandern in die Berge. Das Ziel ist nicht München, sondern das kleine Dorf am Meer, wo sie so schweres gemeinsam getragen haben.

Es ist Frühjahr 1913. Während Marta und Lion Feuchtwanger in Pietra Ligure auf eine Geldsendung aus Deutschland warten, beginnen die politischen Schatten über Europa immer länger zu werden. Aber sie spüren nichts davon, hören nur wenig vom Friedensschluß in London, der den ersten Balkankrieg beendet und das Osmanische Reich nach Jahrhunderten fast vollständig aus Europa herausdrängt. Sie registrieren kaum, daß bald schon eine neue Balkankrise die sich immer stärker in ihren eigenen Netzen verfangenden Kabinette in Berlin und Wien, London, Paris und Petersburg beschäftigt. Und wenn der Kaiser, noch nicht ahnend, daß er der letzte Herrscher seines Hauses sein wird, im Juni mit Pomp sein 25jähriges Regierungsjubiläum feiert, interessiert sich das Ehepaar Feuchtwanger mehr für das Kaisergeschlecht der Flavier als das der Hohenzollern.

Es sind „Vagabundenjahre". Losgelöst von allen Bedingungen, ohne Besitz und Verantwortung ziehen sie durch Italien. Von der Riviera über Portofino, Rapallo und La Spezia nach Florenz. In der Stadt der Medici sind sie fasziniert von Michelangelos *David*. In der Akademie stehen sie tief beeindruckt vor den vier *Unvollendeten Gefangenen* dieses Genies, die erst knapp fünf Jahre vorher aus den Boboli-Gärten, wo sie Großherzog Cosimo Medici hatte aufstellen lassen, ins Museum gebracht worden waren. Lion Feuchtwanger begegnet stärker als je zuvor der Renaissance, das Schauspiel *Julia Farnese*, das er zwei Jahre später veröffentlichen wird, beginnt ihn zu beschäftigen, vor allem nach der Begegnung mit der Welt der Borgia-Päpste in der Heiligen Stadt.

Denn dahin geht es jetzt, nach Rom, jahrhundertelang Zentrum der Welt. Auf dem Forum Romanum steht Lion Feuchtwanger vor dem Triumphbogen des Titus. Auf der Innenseite entdeckt er ein noch gut erhaltenes Relief, das römische Soldaten zeigt, die im Triumphzug ihres Imperators im Jahr 81 n. Chr. mitmarschieren. Auf ihren Schultern aber tragen sie die Beute aus dem zerstörten Tempel von Jerusalem – den siebenarmigen Leuchter, die silbernen Trompeten, den Tisch der Schaubrote. Elf Jahre vorher hatte die römische Militärmaschine, geführt von Vespasian und seinem Sohn Titus, in einem harten Feldzug die Empörung der Juden in einem Blutbad erstickt. Im Jahr 70 n. Chr. brannte der Tempel nieder, für fast zwei Jahrtausende wurden die Juden heimatlos. Die Geschichte dieses für sein Volk so verheerenden Krieges kennt Lion Feuchtwanger gut. Flavius Josephus hatte sie niedergeschrieben. Sie wird ihn nicht mehr verlassen, die Gestalt dieses Juden, der für die Tempelzerstörer, die Flavier schrieb. 15 Jahre später beginnt Lion Feuchtwanger seine *Josephus*-Trilogie. Es wird eines seiner besten Werke. Manche – er selbst gehört dazu – sagen sogar, es sei sein schönstes Buch.

Es kommen – nicht allzu große – Artikelhonorare aus Deutschland, auch Marta erhält etwas Geld. Es kann weitergehen, der Süden lockt, sie reisen nach Neapel. Dort mieten sie ein schäbiges, aber billiges Zimmer im Armenviertel, ganz dicht am Hafen. Im Museum sieht Lion Feuchtwanger zum ersten Mal die römischen Köpfe der drei Flavierkaiser Vespasian, Titus und Domitian. Marta erzählt später, wie nachdenklich ihn auch diese Begegnung gemacht hat. Sie steigen auf den Vesuv, besichtigen Pompeji. Kam die Katastrophe für diese Stadt und die Nachbarorte Herculaneum und Stabiae nicht am 24. August 79 – in jenem Jahr, als Titus erster Mann im Römischen Reich wurde? Und raste da nicht ein Jahr später ein fürchterlicher Brand durch die Straßen Roms, der Marsfeld, Capitol und Pantheon vernichtete? Und wieder ein Jahr später, am 13. September 81, starb da nicht, erst 42jährig und nach kurzer Regierungszeit, der Zerstörer des Tempels der Juden? Sie begegnete ihm auf Schritt und Tritt, die Geschichte der Flavier und ihrer Taten.

Sie essen in den Schänken und an den Ständen der Armen, wissen um die Gefahr mangelnder Hygiene, und beide ergreift eines Tages ein wildes Fieber, vor allem trifft es ihn. Ein schweizer Arzt stellt Typhus fest, die Hospitaleinweisung, damals fast der sichere Tod, ist gesetzlich vorgeschrieben. Er bleibt in seinem Zimmer, Marta pflegt den Phantasierenden. Es dauert zwei Wochen, dann ist das Fieber überwunden.

Sie ziehen immer weiter in den Süden, stehen staunend vor der gedrungenen sechssäuligen Front des Tempels von Paestum, Zeuge des Lion Feuchtwanger so nahen klassischen Athen, dessen Baumeister hier ihr später nur noch selten erreichtes Gespür für die Einheit von Bauwerk und Landschaft, von Raum und Proportion unter Beweis stellten. Künstler einer Zeit, deren Geist auch der erste der drei großen griechischen Tragödiendichter, Aischylos aus Eleusis, beeinflußt hatte. In einer der Schlachten der Perserkriege schwer verwundet, schuf er mit seinem Stück *Die Perser* eines der wenigen Werke der Weltliteratur, das auch in einem Siegesdrama das Leiden, die Not des Feindes gerecht beurteilt. Vielleicht dachte Feuchtwanger in den ersten Kriegswochen 1914, die erfüllt waren vom Haßgeschrei auf den Feind und in denen er *Die Perser des Aischylos* neu übersetzte, an den Tempel von Paestum, der etwas von der wissenden Naivität des griechischen Denkens andeutet, das dieses Drama auszeichnet.

Sie setzen über zur Insel Ischia, wo Lion Feuchtwanger sich einige Wochen inmitten von Weinbergen und Pfirsichbäumen von seiner Typhuserkrankung erholt. Dann lockt das mondänere Capri. Hier treffen sie auf eine buntgewürfelte Gesellschaft, in der italienische Aristokraten den Ton angeben. Ein schmaler stiller Pfad führt hinauf zur Villa Krupp, wo der Kanonenkönig, dessen Produkte schon bald wieder rege Anwendung finden werden, viele Monate des Jahres verbringt, dem Reiz der schönen italienischen Knaben verfallen. Aus einem anderen Haus dringt Schreibmaschinengeklapper, das neugierig macht. Auf Nachfrage hören die Reisenden, daß dort ein Russe wohnt, Gorki sei sein Name. Mehrfach in diesen Wochen sitzt Lion Feuchtwanger vor dem Haus, denn er bewundert den Mann, der dort arbeitet. *„Da stand ich also vor dem Haus. . ., ich hatte brennendes Verlangen, den Dichter zu sehen;.. aber ich hatte nicht den Mut“* (*Gedanken an Gorkis Todestag*, 1936).

Maxim Gorki lebte schon seit 1906 auf Capri, das milde Klima und die Schönheit der Insel zogen ihn dorthin. Vielleicht machte er, als Feuchtwanger *„klopfenden Herzens“* seine Schreibmaschine hörte, die letzten Korrekturen für den bald vielbewunderten biographischen Roman *Meine Kindheit*, der 1913 erschien. 23 Jahre später, wenige Monate nach Gorkis Tod, wird Lion Feuchtwanger während seines Aufenthaltes in der Sowjetunion die Witwe des Dichters treffen. Und sie – so überliefert es jedenfalls Marta – erzählt ihm von der großen Bewunderung des Russen für seinen Roman *Erfolg*. Das sei sein „Nachfolger“, soll er in diesem Zusammenhang geäußert haben.

Sie kehren zurück nach Neapel. Das Geld droht ihnen wieder einmal auszugehen. Die erwarteten, ohnehin schmalen Honorare für die wenigen Artikel, die Feuchtwanger während der Reise geschrieben hatte, lassen auf sich warten. Sie besteigen den Zug, fahren weiter in den Süden, nach Praia. Dort beginnt eine wochenlange, abenteuerliche Fußwanderung durch die karge Landschaft Kalabriens. Wilde, einsame Täler, schon vom ersten Schnee bedeckte Berge, Menschen und Dörfer, die nur selten Fremde gesehen haben. Marta berichtet, daß Lion während dieser Wanderung an einem Ruhetag einen ersten Entwurf seines Dramas *Julia Farnese* niedergeschrieben hat.

Sie kommen nach Cosenza, in dessen Nähe die trauernden Westgoten 1500 Jahre vorher den Fluß Busento umleiteten, um ihrem König Alarich, dem so jung gestorbenen Eroberer Roms, sein Grab zu bereiten, das der wieder zurückgeführte Fluß überspült. Sie erreichen Scilla an der Straße von Messina und feiern dort in einer eisigen, stürmischen Nacht Weihnachten. Das „Jaulen" der Skylla, vor der Kirke den ziehenden Odysseus warnt, es ist der Wind, der sich in Tausenden von Felslöchern fängt.

Sie setzen über nach Sizilien. Monatelang durchstreifen sie die Insel, fast mittellos, glückliche Landstreicher. In Messina, auch über fünf Jahre nach dem schweren Erdbeben noch eine Stätte der Zerstörung, erleben sie die Armut der Menschen auf dieser Insel. In Palermo sind sie Zeuge von Szenen, die ihnen vor Augen führen, wie auf Sizilien trotz des beginnenden 20. Jahrhunderts die feudalen Gesellschaftsstrukturen überlebt haben.

Die Festspiele von Syrakus werden zu einem Höhepunkt. Lion Feuchtwanger ist tief beeindruckt von dem riesigen antiken Theater, das ihm die griechische Tragödie näher bringt als je zuvor. Auch wenn er in seiner Kritik, die die „Münchener Neuesten Nachrichten" mit dreiwöchiger Verspätung am 7. Mai 1914 abdrucken, die Aufführung des *Agamemnon* von Aischylos ablehnt – das Theater begeistert ihn. Es ist *„das mächtigste und schönste Theater der hellenischen Welt"*. In einem Aufsatz für die „Schaubühne", die eine Woche später erscheint, schreibt er: *„Dieser Bau, wahrscheinlich die älteste und größte Szene Europas, ist das stolzeste und mächtigste Theater, das meine armen Augen je gesehen... Hier sprechen wirklich die Quadern des Theaters eine hochtönende und eindringliche Sprache. Und die Landschaft ringsum, das Land des Aischylos gibt seinem Werk Rahmen, Echo, Seele, ganz anders, als sonst – wo auch die vollendetste Kunst es vermöchte."* Kein Wunder also, daß es das griechische Theater ist, welches Lion Feuchtwanger nach seiner Rückkehr in die Heimatstadt zunächst gefangennimmt.

Wohin noch? Europas südlichste Grenze ist erreicht. Dort drüben liegt das unbekannte Afrika. Geld ist gekommen. Marta und Lion Feuchtwanger schiffen sich Anfang Juli 1914 ein. Das Ziel heißt Tunis. Und das europäische Drama steht kurz bevor. Im fernen Bosnien haben die serbischen Verschwörer schon ihre Attentatspläne verwirklicht. Der

18jährige Student Garrilo Princip hat am 28. Juni 1914 die tödlichen Schüsse abgegeben, die für Europa ein grausames Erwachen brachten.

Nach über zwei Jahren fern von der Politik begegnet ihnen in Tunis wieder eine andere Wirklichkeit. Der Haß der Araber auf ihre französischen Herren, die daraus entstandene Begeisterung der Einheimischen für den „Erbfeind“ der ungeliebten Kolonialmacht, das wilhelminische Deutschland, führt Marta und Lion Feuchtwanger allmählich zurück in die Welt der europäischen Kabinettspolitik. Noch registrieren sie es nur am Rande, knapp vier Wochen später werden die „Weltereignisse“ tief in ihr Leben eingreifen.

Bis dahin aber bestaunen sie die unbekannte Welt der Basare, streifen durch die engen arabischen Gassen und das Judenviertel, sind sie Gast beim Scheich von Tunis, dessen Harem sie in die Zeit von Tausendundeine Nacht zurückversetzt. Sie reisen durch die Wüste, verweilen auf dem Platz, wo einst Roms mächtigster Gegner, das blühende Karthago stand, bis der vom unerbittlichen Cato aufgehetzte Senat schließlich 146 v. Chr. befahl, es dem Erdboden gleichzumachen. Seitdem stehen die Touristen – auch das Ehepaar Feuchtwanger – ungläubig und nachdenklich an diesem schönen, staubigen, nur noch vom Wüstenwind beherrschten Ort, der von der Vergänglichkeit allen menschlichen Tuns kündet.

Sie kommen nach Hammamet, logieren beim französischen Konsul, dem einzigen Europäer im Ort, genießen die Kühle des Meeres, schmieden neue Reisepläne. Weiter soll es gehen, durch die heiße libysche Wüste, hinüber ins Land des Gottes Ammon, zu den gewaltigen Gräbern der Pharaonen, den Säulenwäldern von Karnak in Ägypten.

Am Nachmittag des 1. August 1914 kommt ihr Gastgeber in ihr Zimmer und erklärt, er müsse sie verhaften. Zwischen Deutschland und Frankreich ist wenige Stunden vorher der Krieg erklärt worden.

Die „Vagabundenjahre“, die unbeschwerte Freiheit, die Lösung von allen gesellschaftlichen Bindungen, die ein ganz eigenes Gefühl des Glücks vermitteln kann – das alles ist unwiderruflich vorbei. Es folgen dramatische Wochen und dann die Jahre der Pflicht. Aber die Spuren dieser 27 Monate haben sich tief eingegraben. Erst auf dieser Reise haben Marta und Lion Feuchtwanger ihr Lebensbündnis wirklich geschlossen. Das gemeinsame Abenteuer der Befreiung von Zwängen der Herkunft und der Erziehung bleibt beiden unvergessen, macht sie im Wortsinn zu Lebenspartnern. Noch über 60 Jahre später spürt man in einem Interview, das die 84jährige Marta Feuchtwanger mit einem amerikanischen Journalisten in Pacific Palisades geführt hat, etwas von dem Lebensgefühl dieser Wanderjahre: „No, it was only fun. It was not desperate, not a moment.“

Auch für die Entwicklung Lion Feuchtwangers sind diese Monate im Süden von großer Bedeutung gewesen. Das Erleben der mediterranen Landschaft und ihrer Menschen, die Begegnung mit den Kunstwerken der Antike und der Renaissance haben seinen Blick für die Geschichte, für die Grundlagen abendländischen Denkens geschärft. Nicht verwunderlich also, daß er später immer wieder davon spricht, wie wichtig es für ihn gewesen war, daß er das akademisch-trockene Wissen, das ihm in seinen „Lehrjahren" eingepaukt wurde, erst abstreifen mußte, um zu verstehen, um sehen zu lernen. Italien aber wird noch in einem anderen Sinn bedeutungsvoll. In diesen beiden Jahren, fern der provinziellen Enge Münchens und der nationalen Beschränktheit des wilhelminischen Deutschland, findet Lion Feuchtwanger zu einer Position, die sein Leben und sein Denken prägte: der Weltbürger, der „Kosmopolit", als der er sich dann fühlt – in Italien bilden sich die wichtigen ersten Grundlagen für diese „Lebenshaltung".

Knapp 126 Jahre vorher hatte ein anderer deutscher Intellektueller Ähnliches erlebt. Am 3. September 1786, nach einem Sommer tiefer Depressionen, verließ Goethe heimlich und fluchtartig Karlsbad, ließ Weimar, den großherzoglichen Freund, die leidenschaftlich geliebte Charlotte von Stein hinter sich und blieb 21 Monate in Italien. Auch damals, im Juni 1788, kam ein Schriftsteller zurück, den das „Italienerlebnis" befreit, ihm neue Schaffensquellen eröffnet hatte. Im Reisegepäck führte er die fertigen Manuskripte der *Iphigenie* und des *Egmont* mit, der *Tasso* stand vor der Vollendung.

Der Mann, der am 2. August 1914 im Zug von Hammamet nach Tunis fährt, hat auch einige Manuskripte im Gepäck, aber die Welt wird nie erfahren, ob sie die Literaturgeschichte bewegt hätten. Einen Tag später nämlich werden sie von den französischen Behörden beschlagnahmt und bleiben für immer verschwunden.

Es sind aufregende, gefährliche Tage. Nachdem die Feuchtwangers sich durch Ehrenwort verpflichtet haben, nicht zu fliehen, läßt der Konsul sie nach Tunis reisen. In der Eisenbahn sitzt eine Kompanie französischer Fremdenlegionäre, Haßlieder gegen die Deutschen singend. Marta und Lion Feuchtwanger sprechen vorsichtshalber nur französisch miteinander. In Tunis gehen sie in ein Hotel, am nächsten Tag bekommt Lion Feuchtwanger die Willkür der Staatsgewalt ganz persönlich zu spüren – er wird verhaftet. Nicht zum letzten Mal. Im nun anhebenden Zeitalter von Krieg und Vertreibung kommt auch die Stunde einer seelenlosen Bürokratie, die Menschen wie Nummern behandelt, für die allein der richtige Paß, der erforderliche Stempel entscheidet. Millionenfach werden in den nächsten Jahrzehnten Menschen in Gefängnisse und Lager geworfen, meist ohne Rechtsgrundlage, oft nur zufällig in die Fänge der staatlichen Häscher gefallen.

Während Marta Feuchtwanger verzweifelt das Gefängnis in Tunis sucht und für alle Fälle mit dem letzten versteckten Geld zwei Schiffspassagen ersteht, erlebt er die Trostlosigkeit der Gefangenschaft. Feuchtwanger schildert kurz nach seiner Ankunft in Deutschland diese Tage sehr anschaulich in einem Bericht, der am 1. Oktober in der „Schaubühne" erscheint: *„Das Zivilgefängnis von Tunis ist recht angenehm gelegen; aber leider merkt man davon nichts, wenn man drinnen sitzt. Oder vielmehr: drinnen liegt. Die Halle, in der man uns eingesperrt hielt, war nämlich für Araber bestimmt und ohne Stühle... Es waren alte, gebrechliche Herren unter uns und Kranke, die nur um des Klimas willen Tunis aufgesucht hatten. Man hatte uns alles, was wir bei uns trugen, abgenommen und uns bis auf Hemd und Stiefel durchsucht. Was man uns zu Essen gab, war schlecht und zu wenig. Die Verheirateten baten, man möge wenigstens ihre Frauen, die in Angst und ohne Geld zurückgeblieben waren, verständigen, wo sie seien; es wurde abgeschlagen."* Wie viele solcher oder noch viel schlimmerer Berichte werden in den nächsten 70 Jahren noch geschrieben werden. Berichte vom Leiden und von den Demütigungen in den unzähligen Gefängnissen und Lagern, die die Staatsapparate in unserem Jahrhundert errichtet haben.

Diesmal hat Feuchtwanger allerdings Glück, nach 12 Stunden werden die Gefangenen gegen das Ehrenwort, die Stadt nicht zu verlassen, auf freien Fuß gesetzt. Lion Feuchtwanger kehrt ins Hotel zurück, das Ehepaar gelangt unter großen Schwierigkeiten an Bord des italienischen Schiffes „Città di Messina". Aber noch kurz vor der Abfahrt kommen französische Soldaten auf das Schiff und suchen nach deutschen Reisenden. Vor allem geht es ihnen um militärpflichtige Passagiere. Auch Feuchtwanger hat einen Militärpaß in der Tasche, den er als Reservist ständig mit sich führen muß. Matrosen verstecken ihn unter Kohlesäkken. Von den vier militärpflichtigen Deutschen, die auf das Schiff geflohen sind, werden zwei gefunden und unter lautstarkem Protest des Kapitäns wieder an Land geschleppt. Feuchtwanger schreibt: *„Einer... wurde gefesselt abgeführt; ein zweiter nach den Aussagen arabischer Gepäckträger sofort im Hafen an der Mauer der Zollhalle erschossen... Vom Kai her tönten die Schreie des Pöbels: À terre! À terre les Allemands!, und über mir, neben mir hörte ich die Soldaten, die mich suchten."*

Schließlich das erlösende Abfahrtssignal der „Città di Messina". Ohne Zwischenfälle erreichen sie Palermo. Sie sind fast ohne Geld, aber der deutsche Konsul schreibt ein Eisenbahnbillett aus und trägt in den Reservistenpaß den Vermerk ein: „Der Soldat Lion Feuchtwanger hat sich ordnungsgemäß gemeldet..." Man ist kein Landstreicher mehr, die preußisch-deutsche Militärordnung hat nun auch ihn eingeholt.

Über Neapel kommen sie nach Rom, wo bereits eine starke antideutsche Stimmung herrscht. Noch einmal – es ist der endgültige Abschied von einer glücklichen Zeit – stehen sie vor den geliebten römischen und griechischen Statuen des kapitolinischen Museums. Sie sind die einzigen Besucher. Kein Wunder, Mars und nicht Apoll regiert jetzt in Europa.

Mitte September erreichen Marta und Lion Feuchtwanger ein vom Kriegstaumel erfaßtes München, das sie 28 Monate vorher in scheinbar tiefstem Frieden verlassen hatten. Die Kriegskredite sind – mit den Stimmen der Sozialdemokraten – vom Reichstag schon bewilligt, das Völkerrecht ist mit dem Einfall der deutschen Truppen in Belgien bereits gebrochen, Lüttich erobert. Schon längst, einen Tag vor dem unheilvollen 1. August, ist eine der wenigen Stimmen der Vernunft zum Schweigen gebracht worden: Jean Jaurès starb in Paris unter den Kugeln seiner Meuchelmörder. Als Marta und Lion Feuchtwanger sich in einer kleinen Pension in der Prielmayerstraße einmieten, da trauern in Paris und Brüssel, Berlin und München schon zahllose Mütter um ihre gemordeten Söhne.

Ruhm

Krieg

Was in diesen Monaten in Europa geschah, erscheint im Rückblick logisch und unvermeidbar, die Folge einer von allen Seiten leichtfertig betriebenen Machtpolitik. Für die Miterlebenden war es dennoch ein Schock. Das Weltmachtgetöse des Hohenzollernreiches hatte man hingenommen, viele im Volk spiegelten sich gerne im Glanz der großen Phrasen vom deutschen Schwert und deutscher Ehre. Aber sich den Krieg vorstellen, das konnten im Sommer 1914 wohl nur wenige. Zumindest die Deutschen und die Franzosen hätten jedoch gewarnt sein sollen. Sie wußten spätestens seit den blutigen Schlachten von 1870/71, daß der militärische Sieg nur noch eine Frage von Technik und Nachschub ist, nichts jedoch mehr mit Heldenmut und Mannestat gemein hat. Aber sie hatten es schon wieder vergessen, die Massen stürzten in den Tagen der Mobilmachung in einen nationalen Taumel. Angst und Nachdenken im Jubel verdrängend, von ihren Frauen und Mädchen mit Blumen geschmückt, zogen die Soldaten durch die Straßen, hinaus an die Front, in einen unblumigen Tod.

Ein paar Wochen, höchstens zwei Monate, dann wird man die Champs-Elysées hinuntermarschieren, und Weihnachten, da werden die Heimkehrer ihren Frauen und Kindern von der lustigen Jagd über die Marne erzählen wie einst die Väter von der Schlacht von Sedan. „Ihr werdet wieder zu Hause sein, ehe noch das Laub von den Bäumen fällt", rief der törichte Kaiser den ausziehenden Truppen zu. Ein grausamer Irrtum, vier lange, schlimme Jahre sollte das Gemetzel dauern. Am Ende standen in Frankreich und Belgien, in Südosteuropa und Rußland Millionen frische Holzkreuze auf den rasch angelegten Soldatenfriedhöfen. Und ein Zeitalter war zu Ende gegangen.

Überraschend kam dieser Krieg trotzdem nicht. Zumindest die deutschen Führungseliten sind mutwillig und dumm in ihn hineingeschliddert. Verführt von den drei Bismarck-Kriegen, die das Reich schufen, war es ein militanter Staat geworden, der in der Mitte Europas ein mächtiges Heer aufstellte, aus Eitelkeit riesige Schlachtschiffe baute, und bei jeder unpassenden Gelegenheit mit dem Säbel rasselte. Sein berühmtester Soldat, Feldmarschall Moltke verkündete, es gebe Schlimmeres als den Krieg, nämlich den vom Königsberger Philosophen Immanuel Kant beschworenen „ewigen Frieden". Und einer seiner berühmtesten Professoren, Max Weber, wies die Richtung. „Wir müssen begreifen", meinte er 1895, „daß die Einigung Deutschlands ein Jugendstreich war, den die Nation auf ihre alten Tage beging und seiner Kostspieligkeit halber besser unterlassen hätte, wenn sie der Abschluß und nicht der Ausgangspunkt einer deutschen Weltmachtpolitik sein sollte."

Und welcher Geist an oberster Stelle dieses Landes stand, macht ein Brief des Kaisers deutlich, den er 1905 an seinen Reichskanzler schrieb: „Erst die Sozialisten abschießen, köpfen und unschädlich machen, wenn nötig per Blutbad, und dann Krieg nach außen, aber nicht vorher und nicht à tempo." Von „Schicksal" kann man bei dieser Denkungsart mit Blick auf den Herbst 1914 also wohl kaum sprechen.

Erstaunlich nur, wie schnell dann im Juli/August 1914 alle Dämme brachen. Wo blieben die pazifistischen Bekenntnisse der deutschen Intellektuellen, die doch dem wilhelminischen Obrigkeitsstaat, dem preußischen Militarismus überwiegend skeptisch bis ablehnend gegenüberstanden? Wo blieb in diesen Tagen aber vor allem die Führung der deutschen Arbeiterbewegung, die seit den Reichstagswahlen von 1912 zumindest zahlenmäßig die stärkste politische Gruppierung im Parlament? Stand nicht im *Kommunistischen Manifest* ihrer großen Propheten Marx und Engels die These, daß das Proletariat kein Vaterland kenne? Und hatten sie nicht alle noch wenige Jahre vorher begeistert zugestimmt, als Bertha von Suttner „Die Waffen nieder" rief?

Am 4. August 1914 bewilligte der Reichstag die Kriegskredite ohne Gegenstimme. Also auch die Sozialdemokraten, die bei ihren Anhängern jahrzehntelang mit pazifistischen Thesen geworben hatten, akzeptierten die Entscheidung von Hof, Kanzleramt und Heeresleitung. In der Diskussion über die Kriegskredite innerhalb der SPD-Reichstagsfraktion hatten sich nur 14 der insgesamt 110 Abgeordneten gegen eine Bewilligung ausgesprochen. Aber sie alle – auch Karl Liebknecht – bewahrten dann in der entscheidenden Abstimmung Fraktionsdisziplin. Wahrscheinlich hätten die Sozialdemokraten mit einer anderen Entscheidung den Lauf der Ereignisse nicht aufhalten können. Aber der 4. August 1914 war so auch der Beginn der Spaltung innerhalb der politisch organisierten Arbeiterbewegung. Mit all den schlimmen Folgen für die weitere Geschichte Deutschlands.

Während die „Frankfurter Zeitung" am 2. August berichtet, „daß... bei den Standesämtern der Stadt- und Landgemeinden Großberlins... am Samstag und Sonntag rund 1800 Not-Trauungen vollzogen" wurden, während das „Armeeverordnungsblatt" einen vom Kaiser unterzeichneten Gnadenerlaß veröffentlicht, der die Reihen von Heer und Marine auch mit Soldaten auffüllen soll, „die lediglich wegen gemeiner Verbrechen oder Vergehen" zu Strafen von nicht mehr als fünf Jahren verurteilt worden sind, und während der Generalstab – wie ebenfalls die „Frankfurter Zeitung" mitteilt – gegenüber der Presse erklärt: „Vorerst gibt es nur eine Forderung: Vertrauen, unbedingtes Vertrauen in unsere oberste Heerleitung; das weitere wird sich schon finden!" – während das und noch vieles mehr in diesen Tagen zu lesen ist, melden sich auch die Dichter und Denker zu Wort.

Und was sie zu sagen haben, beweist eigentlich nur, wie sehr auch die meisten von ihnen dem „Zeitgeist“ erlegen sind. Gerhart Hauptmann dichtet schauerlich: „Es kam ein schwarzer Russ’ daher/ Wer da, wer? Deutschland, wir wollen an Deine Ehr! Nimmermehr!!!“ Ricarda Huch reimt *Einem Helden* mit fahlem Pathos die Zeilen: „Der du gekämpft und überwunden, / Nun löse sich auf deiner Brust das Erz./ Der Sterne Licht, dem du entschwunden, umflute kühl dein still gewordnes Herz.“ Selbst Rainer Maria Rilke läßt sich, wenn auch nur in den ersten Wochen, hinreißen und schreibt wenige Tage nach Kriegsausbruch seine *Fünf Gesänge*: „Endlich ein Gott. Da wir den friedlichen oft/ nicht mehr ergriffen, ergreift uns plötzlich der Schlachtgott,/ schleudert den Brand: und über dem Herzen voll Heimat/ schreit, den er donnernd bewohnt, sein rötlicher Himmel.“ Und im zweiten dieser Gesänge aus dem August 1914: „Einmal schon, da ihr gebart, empfandet ihr Trennung, Mütter, / empfindet auch wieder das Glück, daß ihr die Gebenden seid./ Gebt wie Unendliche, gebt. Seid diesen treibenden Tagen / eine reiche Natur. Segnet die Söhne hinaus.“

Der „Weltbürger“ Stefan Zweig schreibt fast pubertär in einem Brief an den Verleger Kippenberg: „Mein Neid ist aber bei Ihnen, Offizier sein zu dürfen in d i e s e r Armee, in Frankreich zu siegen – gerade in Frankreich, das man züchtigt, weil man es liebt. Seltsam, ich hätte gegen niemand mehr Elan, als gegen die, die ich doch am meisten schätze, denn ihr Hochmut war alles Unglücks Anbeginn.“ Oder Alfred Döblin, schon an der Front, 1914 aus Reims: „Inmitten eines Krieges stehen wir, der die Ausdehnung und Furchtbarkeit früherer gewaltig übertrifft. Wir erkennen in diesem Krieg noch nicht Sieger und Besiegte, aber schon ist jedem Vorurteilsfreien klar, daß Deutschland unüberwindlich ist.“ Thomas Mann, der sich bald über diese Frage mit seinem Bruder Heinrich, den er als „Zivilisationsliteraten“ charakterisiert, überwerfen wird, schreibt am 22. August an Samuel Fischer: „Ich gestehe, daß ich bis zum äußersten Augenblick nicht an den Krieg geglaubt habe... Aber wenn ich politisch die Notwendigkeit der Katastrophe nicht sehen konnte, – sittlich psychologisch habe ich sie gefühlt, und das Gefühl von Reinigung, Erhebung, Befreiung, das mich in dem Augenblick ergriff, als das nicht mehr für möglich Gehaltene wirklich da war, wird wenigen Deutschen ganz fremd geblieben sein.“ Die Reihe ließe sich fortsetzen – Robert Musil, Richard Dehmel, Stefan George, Friedrich Gundolf usw. Und das alles gipfelt in der Erklärung der „Dreiundneunzig“, die im Oktober 1914 im „Berliner Tageblatt“ erscheint und mit der die deutsche Intelligenz zunächst einmal durch den Satz abdankt: „Ohne den deutschen Militarismus wäre die deutsche Kultur längst vom Erdboden vertilgt.“

Sicher, bald werden viele von ihnen aufwachen, voller Entsetzen und

Abscheu die Wirklichkeit erfassend, die sich nicht mehr hinter pathetischen Versen oder mystischen Verklärungen des „Heldentodes“ verbergen läßt. Mancher bleibt bis zum bitteren Ende blind. Thomas Manns *Betrachtungen eines Unpolitischen,* dieser schmählich mißglückte Versuch des großen Schriftstellers, den Krieg zu rechtfertigen, erscheint 1918, wenige Wochen bevor General Ludendorff die längst von ihm entmachteten Reichstagsparteien auffordert, um Frieden zu bitten, da die Front vor dem Zusammenbruch stehe.

Es gibt auch einige, die vom Massenwahn der ersten Augustwochen unberührt bleiben. Heinrich Mann etwa, der wenig später in seinem Zola-Essay die geistigen Mitläufer des Kriegstaumels hart kritisiert: „Nicht nur mitkämpfen müßt ihr für sie, die das Vaterland sind, ihr müßt mit fälschen, mit Unrecht tun, müßt euch mit beschmutzen. Ihr werdet verächtlich wie sie. Was unterscheidet euch noch von ihnen? Ihr seid besiegt, schon vor der Niederlage... Sie, die geistigen Mitläufer, sind schuldiger als selbst die Machthaber, die fälschen und das Recht brechen.“ Frank Wedekind stemmt sich verzweifelt dagegen, in den Chor der Haßerfüllten und – man muß es so ausdrücken – geistlosen Bekenntnisse einzustimmen. Als deutsche Truppen die belgische Stadt Löwen erobern und teilweise zerstören, da meint er – wie Marta Feuchtwanger überliefert – am Stammtisch in der „Torggelstube“: „Ich befürchte, Deutschland wird den Krieg verlieren, und das wird für die Menschheit ein Segen sein.“ Bald meldet sich auch Hermann Hesse mit seinem Aufsatz *O Freunde, nicht diese Töne* zu Wort, der im November 1914 in der „Neuen Zürcher Zeitung“ erscheint. Immerhin wird da die „Überwindung des Krieges“ als „edelstes Ziel und die letzte Konsequenz abendländisch-christlicher Gesittung“ bezeichnet. Hesse erinnert „an die Mahnung zu Gerechtigkeit, Mäßigung, Anstand, Menschenliebe“ – Begriffe, die in diesen Monaten ansonsten fast vollständig aus dem Sprachschatz der Schriftsteller verschwunden sind.

Viele schließlich durften auch schweigen, sie waren nicht „prominent“, der Staat verlangte von ihnen keine Bekenntnisse, oder sie verlangten sie nicht von sich selbst. Einer von ihnen, Franz Kafka, schreibt im August 1914 in sein Tagebuch: „Patriotischer Umzug. Rede des Bürgermeisters. Dann Verschwinden, dann Hervorkommen und der deutsche Ausruf: ‚Es lebe unser geliebter Monarch, hoch!‘ Ich stehe dabei mit meinem bösen Blick. Diese Umzüge sind eine der widerlichsten Begleitscheinungen des Krieges.“

Lion Feuchtwanger hatte es in diesen Wochen etwas einfacher als viele seiner Schriftstellerkollegen. Im Gegensatz zu ihnen besaß er durch die lange Reise genügenden Abstand zu der aufgeheizten, nationalistischen und feindlichen Stimmung, die Deutschland schon in den Monagen vor dem 1. August zunehmend beherrschte und die nach der Mobilmachung vollends durchbrach. Als er Mitte September wieder in München eintrifft, ist zudem der allererste Siegesrausch schon etwas gedämpft worden; viele lange Listen der Gefallenen sind bereits veröffentlicht; der stürmische Vormarsch der deutschen Truppen wird im Westen durch die Schlacht an der Marne gestoppt. Später, im historischen Rückblick, weiß man, daß bereits in diesen Septembertagen des Jahres 1914 der Schlieffenplan, auf den sich die Erfolgschancen des Feldzugs stützten, scheiterte und daß mit Moltkes Rückzugsbefehl an der Marne dieser Krieg für das Deutsche Reich nicht mehr zu gewinnen war.

Feuchtwangers Äußerungen zu den Ereignissen im Herbst 1914 sind spärlich, aber nirgends lassen sie etwas von dem „Hurra-Patriotismus" verspüren, der in seiner Umgebung so weit verbreitet ist. In seinem Aufsatz *Flucht aus Tunis,* der noch ganz unter dem Eindruck des gerade Erlebten geschrieben wurde, übt er allerdings harte Kritik am Verhalten der Franzosen in dieser Kolonie: „*... die beiden französischen Zeitungen von Tunis, die ‚Dépêche Tunisiènne' und die ‚Tunisie Française', (ergehen) sich in wüsten Hetzartikeln gegen alles nicht Französische...*" In der „Schaubühne", für die er sofort nach seiner Rückkehr wieder regelmäßig schreibt, sind in den nächsten Monaten mehrere Veröffentlichungen Feuchtwangers zu lesen, die auf die politischen Zeitereignisse eingehen. Am 12. November erscheint ein Aufsatz mit dem Titel *München und der Krieg: „In München zuerst erschien jener Aufruf, den zu werten unserer Sprache das Adjektiv fehlt, jener Aufruf an die deutschen Kritiker, fürderhin kein französisches, russisches und englisches Werk mehr zu besprechen. In München zuerst traten jene Leute auf, die behaupteten, eigentlich hätten sie's schon längst gewußt, aber jetzt erst dürfe man es sagen: daß Shaw und Maeterlinck und Hodler nämlich Bluffer seien, und jetzt zeige es sich, daß es halt doch schließlich auf den Charakter ankomme... Und in München schrieb Ludwig Thoma jenen unseligen Aufsatz: ‚Hodlerei' und verquickte seinen großen und ehrlichen Patriotismus mit einem noch größeren Mangel an Kritik. Es wird wohl so kommen, wie es ein gescheiter Italiener prophezeit hat: ein viertel Jahr nach Friedensschluß werden sich die meisten dessen schämen, was sie während des Krieges geschrieben haben...*"

Erstaunlich distanziert auch die nur zehn Zeilen umfassende Mahnung Feuchtwangers *An die patriotischen Dichter,* die in der „Schaubühne" vom 28. Januar 1915 zu lesen ist: „*O ihr Dichter! Ihr patriotischen Dichter! Gedenket Girolamo Castellis! Ihr werdet mich fragen, wer dieser Mann gewesen ist. Höret denn: Girolamo Castelli lebte in Ferrara zur Zeit der Markgrafen Lionello, Borso und Ercole von Este und schrieb zahlreiche, patriotische Gedichte. Und als er starb, verordnete er testamentarisch, daß man niemals Verse von ihm drucken dürfe, wie er bei Lebzeiten niemals hatte Verse drucken lassen. O ihr Dichter! Ihr patriotischen Dichter! Gedenket Girolamo Castellis!*"

Welch weise Mahnung, hätten sich die „patriotischen Dichter" nur daran gehalten. Denn später sollten die Gedichte und Schriften aus diesen Tagen zum künstlerisch Schwächsten in ihrem Werk zählen und manchen Schatten auf ihre Biographie werfen.

Zwei Wochen danach, am 15. Februar 1915, erscheint in der „Schaubühne" ein eigenartiges Gedicht, das den Titel *Lied der Gefallenen* trägt. Beim ersten Durchlesen halten es manche Leser für einer der vielen „Heldengesänge" dieser Tage. Deswegen passiert es wohl auch unbeanstandet die Zensur. Aber wer es nur etwas genauer liest, entdeckt einen für die deutsche Lyrik neuen Ton. Drei Jahre vor dem Zusammenbruch des Kaiserreichs und der Bildung von Arbeiter- und Soldatenräten im geschlagenen Deutschland hebt Feuchtwanger in seinem Gedicht als einer der ersten den künstlichen Schleier, der über dem vom Kriege gefesselten Land liegt und der vielen seiner klügsten Köpfe die Wirklichkeit verbirgt. Und was aus diesem Gedicht hervortritt wie ein düsterer griechischer Tragödienchor, das sind die Massen, die wirklichen Opfer des sinnlosen Tötens auf den Schlachtfeldern. Ihre Frage nach dem „Warum?" steht wie ein Menetekel an der Wand. Ihr forderndes, in jeder Strophe bedrohlicher klingendes „Wir warten", kündet von einer anderen Zeit, der Zeit nach der Katastrophe.

Nicht zu Unrecht wird dieses kleine Werk Feuchtwangers später als das erste Revolutionsgedicht des Deutschlands dieser Jahre bezeichnet. Er nimmt es 1918 in seinen dramatischen Roman *Thomas Wendt* auf. Da es heute praktisch nirgendwo nachzulesen ist, soll es hier vollständig abgedruckt werden:

LIED DER GEFALLENEN
(1915)

Es dorrt die Haut von unsrer Stirn.
Es nagt der Wurm in unserm Hirn.
Das Fleisch verwest zu Ackergrund.
Stein stopft und Erde unsern Mund.
Wir warten.

Das Fleisch verwest, es dorrt das Bein.
Doch eine Frage schläft nicht ein.
Doch eine Frage wird nicht stumm
Und wird nicht satt: Warum? Warum?
Wir warten.

Staub stopft und Erde uns den Mund.
Doch unsre Frage sprengt den Grund
Und sprengt die Scholle, die uns deckt,
Und ruht nicht, bis sie Antwort weckt.
Wir warten.

Wir warten, denn wir sind nur Saat.
Die Ernte reift. Die Antwort naht.
Weh, wen sie trifft! Heil, wem sie frommt!
Die Antwort zögert, doch sie kommt.
Wir warten.

Unabhängig von der literaturgeschichtlichen Stellung weist dieses Gedicht bemerkenswert deutlich auf den Wandel in Feuchtwangers politischem Denken hin. Der August 1914 war für ihn – wie für viele seiner Zeitgenossen – eine geistige Wende. Aus dem bürgerlichen Altphilologen, aus dem Schriftsteller, der vom Ästhetizismus seiner Zeit beeinflußt ist, wird in den Kriegsjahren sehr schnell ein kritischer, politisch wacher Beobachter der Gesellschaft. Er selbst hat später immer wieder auf diesen von den Zeitereignissen hervorgerufenen Umbruch seines Denkens hingewiesen. *„Selbstverständlich spüre ich, mein Vorkriegswerk und mein Werk nach dem Kriege vergleichend, Unterschiede... starke dynamische Veränderungen hat der Krieg in meiner Schriftstellerei hervorgebracht, er hat mir das Geschmäcklerische weggeschliffen, mich von der Überschätzung des Ästhetisch-Formalen, der Nuance, zum Wesenhaften geführt.“ (Versuch einer Selbstbiographie*, 1927) Oder einige Jahre später an anderer Stelle: *„Was ich während des Krieges schrieb, zeigt äußerlich noch die Form meiner Vorkriegswerke. Aber in seinem Wesen setzt es sich, scheint mir, nicht mehr mit mehr oder minder peripheren Dingen auseinander wie diese, sondern trifft näher an den Kern.“ (Selbstdarstellung*, 1933)

Schließlich kommt er in der Zeit seiner stärksten Annäherung an den „real existierenden Sozialismus“ in der Sowjetunion noch einmal auf dieses Thema zurück: *„Heute weiß ich mit Sicherheit, daß zwei große Geschehnisse meine literarische Entwicklung bestimmt haben: das Erlebnis des imperialistischen Krieges und das Erlebnis der sozialistischen Gesellschaft in der Sowjet-Union.“ (An meine sowjetischen Leser*, 1938) Ein Bekenntnis, das nur teilweise zutrifft. Neben dem Ersten Weltkrieg war es nämlich in erster Linie das Aufkommen der Nationalsozialisten und die Machtübernahme durch Hitler, die Feuchtwangers literarische Produktion beeinflußte, den Inhalt seiner Romane aus den 20er und 30er Jahren bestimmte. Erst als er in der zweiten Hälfte der 30er Jahre den scheinbar unaufhaltsamen Aufstieg des europäischen Faschismus, der auch in den westlichen Demokratien keineswegs auf einhellige Ablehnung stieß, miterleben mußte, zog es ihn immer stärker an die Seite der Sowjetunion. Aus seiner Sicht wurde sie zur einzigen politischen Alternative gegenüber Hitler, Mussolini und Franco. Es wird noch zu zeigen sein, wie blind ihn sein sehr verständlicher Antifaschismus, seine Empörung über die bis zum September 1939 schwache Reaktion der demokratischen Länder für die blutigen Schatten der Stalin-Zeit machten.

So sehr Lion Feuchtwanger im Herbst 1914 den Kriegstaumel auch ablehnt – es wäre falsch, ihm eine patriotische Haltung gänzlich abzusprechen. Im Gegenteil: Die ersten deutschen Siege, so berichtet Marta Feuchtwanger, begeistern ihn. Auf der Überfahrt von Nordafrika nach Sizilien weist er die Gefährtin nicht ohne Stolz auf die Schlachtschiffe der kaiserlichen Marine hin, die ihnen begegnen. Ohne jeden Widerspruch folgt er – obwohl Pazifist – der militärischen Einberufung, bemüht sich, den stumpfen Kasernen- und Exerzierdienst gewissenhaft zu erfüllen. Am Rande sei vermerkt, daß auch drei seiner Brüder eingezogen werden; nur Fritz, bereits Teilhaber der väterlichen und kriegswichtigen Margarine-Fabrik, ist freigestellt. Einer von ihnen, Berthold, wird 1915 das an Juden nur ganz selten verliehene „Eiserne Kreuz Erster Klasse“ erhalten.

Die Kritik des ältesten der Feuchtwanger-Brüder setzt zunächst vor allem dort an, wo Haß und Dummheit Feindbilder erzeugen, die auf ihn grotesk wirken. Lion Feuchtwanger, der große Kenner französischer und englischer Literatur, wehrt sich gegen die pauschale Ablehnung und Verächtlichmachung, die diese Hochkulturen plötzlich in der deutschen Öffentlichkeit erfahren. Die primitiven Vereinfachungen in der Presse und den Reden von Kaiser und Armeeführung – der Feind ist abgrundtief böse, das eigene Handeln allein von edlen Motiven getragen – fordern seinen Widerspruch heraus. Dieser Widerspruch wird zu einem Leitthema seiner schriftstellerischen Arbeiten während des Krieges.

Marta und Lion Feuchtwanger bleiben zunächst in ihrer kleinen billigen Pension. Der Kontakt zu Lions Familie ist so kühl wie vor der großen Reise. Die Rückkehr des ältesten Sohns und Bruders wird im Hause Sigmund Feuchtwanger mehr oder weniger schweigend zur Kenntnis genommen. Knapp zwei Jahre später kommt es – wie Lion seiner Frau später einmal erzählt hat – zu dem einzig wirklich offenen Gespräch, das er in seinem ganzen Leben mit seiner Mutter geführt hat. Es ist der Tag, an dem Sigmund Feuchtwanger zu Grabe getragen wird.

Die Militärbehörden gewähren dem Heimkehrer eine vierwöchige Schonfrist, dann wird er eingezogen. In der kurzen Wartezeit arbeitet er an einer Neuübersetzung der *Perser des Aischylos,* Frucht der Begegnung mit diesem griechischen Tragödiendichter im weiten Rund des Amphitheaters von Syrakus und seine erste literarische Reaktion auf die deutschen Zustände.

Mitte Oktober 1914 wird Lion Feuchtwanger eingezogen. Er kommt zum königlichen Regiment, ein einfacher Rekrut, dem Drill des stumpfsinnigen Exerzierens fast täglich unterworfen. Es werden für den körperlich schwachen Soldaten Lion Feuchtwanger harte Monate. Lange Fußmärsche, stundenlanges Stehen in eisiger Winterkälte, eine Verpflegung, die seinem empfindlichen Magen schadet. Seine Kurzsichtigkeit behindert ihn beim Übungsschießen – noch schlimmer, er muß aufpassen, daß er auf der Straße oder in der Trambahn nicht die Offiziere übersieht, für die Grußpflicht gilt. Er nimmt dies alles mit stoischer Gelassenheit hin, wehrt sich nicht, bemüht sich, die auferlegte Pflicht unauffällig und korrekt zu erfüllen.

Nach einiger Zeit kann er zu Hause schlafen und damit auch von Marta verpflegt werden. Die Ärzte haben dies angeordnet. Wenn er abends todmüde ins Bett fällt, putzt Marta Schuhe und Uniformknöpfe blank, denn auch bei den königlich-bayerischen Regimentern wird die äußerliche Sauberkeit erheblich strenger kontrolliert als die innere. Dann, eines Tages passiert es doch: Der Rekrut Feuchtwanger übersieht einen Offizier, versäumt zu grüßen. Das Privileg der Privatübernachtung wird gestrichen, er muß wieder ganz in der Kaserne leben.

Auf der Straße begegnet er dem bekannten Schauspieler Gustav Waldau, jetzt Offizier; man kennt sich gut, der feinnervige wechselt die Straßenseite, damit der Freund und einstige Kritiker nicht grüßen muß. An einem anderen Tag marschiert seine Kompanie durch die winterliche Stadt, vorbei an den „Torggelstuben", wo die Freunde sitzen. Er muß zwei Gewehre tragen, die Straße ist mit einer Eisschicht überzogen und glatt, der Helm ist ihm verrutscht, die kleine, schmale Gestalt in der schäbigen Uniform schliddert mühsam hinter dem Zug her. Die Freunde sehen ihn, lachen. Manchem aber mag es bei diesem Anblick vielleicht doch vergangen sein.

Es geht fünf Monate gut, dann bricht Feuchtwanger mit Magenblutungen zusammen. Er kommt ins Hospital, strenge Diät wird verschrieben. Längst sind die Krankenhäuser überfüllte Soldatenlazarette geworden, mit fluchenden, schreienden Männern, die ersten in einer nicht mehr enden wollenden Reihe von zerschossenen, gequälten Opfern des Krieges. Es ist auch bereits die Zeit der Versorgungsnot angebrochen, schonende Kost für den schwerkranken Soldaten Feuchtwanger kaum noch zu beschaffen.

Er darf sich zu Hause auskurieren. Die Militärzeit aber ist damit für ihn praktisch beendet. Er bleibt zwar dienstverpflichtet, aber seine

Tauglichkeit wird von den Militärärzten nach dem gesundheitlichen Zusammenbruch verneint. Marta Feuchtwanger erzählt, daß seine Kompanie am Morgen nach seiner Hospitaleinweisung an die Front geschickt wurde. Nach diesem Bericht hat sie das Ziel nie erreicht. Der Zug geriet unter feindlichen Artilleriebeschuß, keiner von seinen Kameraden soll überlebt haben. „So, in a way", sagt Marta 60 Jahre danach, „it saved his life." Als Feuchtwanger selbst später über seine Soldatenzeit schreibt, meint er zwar, daß er nicht schlecht behandelt worden sei. *„Aber es war grauenvoll, den Befehlen anderer unterworfen, sinnlose Dinge zu tun, die meiste Zeit zwecklos auf dem Kasernenhof herumzustehen, aus schmutzigen Häfen Zeug zu essen, das mir nicht gut bekam."* (*Selbstdarstellung*, 1933)

Von der Last des Militärdienstes befreit, kann sich Feuchtwanger endlich ganz seiner schriftstellerischen Arbeit widmen. Und er wird nun, im Gegensatz zu den Jahren vor seiner Reise in den Süden, ungemein produktiv werden. Im Krieg schreibt er insgesamt neun Bühnenwerke, acht davon erscheinen bis Ende 1918 auf dem Buchmarkt. In diesen Jahren gibt es an den Theatern von Berlin, München, Hamburg und Mannheim sieben Uraufführungen von Stücken Feuchtwangers. Am Kriegsende ist er ein namhafter Bühnenautor in Deutschland.

Bald fließen denn auch die ersten Tantiemen. Nicht im Übermaß, aber doch in einer Höhe, die Marta und Lion Feuchtwanger ein unabhängiges Leben ermöglicht. Vor allem können sie jetzt eine eigene Wohnung mieten. Sie suchen und finden sie in Schwabing, in der Georgenstraße. Der Blick geht hinaus in den Garten der Akademie; noch wichtiger, ganz nahe liegt die Bayerische Staatsbibliothek. Sie wird nun fast zu einer zweiten Heimat für den Schriftsteller. An den Tischen des Lesesaals wird er sich bald seinen Weltruhm erschreiben. Hier werden zahlreiche Theaterstücke entstehen, der Roman vom Leben und Sterben des Süß Oppenheimer und die Geschichte von Margarete, die ihr Volk „die Maultasch" nannte. Dann ist er reich genug und kauft sich seine eigene Bibliothek.

Die Theatererfolge vertiefen die Beziehungen und Kontakte zur Münchner Künstlerschaft. Die „Torggelstube" oder – wie sie seit 1898 eigentlich heißt – das „Fränkische Weinhaus zur Torggelstube", dicht neben dem Hofbräuhaus gelegen, wird auch in den Kriegsjahren zum häufigen Treffpunkt der Münchner Intelligenz. Am Stammtisch von Frank Wedekind, seit der Uraufführung seines Stückes *Frühlingserwachen* 1906 in Berlin, nach langen Jahren der Ablehnung als Dramatiker anerkannt, treffen sie sich regelmäßig. Heinrich Mann kommt, der Schauspieler und Schriftsteller Egon Friedell, der große Max Reinhardt, wenn er in München ist, Alfred Polgar, der glänzende Stilist aus Wien, Walther Rathenau taucht auf, politisch sensibel debattierend, Bruno

Frank, „schön wie ein Gott" und durch die Meldereiterei an der Front schwer asthmaleidend, Erich Mühsam, der sanfte, liebenswürdige Anarchist, und manch anderer, dessen Name heute schon verschollen ist. Marta und Lion Feuchtwanger sind häufig dabei.

Die Diskussionen sind hitzig, viel öfter als früher drehen sie sich um die Politik. Die Lager sind gespalten, der Zwist zwischen Heinrich und Thomas Mann über die Hintergründe des Krieges ist kein Einzelfall – nur daß es eben die beiden berühmten Brüder sind, gibt dem Streit seinen sensationellen Anstrich. Im Wedekind-Kreis ist man kaiserfeindlich, nicht bei allen, aber bei den meisten, die diesen Stammtisch besuchen, beginnt die Kritik zu überwiegen. Heinrich Manns Roman *Der Untertan*, dessen Abdruck in der Zeitschrift „Zeit im Bild. Moderne illustrierte Wochenschrift" am 13. August 1914 vorzeitig abgebrochen wird, findet uneingeschränkte Zustimmung in diesem Kreis. Die Haltung der Sozialdemokraten verwirrt, ab 1916 neigen viele aus dem Kreise Wedekinds den abgespaltenen „Unabhängigen Sozialdemokraten" um Kurt Eisner, Eduard Bernstein und Hugo Haase zu, die den „Siegfrieden" scharf ablehnen und weitere Kriegskredite verweigern.

Abends begleitet Lion Feuchtwanger den immer etwas zu würdig wirkenden Lübecker Senatorensohn Heinrich Mann häufig nach Hause, sitzt die ganze Nacht hindurch im spärlich möblierten Arbeitszimmer des bescheidenen, klugen Dichters und redet mit ihm. Heinrich Mann, der 13 Jahre ältere, ist ihm schon lange literarisches Vorbild gewesen, die gemeinsamen Gespräche dieser Jahre bringen sie nah, auch im politischen Denken. Mit Bruno Frank, dem so ganz anders gearteten, hochgewachsenen, charmanten Plauderer in der Gesellschaft, Frauenheld, beginnt ebenfalls eine Lebensfreundschaft, die vor allem der von der Front zurückgekehrte Lyriker sucht. Er wird der einzige im Kreise um Feuchtwanger sein, den er duzt. Es werden in den Münchner Kriegsjahren viele Beziehungen geknüpft, die dann hinüberreichen in die hektischen Jahre von Weimar und die oft schwere Zeit des Exils.

Aber auch die Wohnung in der Georgenstraße wird zum häufigen Treffpunkt dieses Kreises. Neben den Freunden tauchen junge, unbekannte Autoren bei Feuchtwanger auf, legen Stücke vor, hoffen auf Förderung. Es hat sich herumgesprochen, wie hilfsbereit er ist, wenn ihn ein Buch, ein Theaterstück überzeugt haben. Im März 1919 wird ein junger Medizinstudent kommen, „ein dünner, scheuer Mensch, unter dem Jochbogen in dem langen Schädel lagen tiefliegende, brennende Augen. Die Nase war schmal und gebogen, das Haar auf seltsame Art in die Stirne gewachsen." Er bringt ein Stück, meint recht schnoddrig, er hielte wenig davon, brauche aber Geld, kommt aus Augsburg und heißt Bertolt Brecht. Eine fruchtbare Künstlerfreundschaft beginnt. Sie sollte 37 Jahre dauern, bis zu Brechts Tod 1956.

Drei Jahre später, 1922, gehört auch Marieluise Fleißer dazu, die umstrittene, begabte Dramatikerin aus Ingolstadt. In ihren *Erinnerungen an Brecht* schreibt sie: „Im Steineckesaal in Schwabing hatte ich beim Künstlerfasching den damals achtunddreißigjährigen Lion Feuchtwanger kennengelernt. Ich brachte ihm alles, was ich schrieb. Und was noch wichtiger war, er las es, obwohl er vieles von anderen zurückwies. Was ich ihm brachte, nannte er Expressionismus und Krampf... ich nahm den Lion sehr ernst."

Wie alle so spüren auch Marta und Lion Feuchtwanger die Not der Kriegsjahre. Die Versorgung ist schwierig, die politische und militärische Lage bedrückend. Aber Lion Feuchtwanger bleibt doch vor dem Schlimmsten bewahrt, er muß nicht in den Krieg.

Fast die gesamten vier Jahre leben sie in München, reisen nur gelegentlich nach Berlin, Hamburg oder Mannheim, um die Premiere eines eigenen Stückes mitzuerleben. Und als dann der Kaiser bei Nacht und Nebel sein Heer verläßt und nach Holland flieht und als der Wittelsbacher Ludwig III. durch die Hintertür der königlichen Residenz entweicht, hofft der Schriftsteller Lion Feuchtwanger, wie viele andere, auf bessere politische Zeiten, begrüßt er die Republik.

Dramatiker

Bis Ende 1918 hat Lion Feuchtwanger außer dem frühen Roman *Der tönerne Gott* und drei kleinen Erzählungen keine epische Prosa veröffentlicht. Der Schriftsteller, dessen Romane später Millionenauflagen erreichen werden, ist mit 34 Jahren nicht als Romancier, sondern als Dramatiker bekannt. Heute sind seine Theaterstücke nahezu vergessen. In der DDR erschien 1958 ein Band „Stücke in Prosa", der sieben seiner dramatischen Dichtungen enthält. Es folgten ein schmales Taschenbuch mit seinen beiden indischen Nachdichtungen *Vasantasena* und *Der König und die Tänzerin* sowie einige wenige Einzelausgaben. Und alle waren rasch vergriffen. In der Bundesrepublik wurde bisher keines seiner Stücke neu gedruckt. In den Schauspielführern sucht man vergebens nach Hinweisen auf sein dramatisches Werk. Während Feuchtwangers Bühnenstücke zwischen 1915 und 1932 in den deutschen Schauspielhäusern ziemlich regelmäßig – Eckhard Schulz spricht von rund 5000 Aufführungen in den 20er Jahren – inszeniert wurden, manche sehr erfolgreich waren, andere ohne nachhaltiges Echo blieben, zeigten sich die Theaterdirektoren nach 1945 weitgehend desinteressiert. Nach einer (ergänzten) Aufstellung von Wolf-Rüdiger Albrecht gab es in der DDR 26 Neuinszenierungen, in der Bundesrepublik 16. Zweimal griff das

Westfernsehen, einmal das Ostfernsehen auf Theaterstücke von Feuchtwanger zurück.

Insgesamt ist das dramatische Werk sehr umfangreich, denn es umfaßt 19 Theaterstücke. Es beginnt mit den sechs Einaktern, die der 21jährige 1906 veröffentlicht. Es endet mit dem Stück *Wahn oder Der Teufel von Boston,* das der inzwischen 62jährige in Kalifornien verfaßt. Hinzu kommen sieben zum Teil sehr erfolgreiche Nachdichtungen, die den großen Sprach- und Literaturkenner zeigen. Mit Bertolt Brecht arbeitet er schließlich noch gemeinsam an weiteren drei Stücken: *Leben Eduards des Zweiten von England* (1924), *Kalkutta, 4. Mai* (1925), eine Umarbeitung seines Stückes *Warren Hastings,* und *Die Gesichte der Simone Machard* (1943). Alles in allem sind also 29 Bühnenwerke eng mit seinem Namen verbunden.

Feuchtwangers Eigendichtungen für das Theater sind konventionell. Ihnen fehlt die aufrüttelnde gesellschaftliche Wirkung, die etwa Gerhart Hauptmann Ende des vorigen Jahrhunderts mit seinen Bühnenstücken hervorrief und die sie teilweise noch heute besitzen. Sie haben auch nichts vom damals skandalumwitterten „Neuen", das von Wedekinds psychologischen Triebstudien ausging, nichts von seinen bis heute erregenden Einblicken in die dunklen Winkel des menschlichen Unterbewußtseins. Es fehlt ihnen die satirische Schärfe, mit der Carl Sternheim die neue Schicht, die Emporkömmlinge, entlarvt. Feuchtwangers Stücke sind solide gebaut, verzichten auf Sprachexperimente, erzählen exemplarisch von menschlichen Schicksalen, sie wollen erklären. Aufklären über die Zeitereignisse und die Kräfte, die sie bewegen.

Im Vorwort zu den „Drei Stücken" *(Die Kriegsgefangenen, Neunzehnhundertachtzehn, Der holländische Kaufmann)* schreibt Feuchtwanger 1934: *„Die Stücke sind zeitgebunden, sie sind aus den Ereignissen heraus entstanden."* Der Krieg, die bayerische Revolution 1918/19, das Verhalten der Intellektuellen in diesen politisch so erregenden Jahren oder die „Amerikanisierung" der europäischen Gesellschaft werden in diesen Stücken verarbeitet, die der Autor als Schauspiel, Komödie oder dramatischen Roman bezeichnet. Am Ende dieser Schaffensperiode umschreibt er selbst noch einmal das Grundthema seiner Werke: *„Wenn ich aber, 42jährig, auf dem Scheitel meines Lebens, betrachte, was ich bisher gemacht habe, versuchend, ein Gemeinsames zu finden, eine Linie, die meine Bücher an mein Leben und aneinander bindet, einen Generalnenner, dann glaube ich trotz aller scheinbaren Differenz doch immer nur ein Buch geschrieben zu haben: das Buch von dem Menschen, gestellt zwischen Tun und Nichttun, zwischen Macht und Erkenntnis." (Versuch einer Selbstbiographie,* 1927)

Als er diese Zeilen schreibt, liegen der *Jud Süß* und *Die häßliche Herzogin Margarete Maultasch* schon vor – Romane, die den Weg von

„Nietzsche zu Buddha“ als zentrales Entwicklungsthema aufgenommen haben. Aber die zitierte Selbstinterpretation gilt auch für die Theaterwerke. Warren Hastings, Englands Generalgouverneur in Indien, oder Daniel Raule, der holländische Kaufmann im Dienste des brandenburgischen Kurfürsten, sind Männer, die auf ihrem Weg zur Macht vereinsamen. Große Naturen, von der Idee des Fortschritts gefesselt, vom Mittelmaß ihrer Umwelt zu Taten gezwungen, die ihre Visionen der Menschheitsbeglückung verdunkeln. Menschen des Wollens, des Tuns, zum Scheitern verurteilt. „Der Handelnde ist immer gewissenlos. Es hat niemand Gewissen als der Betrachtende.“ Dies Goethe-Zitat, das Feuchtwanger seinem *Warren Hastings* und dem *Thomas Wendt* voranstellt, steht unsichtbar auch über den anderen Werken dieser Jahre.

Theatergeschichtlich ist es vor allem der Begriff „dramatischer Roman“, der sich mit den Bühnenarbeiten Feuchtwangers verbindet. Im Vorwort zum *Thomas Wendt* (1919), später *Neunzehnhundertachtzehn*, schreibt der Dramatiker Feuchtwanger über diesen Gattungsbegriff: „*Die Bezeichnung ist neu, nicht die Sache. Dramatische Romane schrieben die Inder, dramatische Romane sind die Tragödien der Griechen... Shakespeares Historien, seine großen Weltbilder, ein dramatischer Roman ist der Faust.*“ Für Feuchtwanger ist er „*Gegenpol des Anekdotendramas.*“ Und natürlich – dem Zeitgeist entsprechend – steht der dramatische Roman nicht isoliert, sondern ist eine Spielart des expressionstischen Theaters.

In einer Gegenüberstellung der Begriffe Drama, Roman und dramatischer Roman macht Feuchtwanger deutlich, was er will: „*Roman: ein Weltbild soll gegeben sein, nicht ein Einzelschicksal bloß, ein Zeitbild zumindest... Ein dramatischer Roman: kein Verweilen soll sein, kein sanftes Vorwärtsgleiten, Betrachtung soll vermieden, gesagte, nicht gestaltete Wertung vom Autor her soll ausgeschlossen sein... Drama: nur die Spitze der Pyramide, blaue Luft darüber und, vielleicht, ein einsamer Betrachter auf dem Gipfel. Roman: die ganze Pyramide mit den Spießbürgern, die auf ihr herumkriechen, mit den Schakalen, die ihren Fuß bepissen, mit den Geiern, die im Blau darüber wegfliegen, mit der endlosen, gelben Wüste ringsum... Dramatischer Roman: ich will nur die Spitze der Pyramide geben, aber Sie sollen spüren, ... wie darunter die Basis wuchtet, wie ringsum die Wüste wächst, wie in dem Blau die Geier schweben... und wie neugierige Bürger mit dem Baedeker auf den Stufen herumklettern. D r a m a t i s c h e r Roman: ich halte mich nicht auf, und ich halte Sie nicht auf, nicht mit der Wüste und nicht mit den Geiern... und nur ganz wenig mit den neugierigen Bürgern. Aber verzichten will ich nicht auf dies alles. Da soll es sein. Seinen Dunst sollen Sie spüren.*“ (*Thomas Wendt. Vorwort*, 1919)

Einer der großen Bühnenautoren unseres Jahrhunderts wurde von diesem dramatischen Konzept Feuchtwangers nachhaltig beeinflußt. Bertolt Brechts „episches Theater" ist in der Zusammenarbeit mit Lion Feuchtwanger, in den häufig lauten, aber für beide ungemein fruchtbaren Diskussionen entwickelt worden. Brecht hat deswegen auch den Dramatiker Feuchtwanger erheblich höher eingeschätzt als die Nachwelt. Immer wieder stößt man in seinem *Arbeitsjournal* auf Bemerkungen, die dies unterstreichen. Eintragung am 20. Dezember 1942: „angenehme arbeit an dem Simone-Machard-stück mit feuchtwanger." Am 3. Januar 1943: „er hat sinn für konstruktion, versteht sprachliche feinheiten zu schätzen, hat auch poetische und dramaturgische einfälle, weiß viel von literatur, respektiert argumente und ist menschlich angenehm, ein guter freund." Am 31. Juli 1944: „feuchtwanger ist erfrischend klug und erträgt meine beschimpfungen... mit philosophischer geduld und freundlichkeit." Am 3. März 1945: „feuchtwanger erzählt mir, daß die hexameter schlecht sind. das bedeutet viel polierarbeit. tatsächlich weiß ich zu wenig davon." Und 1954 bekennt Brecht in einem Grußwort noch einmal, daß Feuchtwanger „einer meiner wenigen Lehrmeister" war, der wußte „welche ästhetischen Gesetze zu verletzen ich mich anschickte."

Umgekehrt hat der 14 Jahre ältere Feuchtwanger mehrfach betont, wie viel er von Brecht gelernt hat. Ende der 20er Jahre beschreibt er den Freund gleich zweimal, allerdings in sehr unterschiedlicher Form. Brecht nämlich wird in dem Roman *Erfolg* zum – keineswegs sehr positiven – literarischen Vorbild der Figur des Kaspar Pröckl. In diesem Portrait steht Feuchtwanger vor allem Brechts politischer Einstellung, seiner marxistischen Dialektik, ablehnend gegenüber. In einem Aufsatz in der „Weltbühne" aber rühmt er liebevoll-spöttisch den begabten Künstler: *„Er ist widerwärtig und reizvoll, ein sehr schlechter Schriftsteller und großer Dichter und unter den jüngeren Deutschen ohne Zweifel der, der die meisten geniehaften Züge trägt."* (*Bertolt Brecht. Dargestellt für Engländer*, 1928)

Im gleichen Artikel spricht Feuchtwanger dem Autor von *Baal*, *Trommeln in der Nacht* und *Im Dickicht der Städte* das Erstgeburtsrecht zu: *„Bertolt Brecht hat eine Erfindung gemacht, er nennt sie episches Drama."* Zu diesem Zeitpunkt haben beide bereits gemeinsam Feuchtwangers *Kalkutta, 4. Mai* und Brechts *Leben Eduards des Zweiten* geschrieben. Feuchtwanger ist also ein intimer Kenner von Brechts Gedanken über das epische Theater: *„Die Erfindung besteht darin, daß er auf jede Spannung im Drama verzichtet und daß er die Herstellung von Antithese und Spannung, daß er jeden zweckvoll ersonnenen Aufbau einer Handlung für unkünstlerisch ansieht. Vielmehr vernichtet das Brechtsche epische Drama im Gegensatz zum französischen Theater jede Spannung, indem es die Geschehnisse von vornherein naiv und deutlich* *ansagen läßt. Es kommt, nach Brecht, darauf an, daß der Zuschauer nicht mehr auf das Was, sondern auf das Wie achtet. Es kommt weiterhin, nach Brecht, darauf an, daß der Zuschauer um Gottes willen sich nicht einfühlt. Das Schmarotzenwollen am Schicksal und am Leben eines anderen muß, nach Brecht, dem Publikum ausgetrieben werden. Es kommt vielmehr, nach Brecht, darauf an, daß der Mann im Zuschauerraum sich die Ereignisse auf der Bühne lediglich betrachtend, wißbegierig, lärmbegierig anschaut. Anschauen soll der Zuschauer den Ablauf eines Lebens, seine Schlüsse daraus ziehen, ablehnen, zustimmen, sich interessieren soll er, aber um Gottes willen nicht mitfühlen." (Bertolt Brecht. Dargestellt für Engländer,* 1928)

Brecht selbst bestätigt diese Analyse in einer 1936 geschriebenen Arbeit über sein episches Theater: „Von keiner Seite wurde es dem Zuschauer weiterhin ermöglicht, durch einfache Einfühlung in dramatische Personen sich kritiklos (und praktisch folgenlos) Erlebnissen hinzugeben. Die Darstellung setzte die Stoffe und Vorgänge einem Entfremdungsprozeß aus."

Aber beide Anmerkungen machen deutlich, daß es, bei mancher Übereinstimmung, auch Unterschiede in den Auffassungen beider Bühnenautoren gibt. Ulrich Weisstein weist darauf in seinem Aufsatz *Vom dramatischen Roman zum epischen Theater* hin: „Brecht zielt darauf ab, den Gang der Handlung zu verlangsamen, um das Publikum zu zwingen, über das Geschehen auf der Bühne nachzudenken, während Feuchtwanger die Geschwindigkeit der Handlung forciert, um ihr echtes Leben zu verleihen. Feuchtwangers Theorie ist... expressionistisch, insofern nämlich, als hier das Drama als die plastische Darstellung jener Kräfte gesehen wird, ‚die in dem Helden wirken und verbrennen'. Feuchtwangers Held wird darüber hinaus als Teil eines Ganzen gesehen, und dieses Ganze ist ‚zu sehr voll Widerspruch, zu hart und zu weich, zu farbig', es ‚kriecht mit zuviel Beinen, fliegt mit zuviel Flügeln, lebt zu sehr, ist zu sehr da', als daß es auf einen einzelnen, persönlichen Konflikt reduziert werden könnte. Das Leben in seiner Fülle, wie es Feuchtwanger sieht, ‚wirbelt so übers Maß schnell ineinander, daß gesitteter epischer Gang in hinkendem Kontrast stünde zu so gehetztem Geschehen'." Aus einem anderen Blickwinkel betrachtet, ist Feuchtwangers dramatischer Roman weniger politisch ausgerichtet als Brechts episches Theater. Brecht ist ideologisch zunehmend auf den Marxismus fixiert, Feuchtwanger bewahrt sich eine eigenständige Position.

Weil Lion Feuchtwanger als Bühnenautor in den letzten Jahrzehnten so sehr vernachlässigt worden ist, sei noch auf eine Bemerkung von Eckhard Schulz hingewiesen, die – gleichgültig ob sie nun in vollem Umfang zutrifft oder nicht – die beachtliche Rolle zeigt, die dieser Dramatiker in der Theatergeschichte unseres Jahrhunderts gespielt hat:

„Ohne Übertreibung kann man behaupten daß Brechts Theorie und Praxis seines Theaters ohne Feuchtwanger nicht möglich geworden wären." Ähnlich Ulrich Weisstein: „Wägt man die uns bis jetzt an die Hand gegebenen Fakten ab, so könnte man, ohne zu übertreiben, geradezu behaupten, daß ohne Feuchtwangers kritischen Scharfsinn und literarisches Gespür Brechts Theorie (und vielleicht sogar Praxis) des epischen Theaters nie Form gewonnen hätte, zumindest nicht in der uns geläufigen Art."

Natürlich haben weder Brecht noch Feuchtwanger das epische Theater „erfunden". Auch Georg Kaiser zum Beispiel setzte sich mit dieser im Grunde sehr alten Form der Bühnendarstellung auseinander und entwickelte sie weiter. Es soll in unserem Zusammenhang nur unterstrichen werden, wie sehr Feuchtwangers theoretische Verdienste heute in Vergessenheit geraten sind. Nicht nur Brecht, sondern auch andere Schriftsteller seiner Zeit haben sie im Gegensatz dazu anerkannt. 1923, drei Jahre nach Erscheinen des dramatischen Romans *Thomas Wendt* hat Alfons Paquet sein Drama *Fahnen* veröffentlicht, das von Feuchtwangers Stück stark beeinflußt war. Und auch Alfred Döblins vielleicht bester Roman, *Berlin Alexanderplatz,* der 1929 erschien, zeigt in seinem Aufbau manches von dem, was Feuchtwanger ein knappes Jahrzehnt vorher für den dramatischen Roman gefordert hat.

Einige seiner Stücke waren im Bühnenalltag der 20er und früher 30er Jahre, bis Hitler nicht nur seine Bücher verbrennen, sondern natürlich auch die Aufführung seiner Schauspiele verbieten ließ, erfolgreich. *Warren Hastings* bzw. die Neufassung *Kalkutta, 4. Mai,* die indische Nachdichtung *Vasantasena, Die Petroleuminsel* und nach dem Zweiten Weltkrieg – wenn auch in geringerem Umfang – *Wahn oder Der Teufel in Boston* erlebten zahlreiche Inszenierungen und Aufführungen. In Berlin und München sind es namhafte Regisseure wie Otto Falckenberg, Jürgen Fehling, Erich Engel oder Leopold Jessner, die Feuchtwanger-Stükke einstudieren. Elisabeth Bergner, Lucie Mannheim, Lotte Lenya, Maria Koppenhöfer, Sybille Binder, Rudolf Forster, Albert Florath, Werner Krauss treten in Feuchtwanger-Rollen auf.

Die Kritiken – wie sollte es auch anders sein – sind unterschiedlich, aber die ehemaligen Kollegen in den Feuilletonredaktionen der Zeitungen und Zeitschriften lassen ihm alles in allem Gerechtigkeit widerfahren. Siegfried Jacobsohn, der alte Chef, schreibt anläßlich der Berliner Aufführung von *Warren Hastings* (1916) in seiner unnachahmlichen Art: „Trotzdem Lion Feuchtwanger mein Mitarbeiter ist, bin ich entschlossen, an seinem Schauspiel ein gutes Haar zu lassen." Das aber wiederum tut der hochberühmte Kritiker Alfred Kerr ganz und gar nicht: „Herr F. bot nur den Abendfüller eines kaum Beteiligten." Und da Kerr den Dramatiker Brecht nun erst recht nicht zu lieben vermag, gerät acht Jahre später, im Dezember 1924, seine Kritik an der Brecht/Feuchtwanger-Produktion *Leben Eduards des Zweiten* zum totalen Verriß: „Die Kritik ist kurz. Noch ein Auftritt. Noch ein Auftritt. Steigerungslos. Angeklebt. Vier Stunden fast. Wer nicht schläft, wächst aus.“

Trotzdem, der sprachmächtige Alfred Kerr kann nicht verhindern, daß Feuchtwanger-Premieren im Berlin der 20er Jahre zu künstlerischen und gesellschaftlichen Ereignissen werden. Das „Berliner Tageblatt“ schreibt am 29. November 1928 anläßlich einer Aufführung der *Petroleuminsel* im Staatstheater: „Großes Publikum, auch Stresemann wieder auf seinem gewohnten Platz. Ein erheblicher Teil der Zuschauerschaft gibt starken Beifall, mit Hervorrufen von Darstellern und Autor.“ Aber auch dies gibt es, am 22. November 1924, in den „Westfälischen Neuesten Nachrichten“ unter der Überschrift *Zur Uraufführung des Thomas Wendt* zu lesen: „Der Wanderwart des ‚Jungdeutschen Ordens‘ versendet an seine Wanderbrüder nachstehende Aufforderung: Liebe Wanderbrüder! Am Sonnabend soll die Uraufführung des Dreckstückes ‚Thomas Wendt‘ von Feuchtwanger im hiesigen Stadttheater erfolgen... Ich ersuche alle Wanderbrüder in Wanderkleidung (umgeschnallt) an der Erstaufführung teilzunehmen. Für die Galerie, die M 0,90 aufzubringen, wird wohl noch jedem möglich sein. Wer sich bessere Plätze leisten kann, möge dies bitte tun, damit die Sache von allen Seiten angesehen werden kann. Es muß uns möglich sein, nachher mit ziemlicher Stärke Einspruch gegen eine weitere Aufführung... zu erheben... Laßt uns eintreten für Reinheit und Sauberkeit! Fort mit den Theaterstücken, die die Revolution, den großen Volksverrat, verhimmeln!!! Wir leben noch nicht in Sowjet-(Juda) Rußland! Auf deutschem Boden dulden wir Schande nicht!“ Noch sind dies Einzelfälle, neun Jahre später wird dieser Geist die deutsche Kulturpolitik beherrschen.

Allerdings, Schwierigkeiten hatte Lion Feuchtwanger mit seinen Stücken auch schon in den Kriegsjahren. Nahezu alle stießen auf offizielle Ablehnung, solange die staatliche Zensur noch die Macht dazu besaß, verbot sie manche Aufführung. Später dann gab es nicht nur Aufrufe an die „Wanderfreunde“, sondern die sich vaterländisch bezeichnende Rechte pöbelte und demonstrierte vor den Theatereingängen oder warf auch mal die Fensterscheiben in der Georgenstraße ein.

Im November 1958 schreibt Feuchtwanger, auf den Weg seiner Schauspiele zurückblickend: *„Die Schicksale der Stücke... waren unterschiedlich. Eines haben sie alle gemein: sie wurden oft und gründlich mißverstanden... Auch das äußere Geschick der Stücke war und ist merkwürdig. Ein jedes war irgendwann verboten. Ein jedes wurde irgendwann und in irgendeinem Land sehr bejubelt, in einem anderen abgelehnt.“ (Vorwort* zu *Stücke in Prosa*, 1958)

Wenn Lion Feuchtwanger sich zu Beginn seiner Schriftsteller-Laufbahn zunächst als Dramatiker einen Namen macht, so ist dies eigentlich nur folgerichtig, denn die Bühne hat ihn von frühester Jugend an fasziniert. Erst als Leser in der väterlichen Bibliothek, dann als Zuschauer in den Opern- und Schauspieltheatern der Heimatstadt, schließlich als Kritiker der „Schaubühne" und als Autor. Verschiedentlich hat er auch selbst als Regisseur gearbeitet und Stücke von Hauptmann, Strindberg oder Gorki inszeniert. Das war damals bei den Aufführungen des literarischen Vereins „Phoebus" oder im Krieg, als er Theaterinszenierungen leitet, die zur Truppenbetreuung für Urlauber von der Front gespielt werden. Und auch danach bleibt der enge Kontakt zur Bühne. Er wird dramaturgischer Berater bei den Münchner Kammerspielen, gehört zu den prominenten Autoren, die Beiträge für Falckenbergs Programmhefte schreiben.

Die Proben und Aufführungen seiner eigenen Werke begleitet er häufig mit tätiger Spannung, nicht immer zur Freude der beteiligten Theaterleute. In seinen Erinnerungen berichtet der Schauspieler Rudolf Forster davon. Es ist der Tag der Berliner Premiere von *Kalkutta, 4. Mai*, und an diesem Junimorgen des Jahres 1928 bittet der Autor den Hauptdarsteller noch einmal zu einer letzten Aussprache. „Anstatt am Premierentag mich ausschließlich auf meine Arbeit zu konzentrieren", schreibt Forster sarkastisch, „sollte ich noch die Schmerzen eines Autors vernehmen, das sogenannte Geschmuse wegen untergeordneter Kamellen." Man trifft sich also – der pingelige Schöpfer des Stückes und der nervöse Interpret der Hauptfigur – im Grunewald, und „dort begann er seinen Salm. Wir schritten fürbaß, er offenbarte Sanftmut und Weisheit eines Buddhisten. Mit stoischer Akribie brachte er völlig unwichtige Dinge vor, langsam vernebelte sich meine Aufnahmebereitschaft... Die Langeweile wurde immer vernehmbarer, unterträglicher." Als der angespannte Forster am Abend seine Garderobe betritt, findet er zu alledem noch zwei Seiten des Autors Lion Feuchtwanger vor, die den Titel tragen *Leitprinzipien für das ganze Stück*. Er liest sie verständlicherweise nicht.

Feuchtwangers zunächst fast ausschließliche Hinwendung zum Theater hat aber auch Gründe, die über das Persönliche hinausgehen. Der deutschsprachige Roman steckte um die Jahrhundertwende in einer Krise, seit Fontanes epischen Spätwerken war in dieser Literaturgattung kaum etwas von Bedeutung erschienen. Sicher, es gab da Ausnahmen, etwa die *Buddenbrooks* oder *Die kleine Stadt*, Werke der Brüder Mann, auch Hermann Hesses erste Romane liegen schon vor, es werden sehr beachtliche „Erzählungen" veröffentlicht. Aber bis zum Beginn des europäischen Krieges waren es die Lyriker, vor allem aber die Dramatiker, die die Literaturszene beherrschten: Ibsen und Strindberg, Hauptmann und Wedekind, Schnitzler und Hofmannsthal. Erst der politische Umbruch sollte dann wieder dem Roman neue Formen und Inhalte geben. Neben den Werken von Thomas Mann, Heinrich Mann und Hermann Hesse erscheinen wichtige Werke von Alfred Döblin, Arnold Zweig, René Schickele, Franz Werfel, Joseph Roth, Robert Musil und eben auch von Lion Feuchtwanger.

Wenn er sich schließlich Anfang der 20er Jahre allmählich dem Roman zuwendet, so auch deshalb, weil ihn die Aufführungen seiner Stükke immer weniger befriedigen. Er fühlt die Grenzen seiner Darstellungsmöglichkeiten im Drama, spürt zunehmend, wie wenig er auf der Bühne das auszudrücken vermag, was er deutlich machen will, leidet unter den besonderen Bedingungen einer Schauspielinszenierung, die immer Teamarbeit ist, dem Autor also die Alleinherrschaft über sein Werk nimmt. In seinen *Ratschlägen für die Lektüre meiner „Angelsächsischen Stücke"* schreibt er 1929 nicht ohne Bitterkeit: *„Löschen Sie bitte, wenn Sie eine Aufführung gesehen haben sollten, den Eindruck von der Lektüre aus. Mehrere ausgezeichnete Regisseure haben die beiden Stücke inszeniert, eine Reihe vortrefflicher Darsteller die Rollen gespielt. Leider hatten die meisten dieser Spielleiter eine Auffassung, einige, bevor sie das Stück gelesen hatten... Es bleibt mißlich, in einer Zeit, in der es schwer ist, sich mit einem einzelnen über die einfachsten Dinge zu verständigen, erst auf dem Umweg über 30 oder 40 Helfer an den Empfänger zu gelangen."*

Als Lion Feuchtwanger 1918 die Geschichte des württembergischem Finanzrats Josef Süß Oppenheimer dramatisiert, wird die Unzufriedenheit mit Stück und Aufführung zum entscheidenden Auslöser. Drei Jahre später schreibt er in der Münchner Staatsbibliothek eine epische Fassung des *Jud Süß*. Der Roman wird seinen Namen um die Welt tragen. Und dieses Beispiel soll der deutschen Literatur sogar noch ein weiteres wichtiges Romanwerk schenken. Denn der Erfolg von *Jud Süß* veranlaßt Arnold Zweig, sein *Grischa*-Drama, das seit Jahren unaufgeführt in der Schublade liegt, zu einem Roman umzuschreiben. Eine Trilogie entsteht, die zur bedeutendsten deutschsprachigen Anti-Kriegsliteratur unseres Jahrhunderts gehört.

Feuchtwangers Interesse am Theater bleibt zwar, aber der Dramatiker wird jetzt zunehmend zum Anreger für den Epiker. Wie das Stück *Jud Süß* ist künfitg manche Arbeit für die Bühne nur noch experimentelles, gedankliches Vorspiel für die dem Autor wesentlich wichtigere Romanfassung. Oder umgekehrt, bei der intensiven Beschäftigung mit den historischen Hintergründen seiner Romanthemen fällt gelegentlich noch eine Dramatisierung des Stoffes ab.

In *Wird Hill amnestiert?* ist die Rahmenhandlung des vier Jahre später begonnenen Romans *Erfolg*, der Kampf einer Frau um die Rehabilitierung eines Verurteilten, bereits vorgezeichnet. In dem Stück *Die Petroleuminsel* kehrt Feuchtwanger wieder zu einer Grundkonstellation seines Romans über Margarete von Tirol zurück, zum Kampf des Häßlichen gegen das Schöne. Dem gemeinsam mit Brecht geschriebenen Schauspiel *Die Gesichte der Simone Machard* folgt unmittelbar sein Roman *Simone* (1943), der die gleiche Geschichte aus dem Frankreich in den Tagen der Besetzung durch die Nazis episch aufgreift. *Waffen für Amerika* wird zunächst dramatisiert, dann entsteht der gleichnamige, später in *Die Füchse im Weinberg* umbenannte Roman, der zur Zeit der amerikanischen Revolution am Hofe Ludwigs XVI. spielt. Später greift Feuchtwanger noch einmal auf die Vorarbeiten für diesen Roman zurück und schreibt ein Schauspiel über die letzten Wochen der unglücklichen *Witwe Capet,* einst Marie Antoinette, Königin von Frankreich.

Natürlich hat dann auch der große literarische und finanzielle Erfolg der ersten Romane Feuchtwanger darin bestätigt, daß nicht die Arbeit für die Bühne, sondern die breite epische Darstellung seinem Talent als Schriftsteller, seinem künstlerischen Wollen stärker entgegenkommt. Aber daß er in einem bestimmten Sinn doch immer Dramatiker bleibt, zeigen diese Romane; im Sprachduktus, im Handlungsablauf besitzen sie viel von den Verkürzungen und Zuspitzungen des Dramas.

Wie sehr Lion Feuchtwanger jedoch an seinen für das Theater geschriebenen Werken hing, wie stark ihn das Aufführungsschicksal seiner Bühnenspiele beschäftigte, machen Anmerkungen deutlich, die er einen Monat vor seinem Tod niederschrieb. Es ist sicher Zufall, aber doch bemerkenswert, daß eine seiner letzten veröffentlichten Äußerungen über das literarische Werk seine Schauspiele betrifft: *„Als im Jahre 1936 eine zweite deutsche Ausgabe der fünf ersten Stücke erschien, schloß ich das kurze Vorwort: ‚In Deutschland sind jetzt alle diese Stükke verboten. Aber der Autor ist sicher, daß er selber und die meisten seiner Leser sie wieder auf deutschen Bühnen sehen werden.‘ Diese Voraussage ist nur zum Teil Wirklichkeit geworden. Ich warte darauf, daß sie sich ganz erfüllt.“ (Vorwort* in *Stücke in Prosa,* 1958)

Und weil diese Voraussage auch ein Vierteljahrhundert später immer noch nicht eingetroffen ist, der Dramatiker Feuchtwanger in einer Zeit, in der die Bühnen eigentlich einer Neubelebung auch durch die Wiederentdeckung allzu schnell verdrängter, hochrangiger Werke so dringend bedürfen, kaum der Erwähnung, geschweige denn einer Neuinszenierung für wert gehalten wird, sollen die wichtigsten Stücke kurz dargestellt werden.

Nachdichtungen

Lion Feuchtwanger hat insgesamt sieben Nachdichtungen hinterlassen. Sie sind zunächst sicher auch ein Zeugnis für sein großes literarisches Wissen, seine hohe Sprachbegabung und seine Fähigkeit, sich in die Geisteswelt anderer Kulturen einzufühlen. Seine seit frühester Jugend betriebenen Sprachstudien wurden dabei zur entscheidenden Stütze. Er sprach fünf moderne Sprachen, drei alte – Hebräisch, Griechisch und Latein – und konnte sehr gut Sanskrit und etwas Arabisch lesen.

Einige seiner Nachdichtungen wurden ausgesprochene Bühnenerfolge. Von den Frühwerken, die er für das Theater schrieb, wurde eine Bearbeitung – das Protestantendrama *Ein feste Burg ist unser Gott* von Arthur M. Müller – am häufigsten gespielt. Die indische Nachdichtung *Vasantasena* brachte es in wenigen Spielzeiten auf mehrere hundert Aufführungen.

Auffallend ist dabei, daß sich Feuchtwanger in den Kriegsjahren 1914 bis 1918 besonders intensiv mit fremden Stücken auseinandersetzt. Allein in diese Jahre fallen fünf der sieben Nachdichtungen. Danach reizt den Autor nur noch einmal ein fremder Text zur Bearbeitung, Calderons *Der Frauenverkäufer*. Es hat Sinn, daß diese Bearbeitungen fast alle in den Kriegsjahren entstehen. Feuchtwanger reagiert, wie wir gesehen haben, skeptisch und unwillig auf die nach dem 1. August 1914 massiv einsetzende Feindpropaganda in der deutschen Öffentlichkeit. Besonders ärgert ihn, daß alles, was mit dem bis dahin von vielen Deutschen sehr geschätzten englischen Leben, Denken und Handeln zu tun hat, plötzlich unter die Rubrik „perfides Albion“ fällt. So beginnt er sich in die englische Literatur zu vertiefen und findet zum Beispiel in den Essays des Politikers und Historikers Thomas Babington Macaulay über die englische Kolonialgeschichte neuen Zugang zur indischen Literatur und Geschichte. Die Ernte dieser Studien ist beachtlich: Zwei indische Nachdichtungen und das eigene Stück *Warren Hastings* werden dadurch angeregt.

Zunächst aber ist es eine griechische Tragödie, die ihm geeignet scheint, der undifferenzierten Feindpropaganda deutscher Patrioten entgegenzutreten.

Die Perser des Aischylos

Nach seiner Rückkehr aus Tunis bleibt ihm ein vierwöchiger Urlaub bis zur Einberufung. In dieser Zeit übersetzt Lion Feuchtwanger *Die Perser des Aischylos* neu. Am 20. Oktober, unmittelbar nach Fertigstellung, beginnt die „Schaubühne“ mit dem vollständigen Abdruck, der bis zum

31. Dezember 1914 erscheint. Einzelne Teile dieser Neubearbeitung übernimmt auch Maximilian Harden in seiner berühmten Zeitschrift „Die Zukunft". Diese Veröffentlichung macht Feuchtwanger mit einem Schlag auch über Münchens Grenzen hinaus bekannt. Maximilian Harden, ein bis 1914 konservativer Publizist, Bewunderer Bismarcks und Gegner Wilhelms II., dessen Regime er 1907 durch seine Veröffentlichungen über die Homosexualität des engen Kaiserfreundes Fürst Eulenburg einen peinlichen Skandal beschert hat, ist ein einflußreicher Mann. Der Teilabdruck der Feuchtwanger-Übersetzung in der „Zukunft" weckt daher auch die Aufmerksamkeit des Münchner Schauspielhauses. Am 20. Januar 1917 ist Premiere, Eduard Scharrer-Santen führt Regie. Weitere Aufführungen in verschiedenen Städten folgen. Es ist ein Erfolg, die Kritik lobt das „patriotische Werk" und mißversteht es damit gründlich.

In seiner Einleitung zur Textausgabe, die 1916 erscheint, hebt Feuchtwanger nämlich ausdrücklich hervor, daß der Grieche Aischylos den Feind, *„die Perser... nicht schmäht, es ist nirgends vom perfiden Persien die Rede: im Gegenteil, sie sind tapfer... Es ist kein trunkenes Hurra-Schreien in dem Stück, sondern überall starkes, stolzes, selbstverständliches Vertrauen in die Fügung der Götter. Dieses Werk... ist vom Anfang bis zum Ende erfüllt vom Leidensüberschwang der Besiegten."*

Aischylos führt seine griechischen Zuschauer an den Hof des Perserkönigs Xerxes kurz nach der Seeschlacht von Salamis. Das Volk und die Mutter des Königs warten mit wachsender Spannung auf Nachricht vom Verlauf des Feldzugs gegen Athen. Ein Bote bringt die furchtbare Nachricht von der Niederlage der Perser. Die gesamte Flotte, fast das gesamte Heer sind vernichtet worden, und Xerxes mußte schmählich fliehen. In die lauten Klagerufe des Chores fällt Attossa, die Mutter des Königs, mit ein. Den aus der Unterwelt kommenden Schatten ihres Gemahls, Xerxes großem Vater Darios, ruft sie zu:

„Es lockte schlechter Freunde schlimmer Rat
Den Allzukühnen. Du, so sagten sie,
Du habest Reichtum deinem Haus erkämpft,
Mit Schwertesschärfe; er indes, unmännlich,
Sei Krieger nur im eigenen Palast
Und laß an Vaters Schätzen sichs genügen.
So häuften sie ihm Schmach, bis ihn ihr Hohn
Zu diesem Heerzug gegen Hellas trieb."

Der aktuelle Zeitbezug, den Feuchtwanger hier im Herbst 1914 bewußt herstellt, ist nicht zu überhören. Denn litten nicht der prahlende, ständig seine nie vorhandene Männlichkeit hervorkehrende Kaiser und die neue, laute Oberschicht seines Reiches unter den großen politischen und militärischen Taten Bismarcks und des alten Moltke? Stürzten sie sich nicht auch deswegen leichtfertig in ein kriegerisches Abenteuer, weil sie das Über-Ich der Reichsgründer endlich zu überwinden hofften? Feuchtwangers Perser-Übertragung ist seine erste, sehr politische Antwort auf die Ereignisse dieser Monate.

Friede

Der Erfolg der Aischylos-Übersetzung mag Feuchtwanger dazu veranlaßt haben, sich mehr als zwei Jahre später, im Frühkahr 1917, noch einmal dem griechischen Theater zuzuwenden. Diesmal sind es zwei Komödien des Aristophanes, *Die Acharner* und *Der Frieden (Eirene),* die er sich vornimmt und zu einem Stück zusammenfaßt. Es wird daraus das burleske Spiel *Friede.* Wiederum, noch deutlicher als in den *Persern des Aischylos,* ist es eine Auseinandersetzung mit dem kriegerischen Geist dieser Jahre. Während sich die wilhelminische Führung und mit ihr große Teile der über die wirkliche Kriegslage nur wenig informierten Bevölkerung einen Frieden ohne große Annektionen nicht vorstellen können, schreibt Lion Feuchtwanger ein Stück, dessen witzig-deftige Knittelverse vom Segen des Friedens und der Dummheit des Krieges erzählen. Diesmal allerdings so unumwunden, daß eine Aufführung von der Zensur sofort verboten wird.

Es ist die Geschichte vom pfiffigen attischen Bauern Dikaiopolis und vom törichten Feldherrn Lamachos. Während der schlaue, kriegsmüde Bauer mit dem Feind, den Spartanern, einen Separatfrieden schließt und den Vertrag mit einem bacchantischen Fest der Sinnenfreuden feiert, zieht der plumpe Lamachos – *„Ich bleibe bei meiner politischen Richtung. Ich predige Krieg! Krieg bis zur Vernichtung."* – in die sinnlose Schlacht. Ein Stück von barocker Szenenkraft, angefüllt mit ironischen, aktuellen Anspielungen auf den Zeitgeist. Ein Anti-Kriegsstück gewiß, denn schon im Vorwort schreibt der Dichter, was seine Überarbeitung nicht sein soll: *„Dies Buch bezweckt nicht, den vorhandenen Aristophanes-Übersetzungen eine neue hinzuzufügen."* Und wirklich, das Stück ist nicht den Philologen gewidmet, sondern es soll dem deutschen Publikum einen Spiegel vorhalten:

„Denn, oh! ich kenne unser Publikum.
Es ist so dumm, so schrecklich dumm!
So einer ehrlich zu ihm spricht,
Nach Recht verteilet Nacht und Licht,
Am Freund das Schlechte wagt zu schelten,
Am Feinde läßt das Gute gelten,

Dann schimpft und höhnt ihn jung und alt,
kommt mit Zensur und Staatsgewalt.“

Am Ende des Spiels bejubelt das freudentrunkene Volk den Frieden, und für die „Heldentaten“ des Feldherrn bleibt nur noch Hohn und Spott:

„Dieweil er tapfer vorwärts drang
Und über einen Graben sprang, –
Hört und in ein Meer des Jammers taucht! –
Der Held hat sich den Fuß verstaucht.“

Die beiden griechischen Nachdichtungen Feuchtwangers sind bühnenwirksame Stücke geblieben. So wurden sie auch in den 20er Jahren mehrfach neu inszeniert. Nach 1945 gab es bisher nur zwei Neu-Einstudierungen. *Friede* hatte 1954 im Potsdamer Hans Otto-Theater Premiere und brachte es auf 22 Aufführungen. *Die Perser des Aischylos* erreichten in der Stuttgarter Inszenierung vom März 1963 insgesamt dreizehn Wiederholungen. In einer Zeit, in der die Frage nach Krieg und Frieden erneut leidenschaftlich diskutiert wird, in einer Epoche, in der die Zweifel vieler Menschen an der Klugheit der Politiker nicht ohne Grund gewachsen sind, wäre eine Wiederentdeckung dieser aufklärerischen Anti-Kriegs-Stücke lohnend.

Zwei indische Dramen

Europas Intellektuelle – oder doch wenigstens einige unter ihnen – spürten schon lange die große Krise, die von den wirtschaftlichen und politischen Umbrüchen der letzten Jahrzehnte ausging. Manche wandten sich ab von der europäischen Kulturwelt, enttäuscht und auch angeekelt von der heraufziehenden Massenzivilisation, die geistige Nivellierung und politische Brutalisierung zu bringen schien. Sie begannen, in den uralten, tiefen Weisheiten Asiens neue Werte für das eigene Weltempfinden zu entdecken. Die Lehren Buddhas, die Anerkennung des „Nichttun“, das Streben nach der „Leere“, die Rückkehr zum natürlichen Leben, das Europa endgültig aufgegeben hatte, die verfeinerte Lebensweise des Orients bewegte sie und öffnete ihnen neue künstlerische, philosophische Wege.

Paul Gauguins Flucht aus der Zivilisation in die exotische Welt der Südsee, seine leuchtenden Bilder, eine Mischung aus Archaischem und höchstem Raffinement, deuten diese Entwicklung ebenso an wie der japanische Impressionismus des Henri de Toulouse-Lautrec. In New York feiert etwas später der Theaterschriftsteller David Belasco mit seiner im japanischen Milieu angesiedelten Tragödie *Madame Butterfly* einen großen Publikumserfolg, Puccinis Opernbearbeitung wird seit 1900 ein Renner auf den Musikbühnen. In Paris entstehen die durchsichtigen, von bis dahin selten gehörter Stille getragenen, orientalisch-hellenischen Kompositionen von Claude-Achille Debussy. Die Sensation, die die Uraufführung der *Salome* 1905 in der Dresdner Semper-Oper bewirkt, beruht nicht nur auf der neuen, revolutionären Klangwirkung, die Richard Strauss seinem jubelnden oder entsetzten Publikum bot, sondern sie hat auch etwas mit der dekadenten, asiatischen Atmosphäre dieses Dramas zu tun. Wie die verschlungene Pflanzen-Ornamentik des Jugendstils so war hier vieles lediglich Dekoration, ästhetisches Spiel mit Form, Farbe und Klang. Aber doch auch Symptom für die Suche einer Minorität, die sich abwandte von der europäischen Sachlichkeit.

In einigen Werken der deutschen Literatur ist diese Hinwendung von Europa nach Asien ebenfalls deutlich erkennbar. Hermann Hesse reist 1911 nach Indien, und die Romane, die er nach seiner Rückkehr schreibt, lassen viel von dieser Begegnung mit dem Geist des Buddha oder des Konfuzius verspüren. Alfred Döblin veröffentlicht 1915 einen chinesischen Roman *Die drei Sprünge des Wang-lun,* von dem Lion Feuchtwanger am 12. September 1916 in der „Schaubühne" begeistert schreibt: *„Der Sinn des Buches ist die weiche, süße Weisheit des Wu-Wei, des Nichtwiderstrebens, das tiefe Grundgefühl: Die Welt erobern wollen durch Handeln mißlingt. Die Welt ist von geistiger Art, man soll nicht an ihr rühren. Wer handelt, verliert sie; wer festhält, verliert sie."* *(Die drei Sprünge des Wang-lun,* 1916) Viel später noch wird auch Brecht Prosa vorlegen – *Meti/Buch der Wendungen* oder den *Tui-*Roman – die von chinesischen Urtexten inspiriert sind, und eine der schönsten Erzählungen von Thomas Mann, *Die vertauschten Köpfe,* beruht auf einer alten indischen Legende. Doch als sie entstand, trieb das hektische Europa schon dem nächsten großen Völkermord entgegen.

Auch Lion Feuchtwanger gehört zu den Intellektuellen seiner Zeit, denen das Denken Asiens sehr nahesteht. Die hebräischen Studien, die Texte der Bibel, die Beschäftigung mit dem Sanskrit führen ihn schon bald zu den frühen Philosophien und Religionen der Menschheit. Sie lassen ihn schließlich zum stoischen Skeptiker werden. Eine Haltung, die ihm später helfen wird, zahlreiche politisch-künstlerische Kontroversen und manche gefährliche Lebenssituation mit Gleichmut und Gelassenheit zu überstehen. Vor allem aber wird der Schriftsteller Feuchtwanger die Gegensätze von „Nichttun und Tun", den Widerspruch von „Tatmensch und geistigem Mensch" zu einem zentralen Thema seines Werkes machen. Schon seine Auffassung von der Rolle des Judentums als Mittler zwischen Europa und Asien zeigte, wie stark gerade ihn die

Gedanken des Buddha und Lao Tse, der Veda, den heiligen Schriften des Hinduismus, und der prophetischen Bücher von Jesaja bis Maleachi bewegen. Süß Oppenheimer oder Margarete von Tirol, Flavius Josephus oder Deborah Gray, die Herrin der Petroleuminsel, der Jude Jehuda Ibn Esra oder Israels Führer Jefta – sie alle gehen den Weg von *„Europa nach Asien"*, sie alle sind Tatmenschen, die, als der Erfolg sie verläßt, *„nach innen schauen... nach (ihrer) Seele jagen."* Am Ende ihres eitlen, ruhmsüchtigen, kämpferischen, ihres so menschlichen Lebens ersehnen sie das Nichts. *„Mit einem matten Verlangen wünschte sie nur eines: immer so bleiben, immer so dahindämmern in dem brütenden Sommer, schlaff, still verdunsten wie das besonnte Wasser." (Die häßliche Herzogin Margarete von Maultasch)* Und Jefta, am Ziel seines Lebenstraums, Richter von Israel: *„Und während sein Ruhm betäubend hinauf in den Himmel tönte, spürte er scharf und spöttisch die Eitelkeit dieses Ruhmes... spürte (er) qualvoll die Einsamkeit des Gipfels und seine klare, schneidende, tödliche Kälte." (Jefta und seine Tochter)* Warren Hastings, Englands Gouverneur, der seinen Sieg über die Gegner, die Erhaltung seiner Macht in Indien *„mit seinem Menschenglück bezahlt und errungen hat"*, hört in seiner Einsamkeit *„die stille, uralte, gleichmütige Weisheit: Jenseits von Lust und Wunsch, jenseits von Wollen und Begehren." (Warren Hastings. Selbstanzeige,* 1916)

Die marxistische Literaturkritik hat Feuchtwanger gelegentlich vorgeworfen, die Berücksichtigung asiastischer Lehren in seinem Werk hätten ihn gelähmt, seien aus einer „idealistischen" Position heraus erfolgt, die ihm den Blick für die gesellschaftliche Wirklichkeit verstellt hätte. Ein Mißverständnis, denn Feuchtwanger hat auch in diesen Bezirken seines Werkes kein abgeschlossenes, philosophisches Denkgebäude errichtet. Die trotz allen Tuns unverhinderbare Einsamkeit des Menschen, die Welt als kurze Wegstrecke, der Mythos von Sisyphos – die Geschichte des Sterblichen, der von den Göttern verurteilt wird, ununterbrochen einen Felsblock hinaufzuwälzen, der, kaum ist der Berggipfel nach unendlichen Mühen erreicht, wieder hinunterrollt – das Tragische des Sinnlosen in der menschlichen Existenz, dies alles ist der Weltbetrachtung Feuchtwangers nah.

Aber das Scheitern des Einzelnen, des Menschen, der „handelt", steht dem gesellschaftlichen Fortschritt oder der geforderten Hilfe für den Mitmenschen nicht entgegen. Warren Hastings baut gegen den Widerstand seiner Feinde die Straße, die den Transport von Nahrungsmitteln in die indischen Hungergebiete ermöglicht. Johanna Krain kämpft um die Befreiung Martin Krügers, und als dieser vor der Entlassung aus dem Gefängnis stirbt, um die Wahrheit *(Erfolg)*. Sepp Trautwein erreicht durch seine Zähigkeit, daß die Nazis den verschleppten Journalisten Friedrich Benjamin aus ihren Händen geben müssen *(Exil)*. Jefta, der Vereinsamte, hat Israel zum Wohl der Stämme geeinigt, Jehuda Ibn Esra dem Spanien Alfonsos doch eine Zeit des Friedens bewahrt *(Die Jüdin von Toledo)*; Süß Oppenheimer verhilft mit seinem bekenntnishaften Sterben den gedemütigten Judengemeinden zu neuer Selbstachtung; das Mädchen Simone setzt mit ihrer scheinbar sinnlosen Tat ein Signal für den französischen Widerstand gegen die faschistischen Eroberer. Sie alle hatten „Erfolg", auch wenn sie dafür persönlich einen hohen Preis zahlen müssen.

Feuchtwanger ist beides, ein Sohn der europäischen Aufklärung und gleichzeitig erfüllt von der Sehnsucht Asiens nach der Ruhe der Seele. Er bejaht Europas technische Zivilisation, fordert aber, daß deren Auswüchse durch die alten asiatischen Denktraditionen in Grenzen gehalten werden. Was er meint, schreibt er 1930 in einem Essay über die Juden: *„Sehr viele unter den Weißen haben erkannt, daß es für uns alle ebenso vorteilhaft, ja vielleicht sogar nützlicher sein könnte, diese Völker kulturell statt sie materiell auszubeuten. Es gibt Leute von Urteil, die sich die Höherentwicklung der Art versprechen von der Verbindung der technisch wohlgerüsteten weißhäutigen Barbaren mit den technisch so übel, aber kulturell so gut bestellten alten farbigen Völkern. Sie versprechen sich davon eine zweite Renaissance, fruchtbarer als die erste. Sie glauben, die Erde werde in den nächsten Jahrhunderten besiedelt sein von einem Geschlecht, das europäisch-amerikanische Technik mit asiatischer Kultur organisch verbindet."* *(Der historische Prozeß der Juden*, 1930)

Wie sehr ihn aber dieser Gedanke gerade in den Kriegsjahren bewegt hat und welche Hoffnung er in ihn setzte, zeigen einige Sätze aus seiner 1916 geschriebenen Kritik über Döblins schon erwähnten chinesischen Roman, ein Buch, das Feuchtwanger stark beeinflußt und angeregt hat: *„Und während allerorten geschäftige Kärrner an der Arbeit sind, Grenzwälle aufzuwerfen zwischen Nation und Nation, legt hier ein Dichter eine Bresche in die chinesische Mauer, die das geistige Europa von der östlichen Welt schied."* *(Die drei Sprünge des Wang-lun*, 1916)

Den Schriftsteller Lion Feuchtwanger wird der Gegensatz von europäischem Tun und asiatischem Nichttun immer wieder zu neuen Klärungsversuchen und Standortbestimmungen reizen. Wobei er unter Nichttun keineswegs etwa vollkommene Passivität versteht. Aber die Zeit für den Handelnden muß da sein, er darf nicht leichtfertig und vorschnell „gewissenlos" werden. Der Humanist Feuchtwanger hat sich – außer im Kampf gegen den deutschen Faschismus – in seinem Werk keineswegs für Gewalt ausgesprochen. Er hat sie – im Hinblick auf die Stalin-Ära zweifellos irrigerweise – stets dort gedeckt, wo der Historiker Feuchtwanger die Revolution unter bestimmten gesellschaftlichen

Bedingungen als fortschrittliche Lösung erkannt zu haben glaubte. Aber nur der abwägend Handelnde, der auf seine Zeit warten kann, der zwischen den möglichen Wegen jenen wählt, der der Sache am meisten dient und dem Menschen am wenigsten schadet – nur der wird das Denken Europas und Asiens in sich haben. Nicht Jefta, der Leidende, der das Heer der Efraimiter in einem Anfall von Neid und Eifersucht vernichten läßt. Aber der weise Benjamin Franklin, der am Hof Ludwig XVI. auf seine Chance zu warten weiß und die vom revolutionären Amerika gewünschte Allianz mit dem royalistischen Frankreich schließlich erfolgreich herbeiführt und damit dem Fortschritt dient *(Die Füchse im Weinberg)*. Selbst in jenen Jahren, in denen der deutsche Faschismus triumphiert und der Exilschriftsteller Lion Feuchtwanger keine Zweifel hat, daß Hitler auch mit Gewalt entgegengetreten werden muß, findet er für seine wichtigsten Romane aus dieser Zeit Titel, die eine geduldige Zuversicht im Sinne der Synthese von Europa und Asien unterstreichen. Die große Trilogie, die die Zeit von Hitlers Aufstieg und Diktatur beschreibt, nennt er *Der Wartesaal*, der letzte *Josephus*-Teil, den er 1939 beenden wird, heißt: *Der Tag wird kommen.*

Natürlich hat der Erste Weltkrieg den wieder in München lebenden Lion Feuchtwanger besonders nachdrücklich auf die europäische Kulturkrise hingewiesen. Es ist deswegen wenig verwunderlich, daß seine wichtigsten Theaterstücke aus diesen Jahren um die tiefen Zweifel der Europäer am Sinn ihres Handelns kreisen, die Situation des „Tatmenschen" tragisch beschreiben. „*Vielleicht bedeutet dieser Krieg nichts anderes als einen Schritt weiter auf dem Weg zu Buddha*", schreibt er 1916 nachdenklich.

Zunächst beschäftigt sich Feuchtwanger mit einem indischen Schauspiel, auf das er bei seinem Studium der englischen Kolonialgeschichte und der Kultur Indiens stößt. Es ist ein Stück, das zwischen 450 und 650 n. Chr. geschrieben wurde und aus der Feder des indischen Dichters Bhasa stammt; manche glauben, es sei vom König Sudraka geschrieben. „*Es gibt kein europäisches Drama*", so schwärmt Feuchtwanger, „*daß das Leben so vielfarbig abglänzt wie dies indische Schauspiel, keines, das so voll inniger Freude die launisch, sinnlose Buntheit der Welt bestaunt, belächelt, beweint, bespiegelt. Auf immer neue Art offenbart sich, wie Sinn Unsinn, Glück Unglück, Unheil Segen wird. Wie eitel alles menschliche Planen, wie gewichtig folgenschwer eitle Launen sind.*" *(Vasantesana. Einleitung*, 1915) Er nennt sein Schauspiel nach der Hauptfigur *Vasentasena* und meint, es „sei doch um kein Quentchen weniger lebendig" als die Komödien des William Shakespeare.

Und tatsächlich, es ist ein hübsches, leichtes Spiel voller sprachlicher Schönheit, das sich da in sieben Bildern darbietet. Vasantasena, die schöne, kluge und reiche Bajadere, nur zu vergleichen mit einer von Athens geistvoll-anmutigen Hetären, liebt den durch seine Güte und Hilfsbereitschaft verarmten Kaufmann Tscharudatta. Nach vielen Kabalen und Verwirrungen, herrlichen Auftritten deftig und schlitzohrig argumentierender Diener, eines schurkischen Prinzen, gutmütig-grausamer Henker, eines auserwählten Königsmörders, zahlloser Richter und Schöffen, Sklavinnen und Soldaten endet alles im Glück, im Sieg des Guten und der Verdammung des Bösen.

„Wir sind wie Krüge an dem Brunnenrand.
Das Schicksal leert den einen, füllt den andern,
Zieht hoch und senkt und kettet Feindliches,
Sich Streitendes zusammen, launisch, bunt,
ein spielend Kind. Sein Spielzeug ist die Welt.“

Wie seine beiden griechischen Nachdichtungen, wenn auch auf eine indirektere Weise, ist Feuchtwangers *Vasantasena* ebenfalls gegen Krieg und Völkerhaß gerichtet. Er setzt dem die Schönheit seiner Sprache, die menschliche Güte und Liebe seiner Figuren entgegen. *Vasantasena,* am 4. März 1916 am Mannheimer Nationaltheater unter der Regie von Carl Hagemann uraufgeführt, wird vom Publikum verstanden, wird ein Theatererfolg. In nur kurzer Zeit kommt es auf zahlreichen anderen Bühnen heraus und wird auch hier begeistert beklatscht. Selbst die Kritik – Alfred Kerr natürlich ausgenommen – gibt sich gnädig. Ein Kritiker mit dem Kürzel M. J. schreibt nach der Berliner Premiere unter Regie von Paul Henckels am 9. Mai 1924: „Im Berliner Staatstheater war Vasantasena lange in der Pohlschen Bearbeitung lebendig. Nun hat Lion Feuchtwanger das Drama in wackeren Blankversen, treuer dem Original, auferstehen lassen, und das Publikum der Volksbühne hat sich zudem laut und vernehmlich zu Indiens Menschlichkeit bekannt.“

Der DDR Germanist Klaus Gysi schreibt zu Recht: „Die Vasantasena ist unter den Nachdichtungen Feuchtwangers die bei weitem geglückteste. Dank der tiefen Einfühlung des Autors in den Geist des Originals und infolge der hohen sprachlichen Vollendung war dieser Nachdichtung nicht nur in Deutschland, sondern auch in Westeuropa ein starker Bühnenerfolg beschieden.“

An diesen Erfolg kommt seine zweite indische Bearbeitung, die er 1917 schreibt, nicht heran. *Der König und die Tänzerin* aus dem fünften Jahrhundert stammt von dem klassischen indischen Dichter Kalidasa. Ein Schriftsteller des „goldenen Zeitalters“ Indiens, den Lion Feuchtwanger ganz besonders geschätzt hat. Er nennt dieses Hofdrama das *„Leichteste Spiel aller Literaturen“*. Ebenso wie bei *Vasantasena* gelingt es ihm auch in dieser Bearbeitung, die sprachliche Schönheit und die leise Melancholie, die das Originalwerk auszeichnen, zu erhalten. Und wenn im letzten Bild der von seiner Liebe tief berührte König die schöne Tänzerin schließlich mit Einwilligung seiner Frau zu sich nimmt, löst sich auch dieses Spiel in heiterer Weisheit und verstehender Güte auf. Ein Dichter des deutschen „goldenen Zeitalters", Goethe, fand in der ersten Fassung seines Schauspiels *Stella* einen ähnlich kühnen, unkonventionellen Schluß.

Zum Stellenwert von Feuchtwangers indischen Stücken zur Zeit ihrer Entstehung noch einmal eine Anmerkung von Klaus Gysi: „Seine beiden Dramenübersetzungen... bezeichnen in ihrer frühlingshaften Schönheit, Weisheit und Demut einen äußersten Gegenpol zu den in den Kriegsjahren erwünschten Machwerken eines hohlen Chauvinismus." Beide Werke aber sind nach 1945 fast völlig in Vergessenheit geraten. *Vasantasena* wurde noch dreimal aufgeführt – in Ostberlin (1960), in Güstrow (1962) und in Gera (1973), *Der König und die Tänzerin* überhaupt nicht mehr.

Nur noch zwei Bearbeitungen von Werken anderer Dichter sollte Feuchtwanger danach vornehmen. 1918 übersetzt er John Websters Trauerspiel *Appius und Virginia* und 1923 schließlich Calderons mit leichter Hand geschriebenes Stück *Der Frauenverkäufer*, eine ironische Auseinandersetzung mit Spaniens berühmten Mantel-und-Degen-Stükken.

Eigendichtungen

Neben der Bearbeitung fremder Werke schreibt Feuchtwanger in den Kriegsjahren auch vier eigene Theaterstücke. Die zwei wichtigsten sind das englische Kolonialdrama *Warren Hastings* und die Dramatisierung eines jüdischen Schicksals im Zeitalter des Absolutismus, sein Schauspiel *Jud Süß*. Am unmittelbarsten setzt sich das Schauspiel *Die Kriegsgefangenen* mit dem Kriegsgeschehen auseinander; das schwächste Stück dieser Schaffensperiode ist das Trauerspiel *Julia Farnese*. Drei von diesen vier Theaterwerken werden von der Militärzensur verboten.

Julia Farnese

Das Renaissance-Drama um die schöne Borgia-Geliebte Julia Farnese ist noch ganz im Stil und mit den Empfindungen des Ästhetizismus der Vorkriegsjahre geschrieben. Insofern erstaunlich, als Feuchtwangers innere Entwicklung längst über diese Schaffensperiode hinaus ist, sich schon aus dem sieben Jahre früher entstandenen Schauspiel *Der Fetisch* viel deutlicher seine Distanz zum l'art pour l'art-Denken ablesen läßt als aus diesem Künstlerdrama. Aber offenbar waren die Entwürfe zum Stück auf der Italienreise soweit gediehen, daß die endgültige Fassung ohne sehr großen Zeitaufwand geschrieben wurde. Ein wenig mag auch noch die Stimmung, in die ihn die Begegnung mit der Renaissance während des Italien-Aufenthaltes versetzt hatte, bei der Niederschrift des Schauspiels mitgeschwungen haben.

1915 jedenfalls liegt es gedruckt vor und wird in Hamburg aufgeführt. Die Premiere wird ein Achtungserfolg. Später aber meint Feuchtwanger: *„Auch schrieb ich ein wirksames Drama, darstellend einen Maler der Renaissance... und eine überaus dämonische Dame aus der Gesellschaft der Borgia. Es war nicht einmal ein schlechtes Stück, aber ich habe zu dem Manne, der es schrieb, heute absolut kein Verhältnis mehr.“* (*Selbstdarstellung*, 1933)

An einem heißen Sommertag des Jahres 1503 betritt die schöne Geliebte des Borgia-Papstes Alexander, Julia Farnese, das Atelier des bekannten Malers Benvenuto. Der stolze, verwöhnte und leichtfertige Mann begehrt die Frau, die ihm Erfüllung seiner Wünsche andeutet, wenn er sich fähig zur großen Tat erweist. Sie fordert, daß er sein Bild von der Kreuzigung nach einem naturgetreuen Modell malt, um das vollendete Kunstwerk zu schaffen. *„Ein Menschenleben ist keine sehr große Sache, Meister Benvenuto. Oder glaubt Ihr, ein gutes Bild wiege weniger als ein Menschenleben?... Muß nicht dem großen Künstler jedes Mittel recht sein, das zu seinem Zweck paßt?“* Benvenuto opfert seinen Lieblingsschüler, um die Kreuzigung zu malen. Der Mord wird ruchbar, der Maler verhaftet und gefoltert. Seine Frau rettet ihm das Leben nur dadurch, daß sie sich dem mächtigen Kardinal von Este hingibt. Danach verläßt sie ihren Mann. Julia erscheint, verweigert sich dem Maler und eilt nach Rom, an das Totenbett des Papstes, ihres Geliebten. Kalt sind die letzten Worte, die sie für den Maler findet: *„Ich bin nicht geschaffen zum Mitleid.“* Benvenuto bleibt gebrochen an Leib und Seele zurück. Das Bild ist vom erbosten Pöbel zerstört worden.

Feuchtwangers Trauerspiel erinnert stark an seinen fünf Jahre vorher veröffentlichten ersten Roman, *Der tönerne Gott*. Seine Menschen, ihre Sprache, ihr Denken sind dem verspielten, aber auch zynischen Weltempfinden Oscar Wildes nah, haben ihre Vorbilder in jenen Romanen Heinrich Manns, die kurz nach der Jahrhundertwende erschienen waren. Die Hauptfiguren seines Schauspiels sind ohne Bindungen; die innere Leere durch einen snobistischen, elitären Ästhetizismus verdrängend, reizt sie nur noch der Schauer des Außergewöhnlichen. Im nachhinein bleibt die Verwunderung, daß Lion Feuchtwanger angesichts der fürchterlichen Realität der Zeit, in der er dieses Stück niederschreibt, noch einmal an eine literarische und geistige Tradition anknüpft, die längst überwunden ist.

Warren Hastings / Kalkutta, 4. Mai

Erheblich wichtiger ist das ebenfalls 1915 geschriebene Schauspiel *Warren Hastings.* Denn es wird bereits ganz erfüllt sein von Feuchtwangers Suche nach dem bereits mehrfach angesprochenen Weg zwischen Europa und Asien, Nietzsche und Buddha. Es ist das Drama des Tatmenschen, des Handelnden, „der immer gewissenlos ist". Es erzählt vom schicksalhaften Zwang, das Gute zu wollen, aber dafür auch das Böse tun zu müssen. Es ist, von Feuchtwanger in dieser Deutlichkeit zum ersten Mal angesprochen, das Drama des Politikers.

Den Stoff zu diesem Schauspiel findet Feuchtwanger bei seiner Beschäftigung mit den Werken des englischen Historikers Macaulay. Vor allem der Essay des Engländers über die Memoiren Hastings, in denen von seiner indischen Gouverneurszeit berichtet wird, fesselt Feuchtwanger. *„Ich schrieb das Stück* ‚*Warren Hastings*‘, *um mir klar zu werden über das imperialistische England"*, teilt er seinen Lesern mit.

Die Geschichte dieses Stückes spielt im Kalkutta des Jahres 1775. Warren Hastings, Englands Generalgouverneur in Indien, ist den wirklichen Herren der Kolonie, den Direktoren der Ostindischen Kompanie, zu selbständig und zu unbequem geworden. Eine vierköpfige Delegation der Gesellschaft, aus England angereist, untersucht Hastings Politik und wirft ihm in 34 Anklagepunkten Verfehlungen vor. Als Zeugen präsentieren sie den Maharadscha Nenkomar, den Hochverrat planenden Feind des Gouverneurs. Hauptvorwurf der Gegner Hastings: Er habe mit seinen Anweisungen mehrfach gegen die „Humanität" verstoßen. Der Grundkonflikt wird sichtbar: Die ehrbaren englischen Kaufleute wollen zwar einen hohen Gewinn aus Indien herauspressen, Englands Ruf dabei aber nicht in Gefahr bringen. Hastings macht dies deutlich: „Seien Sie human, schreiben die Direktoren, aber schaffen Sie Geld!" Im Kampf um die Macht in Indien setzt der „Politiker" Hastings schließlich alle Mittel ein, um seine Position zu halten. Er läßt seinen indischen Feind, Maharadscha Nenkomar, aus fadenscheinigen juristischen Gründen hinrichten und opfert das unschuldige Volk der Rohilla, weil deren Gegner ihm für seine militärische Hilfe einen Millionenbetrag zahlen. Dieses Geld schickt er nach England. Ein überzeugendes Argument, denn die Direktoren werden nun alle Bedenken gegen ihn fallen lassen. Er hat über seine Feinde gesiegt. Der Preis allerdings ist hoch: Der Jugendfreund und bewundernde Biograph verläßt ihn; die Geliebte, Baronin Imhoff, hat törichterweise ein Bestechungsgeschenk angenommen und damit Hastings „Realpolitik" gefährdet. *„Ich rüste eine Tat, stahlhart und furchtbar, die Vernichtung eines ganzen schuldlosen Volkes, eine Tat, die nur zu entschuldigen ist mit ihrem großen Zweck, die nur zu entschuldigen ist, weil sie alle meine Macht in*

Indien retten kann und weil ich der einzige bin, der berufen ist, vor Gott und der Welt berufen, in Indien zu herrschen, Europa und Indien zu versöhnen. Meine Tat wird sinnlos – blutige Barbarei, wenn man ihr den großen, heiligen Antrieb nimmt. Du hast ihn ihr genommen für die Meinung der Welt.“ Hastings schickt die geliebte Frau nach Europa. Zurück bleibt ein einsamer Sieger, den Zettel lesend, den ihm der Maharadscha wenige Minuten vor seiner Hinrichtung geschickt hat: „*Erinnere Dich, mein Bruder, daß Ruhen besser ist als Gehen, Schlafen besser als Wachen, Totsein besser als Lebendigsein. Denn der Tod führt hin, wo keine Qual mehr ist und nur die Seligkeit der ewigen Ruhe im Schoße des Brahma.*“

In seiner *Selbstanzeige*, die am 22. Oktober 1916 in der „Vossischen Zeitung“ erscheint, schreibt Feuchtwanger, ihm sei es in diesem Stück nicht um das Einzelschicksal des Helden gegangen, „*sondern um das Erlebnis: Indien und Europa, Tatmensch und geistiger Mensch, Büßer und Soldat...*“ Hastings Niederlage, der Verlust des persönlichen Glücks, sei der Triumph seines eigentlichen Gegenspielers, des indischen Maharadschas. Dessen Leib konnte Hastings zerstören, aber nicht dessen Geist.

Der DDR-Germanist Klaus Gysi entdeckt im Autor dieses Stückes jedoch schon den „fortschrittlichen“ Künstler, der die Auffassung vertritt, „daß eine neue Gesellschaftsordnung ohne Gewalt gegen Einzelne nicht durchzusetzen ist und daß das zu erreichende Positive solche Opfer rechtfertigt.“ Zweifellos eine ideologische Verkürzung, denn Feuchtwanger schildert in seinem Schauspiel den Konflikt zweier Lebenshaltungen, wobei der „Fortschritt“ im Sinne von Klaus Gysi schließlich unterliegt. Feuchtwanger läßt dies den Maharadscha in einer Schlüsselszene des Stücks aussprechen: „*Die Welt ist nicht von der Art, wie die Weißen sie träumen. Man kann sie nicht erobern. Man kann sie nicht halten. Der siegt, der sie nicht halten will. Der siegt, der nicht widerstrebt. Der hat gesiegt, den sie nicht lockt.*“ Wo aber der Traum der weißen Männer in seiner letzten Konsequenz hinführen kann, das erleben Autor und Leser des Stückes in ihrer eigenen mörderischen Zeit.

Die Aufführung des *Warren Hastings* wird von der Zensur zunächst mit der Begründung „zu englandfreundlich“ abgelehnt. Mit Hilfe einiger einflußreicher Schriftsteller kommt es am 21. Oktober 1916 dann doch noch am Kleinen Theater in Berlin, unter der Regie von Georg Altmann, zur Uraufführung. *Warren Hastings* wird ein starker Publikumserfolg. Die professionelle Kritik allerdings ist zurückhaltender. Alfred Kerr, wir haben es schon gesehen, lehnt das Stück mit harschen Formulierungen ab. „Ich will nicht von meinem Standpunkt sprechen, sondern von Feuchtwangers... Hat er einen?“ Siegfried Jacobsohn ist wesentlich freundlicher, widerspricht aber Feuchtwangers Grundthese, der Osten habe den Westen geistig „unterjocht". „Herrschte über uns Buddha", so schreibt Jacobsohn, kaum zu widerlegen, in der „Schaubühne" vom 31. Oktober 1916, „es wäre nicht Krieg."

Zehn Jahre später, 1925, arbeitet Lion Feuchtwanger das Stück um. Es hat unter dem Titel *Kalkutta, 4. Mai* am 12. Juni 1928 Premiere in Berlin. Die Fabel ist mit einigen Korrekturen und erheblichen Kürzungen die gleiche geblieben, aber im persönlichen Kampf Hastings' treten nun die gesellschaftlichen und ökonomischen Bezüge stärker in den Vordergrund. Die von Hastings gegen starken Widerstand gebaute Straße in das indische Hinterland, die in Hungerszeiten den raschen Transport von Nahrungsmitteln ermöglicht, und die von den Einheimischen boykottierten Reissendungen, auf die Hunderttausende hungernder Inder warten, lassen sein brutales Durchgreifen in einem etwas anderen Licht erscheinen als in der ersten Fassung. Aus der Baronin Imhoff wird jetzt die sehr viel farbigere Lady Marjorie Hike, und es gibt ein „Happy-End". Zwar nimmt auch die Lady von den Einheimischen ein Bestechungsgeschenk an und gefährdet damit Hastings' Position, aber diesmal schlägt er, im Gegensatz zur ersten Fassung, mit einer Intrige zurück und behält beides – die Macht und die Frau.

Aber auch in *Kalkutta, 4. Mai,* in dem der Geist Buddhas nicht mehr wie im Stück von 1915 die vorrangige Rolle spielt, bleibt Hastings letztlich der zynische Machtmensch: *„In zehn Jahren wird sich manches ausgezeichnet überschauen lassen. Man wird genau erkennen, was wir gut gemacht haben, und die Fehler werden schon nicht vergessen werden. Viele Leute, die wir vor dem Hunger gerettet haben, werden gestorben sein, ebenso jene, die wir schuldlos, aber nicht grundlos aufgehängt und erschossen haben. Die Erinnerung an die Getöteten wird länger bleiben, aber auch nicht ewig."* Auch in der zweiten Fassung rechtfertigt Feuchtwanger also keineswegs die Gewalt als notwendigen Preis für eine „neue Gesellschaftsordnung". Das Stück bleibt die Tragödie des Handelnden, der zu unmenschlichen Mitteln glaubt greifen zu müssen, um andere vom egoistischen Tun abzuhalten. Ein ewiger Kreislauf.

Als Feuchtwanger das Kolonialschauspiel, zusammen mit zwei weiteren, 1925 unter dem Titel *Drei angelsächsische Stücke* veröffentlicht, schreibt er zu *Kalkutta, 4. Mai: „Dieses Stück schrieb ich mit Bertolt Brecht".* Es ist die zweite gemeinsame Arbeit, und der Anteil Brechts an der Neufassung dürfte wohl nicht gering gewesen sein. Nicht nur die Überschriften, die jede Szene einleiten, erinnern an Brechts episches Verfahren, auch die geraffte, lakonische Sprache und die innere Kühle der Figuren sind zweifellos auf Brechts Einfluß zurückzuführen. Das „Happy-End" kam auf sein Drängen zustande, Feuchtwanger blieb erheblich distanzierter gegenüber dieser Neufassung. Unbestritten ist, daß der Song *Surabaya Johnny*, den Lady Marjorie singt, vom Dichter der *Dreigroschenoper* und vom *Mahagonny*-Autor stammt. Die Musik schrieb Kurt Weill.

Die Premiere im Berliner Staatstheater mit Rudolf Forster in der Hauptrolle und Erich Engel als Regisseur wird ein Erfolg. Der Kritiker des „Börsencouriers" schreibt: „Drei Akte Kolonialgeschichte, oft wirksam, oft snobistisch, oft witzig, oft talmi-witzig arrangiert... starker Beifall. Engel, Forster und Feuchtwanger wurden gerufen." Brecht allerdings schreibt böse an Helene Weigel: „‚Kalkutta' war eine furchtbare Aufführung, Forster ganz miserabel, ein exzentrischer Kommis – aber scheints gute Kasse!"

Kalkutta, 4. Mai wird zum meistgespielten Stück Feuchtwangers. Auch nach 1945 erlebt es von allen seinen früheren Schauspielen die stärkste Resonanz. Sechs Inszenierungen in der DDR, zwei in der Bundesrepublik. Nur das 1946 geschriebene Stück *Wahn oder Der Teufel in Boston* wurde nach dem Krieg noch häufiger aufgeführt.

Ein schwaches, aber in seinen Aussagen für die Zeit mutiges Werk schreibt Feuchtwanger 1918. Das fünfaktige Stück wird sofort verboten und erscheint daher erst 1919 als Buch. In diesem Schauspiel, *Die Kriegsgefangenen*, schildert Feuchtwanger auf sehr betuliche Weise, im Stil des eigentlich schon längst überwundenen naturalistischen Dramas die Liebe zwischen der jungen Mechthild von Hensingen und dem französischen Kriegsgefangenen Gaston Conti. Es ist Krieg, und Baron von Hensingen, Vater Mechthilds und Vertreter des preußischen Militarismus, beaufsichtigt die Gefangenen bei der Arbeit an einem Kanal. Conti wird, nachdem das Bauwerk von einem Mitgefangenen gesprengt worden ist, von Mechthilds Verlobtem erschossen. Die heimliche Liebe wird zum Skandal in der Familie, als sich Mechthild öffentlich zum „Feind" bekennt – und das, obwohl Vater und Verlobter den erschossenen Geliebten als „Lumpen" bezeichnen, dem sie nicht einmal das Kriegsgericht gegönnt hätten. Ein Drama über die Humanität in einer unmenschlichen Zeit, eine Geschichte von Romeo und Julia im Krieg, in der Feuchtwanger einmal mehr versucht, den „Feind" gerecht, menschlich und verständnisvoll zu beschreiben, in der er sich empört über die Dummheit und den Haß der Kriegshetzer. Das Schauspiel wird das erste deutsche Theaterstück sein, das nach dem Krieg in Frankreich gedruckt wird. Von einer deutschen Aufführung ist nichts bekannt.

Im letzten Kriegsjahr schreibt Feuchtwanger sein Schauspiel *Jud Süß* fertig, mit dem er sich schon länger beschäftigt hat. Es wird davon im

Zusammenhang mit seinem berühmten Roman über den Josef Süß Oppenheimer noch zu sprechen sein. 1920 folgt das Stück *Der holländische Kaufmann.* Ähnlich wie Warren Hastings hat auch die Titelfigur dieses Schauspiels, Daniel Raule, einen großen Traum, um dessen Verwirklichung sie mit ungeheurer Willenskraft und Energie gegen alle Widerstände kämpft. Raule will Handelsschiffe nach Afrika schicken, um für den brandenburgischen Kurfürsten neue Kolonien und für sich selbst neue Reichtümer zu gewinnen. Auch er „siegt“ schließlich über seine ängstlichen, zögernden Widersacher, denen der schnelle, gierige Gewinn näher ist als die große, gewagte Vision des Fortschritts, den Feuchtwanger in Raules Aufbruch zu neuen Kontinenten auch darstellen will. Raules Traum erfüllt sich, der Kurfürst ist für seinen Plan gewonnen, aber wieder muß der „Tatmensch“ seinen Erfolg mit wachsender Vereinsamung bezahlen. Die beiden einzigen Menschen, für die der harte, manchmal brutale Kaufmann eine innere Zuneigung empfindet, verlassen ihn.

„‚*Der holländische Kaufmann*‘“, so meint Feuchtwanger später, „*bedeutet im Werdegang des Autors... die Rückkehr und das Bekenntnis zu dem Individualismus, von dem er ausging.*“ (*Vorwort* zu den *Drei Stücken,* 1934) Am 5. Januar 1923 wird das dreiaktige Schauspiel im Münchner Residenztheater aufgeführt, die Regie hat Kurt Stieler. Seitdem ist es nur noch einmal in einer Rundfunkbearbeitung (1960) gespielt worden. Feuchtwanger schreibt dazu: „*Die Erstaufführung fiel in eine Zeit, da die nationalistische Bewegung, vor allem in Bayern, ein bedrohliches Aussehen annahm. Das bayerische Staatstheater gab den Drohungen der Nationalsozialisten nach und setzte das Stück nach wenigen erfolgreichen Aufführungen ab.*“ (*Vorwort* zu den *Drei Stücken,* 1934) Später wollten einige Regisseure das Stück aufführen, aber der Autor ließ dies nicht mehr zu. Die politische Entwicklung legte die Befürchtung nahe, man würde die individualistische Tendenz des Stükkes gegen die Republik ausnutzen. Feuchtwanger konnte nicht ausschließen, daß das sehr diktatorische Handeln und Auftreten von Daniel Raule angesichts des wachsenden Führerkults in der deutschen Rechten zu Fehldeutungen des Stücks verleiten würde.

In den Jahren zwischen 1921 und 1923 schreibt Feuchtwanger noch drei weitere Stücke. Sie sind vor allem deswegen beachtenswert, weil sie zeigen, daß sich auch ihr Schöpfer intensiv mit der Amerikanisierung der europäischen Gesellschaft auseinandersetzt, die die 20er Jahre bald kennzeichnet. War die Suche des Weges von Europa nach Asien in den Vorkriegs- und Kriegsjahren noch von einer Minorität angestrebt worden, begann jetzt die „exotische“ Sehnsucht eine Massenempfindung zu werden. Die Südseeromane von Hermann Melville, die indischen

Dschungelbücher von Rudyard Kipling, Jack Londons oder Bruno Travens Erzählungen aus fremden Welten, die Reisebücher von Arnim T. Wegner und die Asienreportagen von Egon Erwin Kisch erreichen auf dem deutschen Buchmarkt Riesenauflagen.

Die Intellektuellen aber erlebten in den Nachkriegsjahren eine Kulturrevolution: Mit Charlie Chaplin und Buster Keaton, den beineschwingenden Tillergirls oder der farbigen Revueschönheit Josephine Baker, den dunklen Rhythmen der Jazzer oder der primitiven Männlichkeit der Box-Idole überrollt sie ein neues Weltgefühl. Die Technik, das Fließband, die Massenfabrikation verdrängen romantische Verinnerlichung. Das Kino wird zur Massenunterhaltung, die „Traumfabrik Hollywood" zum amerikanischen Opium für das europäische Volk. Mit dem Radio entwickelt sich der – rasch von den Politikern mißbrauchte – wichtigste Informationsträger der neuen Kultur, „die Kunst wird sozialisiert", der Sport zum Mythos einer neuer Generation. Inflation und Weltwirtschaftskrise fegen die alten Tugenden von Sparsamkeit und Pflicht, Vorsorge und Opferbereitschaft hinweg. Hausse und Baisse, Angebot und Nachfrage, Dollar und Devisenkurs sind die neuen Zauberworte. Die Schlachthöfe von Chicago oder die Managerbüros der Wall-Street-Konzerne werden zu Schauplätzen der Literatur. Auf dem Buchmarkt spricht man vom Bestseller; der Schriftsteller muß sich den Marktmechanismen anpassen. Angebot und Nachfrage entscheiden häufig über den Erfolg seiner Romane oder Theaterstücke. Ohne Werbung, ohne Reklame, wie bei der Seife oder der Nähmaschine, können die Verleger nur noch selten hohe Auflagen beim Kunden absetzen. Der Status des autonomen Künstlers, zwei Jahrhunderte ehrfürchtig geachtetes Privileg, wird sich in den Jahren von Weimar auflösen.

Erwin Piscator fragt, den Expressionismus verdammend: „Was soll uns in einer Welt, in der die wahren Erschütterungen von der Entdekkung eines neuen Goldfeldes, von der Petroleumproduktion, vom Weizenmarkt ausgehen, die Problematik von Halbverrückten." Und Thomas Mann meint ein wenig verwirrt: „Etwas wild und demokratisch atmet es her aus dieser Welt abenteuerlicher Modernität." Stefan Zweig sieht 1925 diese Welt bereits von der „Monotonisierung" bedroht: „Dieser Prozeß ist schon lange im Gange ..., aber nie war dieser Niedersturz in die Gleichförmigkeit der äußeren Lebensformen so rasch, so launenhaft wie in den letzten Jahren." Und für den Intellektuellen sieht der Wiener Großschriftsteller die elitäre Position in der Gesellschaft gefährdet: „Wir sind ... allen diesen Massenfreuden und Massenleidenschaften und damit dem Geist der Epoche furchtbar fremd geworden, wir, denen geistige Kultur Lebensleidenschaft ist, wir, ... die wir keine Totschlagapparate brauchen für die Zeit und keine Amüsiermaschinen, weder Tanz noch Kino, noch Radio, noch Bridge, noch Modenschau."

Friedrich Sieburg lästert über die „Anbetung der Fahrstühle" und über den Typus des Amerikaners: „Was in aller Welt treibt einen Teil der Berliner Literatur dazu, diese Leute zu bewundern, Millionärsdramen zu schreiben, Faustkampfglorioien aufzuführen, kanadische Holzhändler zu problematisieren, ... über stählernen Rhythmus zu quatschen, vor der General Motor Company auf den Knien zu liegen?"

Aber es gab auch andere, von denen beispielsweise Anton Kaes meint: „Der Avantgarde um Brecht, Feuchtwanger und Döblin galt Deutschlands anti-westlicher, klassisch-romantischen Kunstgesetzen folgender Sonderweg in der Kultur als Sackgasse. Sie plädierten statt dessen für den Anschluß Deutschlands an die kulturelle Modernität westlicher Prägung ..." Alle drei werden die „Amerikanisierung" in ihren Büchern umsetzen, die neue Sprache, das andere Weltgefühl, die bewußte Hinwendung zum 20. Jahrhundert in ihren Werken deutlich machen. Das Kino wird sie zu ganz neuen Bildmontagen, einem anderen Rhythmus im Szenenablauf ihrer literarischen Produkte anregen. Für alle drei von wegweisendem Einfluß ist der geniale sowjetische Filmregisseur Sergej Eisenstein. Auch die junge Sowjetunion stand der Dynamik der „Amerikanisierung" bewundernd und hilflos gegenüber. Stalin erklärte 1924, die Revolutionierung der sowjetischen Produktion soll mit „amerikanischer Sachlichkeit" durchgeführt werden. Und René Fülöp-Miller zitiert einen Aufruf des „Gastjeffs-Instituts": „Nehmen wir den Sturm der Revolution in Sowjetrußland, vereinigen wir ihn mit dem Puls des amerikanischen Lebens und tun wir unsere Arbeit wie ein Chronometer."

Brecht schreibt die *Dreigroschenoper* und den *Aufstieg und Fall der Stadt Mahagonny*, Feuchtwanger den Roman *Erfolg*, Döblin *Berlin Alexanderplatz*. Alle diese Theaterstücke oder Romane entstehen nach 1926, und keines dieser Werke wäre ohne den amerikanischen Einbruch in die europäische Welt denkbar.

In seinem Aufsatz *Die Konstellation der Literatur* nimmt Lion Feuchtwanger 1927 sehr eindeutig Stellung zu dem, was bald der „Amerikanismus" genannt wird: *„Die Literatur der weißhäutigen Völker, seit etwa 20 Jahren sinn- und zwecklose Spielerei, ohne Zusammenhang mit dem Leben, Beschäftigung für Zeittotschläger, beginnt allmählich, die Inhalte aufzunehmen, die Krieg, Revolution, gesteigerte Technik ins Licht rücken. Produzierende und Konsumenten haben formalistischen, ästhetisch tändelnden Kram ebenso satt wie alles Ekstatische, gefühlsmäßig Überbetonte. Was Schreibende und Leser suchen, ist nicht Übertragung subjektiven Gefühls, sondern Anschauung des Objekts: anschaulich gemachtes Leben der Zeit, dargeboten in einleuchtender Form. Erotisches rückt an die Peripherie, Soziologisches, Wirtschaftliches, Politisches in die Mitte. Don Juan in seinen endlosen Varianten hat abgewirt-*

schaftet, an seine Stelle tritt der kämpfende Mensch, Politiker, Sportler, Geschäftsmann. Den Schreiber und den Leser fesselt Gestaltung des unmittelbar Greifbaren: Sitten und Gebräuche des heraufkommenden Proletariats, die Institutionen Amerikas, Fabriken, Konzerne, Autos, Sport, Petroleum, Sowjetrußland."

Angelsächsische Stücke

Wir sind etwas vorausgeeilt in die Jahre der ersten deutschen Republik, in die Zeit, für die Germanisten, aber auch andere, die gern einordnen, den Begriff „Neue Sachlichkeit" erfunden haben. Aber die angelsächsischen Stücke, die Lion Feuchtwanger seit 1921 schreibt, haben schon viel von den Kulturströmungen vorausgespürt und aufgenommen, die – über den Atlantik kommend – Europa erfassen. Sie zeigen Menschen, die bis zum Kriegsende auf deutschsprachigen Bühnen so nur ganz selten zu hören und zu sehen waren. Auch vorher schrieb Feuchtwanger mit seinem *Warren Hastings* bereits ein Drama, das in der angelsächsischen Welt spielt, aber es hatte noch nichts von den neuen, aufregenden Erscheinungen des „Amerikanismus" in sich aufgenommen.

Das erste dieser Schauspiele ist zwar in Form und Sprache noch sehr wenig davon beeinflußt, aber dafür hat es dieses Kulturereignis schon sehr früh thematisiert. Es erscheint 1921 und heißt *Der Amerikaner oder Die entzauberte Stadt.* Es ist die Geschichte von Filippo, dem armen italienischen Jungen, der nach Amerika auswandert, reich wird und in seine Heimat zurückkehrt. Dort, im verträumten Süden Italiens, scheint die Zeit stillgestanden zu sein. Allerdings, die einst feudal über die Region herrschende Familie des Marchese Cortevecchia ist inzwischen verarmt, ihr hochverschuldeter Besitz kaum noch zu retten. Der heimgekehrte „Amerikaner" plant, den Adelsbesitz – natürlich einschließlich der Tochter des Hauses – zu kaufen. Ohne Sinn für die Schwermut der Tradition, der sich die junge Marchesa beim Anblick der alten Ruinen des Dionysos-Tempels hingibt, will Filippo aus diesem von der Welt vergessenen Ort eine Touristenattraktion machen, will er ihn „entzaubern".

Feuchtwanger nennt sein Stück *„eine melancholische Komödie in drei Akten"*. Es erinnert in Stimmung und Inhalt an Anton Čechovs Schauspiel *Der Kirschgarten,* ein Stück, das Feuchtwanger außerordentlich schätzte. Einige Jahre vorher hatte er darüber geschrieben: *„Aber dieses handlungsarme Stück ist das Reichste und Reifste, Süß und Bitterste, Weiseste, was Tschechow je geschrieben."* (*Der Kirschgarten*, 1916) Wie der Besitz seines verarmten Marchese soll auch bei Čechov der geliebte alte Kirschgarten der heruntergekommenen Familie Garjew verkauft und abgeholzt werden. Käufer ist ein geschäftstüchtiger ehemaliger

Leibeigener der Familie, so wie Feuchtwangers zurückgekehrter amerikanischer Businessman früher „Untertan“ des Aristokraten Cortevecchia gewesen war. Čechov und Feuchtwanger schildern den Einbruch der neuen Zeit in die „Idylle“ einer längst abgedankten Gesellschaftsschicht. Der Geschäftstüchtigkeit der Emporkömmlinge stellen beide Dichter die melancholische Resignation der Menschen aus einer verlorenen Zeit gegenüber. Aber es gibt im Stück Feuchtwangers einen entscheidenden neuen Aspekt: Filippo nämlich will mit seinem geschäftlichen Angebot nicht zerstören, sondern Altes, Überliefertes, die Tempelruinen, retten. Ein Hinweis darauf, daß Feuchtwanger auch das Fortschrittliche, Aufbauende des „Amerikanismus“ schon sehr früh sieht.

1923 entstehen die beiden anderen angelsächsischen Stücke, *Die Petroleuminsel* und *Wird Hill amnestiert?* Das Spiel um die häßliche Herrin der Petroleuminsel, die „Äffin“, wie sie in den Spottliedern genannt wird, ist eines der bühnenwirksamsten Stücke Feuchtwangers geworden. Der Einfluß von Brecht ist in diesem Schauspiel unübersehbar. Die einzelnen Szenen werden mit großen Textprospekten eingeleitet; an einer entscheidenden Stelle tritt – was sonst bei Feuchtwanger nirgendwo geschieht – ein „Erklärer“ auf; rhythmische Sprechgesänge sind in verschiedenen Szenen eingebaut; die knappe Sprache aus den Etagen der Konzernbosse dient zur Milieucharakterisierung. In der „Weltbühne“ vom 18. Oktober 1927 weist Feuchtwanger im Zusammenhang mit der *Petroleuminsel* ausdrücklich auf den Freund hin: *„Ein gewisser Bertolt Brecht macht in seinen Berliner und Augsburger Laboratorien Experimente ...“*

Das Stück spielt in der Gegenwart (1923) und schildert den unerbittlichen Kampf zweier Frauen um Männer und Macht. Deborah Gray, harte und ungemein geschäftstüchtige Präsidentin der Petroleuminselgesellschaft, beherrscht durch ihr Monopol und ihre Skrupellosigkeit die Insel und den Ölmarkt. Am Tage regiert sie die Welt der Geschäfte, nachts kauft sie sich Männer, die nicht selten spurlos verschwinden. Die Inselbewohner bestaunen ängstlich-bewundernd ihre Kraft und ihren Geschäftssinn, dichten Spottlieder über ihre Häßlichkeit.

„Wer kommt, ist gesund, und wer geht, ist geschwächt.
Die Äffin regiert in Bett und Fabrik.
Die Äffin hat Geld, und die Äffin hat Recht.
Und Mannsvolk pariert in Bett und Fabrik.“

Ihre Gegenspielerin ist die auffallend schöne und von den Männern begehrte Charmian Peruchacha. Sie haßt die Äffin, deren Geschäftssinn die einst idyllische Insel zu einer nach Petroleum stinkenden häßlichen Wohnstätte gemacht hat. Als eine sowjetische Gesellschaft im Kampf um Ölkonzessionen das Geschäft von Deborah Gray zu gefährden droht, sieht die Gegenspielerin ihre Chance gekommen, die Äffin zu vernichten. Als Frau tief gekränkt durch die Beleidigung des einzigen Mannes, zu dem sie sich hingezogen fühlt, herausgefordert durch eine gefährliche Intrige von Charmian Peruchacha, greift Deborah Gray zum letzten Mittel: Sie verjagt den Mann und läßt die Konkurrentin ermorden. Wieder bleibt in einem Feuchtwanger Stück der „Tatmensch" siegreich, aber auch einsam zurück. Deborah Grays letzte Worte im Spiel zeigen zwar keine Resignation, aber der bittere Trotz der Gezeichneten, der Außenseiterin ist unüberhörbar: *„Es werden noch mehr Leute finden, daß es nicht gut riecht in meiner Nähe. Sie haben recht. Die ganze Insel riecht nicht gut. Es ist eine barbarische Insel. Aber mir gefällt sie."*

Die Petroleuminsel ist ein Schauspiel, das von Menschen im Zeitalter des amerikanischen Kapitalismus erzählt. Aber die Wall Street-Philosophie über Monopole und Gewinnmaximierung, der „Schein der Dollarsonne", ist nicht Zentrum, sondern Gerüst, macht die Atmosphäre, das Milieu dieses Schauspiels aus. Feuchtwanger selbst hat dies sehr deutlich formuliert: *„Mich stört es nicht, wenn man etwa das Stück in New York mit kapitalistischer, in Berlin mit proletarischer Tendenz spielt. Wenn man mir nur vorne den Kampf der Frau richtig und unverrückt bringt, wie ich ihn sehe."* (*Zu meinem Stück ‚Die Petroleuminsel'*, 1927)

Dieser Konflikt ist ihm wichtig. Es gibt dafür noch einen weiteren Hinweis. Denn als Feuchtwanger *Die Petroleuminsel* zu schreiben beginnt, hat er gerade seinen Roman über *Die häßliche Herzogin* Margarete beendet. Er versucht im Schauspiel noch einmal das Thema dieses Romans zu variieren: der Kampf der häßlichen gegen die schöne Frau, *„der Kampf einer starken, begabten Frau gegen das häßliche Gesicht, das ihr auf ihren Weg mitgegeben ist"*, die Folgen physischer Häßlichkeit für die psychische Entwicklung eines Menschen. Daß ihm dabei eine gelungene Teilanalyse von der Anarchie, von der Kälte und von der Gleichmacherei des Kapitalismus gelingt, widerspricht dem nicht. Beachtenswert auch, wie früh Feuchtwanger die Parallelen von Kapitalismus einerseits und den Entwicklungen im Aufbau des sowjetischen Wirtschaftssystems andererseits sieht. *„Die Menschen in Moskau sind sachlich"*, läßt er Deborah Gray mit Blick auf den Kampf um die Ölkonzessionen nüchtern analysieren. In der DDR werden diese direkten Hinweise offensichtlich nicht gerne gesehen. Die Ausgabe, die in Ost-Berlin 1958 herausgegeben wurde, macht aus Moskau unverbindlich den „Osten", und der sowjetische Konkurrent beim harten Ölpoker wird zum „iranischen" Agenten. Die Szenen 5 und 6 im 2. Akt sind entsprechend umformuliert worden. *Die Petroleuminsel* ist jedoch vor allem das individualistische Drama einer häßlichen Frau, die den Blick in den Spiegel erträgt: *„Sehr häßlich, vom Öl lebend, Überfluß schöp-*

fend aus den Mängeln des Staates, kalt vor den Genüssen des Klassenkampfes, ohne Interesse an Gott." So beschreibt sich die Äffin selbst.

Die Uraufführung findet 1927 im Hamburger Schauspielhaus statt, wenig später folgt das Berliner Staatstheater. Dort führt Jürgen Fehling Regie, Maria Koppenhöfer spielt die häßliche Deborah Gray, Lotte Lenya die schöne Gegenspielerin. Am 29. November liest man im „Berliner Tageblatt": „Feuchtwanger bringt intellektuell und revuebilderhaft, aber mit nicht leichtem Atem, die Tragödie der häßlichen Frau im Rahmen transozeanischen Devisenbetriebes. Jürgen Fehling inszeniert stark expressionistisch." 1972 gibt es im Mannheimer Nationaltheater eine recht beachtliche Neuaufführung von Jürgen Flimm; in der DDR wurde das „erotisch-ökonomische Melodrama" im Dessauer Landestheater gespielt.

Interessant, wie unterschiedlich die Kritik auf diese „Wiederentdekkung" des Dramatikers Feuchtwanger nach der Mannheimer Aufführung reagiert. Die „Frankfurter Allgemeine Zeitung" schreibt: „Nun ist das Stück allerdings so sehr als monströse, oberflächliche Farce geschrieben, als hätte Brechts Freund Feuchtwanger das Libretto zu einem Polit-Musical für Kurt Weill liefern wollen... Aber da in Mannheim ein sichtlich gelangweiltes, vornehmes Premierenpublikum im Theater war, wurde nachher noch kräftig geklatscht." Der „Mannheimer Morgen": „Eine sichtlich überholte, verstaubte literarische Reminiszenz, möchte man meinen, den satten Bürgern ein Graus und den Progressiven in seiner manierierten Tönung und kulinarischen Aufbereitung ein Ärgernis. Mitnichten: ‚Auf stand das Publikum, stürmisch in die mächtigen Hände patschte es...' (um es mit Feuchtwanger zu sagen)." Die „Rheinpfalz": „Dem Schauspiel des Nationaltheaters gebührt Dank für einen gewinnbringenden Abend." Und die Kritikerin der „Schwäbischen Zeitung", deren Wunsch bisher unerfüllt blieb: „Ein Anfang ist gemacht, vielleicht entdecken nun andere Bühnen andere Werke des fast vergessenen Lion Feuchtwanger."

Die Komödie *Wird Hill amnestiert?* ist das letzte eigene Stück, das Feuchtwanger bis 1946 schreiben wird. Sie erzählt vom zähen Kampf der tapferen Aileen Blodget um die Rehabilitierung ihres Freundes Harris Hill. Als hoher Kolonialbeamter hat er bei einem Eingeborenen-Aufstand in Afrika nicht eingegriffen. In einem Prozeß wird Hill wegen „Disziplinlosigkeit" verurteilt. Als es Aileen Blodget schließlich auf verschlungenen Wegen gelingt, Hills Ehre wiederherzustellen, zeigt sich, daß er weder Märtyrer noch Held ist. Das entscheidende Telegramm seiner Vorgesetzten, das ihm den Truppeneinsatz gegen die Aufständischen befahl, war nie in seine Hände gelangt. Alles bleibt offen, denn Hill meint: *„Ich weiß nicht, ob ich mich für Disziplin entschieden hätte oder für Menschlichkeit."*

Entscheidend ist in diesem Stück aber nicht die Figur des Harris Hill, sondern der Kampf der Aileen Blodget mit ihrer Umwelt, sind die gesellschaftlichen Einblicke, die Feuchtwanger seinen Zuschauern und Lesern in einem skeptischen, leichten Ton eröffnet. Fünf Jahre später wird er die Rahmenhandlung des Stückes, den Kampf einer Frau um die Ehre eines zu Unrecht Verurteilten, in seinem Roman *Erfolg* wieder aufnehmen.

Erst am 16. April 1930 inszeniert Leopold Jessner das Stück am Berliner Staatstheater. Auch diese Komödie ist nach 1945 nicht mehr auf deutschen Bühnen gespielt worden.

Späte Stücke

Mit dem letzten seiner angelsächsischen Schauspiele beendet Lion Feuchtwanger weitgehend seine Arbeit für das Theater, die ihn seit 1907 intensiv beschäftigt hatte. Der Roman rückt jetzt endgültig in den Mittelpunkt seiner literarischen Produktion. Zwar arbeitet er zwei Schauspiele noch einmal um, und nach dem Krieg erscheinen noch drei weitere Theaterstücke von ihm, aber dies sind Werke, die nur noch als Nebenprodukte entstehen. *Waffen für Amerika* erscheint 1946, er schreibt es während seiner Vorarbeiten für den gleichnamigen Roman, der später unter dem Titel *Die Füchse im Weinberg* bekannt wird. Die Handlung in Schauspiel und Roman ist weitgehend deckungsgleich, die Dramatisierung rückt die Figur Marie Antoinettes etwas stärker in den Vordergrund.

1946 entsteht dann das Stück in drei Akten *Wahn oder Der Teufel in Boston.* Es ist Feuchtwangers Reaktion auf die zunehmende Verhärtung der amerikanischen Innenpolitik gegenüber den Linksintellektuellen im Land. Der „Kalte Krieg" zwischen den einstigen Verbündeten USA und Sowjetunion ist schon bald nach dem Sieg über den Hitler-Faschismus und dem Tod Roosevelts ausgebrochen. Amerika wird von einer antikommunistischen Welle überrollt, die rasch hysterische Züge annimmt. Auch viele Künstler aus Hollywood, die eine politisch unabhängige, linke Position vertreten, müssen vor Komitees erscheinen und sich peinlichen Verhören unterziehen. Nicht wenige verlieren ihre Arbeit, manche müssen ins Gefängnis, einige begehen Selbstmord. Brecht steht vor einem solchen Tribunal, der große Charlie Chaplin wird politisch verfemt und nicht mehr ins Land gelassen, der nachdenklich gewordene „Vater der Atombombe", J. Robert Oppenheimer, muß seine Loyalität gegenüber den Vereinigten Staaten in Frage stellen lassen. Auch der nun schon seit einigen Jahren in Kalifornien lebende Lion Feuchtwanger wird vom FBI beobachtet, ein Besuch sowjetischer Schriftsteller in seinem Haus in Pacific Palisades wird mit hämischen, mißtrauischen Bemerkungen in der Öffentlichkeit diskutiert. Es beginnt in Amerika die Zeit der Hexenjagd – die nach dem damaligen Senator von Wisconsin benannte McCarthy-Ära bricht an.

Feuchtwanger beweist ein besonders gutes Gespür für diese Entwicklung. Sein Stück *Wahn* entsteht bereits 1946, zu einem Zeitpunkt, als der Ausschuß zur Untersuchung „unamerikanischen Verhaltens" seine Verhöre noch gar nicht begonnen hatte. Aber das Klima war schon vergiftet, der Exilschriftsteller Lion Feuchtwanger kannte diese Atmosphäre, er hatte in seinem Leben solche politischen Stimmungswechsel schon mehrfach erlebt: im München der frühen 20er Jahre, als der Nationalsozialismus sich auf der Straße bemerkbar machte, im Berlin vor der Machtergreifung Hitlers, im Frankreich von 1940, als der Faschismus sein Gastland spaltete.

Wahn oder Der Teufel in Boston greift auf die Frühzeit der modernen amerikanischen Geschichte zurück, und die Fabel beruht auf einer tatsächlichen Begebenheit, die sich 1692 in Salem/Massachusetts ereignet hat. Cotton Mather, Pastor in Boston, gehört zu einer harten, strenggläubigen Oberschicht, die seit drei Generationen über das neubesiedelte Land herrscht. Kirche und Politik sind in einer Hand, die Menschen werden mit puritanischer Strenge und bigottem Fanatismus bevormundet. Als die Tochter des Pastors von Salem-Village, Hanna Parrish, über Hexen- und Teufelserlebnisse berichtet, in gespielten Anfällen von Besessenheit einige Namen von Mitbürgern nennt, die im Bund mit den dämonischen Herrschern der Unterwelt stehen sollen, kommt es in Boston zu einer Welle grausamer Hexenprozesse und Verurteilungen. Der unerbittlichste Verfolger ist Cotton Mather. Mit dessen Handeln will Feuchtwanger jedoch nicht nur religiösen Fanatismus zeigen, sondern auch die Strategie eines politischen Machtmenschen, der durch die Verbreitung von Furcht und Schrecken tiefe Ängste auslöst, die zur Unterwürfigkeit des Volkes führen. Sein Gegenspieler, der aufgeklärte Arzt und Wissenschaftler Thomas Colman, spricht es aus: „*Du m u ß t Hexen entdecken. Die Kolonie hat zu wählen zwischen euch und uns. Du mußt ihr zeigen, wie unentbehrlich ihr Mathers seid, im Kampf gegen den Teufel.*" Als sich das Volk schließlich nach der Hinrichtung eines besonders beliebten Pfarrers empört, bricht das theokratische System zusammen. Die Männer um Thomas Colman, die für Fortschritt, Vernunft und Demokratie eintreten, übernehmen die Führung.

Die Parallelen zur Gegenwart der USA in der zweiten Hälfte der 40er und zum Beginn der 50er Jahre sind deutlich. Der Fanatismus der amerikanischen Antikommunisten, die Hexenjagd auf die Intellektuellen, die Versuche der Politik, Vernunft und unvoreingenommenes, kritisches Denken zu ersticken, kennzeichnen die inneramerikanische Wirklichkeit. Sieben Jahre später, 1953, greift der amerikanische Dramatiker

Arthur Miller noch einmal den gleichen Stoff auf, um die in ihrer Wirkung dann schon voll zu überblickende McCarthy-Ära ebenfalls anzuprangern. Sein Stück *Hexenjagd* wurde erheblich erfolgreicher als Feuchtwangers *Wahn.* Während dieser vor allem den Kampf zwischen Vernunft und Aberglauben, zwischen Fortschritt und reaktionärem Beharren in überlebten Machtstrukturen in den Mittelpunkt stellt, will Miller in erster Linie Entstehung und Wirkung einer Massenhysterie zeigen.

Feuchtwangers *Wahn oder Der Teufel in Boston* wurde am 15. März 1949 im Frankfurter Theater am Zoo uraufgeführt. Es ist bisher das meistgespielte Stück des Dichters in der Nachkriegszeit. 19 Bühnen in der Bundesrepublik und der DDR brachten es heraus. Der Westdeutsche Rundfunk strahlte 1965 eine recht erfolgreiche Fernsehbearbeitung aus.

1947 dann schreibt Feuchtwanger sein letztes Theaterstück, die *Witwe Capet.* Es entsteht auf Anregung der Hollywood-Schauspielerin Ingrid Bergman, mit der Feuchtwangers befreundet sind, und es ist ein weiteres literarisches Produkt, hervorgegangenen aus einer jahrelangen Beschäftigung mit der Zeit der Französischen Revolution. Es schildert die letzten Tage der im Tour de Temple gefangengesetzten Königin Marie Antoinette, jetzt Witwe Capet genannt. Das Schauspiel *„stellt das Schicksal einer nicht eben bedeutenden Frau dar, die das Unglück hat, Königin zu sein, und die in dieser Funktion, ohne es zu wollen, viel Schuld auf sich lädt. Sie glaubt, unschuldig zum Schaffott zu gehen, und erkennt bis zuletzt nicht, daß sie zu Recht verurteilt ist. Was mich an dem Gegenstand reizte, war gerade dieser Gegensatz zwischen subjektiver Unschuld und objektiver Schuld: die Dialektik, die das Wesen so vieler politischer Prozesse ausmacht."* (*Die Witwe Capet,* 1952). Der Prozeß, den Generalrat und Wohlfahrtsausschuß von Paris ihr machen, steht juristisch auf wackligen Füßen, wird mit bedenklichen Beweisstücken geführt. Der Spruch ist ein „politisches" Urteil, vom Überlebenskampf der Republik diktiert.

Witwe Capet ist insofern ein interessantes Werk, als es deutlich den Zwiespalt zeigt, den Feuchtwanger als Intellektueller in einer Welt verspürt, die zunehmend von der politischen Dialektik der Machtsysteme beherrscht wird. Er läßt eine Aufführung des Stückes zunächst untersagen, weil er befürchtet, daß es in der verdunkelten *„politischen Situation hierzulande"* – gemeint ist das Amerika des Kalten Krieges – Mißdeutungen unterliegt. Er hat das richtige Gespür. Denn das persönliche Drama der Königin berührt den Zuschauer oder Leser erheblich stärker als die Dialektik der Revolutionäre, die Feuchtwanger hier sehr bemüht darzustellen versucht. Der Humanist und Schriftsteller hat das tragische Schicksal Marie Antoinettes so packend, so verständnisvoll geschildert,

1. Sigmund Feuchtwanger, der Vater des Schriftstellers. Er wurde 1854 in Fürth geboren und starb 1916 in München. Seit 1902 war er Eigentümer der „Saphir-Werke“, einer Margarinefabrik, die er bis zu seinem Tode zusammen mit zwei Brüdern leitete.

2. Johanna Feuchtwanger, die Mutter des Autors. Sie wurde 1864 in Darmstadt geboren, heiratete Sigmund Feuchtwanger 1883 und starb 1926 in München.

3. Lion Feuchtwanger (stehend) hält die Festrede zum 60. Geburtstag von Heinrich Mann am 27. 5. 1931. Marta Feuchtwanger (links) sitzt neben dem Jubilar.

4. Um 1932: der Autor im Garten seiner Berliner Villa im Grunewald, Mahlerstraße 8 (heute Regerstraße)

5. November 1932: Lion Feuchtwanger reist nach England, wo er inzwischen u. a. als Autor des *Jud Süß* großen Erfolg hatte. Die Aufnahme entstand bei diesem Auslandsaufenthalt, von dem er nicht mehr nach Deutschland zurückkehren sollte.

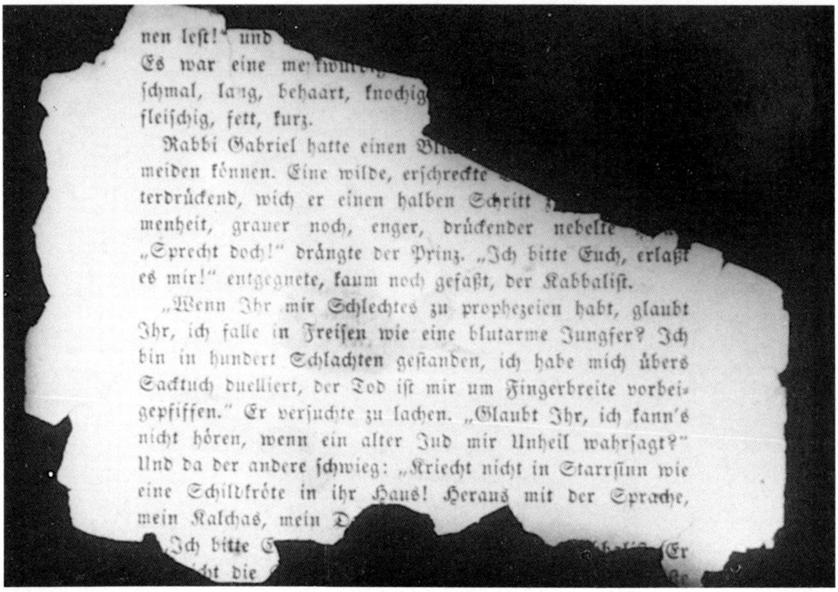
nen lest!" und
Es war eine me
schmal, lang, behaart, knochig
fleischig, fett, kurz.
Rabbi Gabriel hatte einen B
meiden können. Eine wilde, erschreckte
terdrückend, wich er einen halben Schritt
menheit, grauer noch, enger, drückender nebelte
„Sprecht doch!" drängte der Prinz. „Ich bitte Euch, erlaßt
es mir!" entgegnete, kaum noch gefaßt, der Kabbalist.
„Wenn Ihr mir Schlechtes zu prophezeien habt, glaubt
Ihr, ich falle in Freisen wie eine blutarme Jungfer? Ich
bin in hundert Schlachten gestanden, ich habe mich übers
Sacktuch duelliert, der Tod ist mir um Fingerbreite vorbei-
gepfiffen." Er versuchte zu lachen. „Glaubt Ihr, ich kann's
nicht hören, wenn ein alter Jud mir Unheil wahrsagt?"
Und da der andere schwieg: „Kriecht nicht in Starrsinn wie
eine Schildkröte in ihr Haus! Heraus mit der Sprache,
mein Kalchas, mein
„Ich bitte Er
nicht die

6. Spuren der Bücherverbrennung 1933: Blatt aus einem verbrannten Exemplar des *Jud Süß*

7. In Sanary/Südfrankreich beginnt Lion Feuchtwanger 1933 sein neues Leben im Exil. Die beiden Fotos zeigen den Autor mit Besuchern im ersten Domizil, der Villa „Lazare“: mit Arnold Zweig (oben) und Heinrich Mann (unten).

8. Berthold Viertel, Albert Einstein und Charles Chaplin (von links nach rechts) 1934 in New York nach der Premiere der englischen *Jud Süß*-Verfilmung. Die handschriftliche Widmung Albert Einsteins: „Dem Meister von det Janze Lion Feuchtwanger“

daß demgegenüber die mit kühlem Verstand entwickelten Argumente des Saint Just, die das Todesurteil rechtfertigen sollen, blaß wirken. Es bleibt das Dilemma seiner künstlerischen, seiner geistigen Existenz: die Revolution als Rechtfertigung für die Vernichtung von Menschen ist in der Theorie leicht zu verteidigen – und von gewissenlosen Machtmenschen skrupellos zu verwirklichen, wie es heute noch südamerikanische Faschisten oder sowjetische Funktionäre beweisen. Den Künstler und aufgeklärten Moralisten jedoch stürzt die Wahl zwischen Tun und Nichttun, zwischen der Entscheidung für die Revolution und damit die Ermordung zahlloser unschuldiger Menschen und der Verweigerung revolutionären Handelns, die Unterdrückung und Ausbeutung verhindern könnte, in einen unlösbaren Konflikt. Lion Feuchtwanger hat dieses Thema in seinen Büchern und vielen persönlichen Äußerungen immer wieder berührt – bewältigt hat er es nie. Aber er hat sich ihm mit einer in unserer Zeit seltenen Ehrlichkeit gestellt.

Thomas Wendt

Das für ihn wichtigste Theaterstück *Thomas Wendt,* 1918/19 geschrieben und 1934 unter dem Titel *Neunzehnhundertachtzehn* neubearbeitet, ist ganz von diesem Zwiespalt des Intellektuellen geprägt, der zwischen den Fronten steht. Wir wollen es deswegen am Ende der Betrachtungen seiner dramatischen Arbeiten kurz darstellen, weil es in die Monate führt, in denen der Krieg beendet und die deutsche Republik ihren ersten schweren Belastungsproben ausgesetzt ist. *Thomas Wendt,* der dramatische Roman, ist ohne die bayerische Revolution, ohne die Ereignisse in München zwischen November 1918 und Mai 1919 nicht zu verstehen.

Dieses vielleicht beste, aber wegen seiner epischen Dialoge und mancher dramaturgischer Brüche nur schwer aufführbare Stück Feuchtwangers berichtet vom Weg des Schriftstellers Thomas Wendt, eines Intellektuellen, der als betrachtender Künstler ein Werk über den römischen Sklavenführer und Rebell „Spartakus“ schreibt. Ein Idealist im Handeln und im Denken, lehnt es Wendt zunächst ab, an den politischen Wirren seiner Zeit handelnd teilzunehmen. Aber die Zweifel am Sinn seines Schreibens sind von Anbeginn da: „*Was ist erreicht, wenn in hundert Jahren drei Ästheten sich freuen an der Schönheit meiner Szene? Wird ein Schlafender geweckt davon? Wird ein Hungernder satt davon?*“

Nach einer begeisterten Aufnahme seines Spartakus-Stückes, das vom Publikum bejubelt, aber nicht verstanden wird, ist Wendt tief enttäuscht: „*Ich wollte Menschen sehend machen, ich wollte die Welt verwandeln und ich hatte einen ‚Erfolg‘* “. Er erkennt, daß nicht der Schriftsteller, sondern nur der aktiv handelnde Politiker die Zustände ändern kann. Er schließt sich, vom menschenverachtenden Handeln seiner Umwelt zunehmend betroffen, linken Kreisen an, redigiert eine Zeitschrift, stellt sich, vom Kriegserlebnis tief erschüttert, der Revolution als wortmächtiger, massenwirksamer Führer zur Verfügung. „*Die Welt wird nicht besser durch das Geschwätz der Parlamente.*“

Aber immer wieder muß Wendt die brutalen Auswüchse der Revolution miterleben, das häufig gemeine Verhalten der Revolutionäre. Seinem verzweifelten Satz „*ich kämpfe gegen Ideen, nicht gegen Menschen*“ hält ein revolutionärer Genosse kalt entgegen: „*Sie werden immer wieder Menschen treffen müssen, wenn sie Ideen treffen wollen. Sie müssen ungerecht sein, Thomas Wendt, um der Gerechtigkeit willen.*“ Nach dem Sieg der Revolution wird Wendt Ministerpräsident. Aber seine Rede auf der Revolutionsfeier macht auch seiner Umgebung klar, daß er ein Idealist geblieben ist, schon längst von der Alltagswirklichkeit der Revolution widerlegt. Die Genossen lächeln nur noch, wenn er verkündet: „*Den verfaulten alten Geist in Trümmer zu schlagen war erst das vorletzte Ziel. Das letzte Ziel ist, alle die zu gewinnen, die guten Willens sind. Güte von Mensch zu Mensch, Glück für alle, das ist der Sinn unserer Revolution, der neuen Zeit, unserer Zeit.*“ Seine Freunde werden mißhandelt, das wankelmütige Volk jubelt schon dem Kriegsgewinnler Gustav Lebrecht Schulz zu, der sich, wenn es um Profit geht, auf die Siegerseite schlägt.

Thomas Wendt erkennt die Einsamkeit des Handelnden, die Vergeblichkeit des Tuns: „*Da sitze ich. Throne gestürzt, Blut verströmt, meine Kunst lebendig verscharrt, mein Ich vergewaltigt. Lärm, ungeheurer Lärm: und nichts gewirkt. Überall Kompromisse. Alles brüchig. Von allen Seiten wimmeln sie gefräßig heran, und die Freiheit ist ihnen, was dem Vieh der Trog.*“ Als von ihm immer härteres Vorgehen, schließlich die Unterschrift unter einen Exekutionsbefehl gefordert wird, bricht er zusammen: „*Ich kann nicht mehr. Ich habe geglaubt, Revolutionär sein sei: menschlich sein. Ich habe geglaubt, Revolution sei Menschlichkeit für alle, und jetzt soll ich die strafen, die Menschen sind, und den Verkommenen die Zügel lösen. Laßt mich. Ich will nicht mehr. Ich will keine Politik mehr. I c h will ich sein, i c h.*“ Während Thomas Wendt in die Einsamkeit der Künstlerschaft zurückkehrt, wird der zynische, korrupte und wendige Gustav Lebrecht Schulz als neuer Führer der „revolutionären“ Regierung gefeiert. Seine Glaubenssätze passen in jedes System: „*Da kann man die Dinge mit Begeisterung machen und mit Menschlichkeit und allen möglichen schönen Abstrakten. Aber in der Wirklichkeit muß man mit den gegebenen Faktoren rechnen: Wirtschaft, Export, Import, Valuta.*“ Sagt das ein Kapitalist oder ein Marxist?

Das Schauspiel *Thomas Wendt* enthält eine Vielzahl von Figuren und Charakteren, durch die Feuchtwanger die Zeit des politischen und gesellschaftlichen Vakuums nach dem Zusammenbruch der Monarchie glänzend erfaßt: die Schieber und Gewinnler, die Betrogenen und die Betrüger, die aufrechten Sozialisten, die anständigen Konservativen und die opportunistischen Windhunde der politischen Konjunktur, die zögernden und ihre Klasse dadurch verratenden Sozialdemokraten, die zynischen Dialektiker der Revolution, die für jede Untat, die sie begehen, das große ferne Ziel beschwören, und das schwankende Volk, zwischen „Hosianna" und „Kreuzigt ihn" hin und her gerissen, schließlich immer dem zuneigend, der Härte und nicht Milde, der Kampf und nicht Versöhnung predigt.

Während Feuchtwanger an diesem Stück schreibt, lernt er Brecht kennen, beide Schriftsteller beginnen in diesen Monaten ihren lebhaften Gedankenaustausch. Vieles deutet darauf hin, daß der junge, schüchterne, aber in Diskussionen stürmische Brecht den Älteren schon bei dieser Arbeit beeinflußt hat. Feuchtwanger dachte sogar zeitweise daran, das Stück „Spartakus" zu nennen – ein Titel, den Brecht für sein zweites Schauspiel gewählt hatte, das dann aber auf Rat Feuchtwangers als *Trommeln in der Nacht* herauskam. Viele Ideen, manche Figur des *Thomas Wendt* sind dem Brechtschen Denken sehr nah und umgekehrt – wir haben schon davon gesprochen – entwickelt der Augsburger Dramatiker in diesen Debatten über Feuchtwangers „dramatischen Roman" erste Ideen, die zum „epischen Theater" führen.

Die Rolle des Schriftstellers, des intellektuellen Künstlers in der Gesellschaft, bleibt für Lion Feuchtwanger seit den deutschen Ereignissen von 1918/19 eine thematische Konstante in seinem literarischen Werk. Von den vierzehn Romanen, die er danach schreibt, werden acht das Leben von Künstlern schildern, die zwischen Handeln und Betrachten stehen. Jaques Tüverlin in *Erfolg* und Gustav Oppermann, Sepp Trautwein in *Exil* und Oskar Lautensack, Flavius Josephus und Francisco Goya, Pierre Caron de Beaumarchais in *Die Füchse im Weinberg* und Jean Jacques Rousseau in *Narrenweisheit* – Schriftsteller, Maler, Musiker, Hellseher und Philosophen, die alle von Goethes tiefer Wahrheit berührt sind, die Feuchtwanger als Motto auch vor das zweite Buch seines *Thomas Wendt* stellt: *„Der Handelnde ist immer gewissenlos. Es hat niemand Gewissen als der Betrachtende."* Und sie alle, wenn auch auf unterschiedliche Weise, gelangen auf ihrem Weg zu der Erkenntnis des Chamfort, die Feuchtwanger dem dritten Buch seines dramatischen Romans voransetzt: *„Lebt man, sieht man die Menschen, zerreißt das Herz oder es vereist."*

Der Schriftsteller Lion Feuchtwanger, der die bayerische Revolution mit passiver Sympathie miterlebt, die erste deutsche Republik trotz mancher Enttäuschung über das Versagen der Republikaner als Schreibender aktiv unterstützt, der den deutschen Faschismus wie nur wenige

Schriftsteller seiner Heimat von der ersten Stunde an leidenschaftlich bekämpft, läßt sich selbst nicht einordnen. Er hält Distanz zu den Ideologien, sieht sich als Schriftsteller der Vernunft und der Aufklärung verpflichtet, weigert sich, zwischen den feindlichen Welten der politischen Systeme zu wählen. Was allerdings nicht bedeutet, daß er keine Position bezieht. Die Russische Oktoberrevolution nennt er, wie schon erwähnt, das wichtigste Ereignis des 20. Jahrhunderts. Amerika, der langen demokratischen Entwicklung dieses Landes macht er mit seinem Roman *Die Füchse im Weinberg* und seiner Charakterisierung des greisen Benjamin Franklin eine Liebeserklärung. Er kehrt nach dem Krieg unter anderem deswegen nicht in sein geteiltes Heimatland zurück, weil er dann hätte entscheiden müssen, zwischen Deutschland Ost und Deutschland West. Er nimmt ebenso dankbar den Literaturpreis der Stadt München an wie den Nationalpreis der DDR. Er will für alle schreiben, seine Bücher zwar in den Dienst des Friedens und des Fortschritts stellen, aber nicht in den Dienst irgendeiner nationalen Politik. Auch nicht in den Dienst der Sowjetunion.

So sehr Feuchtwanger bereit ist, in aktuellen Aufsätzen und Diskussionen Agitation zu betreiben, so sehr er oftmals aus dem Tagesgeschehen heraus polemisch und einseitig argumentieren kann, so sehr seine Sympathien zweifellos dem Sozialismus gelten – in seinen literarischen Werken, also den Dramen und Romanen, bleibt er ein skeptischer Betrachter der Welt, ein „freischwebender" Intellektueller, verpflichtet nur der eigenen Wahrheit. Dies bedeutet für ihn jedoch nicht das Ausleben eines hemmungslosen Subjektivismus, sondern es ist der Versuch des Schriftstellers, die Welt nach selbstgesetzten sittlichen Maßstäben zu erklären. In seinem Roman *Erfolg* schreibt Lion Feuchtwanger: *„Das Schwierigste für mich ist, daß ich zwischen den Klassen stehe. Ich bin nämlich Schriftsteller."* Er wird in dieser „Zwischenstellung" bleiben, in den Jahren, die nun für ihn folgen. Die Welt wird es ihm in dieser distanzierten, skeptischen Position nicht leicht machen, sie wird seine selbstgewählte „Autonomie" als Künstler nur selten verstehen. Hüben und drüben.

Revolution

Am 29. September 1918 reist Reichskanzler Graf Hertling in das große Hauptquartier nach Spa, den kleinen belgischen Ort, von dem aus Deutschland seit 1916 regiert wurde. Es ist ein schöner Herbsttag, die Wälder leuchten. Hertlings Sohn, der den Vater begleitet, berichtet: „Als wir uns Spa näherten, änderte sich das Wetter, dunkle Wolken zogen auf, und bei der Einfahrt in unser Schloß begann ein leichter

Sprühregen vom Himmel zu fallen." Wenige Augenblicke später erfährt der deutsche Reichskanzler, was der deutsche Diktator, General Ludendorff, beschlossen hat: die sofortige Aufnahme von Friedensverhandlungen und die Einbeziehung der Reichstagsparteien in die politischen Entscheidungsprozesse der nächsten Monate. Nicht nur Graf Hertling ist geschockt.

Dieser 29. September 1918 ist einer der wichtigsten Tage der jüngeren deutschen Geschichte, aber unsere Historiker haben ihn lange verdrängt, vernebelt oder zerredet. Es war der Tag, an dem die Oberschicht des wilhelminischen Reiches ihre offizielle Bankrotterklärung abgab, nachdem sie das deutsche Volk vier Jahre lang betrogen hatte. Bis zu diesem 29. September tönten Heeresleitung und vaterländische Chauvinisten, für das Reich könne es nichts anderes als einen Siegfrieden geben. Noch am 7. April 1917 beschlossen das Kriegsministerium und das preußische Ministerium für Handel und Gewerbe, „schon jetzt Maßnahmen zu treffen, die Deutschland die wirtschaftliche Ausnutzung der Türkei im Frieden sichern". Im Frühjahr 1918 wurde die künftige Kolonialpolitik konzipiert, und Ludendorff hatte Pläne von imperialistischem Ausmaß: „Ein großes afrikanisches Kolonialreich quer durch Afrika mit Marinestützpunkten an den Küsten des Indischen und Atlantischen Ozeans." Im Dezember 1917 und Januar 1918 legte der „Verein deutscher Eisen- und Stahlindustrieller" Denkschriften vor, die das wichtigste deutsche Kriegsziel im Westen noch einmal nachdrücklich reklamierten, die Sicherung der französisch-lothringischen Erzgebiete von Longwy-Briey. Belgien, das man 1914 brutal und unter Bruch des Völkerrechts überfallen hatte, sollte nur noch als „Vasallen"-Staat des Reiches weiterexistieren. In Brest-Litowsk hatten die Deutschen der Welt bewiesen, daß sie es nicht bei Resolutionen belassen würden. Im Friedensvertrag vom März 1918 mußte der junge, von inneren Unruhen erschütterte Sowjetstaat auf das Baltikum, Polen, Finnland und vor allem die Ukraine verzichten. Lenin nannte diesen Frieden eine „Atempause". Er sollte recht behalten.

Im Mai hatte Ludendorff noch einmal eine Großoffensive im Westen befohlen, Hunderttausende sinnlos in den Tod geschickt, denn längst war dieser Kampf nicht mehr zu gewinnen. Spätestens seit dem 6. April 1917, als Amerika in den Krieg eintrat, war das Schicksal des deutschen Heeres besiegelt. Die technisch mächtigste Militärmaschine der Erde wurde gegen das Reich in Bewegung gesetzt. Im Frühjahr 1918 begann sich dies voll auszuwirken.

Aber dieser 29. September 1918 ist noch aus einem anderen Grund von historischer Bedeutung. Es war nämlich der Tag, an dem nicht nur die Niederlage zugegeben, sondern an dem auch die für die Zukunft Deutschlands so verheerende Lüge vom Verrat „hinter der Front" geboren wurde. Nur zwei Tage später, am 1. Oktober 1918, ließ Ludendorff im Kreise enger Mitarbeiter durchblicken, warum er dem Kaiser geraten hatte, die Macht in die Hände des Reichstages zu legen: „Wir werden also diese Herren jetzt in die Ministerien einziehen sehen. Sie sollen nur den Frieden schließen, der jetzt beschlossen werden muß. Sie sollen die Suppe jetzt essen, die sie uns eingebrockt haben."

Ludendorff, in den vorangegangenen zwei Jahren der eigentliche Herrscher in Deutschland, hatte das Land in den Ruin geführt. Um die für die Generalität schmachvolle Niederlage der Armee an der Front zu vermeiden, forderte er dann von einem Tag zum anderen die Kapitulation des Reiches, die allerdings von den Vertretern der bis dahin nicht gefragten Reichstagsparteien bei den Alliierten erbeten werden sollte. Die „unbesiegte Armee", so konnte Deutschlands Rechte bald verkünden, sei durch einen Dolchstoß in den Rücken, geführt von den verhandlungswilligen „Verrätern" an der Heimatfront, am ehrenvollen Abschluß des Feldzugs gehindert worden. Selten in der Geschichte ist so frech, so unehrenhaft und so erfolgreich gelogen worden. Denn für die junge Republik wird diese Lüge zu einer schweren Hypothek.

Vier Tage nachdem das Deutsche Reich parlamentarisch-konstitutionelle Monarchie geworden war, am 30. Oktober 1918, soll die deutsche Hochseeflotte zur letzten Seeschlacht die Heimathäfen verlassen. Ein pathetisches, sinnloses Signal, das Tausenden von Seeleuten den sicheren Tod gebracht hätte, ohne irgend etwas an der Lage zu verändern. Noch einmal Wagner-Oper, diesmal auf hoher See. Allerdings nicht die Regierung des Prinzen Max von Baden in Berlin, sondern die Admiralität hat den Befehl ausgegeben. Die Mannschaften auf der „Thüringen" und der „Helgoland" verweigern den Gehorsam. Die Marineführung greift hart durch, die Besatzungen werden verhaftet, aber die Flotte läuft nicht aus. Die Matrosen der übrigen Schiffe solidarisieren sich. Ihre Forderungen sind bescheiden, sie verlangen im Grunde nur die Anerkennung der von der neuen konservativen Regierung erlassenen Beschlüsse. Aber der Funke ist gezündet. Am 4. November besetzen die Matrosen die Stadt Kiel. Die deutsche Revolution hat begonnen. In wenigen Tagen rast sie wie ein Sturmwind durch das ganze Reich, von Stadt zu Stadt, überall bilden sich Soldaten- und Arbeiterräte, nahezu ohne Blutvergießen, fast ohne Gegenwehr, der morsche wilhelminische Staat hat kapituliert. Der Mann, der dieser abgelaufenen Epoche seinen Namen gab, verschwindet still und heimlich aus der Geschichte.

In München ist der 7. November 1918 ein schöner, warmer Tag. Die Menschen sind erregt, noch immer ist der Friede nicht geschlossen, aber jeder weiß, er steht unmittelbar bevor. Aus dem preußischen Norden kommen Nachrichten von Aufruhr und Meuterei, in der deutschen Marine dienen auffallend viele bayerische Bauernsöhne. Tausende wandern an diesem Tag hinaus auf die Theresienwiese. Gewerkschaften, Mehrheitssozialdemokraten und die abgespaltenen Unabhängigen haben zu einer Kundgebung aufgerufen. Es soll eine Demonstration für den Frieden werden. Am Nachmittag sind es schließlich 50 000, die die Forderung nach Abdankung des Kaisers, nach Vereidigung des Heeres auf die Verfassung, nach dem Ausbau Deutschlands zu einem demokratischen Staat, nach Annahme der Waffenstillstandsbedingungen, nach einem achtstündigen Arbeitstag hören.

Einer der Redner auf der Theresienwiese ist Kurt Eisner. Ein kleiner, schmaler Mann, das Gesicht blaß, die Stirn hoch, ein schütterer Vollbart, ein Zwicker: ein Intellektueller, der an diesem Tag Revolution machen will. Und er hat Erfahrung. Ende Januar 1918 organisierte er bereits einen Arbeiterstreik in verschiedenen Münchner Waffenfabriken. Damals forderten die Streikenden die sofortige Herbeiführung eines Friedens ohne Annexionen, Pressefreiheit, die Aufhebung des Ausnahmezustands, die Freilassung aller politischen Gefangenen. Der Name des inhaftierten Karl Liebknecht wird ausdrücklich genannt. Überall flackert in diesen Januartagen der Protest auf, in Berlin, in Nürnberg, aber auch in Österreich, wo am 16. Januar sogar ein Massenstreik beginnt.

In München sind es im Januar 1918 nur knapp 10 000 Arbeiter, die sich beteiligen. Wohl auch deshalb, weil sich bereits in diesen Wochen das künftige Dilemma der organisierten Arbeiterbewegung in Deutschland abzeichnet. Die weitaus stärkste Parteigruppierung im linken Lager, die Mehrheitssozialdemokraten, ist gegen spontane, „ungesetzliche" Aktionen. Die 1917 gegründete Partei der Unabhängigen Sozialdemokratie, deren unbestritten führender Mann in München Kurt Eisner ist, befürwortet Streiks und Demonstrationen auch dann, wenn die Partei sie nicht organisiert hat. Eine bolschewistische Revolution lehnen Eisner und die Unabhängigen strikt ab. Ihr neigt schon stärker die dritte, kleinste Gruppierung zu, die sich dann vor allem ab November bemerkbar macht, die Spartakusgruppe um Rosa Luxemburg und Karl Liebknecht.

Der Konflikt innerhalb der deutschen Sozialisten ist auch auf der Theresienwiese zu spüren, Erhard Auer, neuer Führer der bayerischen Sozialdemokraten, versucht zu beschwichtigen. Wenige Tage vorher, am 30. Oktober, hatte er die Position der bayerischen SPD deutlich umschrieben: „Die Überführung des Obrigkeitsstaates in den Volksstaat muß gesetzlich und auf dem Verwaltungswege verankert werden."

Aber die Demonstranten auf der Theresienwiese sind ohnehin friedlich. Rote Fahnen sieht man nur bei einer kleinen Gruppe, einer Schar von Soldaten. Nach den Reden will der Demonstrationszug unter Führung von Erhard Auer zum Friedensengel im Osten der Stadt marschieren, dann soll die Versammlung aufgelöst werden. Kurt Eisner aber will mehr. Er fordert die Soldaten, die sich um ihn geschart haben, zum Handeln auf. Neben ihn tritt der fast blinde bayerische Bauernführer Ludwig Gangdorfer und verkündet, Bayerns Bauern werden die Arbeiter und Soldaten nicht im Stich lassen. Felix Fechenbach schließlich gibt das Stichwort: „Soldaten! Auf in die Kasernen! Befreien wir unsere Kameraden! Es lebe die Revolution!" Die bayerische Revolution beginnt, die Münchner Kasernen werden fast ohne Widerstand übernommen, die Soldaten laufen in Scharen zu den Aufständischen über.

Im Mathäserbräu am Stachus wird Kurt Eisner zum ersten Vorsitzenden des Arbeiterrates gewählt. Der Wittelsbacher Ludwig III. flieht, der erste der deutschen Könige ist gestürzt, am Abend ist München in der Hand der Revolutionäre. Erhard Auer erklärt in der Nacht, die SPD lehne die gewaltsame Umwälzung ab, und fordert von der Regierung die Wiederherstellung der Ordnung. Dafür aber ist es nun zu spät.

Am Morgen des 8. November ruft Eisner die SPD auf, den Streit zu beenden, bietet Auer das Innenministerium an. Es wird eine provisorische Regierung gebildet, an der SPD, Bauernbund, Liberale und die Unabhängigen Sozialdemokraten beteiligt sind. Eisner wird Ministerpräsident.

Für wenig mehr als 100 Tage soll er es bleiben. Dann, am 21. Februar 1919 um zehn Uhr vormittags, tritt ein Mann aus dem Eingang der Bayerischen Vereinsbank in der Promenadenstraße (heute Kardinal-Faulhaber-Straße), geht einige Schritte hinter dem kleinen Mann her, der mit seiner Leibwache auf dem Weg zum Landtag ist. Zwei Revolverschüsse aus dichtester Entfernung in den Hinterkopf beenden das Leben von Kurt Eisner. Nur wenige Minuten später wollte er nach den deutlich verlorenen Parlamentswahlen dem Landtag seinen Rücktritt als Ministerpräsident anbieten. In seiner Manteltasche findet man das Manuskript der Rücktrittsrede: „Die revolutionäre Regierung hat einstimmig beschlossen, ihre Ämter dem auf dem revolutionären Wahlrecht beruhenden Landtag zur Verfügung zu stellen."

Dort im Parlament aber ist nach Bekanntwerden der Ermordung Eisners ein Tumult ausgebrochen. Der 32jährige Metzger Alois Lindner, marxistisches Mitglied des revolutionären Arbeiterrates, schießt wild um sich, zwei Menschen werden getötet, Eisners politischer Gegenspieler Auer wird verletzt. Erst jetzt fließt Blut in dieser bayerischen Revolution, und es wird noch viel schlimmer kommen, wenn die „Weißen Garden" in München einmarschieren und die Revolution in einem Blutbad ersticken. Die entscheidenden beiden Schüsse, die diese Tragödie eröffnet und Eisner getötet haben, feuerte der 22jährige Leutnant Graf Arco-Valley ab, Halbjude aus altem, österreichischen Adelsgeschlecht.

Auf seinem Schreibtisch findet sein Zimmermädchen am Mordtag die letzten Aufzeichnungen: „Eisner strebt nach der Anarchie, er ist Bolschewist, er ist Jude, er ist kein Deutscher, er fühlt nicht deutsch, er untergräbt jedes deutsche Gefühl, er ist ein Landesverräter." Zeilen, die zeigen, wie sehr der Mörder Eisners auch Opfer der Haßpropaganda der deutschen Rechten geworden ist. Eisners Leibwächter schießen Graf Arco bei der Mordtat nieder, Ferdinand Sauerbruch, der berühmte Chirurg, rettet durch eine schnelle Notoperation sein Leben.

Zweieinhalb Monate später, am Nachmittag des ersten Mai, erlischt dann der letzte Widerstand der Revolution. 800 Arbeiter und Rotarmisten werden auf dem Gelände des Münchner Schlachthofes ermordet, nachdem die meisten von ihnen zuvor schwer mißhandelt worden sind. Eugen Leviné, Führer der Münchner Kommunisten, wird zum Tode verurteilt und erschossen. Ernst Toller, der 26jährige Schriftsteller und Vorsitzende des Zentralrates der Münchner Räterepublik, wird ebenso wie der expressionistische Dichter und Anarchist Erich Mühsam zu einer langjährigen Haftstrafe verurteilt. Gustav Landauer, der begabte Massenredner, Sozialist und Verfasser zahlreicher literaturwissenschaftlicher und philosophischer Essays, wird von der Soldateska grausam erschlagen. Eine Woche hatten die Freikorps in München gewütet, ohne daß die Berliner Regierung oder ihre militärische Führung dem Einhalt gebot.

Was war geschehen, daß die unblutige Revolution Kurt Eisners nach seiner Ermordung eine solche Wende nahm?

Der Sozialdemokrat Johannes Hoffmann bildet nach Eisners Tod eine Regierung, die sich sehr bald bemüht, die Soldaten und Arbeiterräte zu verdrängen. In den permanent tagenden Versammlungen wird jedoch immer wieder von Minderheiten die Ausrufung der „Räterepublik" Bayern gefordert. Die bayerische SPD-Führung beginnt ein undurchsichtiges Spiel. Die Ausrufung der Räterepublik am Anfang April erfolgt vor allem auf Veranlassung des Militärministers im Kabinett, des Sozialdemokraten Schneppenhorst. Er und die Regierung Hoffmann hoffen damit die Auslösung eines Militärputsches zu bewirken, der das ungeliebte Rätesystem endgültig zerstört. Ein Plan, den Ernst Toller und seine rote Truppe durch ein Gefecht bei Dachau zunächst verhindern. Die Regierung Hoffmann flieht nach Bamberg und bittet schließlich Gustav Noske in Berlin um Hilfe. Der Sozialdemokrat läßt die Freikorps und die Reichswehr marschieren. Erst jetzt übernehmen die Kommunisten unter Eugen Leviné die Räterepublik Bayern, die sie bislang aus taktischen Gründen abgelehnt hatten. München ist für die Revolution verloren.

Politisch wichtig dabei ist, daß die Sozialdemokraten um Ebert, Scheidemann und Noske in diesen Tagen zum zweiten Mal – nach den

Spartakus-Kämpfen in Berlin – ein Bündnis mit den alten Kräften der Monarchie eingehen. Eine, wie sich dann zeigen sollte, verhängnisvolle Politik. Denn nie mehr in den Weimarer Jahren werden die Sozialdemokraten die Folgen dieses Paktes rückgängig machen können. Die alte Armee-Führung, die alte Beamtenschaft, das alte Unternehmertum drängen die stärkste Partei, die SPD, sehr rasch wieder in die Defensive, treten wieder selbstsicher und rechthaberisch auf, waren sie es doch schließlich, die die deutsche Revolution niedergerungen hatten.

Die bayerische Revolution war die einzige in Deutschland, die zumindest einige Monate lang erfolgreich verlief. Es war eine Revolution der „Intellektuellen", die die Führung der Massen übernahmen. Ernst Toller, Erich Mühsam, Gustav Landauer, Georg Kaiser, Ernst Niekisch, Wolf-Ferrari, Alfred Wolfenstein, Georg Schrimpf und auch ein Mann aus Düsseldorf, der sich Ret Marut nannte und später unter dem Pseudonym B. Traven ein weltberühmter Schriftsteller wurde. – Es ist eine beachtliche Liste von Journalisten, Schriftstellern, Malern und Musikern, die sich aktiv am bayerischen Umsturz beteiligten. Führender Kopf aber war zweifellos Kurt Eisner. Ein galizischer Jude aus Berlin, jahrelang als Journalist bei der „Hessischen Landeszeitung", dem „Vorwärts" und der „Münchner Post" tätig, wo er politische Artikel, aber auch Theaterkritiken schrieb. Eisner wurde schon sehr früh radikaler Pazifist, protestierte gegen die Zustimmung seiner Partei, der SPD, bei den Abstimmungen über die Kriegskredite, gehörte ab 1916 zu den Unabhängigen Sozialdemokraten, saß nach den Januarstreiks in München monatelang im Gefängnis. Als er ermordet worden war, schreibt Kurt Tucholsky in der „Weltbühne" vom 27. Februar 1919: „Da war ein Mann, der noch an Ideale glaubte und tatkräftig war. In Deutschland ist das tödlich."

Auch dieser Kurt Eisner und sein politisches Wirken ist in der deutschen Geschichtsschreibung lange Zeit verzerrt, falsch oder oberflächlich dargestellt worden. Und das blieb nicht ohne Folgen. Als 1969 im Südosten Münchens eine kleine Straße seinen Namen erhalten sollte, da wurde Kurt Eisner in einer Stadtratsitzung mit Formulierungen wie „Geiselmörder und Novemberverbrecher", „bolschewistisch-ostjüdischer-fremdstämmiger" oder „Bohemien mit dem Sauerkrautbart" bedacht. Eine CSU-Stadträtin erklärte: „Wenn wir eine Straße nach diesem Mann benennen, wird man uns eines Tages das Rathaus einrennen." Nun, die Straße trägt heute den Namen Kurt Eisners, und das Münchner Rathaus ist von der Revolution verschont geblieben.

Sebastian Haffner hat Eisners Rolle in der damaligen Zeit sehr viel realistischer und dem tatsächlichen Geschehen angemessen gedeutet: „Die Revolution in Bayern hatte eine Führung und einen Führer: Kurt Eisner – einen Mann, der, mit keiner Organisation hinter sich, drei

Monate lang die Situation in seinem Land souverän beherrschte, durch eine einzigartige Mischung von Einfallsreichtum und Tatkraft, Idealismus und listenreicher Wendigkeit, witterndem Feingefühl und Härte im Nehmen." Ähnlich urteilt einer der frühesten und besten Betrachter der Jahre von Weimar, Arthur Rosenberg, über die Rolle Eisners: „In der Person Eisners verloren die deutsche Revolution und vor allem die deutsche Arbeiterschaft den einzigen schöpferischen Staatsmann, der seit dem November 1918 hervorgetreten war."

Eisner war ein Realist, seine außenpolitischen Gedanken griffen schon weit voraus, im Gegensatz zu Friedrich Ebert, dem SPD-Parteiführer in Berlin, erkannte er frühzeitig, daß nach dem Krieg ein radikaler Bruch mit den überlieferten Machtstrukturen folgen mußte. Eine Revolution nach leninistischem Muster aber lehnte er ab. Er wollte ein liberales Deutschland nach dem Vorbild der westlichen Demokratien, einen Staat mit gleichem Wahlrecht – auch für die Frauen – und ohne Zensur, eine Politik der Aussöhnung mit den Nachbarn, einen Sozialismus, der die krasse Not, die der Krieg gebracht hatte, lindern und den Profit der Kriegsgewinnler beschneiden sollte. Eisner glaubte diese Ziele nur unter Ausschaltung jener Kräfte erreichen zu können, die für die Katastrophe der Politik des Reiches verantwortlich waren. Deswegen setzte er sich für die Erhaltung der Räte ein, forderte er ihr Mitentscheidungsrecht. Und er hoffte, einen milderen Frieden zu erreichen, wenn er Deutschlands Schuld am Krieg öffentlich bekundete. Gerade dieses Bekenntnis aber trug ihm den besonderen Haß ein, mit dem ihn ein großer Teil der Presse und die Nationalisten verfolgten.

Die Regierung Eisner hatte im übrigen die ökonomischen Besitzverhältnisse unangetastet gelassen. Keine Fabrik wurde enteignet, die Presse blieb in ihrer Arbeit unbehindert, kein Beamter wurde entlassen. Walter Fritzsche schreibt völlig zu Recht: „Eisner hat lediglich die Staatsform geändert, nicht die gesellschaftlichen Machtverhältnisse."

Die damals und auch später immer wieder hervorgehobene Behauptung, in München sei ein „Schöngeist" und „Bohemien" an der Macht, ist von den Tatsachen widerlegt. Im Gegensatz zu manchem seiner Gefährten aus dem Lager der Intellektuellen wie etwa Toller oder Mühsam hatte Eisner jahrelang an den harten, mühsamen innerparteilichen Auseinandersetzungen in der SPD teilgenommen. Wer diese Schule durchgemacht hatte, wußte, was Realismus in der Politik ist.

Der blutige Terror begann erst mit oder nach Eisners Tod. Er ging ganz eindeutig von den Truppen aus, die Noske schließlich nach München schickte. Der einzige Fall von rotem Terror, der bekannt geworden ist, fand kurz vor dem Ende der von Leviné geführten Räterepublik statt: die Ermordung von acht Mitgliedern der völkischen Thule-Gesellschaft und zwei gefangenen Offizieren. Zweifellos eine barbarische Tat, aber die ihr folgende Rache stand in keinem Verhältnis dazu. In den Berichten von damals und in den Geschichtsbüchern der folgenden Zeit aber ist diese Untat der Revolution breit und mit schauervollen Ausschmückungen dargestellt worden. Der weiße Terror dagegen blieb lange Zeit eine Fußnote, wenn er überhaupt Erwähnung fand.

Die bayerische Revolution ist nicht an den Intellektuellen gescheitert, welche Fehler sie auch in einer hektischen Zeit gemacht haben mögen, sondern an ganz anderen Umständen. Zunächst an der ungeheuer rasch wachsenden Not in der Bevölkerung, der die Revolutionsführer kaum tatkräftige Hilfe entgegensetzten, wodurch die Stimmung bald umschlug. Dann an der Unfähigkeit der sozialistischen Parteien, miteinander statt gegeneinander zu handeln, und schließlich an der Isolierung Bayerns im Reich. Im Januar 1919 wurde in Berlin die Spartakus-Erhebung niedergeschlagen, die führenden Köpfe der radikalen Linken, Rosa Luxemburg und Karl Liebknecht, von Freikorps-Soldaten bewußt und bestialisch ermordet. Im März war die Lage in Berlin geklärt, Groeners und Noskes Truppen waren die Herren im Reich, Bayern hatte keine Chance mehr. „München“, so schreibt Wilhelm Lukas Kristel, „war so etwas wie der expressionistische Totentanz der Revolution.“

Der Schriftsteller Lion Feuchtwanger hat diese Monate der bayrischen Revolution aus unmittelbarer Nähe miterlebt. Ihre Hoffnungen, ihre Illusionen, ihre blutige Unterdrückung. Die wichtigsten Akteure kennt er persönlich, sie kommen aus der geistig-politischen Welt, der er seit den Kriegsjahren selbst angehört. Allerdings, er betrachtet ihr Wirken mit der ihm eigenen Distanz. Er ist bei vielen Versammlungen und Sitzungen dabei, die diese hektischen Wochen ausfüllen, aber er bleibt der zurückhaltende Beobachter. Vor allem nach Eisners Tod wachsen seine Zweifel, ob die führungslos gewordene, mehr und mehr im Chaos versinkende Revolution eine realistische Überlebenschance besitzt. Trotzdem, immer wieder, wenn in diesen erregenden Tagen Gerüchte aufkommen, Demonstrationszüge spontan oder organisiert durch München ziehen, verläßt er den Schreibtisch, an dem sein dramatischer Roman *Thomas Wendt* entsteht. Er sieht, wie die losgelassene Soldateska Menschen auf der Straße totprügelt oder erschießt, erlebt die Straßenkämpfe zwischen Rotarmisten und den eindringenden Freikorps, darunter die berüchtigte Brigade Erhard, aus deren Reihen die brutalen Mörder von Rosa Luxemburg und Karl Liebknecht kamen. Seine Wohnung wird durchsucht, Soldaten finden im Schreibtisch das Manuskript von Brechts Stück mit dem hochverdächtigen Titel *Spartakus.* Nur der Zufall, daß einer der Soldaten mit dem Namen Feuchtwanger den Autor des Schauspiels *Warren Hastings* verbindet, das er einst in Düsseldorf sah und bewunderte, rettet den Schriftsteller vor möglicherweise schlimmen Folgen. Mancher Flüchtling sucht und findet bei den Feuchtwangers in der Georgenstraße Hilfe, darunter ein Graf Coudenhove-Kalergi, der bald durch seinen leidenschaftlichen Einsatz für ein vereintes Europa berühmt werden sollte. Es sind Wochen, die sich Feuchtwanger tief einprägen. Seine Haltung zur Rolle des Intellektuellen in der Politik, sein Mißtrauen gegenüber der rechten Sozialdemokratie, sein Gespür für die unberechenbare Reaktion der Massen, seine so früh erwachte Abwehr gegen den Ungeist und die Untaten der deutschen Rechten sind ohne das Erlebnis des Münchner Umsturzes kaum denkbar.

Wie viele Intellektuelle Münchens hat Lion Feuchtwanger die Revolution begrüßt, ist er ein Anhänger des „neuen" Deutschland, das die abgewirtschaftete Politik des wilhelminischen Reiches ablösen sollte. Aber wie die meisten seines Kreises, die den Krieg und die Not, die Unmenschlichkeit, die er mit sich brachte, als Folge der verfehlten Politik einer kleinen unkontrollierten Minderheit erkannten, ist Feuchtwanger kein radikaler Revolutionär oder Spartakist, sondern ein Liberaler. Freie Wahlen und eine freie Presse, Verbot der Zensur, eine Wirtschaftspolitik, die rasch die fürchterlichen Versorgungsnöte beseitigt, unter denen Millionen Menschen leiden – das ist es, was diese Intellektuellen vor allem fordern. So interessiert sie die Ereignisse in Rußland, die Revolution der Bolschewiki auch beobachten, ihre politischen Hoffnungen richten sich auf die demokratisch-parlamentarischen Vorbilder in Amerika oder auch Frankreich. Woodrow Wilson und nicht Lenin ist in diesen Monaten der Politiker, auf den Feuchtwanger hofft, dessen Haltung zu einer europäischen Friedensordnung er unterstützt.

Eine Position, der auch der „Politische Rat geistiger Arbeiter München", dessen Vorsitzender Heinrich Mann ist, nahesteht. Am 15. November 1918 veröffentlichen die „Münchner Neuesten Nachrichten" eine Erklärung dieser Vereinigung, in der es heißt, daß jedes Mitglied des Rates „in dem durch die Revolution Erreichten einen Fortschritt sieht ... Wir alle sind Demokraten in dem Sinn, daß wir das Recht, nicht die Macht lieben und auch statt der Gewalt, die solange geherrscht hat, die Menschlichkeit anrufen, wie wir es schon immer taten." Wenige Tage später zeigt eine Ansprache Heinrich Manns mit welch hohem – mancher mag auch sagen: illusionärem – Idealismus diese Künstler die Revolution begleiten: „Wir wollen, daß unsere Republik, bis jetzt noch ein Zufallsgeschenk unserer Niederlage, nun auch Republikaner erhalte. Und wir sehen in Republikanern weder Bürgerliche noch Sozialisten. Dies sind hinfällige Unterscheidungen, wo es Höheres gilt. Republikaner nennen wir Menschen, denen die Idee über den Nutzen, der Mensch über die Macht geht."

Wie weit Heinrich Mann mit diesen Sätzen vom Denken der Spartakisten oder – wie sich die radikale Linke seit der Jahreswende 1918/19 nennt – der Kommunisten, entfernt ist, beweist auch deren empörte Reaktion auf die Gründung des „Politischen Rates der geistigen Arbeiter“, die in der Zeitschrift „Aktion“ erscheint: „Mit Recht – aber es klingt wie ein Witz im heutigen ‚Simplizissimus‘ – gründen sie, die winzige Bourgeois, in junkerlich gedunsener Übertreibung, ‚Politische (!) Räte (!!) geistiger (!!!) Arbeiter (!!!!)‘, wobei doch schon die Etikette ein widerlicher Nonsens und eine direkte antisoziale Eselei bedeutet. Die deutschen Intellektuellen – als unmittelbare Helfershelfer die einen, als tobsüchtige Gaffer die übrigen – waren und sind dienstbeflissen beteiligt an jedem Komplott gegen das tödlich getroffene werktätige Volk.“

Der Abstand zwischen den deutschen Kommunisten und den Intellektuellen um Heinrich Mann oder Lion Feuchtwanger ist – auch wenn die deutsche Geschichtsschreibung dies sehr häufig vernachlässigt – groß.

Natürlich gibt es auch von der anderen Seite Bedenken, Ablehnung oder gar tiefe Feindschaft der Intellektuellen gegen die Revolution und ihre Auswirkungen. Bei einer Umfrage des „Vorwärts“, die am 17. Januar 1919 veröffentlicht wird, windet sich mancher „Große“ mit altbekanntem Pathos um eine klare Aussage in unklaren Zeiten. Gerhart Hauptmann ruft sein „Wehe über den Jammer unserer jämmerlichen Parteiungen“ und mahnt zur „Würde“. Thomas Mann meint in der „Vorwärts“-Nachfrage sibyllinisch, „es wäre sicher falsch, in der Revolution nichts als Zusammenbruch und Zersetzung zu sehen“, und stellt in einer Tagebucheintragung vom 1. Mai 1919 – der Kampf um München steht vor seinem Ende – befriedigt und auch ein bißchen rachedurstig fest: „Die Münchner kommunistische Episode ist vorüber; es wird wenig Lust vorhanden sein, sie zu erneuern. Eines Gefühls der Befreiung und Erheiterung entschlage auch ich mich nicht. Der Druck war abscheulich. Hoffentlich wird man der gewissenlosen ‚Massen‘-Helden, die auch die verbrecherische Rammeldummheit des Geiselmordes auf dem Gewissen haben, habhaft und hält exemplarisches Gericht.“ Robert Musil, in Wien lebend, trägt in sein Tagebuch ein: „Revolutionen gehen zum größten Teil vom Gesindel, Vabanquespielern oder Verrückten aus, und was wären wir ohne Revolution.“

Lion Feuchtwanger hat sich in diesen Monaten öffentlich kaum geäußert. Er gehört nicht zu den Mitbegründern des „Politischen Rats der geistigen Arbeiter“, teilt aber zweifellos weitgehend die Haltung dieser Gruppierung. Er trifft mit Kurt Eisner zusammen – Heinrich Mann, Bruno Frank, Georg Kaiser, Albert Steinrück sind dabei – um über die künftige Kulturpolitik der Münchner Theater zu sprechen. Er schätzt den tatkräftigen, anständigen Ministerpräsidenten, der ihn einst – in der

Zeit, als er noch Theaterkritiker der „Münchner Post" war – verächtlich das „Margarine-Barönchen" genannt hatte. Aber er erlebt auch die Eitelkeit der intellektuellen Revolutionäre Toller, Mühsam, Kaiser oder Niekisch, die stundenlang unrealistische, fantastische Zukunftsprojekte diskutieren können, während draußen das Volk der Bayern, vor allem die Stadtbewohner nach Brot und Fleisch ruft. Als auf der Theatersitzung mit Eisner der Stückeschreiber Kaiser fordert, das revolutionäre Theater dürfe keine Klassiker, sondern nur noch neue, avantgardistische Schauspiele aufführen, und der Ministerpräsident ihn fragt, was denn gespielt werden solle, antwortet der Dramatiker: „Georg Kaiser".

Die unmittelbare Reaktion Feuchtwangers auf die Ereignisse in München schlägt sich in seinem *Thomas Wendt* nieder. Er beginnt das Stück Mitte 1918 und beendet es kurz vor der Niederschlagung der Revolution im Mai 1919. Der Weg des Schriftstellers vom Künstler zum Revolutionär, sein schließliches Resignieren vor den „Taten", die er zu verantworten hat, enthält viel vom Schicksal Ernst Tollers oder Gustav Landauers. Aber das Stück zeigt auch den Zwiespalt, den sein Autor selbst in sich spürt. Es ist die alte und immer wieder neu gestellte Frage nach der Rechtfertigung von Gewalt gegenüber Andersdenkenden.

Knapp 20 Jahre später kommt Lion Feuchtwanger in seinem Bericht *Moskau 1937* noch einmal auf diese Zeit und die Revolution der Intellektuellen zurück. Die Antwort, die er aus dem Abstand der Jahre und unter dem Eindruck des politischen Sieges der Faschisten in Deutschland findet, ist eindeutiger, aber auch sehr viel einfacher, als im *Thomas Wendt,* seinem dramatischen Roman: *„Ich kenne ihn gut, diesen Typ des Schriftstellers und Revolutionärs, wenn auch nur in kleinem Format. Gewisse Führer der deutschen Revolution, die Kurt Eisner und Gustav Landauer, hatten vieles mit Trotzki gemein, freilich in Miniaturausgabe. Das starre Festhalten an einem Dogma, die Unfähigkeit, sich veränderten Verhältnissen anzupassen, kurz das Fehlen praktischer politischer Psychologie, machte diese Theoretiker und Doktrinäre nur für kurze Zeit tauglich zu politischem Handeln. Die größere Zeit ihres Lebens waren sie gute Schriftsteller, keine Politiker. Sie fanden nicht den Weg zum Volk. Sie verstanden zu wenig von Volks- und Massenpsychologie. Sie fühlten sich den Massen, aber die Massen sich nicht ihnen verbunden."*

Zumindest Kurt Eisner gegenüber ein zutiefst ungerechtes Urteil. Vor allem wenn man den Zusammenhang sieht, in den Feuchtwanger diese Sätze stellt: einen Vergleich der Leistungen von Trotzki, des *„geborenen Schriftstellers"*, und Stalins, des Realpolitikers. Welche Fehler Eisner auch immer gemacht haben mag – Stalins jahrelange, blutige Terrorherrschaft ist nicht in die Kategorie Schriftsteller oder Politiker, Betrachtender oder Handelnder einzuordnen. Es gehört schon eine Portion Zynismus, oder – wie bei Feuchtwanger – zeitbedingte Blindheit dazu, in einem Atemzug von Stalin und der Verbundenheit „der Massen" zu sprechen. Wie im Fall Hitler beruhte Stalins Politik – bei allen sonstigen Unterschieden – auf einer skrupellosen Mischung von Gewalt, Lüge und Totalitarismus. Der tiefe Schock des drohenden Untergangs Europas im Faschismus hat dazu geführt, daß der engagierte Chronist Lion Feuchtwanger in der zweiten Hälfte der 30er Jahre die bayerische Revolution und ihre Führer in einem verzerrten Licht sah. Das gilt fast ausschließlich für seine tagespolitischen Anmerkungen und Schriften, und nicht für sein literarisches Werk. In den Romanen dieser und der späteren Jahre bleibt er der distanzierte Intellektuelle, der aufgeklärte Historiker. *„Ich fürchte"*, läßt er den alten Benjamin Franklin sagen, *„Freiheit und eine bessere Ordnung wird sich nirgends in der Welt ganz ohne Gewalt und Unrecht herstellen lassen."* Aber wenige Zeilen später spricht Franklin von der großen Utopie, auf die 150 Jahre später auch die bayerischen Revolutionäre hofften: *„Ich träume von einer Zeit, da nicht nur die Liebe zur Freiheit, sondern auch ein tiefes Gefühl für die Menschenrechte in allen Nationen der Erde lebt." (Die Füchse im Weinberg)*

Schatten

Zu den verhängnisvollen Irrtümern der Männer um Kurt Eisner gehörte, daß sie München mit Bayern, die aufrührerische Stimmung im Volk mit dem Wunsch der Massen nach einer sozialistischen Regierung verwechselten. Eine sozialistische oder gar kommunistische Republik wollte nur eine Minderheit. Bayern bestand auch nach dem Krieg vor allem aus einer ländlich strukturierten, monarchisch gesinnten, tief im Katholizismus verwurzelten Bevölkerung. Die Unzufriedenheit, die schließlich auch die organisierte Bauernschaft an die Seite der Münchner Revolutionäre trieb, beruhte fast ausschließlich auf Kriegsmüdigkeit, auf dem Zorn über die Versorgungsnot, die immer stärker um sich griff, und auf den tief verwurzelten Ressentiments gegen die Eingriffe Berlins in die bayerischen Angelegenheiten. Schon 1917 schreibt ein Kleinbauer Bemerkenswertes über die Stimmung im Land an den berühmten „Bauerndoktor" Georg Heym: „Möchte zugleich Herrn Doktor auf eine in hiesiger Gegend sich breit machende Stimmung des Volkes aufmerksam machen. Es herrscht nämlich die Anschauung, daß es für uns besser wäre, wenn wir den Krieg verlieren. Durch eine Revolution erhoffen sich die meisten alles Glück. Auch alte, gereifte, sonst gut katholische Männer sind dieser Ansicht." Diese „Revolution" – viele Linksintellektuelle, so etwa Ernst Toller, werden dies erst entdecken, wenn es zu spät ist – bedeutet in der Vorstellung der meisten Bayern keinen Umsturz der gesellschaftlichen Ordnung, sondern lediglich eine Befreiung von der Not und der Last des Krieges und seiner Folgen.

Als die Räterepublik in Chaos und Blut versinkt, erwachen denn auch sehr bald die alten bürgerlichen Ängste vor Zerstörung von Besitz und Ordnung. Bayern und auch die Hauptstadt München schwenken radikal um, aus dem „Rätestaat" wird ein „Mekka der Gegenrevolution". Die Bayerische Volkspartei, konservativ-christlich und im katholischen Bauerntum verwurzelt, wird im Landtag und im Münchner Stadtrat zur entscheidenden politischen Kraft der Weimarer Jahre. Sie kann, aber will auch nicht dem Vormarsch der völkischen Gruppierungen, ihrer immer wilderen Propaganda, dem öffentlich bekundeten Haß auf die Republik, die Demokraten und die Juden, den zunehmenden Rechtsbrüchen entgegentreten. Und die Mehrheitssozialdemokraten? Sie sind bald gelähmt, der Pakt, auf den sie sich in Berlin und München eingelassen haben, bleibt nicht folgenlos. Ihre zwielichtige Haltung in den Wochen der Räteregierung, ihre Mitschuld am Rachefeldzug der Freikorps in den ersten Maiwochen, ihr zögernder Widerstand gegen die Übergriffe der alten Kräfte in Reichswehr und Justiz führen zu einer mächtigen Abwanderung ihrer enttäuschten Wähler. Im Januar 1919 erreichte die SPD bei den Landtagswahlen in München noch 47 Prozent, bei den Gemeindewahlen im Juni stimmten nur noch 18 Prozent der Münchner für die Mehrheitssozialdemokraten.

Oskar Maria Graf beobachtet voller Entsetzen, was sich in München nach der Besetzung durch die „Weißen Garden" abspielt: „Ein furchtbares Denunzieren setzte ein. Kein Mensch war mehr sicher. Wer einen Feind hatte, konnte ihn mit etlichen Worten dem Tod überliefern. Jetzt waren auf einmal wieder die verkrochenen Bürger da ... Wahrhaft gierig suchten sie mit den Augen herum, deuteten dahin und dorthin, rannten einem Menschen nach, schlugen plärrend auf ihn ein, spuckten, stießen ihn wie wild geworden und schleppten den Halbtotgeprügelten zu den Soldaten ... ein Schuß krachte und es war aus. Lachend und befriedigt gingen die Leute auseinander." Die Stadtregierung freut sich mit, jeder Soldat der Regierungstruppen erhält von ihr täglich eine Mark, einen Liter Bier und 50 Zigaretten. Freikarten gibt es fürs Amüsement im Kino oder Stadtbad, zur Entspannung vom blutigen Tagwerk. Und das Standrecht bleibt bis zum 1. August 1919 in Kraft.

Politisch wird es auch in den nächsten Jahren nicht besser. Die Münchner Polizei steht nicht auf der Seite der Republik, sondern sympathisiert mit den nationalen Trommlern, die sich in immer größeren Scharen um den schreienden Adolf Hitler sammeln, der die Psyche der Massen geschickt erfaßt. Sie verfolgt die sich mehrenden Straftaten und Gewaltaktionen der rechten Schlägertrupps mit lässiger Nachsicht, heimlich den „nationalen Geist“ und die unmenschliche Sprache der völkischen Führer bewundernd. Der unbekannte, einstige Postkartenmaler und Bewohner Wiener Männerheime Adolf Hitler wird in diesem München des geistigen und moralischen Verfalls zu einer politischen Figur. Winfried Nerdinger schreibt: „In München konzentrierte sich der Sumpf aus Okkultismus, Antisemitismus und Nationalismus, von den Geheimbünden bis zur Thule-Gesellschaft, die den Nährboden für den Faschismus Hitlers boten.“

Sicher, die Umstände sind dem unlauteren politischen Geschäft des Adolf Hitler günstig. Der Versailler Frieden, dieser wohl folgenschwerste Vertrag in der ersten Hälfte unsere Jahrhunderts, empört auch den einsichtigen Bürger. Seine demütigenden Formulierungen sind Wasser auf den Propagandamühlen der nationalistischen Rattenfänger, seine materiellen Forderungen, vor allem die Reparationszahlungen, von tödlicher Wirkung für die Wirtschaftsentwicklung des Reiches. Die Not ist groß. Der Münchner Stadtrat berichtet, daß von den 55 000 Volksschülern zu Beginn des Schuljahres 1923/24 rund 13 Prozent erheblich unterernährt, 2 000 Menschen in der Stadt an offener Tuberkulose erkrankt sind, daß es 26 000 Wohnungssuchende gibt. Im Dezember 1923 sind 28 000 Münchner arbeitslos, 140 000 Einwohner, also etwa 23 Prozent der Gesamtbevölkerung, nehmen die öffentliche Fürsorge in Anspruch. Die Inflation hat wahnwitzige Dimensionen erreicht. Am 22. November 1923 ist der Preis für einen Dollar auf 4,2 Billionen Mark angestiegen. Hugo Stinnes kauft sein gigantisches Wirtschaftsimperium zusammen. Millionen Familien verlieren alles – das fürs Alter Angesparte oder seit Generationen Erarbeitete wird vom Moloch Inflation in rasender Geschwindigkeit vernichtet.

Da klammern sich viele in ihrem ohnmächtigen, hilflosen Zorn an die Verkünder der alleinseligmachenden Weltrevolution oder noch mehr an die verführerischen Propheten der Wiedererweckung des deutschen Wesens, das – so hämmern sie es Tag für Tag ihren Zuhörern ein – von den Juden, den Bolschewisten oder den Schwätzern in den demokratischen Parlamenten unterdrückt, ausgebeutet, vernichtet wird. Da übersieht man schon gern, daß die Liste der meuchlings Ermordeten im Land immer länger wird: Rosa Luxemburg, Karl Liebknecht, Kurt Eisner, Hugo Haase, Matthias Erzberger, Walther Rathenau und die vielen Namenlosen. Im März 1924 erscheint eine Broschüre des Heidelberger Statistikers Emil Julius Gumbel, der die Fememorde dieser Jahre untersucht hat. „Die Täter“, so schreibt er, „stammen aus den Freikorps, den Studentenverbindungen, der Reichswehr, also aus den mit den Geheimbünden liierten Gesellschaftskreisen. In der vom Reichsjustizministerium ... vorgelegten Denkschrift sind 281 Fälle aufgezählt, in denen das Verfahren durch Freispruch oder geringfügige Verurteilung der Täter zum Abschluß kam. Rechnet man dazu noch die Fälle, in denen das Verfahren noch schwebt, so kommt man auf mindestens 339 offiziell anerkannte Fälle, wo Republikaner von Rechtsstehenden umgebracht wurden." Später, die wenigen Weimarer Sonnenjahre sind schon wieder vorbei, die Republik ist schon reif zum Fall, da liest man im „Heidelberger Tageblatt": „3 500 in der Stadthalle versammelte Bürger und Studenten der Universitätsstadt Heidelberg erheben ihren flammenden Protest dagegen, daß Gumbel noch immer Professor an der Heidelberger Universität und Erzieher der deutschen Jugend sein kann." Zwei Monate danach, am 5. August 1932, wird Gumbel die Lehrberechtigung entzogen. Fünf Monate bevor die Nazis die Macht übernehmen, erledigen deutsche Hochschulprofessoren schon deren Arbeit.

Der republikfeindliche Geist aber herrscht von der ersten Stunde an, vor allem auch in der Justiz. Fast genau ein Jahr nach Kurt Eisners Tod, im Januar 1920, steht sein Mörder, Graf Arco-Valley vor den Schranken des Landgerichts München I. Der Staatsanwalt, der immerhin als Ankläger auftreten soll, formuliert zeitgemäß: „Wahre, tiefe, innerlich wurzelnde Vaterlandsliebe war es, die den Angeklagten zu seiner Tat veranlaßte, und ich stehe nicht an, hinzuzufügen: Wäre unsere Jugend insgesamt von solch glühender Vaterlandsliebe beseelt, wir hätten Hoffnung, mit hoher Zuversicht der Zukunft unseres Vaterlandes entgegenzusehen ..." Und der Verteidiger erklärt: „Der bayerische Adel kann stolz darauf sein, einen Mann wie Graf Arco zu seinen Mitgliedern zu zählen." Der Eisner-Mörder wird zum Tode verurteilt, 18 Stunden später begnadigt, nach fünf Jahren ist er ein freier Mann. Die bürgerlichen Ehrenrechte werden ihm – im Gegensatz zu Ernst Toller bei dessen Verurteilung zu fünf Jahren Haft – trotz des Todesurteils belassen. Die Begründung des Gerichts: „Von einer Aberkennung der bürgerlichen Ehrenrechte konnte natürlich keine Rede sein, weil die Handlungsweise des jungen, politisch unmündigen Mannes nicht niedriger Gesinnung, sondern der glühenden Liebe zu seinem Volke und Vaterland entsprang ..." So verständnisvoll ging man in Bayerns Justiz – und nicht nur dort – mit rechtsradikalen Mördern um.

Der Vorsitzende des Gerichts, Georg Neithardt, sollte im übrigen vier Jahre später noch einmal seine juristisch-moralisch zwar äußerst zweifelhafte, aber dafür vaterländisch einwandfreie Gesinnung unter Beweis stellen. Im März 1924 nämlich hat er den Vorsitz in jenem Richterkollegium, das dem Putschisten Adolf Hitler so ausreichend Gelegenheit gab, seine republikfeindlichen Thesen vor den Gerichtsschranken zu verkünden. Und auch den Parteiführer der Nationalsozialisten traf die Milde der bayerischen Justiz und ihres Richters Neithardt, auf die man sich in diesen Jahren immer dann besann, wenn es um die Aburteilung von Verbrechen rechter Fanatiker ging. Im Urteil wird

Hitler als Mann bezeichnet, „der ... deutsch denkt und fühlt, ... der sich durch hervorragende Tapferkeit vor dem Feinde hohe Kriegsauszeichnungen erworben hat ..." Sein Marsch am 9. November 1923 zur Münchner Feldherrnhalle forderte immerhin 14 Tote und zahlreiche Schwerverletzte, und es war ein – auch vor Gericht nicht geleugneter – Versuch, die Republik zu zerstören und an ihre Stelle eine faschistische Diktatur zu setzen.

Der Ungeist, der Bayern nach der Revolution erfaßt, macht natürlich nicht vor der Kulturpolitik halt. München, die liberale „Kunststadt", verfällt zunehmend. Als Bürgermeister Karl Scharnagl sein Amt antritt, fordert er die „Hochhaltung alter Bräuche, die Verdrängung neumodischer und demoralisierender Gewohnheiten und Lebensäußerungen durch Pflege bodenständiger, wahrhaft volkstümlicher Überlieferung." Er sagt damit eigentlich nur, was längst als Kulturaufgabe in der rechtsbürgerlichen oder völkischen Presse gefordert wird – mit scharfen Formulierungen, in denen die Worte „Juden", „Bolschewisten" und „Intellektuelle" am häufigsten auftauchen. Für Münchens Theater, besonders auch für Otto Falckenbergs „Kammerspiele", kommt sehr rasch wieder die Zeit der – diesmal inoffiziellen – Zensur. Aufführungen werden gestört oder von der Polizei wegen angeblicher Gefährdung der öffentlichen Ordnung verboten; vor den Theatern demonstrieren die Völkischen gegen undeutsche, „entartete" Stücke; im Stadtparlament verlangen die Nationalsozialisten, Zuschüsse für die Bühnen nur noch zu gewähren, wenn damit ein Kontrollrecht über die Spielpläne gesichert sei. Besonders negativ für die Entwicklung der Münchner Kulturszene wirkt sich der Verkauf der bekanntesten und besten Zeitung Süddeutschlands, der liberalen „Münchner Neuesten Nachrichten", an die rheinische Schwerindustrie aus. Sie wird von 1920 an „zu einem Bollwerk für nationale Erneuerung gegen Sozialismus und republikanische Politik". Damit schwenkt das Blatt natürlich auch in der Kulturpolitik radikal um.

Die Folgen dieser Entwicklung werden bald sichtbar. Stücke von Wedekind *(Schloß Wetterstein)* oder Karl Kraus *(Traumstück)* Ferdinand Bruckner *(Verbrecher)* oder Friedrich Wolf *(Cyankali)*, Carl Zuckmayer *(Der fröhliche Weinberg)* oder Alfred Döblin *(Die Ehe)* werden entweder kurz vor der Premiere oder nach wenigen Aufführungen verboten, oder die Theaterleitungen ziehen sie nach lautstarken Protesten freiwillig zurück. Ein nationalsozialistischer Stadtrat nennt die Stücke von Hauptmann, Wedekind und Schnitzler öffentlich eine „künstlerische Versauung unseres Volkes". Der Widerspruch der Münchner Mehrheitsparteien bleibt aus. Ein expressionistisches Kruzifix des Bildhauers Ludwig Gies führt 1922 zu einem Münchner Kunstskandal, die rechte Kulturkritik schäumt, es wird wieder entfernt.

Auch Lion Feuchtwanger gehört zu den von den Nationalisten scharf angegriffenen Künstlern. Sein dramatischer Roman *Thomas Wendt* wird auf einer Münchner Bühne bereits einstudiert, als der Kapp-Putsch die politischen Verhältnisse in der bayerischen Hauptstadt noch ein Stück weiter nach rechts rückt, an eine Aufführung nicht mehr zu denken ist. Sein *Holländischer Kaufmann* wird nach wenigen Abenden vom Spielplan des Staatstheaters abgesetzt, der Kunstverstand der Direktion weicht dem Druck der Hitler-Partei, die lärmend protestiert und kurz vor ihrem Putsch steht.

Noch entscheidender für München aber wird der Exodus vieler führender Künstler und Intellektueller, der nach der Niederwerfung der Revolution einsetzt. Der völkische Sumpf beginnt zu stinken in dieser Stadt, sein Geruch läßt gerade die Sensiblen unter den Schriftstellern, Malern oder Musikern an Abwanderung denken. Berlin, die offene, laute, sich dem neuen Jahrhundert zuwendende Lichterstadt lockt, wird jetzt endgültig zur unbestrittenen Kulturmetropole der jungen Republik. Bertolt Brecht geht und Ricarda Huch, Ödön von Horváth und später auch Heinrich Mann. Und es verläßt 1925 der gerade vom Ruhm berührte Lion Feuchtwanger seine Heimatstadt, angeekelt vom Antisemitismus und den Anpöbelungen des nationalsozialistischen Mobs, politisch alarmiert von der nahezu völlig fehlenden Gegenwehr des Münchner Bürgertums. Paul Klee geht und Wassily Kandinsky; nicht in München, sondern in Weimar und Dessau wird der Bauhaus-Stil entwickelt. Süddeutschlands namhaftester Architekt, Theodor Fischer, dem die bayerische Hauptstadt die Professur verweigert, wird von der Stuttgarter Hochschule mit einem Lehrstuhl begrüßt. Bruno Walter geht nach zehn erfolgreichen Jahren als Opernchef, bei ihm allerdings ist auch Privates im Spiel.

Es bleibt der „Vernunftrepublikaner" Thomas Mann, es bleiben Hans Carossa, Richard Billinger und Georg Britting. Es bleibt der große Theatermann Otto Falckenberg. Es bleiben auch die, die das völkische Getobe zwar reichlich niveaulos finden, aber die Republikfeindlichkeit, das germanische Geraune, diese Mischung aus dümmlicher Siegfried-Pose und verlogenem Pathos à la Götterdämmerung als Werte deutscher Kultur empfanden: Oswald Spengler, Ludwig Klages, Ernst Bertram, Hans Pfitzner. Es bleibt auch die Münchner Zeitschrift „Der Zwiebelfisch", die Anfang 1926 verzweifelt-sarkastisch eine Rundfrage an prominente Künstler richtet, wie denn diese Stadt wieder geistig gestaltet werden könnte. Die „Münchner Post" hatte zuvor bereits ihre wenig hoffnungsvolle Zustandsbeschreibung veröffentlicht: „München war vor dem Krieg ein europäisches Zentrum; es ist im Begriff, eine deutsche Provinzstadt zu werden."

Lion Feuchtwanger wird – zwei Jahre, nachdem er München verlassen hat – seinen großen Roman über die „bayerische Hochebene" schreiben. Und dort blickt der Fabrikant Paul Heßreiter, die Welt und ihre Umstriebe nicht mehr verstehend, auf seine Stadt: *„Früher hatte die schöne, behagliche Stadt die besten Köpfe des Reiches angezogen. Wie kam es, daß die jetzt fort waren, daß an ihrer Stelle alles, was faul und schlecht war im Reich und sich anderswo nicht halten konnte, magisch angezogen nach München flüchtete?" (Erfolg)* Heinrich Mann hatte die richtige Antwort gefunden: „Ich habe die Überzeugung, daß München derzeit die von der gesamten deutschen Bildung und anständigen Gesinnung verachtetste Stadt ist."

Die Schatten, die über München liegen, werden bald auch für das übrige Reich sichtbar. Die bürgerlichen Gruppierungen und die Rechtsparteien in Bayern nehmen offen eine staats- und republikfeindliche Haltung ein. Nach dem Scheitern des Kapp-Putsches, der durch einen reichsweiten Generalstreik abgewendet wird, geht Bayern vollends ins Lager der Republikgegner über. Bestürzt schreibt das „Berliner Tageblatt" im Januar 1923: „In Bayern allein fand die nationalsozialistische Bewegung nicht bloß die Atmosphäre, die ihrem Aufkommen günstig war, sondern auch wohlwollende Duldung und Unterstützung durch den Staat." Zum Ausbruch der Krise zwischen dem Reich und dem „Freistaat" kommt es, als die Regierung Stresemann im September 1923 den passiven Widerstand gegen die Ruhrbesetzung durch französisches Militär aufgibt. Eine Welle des Hasses und der Verleumdung schwappt über der Reichregierung zusammen, Links- und Rechtsradikale übertreffen sich in Schmähungen und Verwünschungen gegen die Republik, auch die bürgerlichen Parteien reagieren mit schweren Anschuldigungen. In Bayern ruft das Kabinett den Ausnahmezustand aus und ernennt ohne jede Absprache mit Berlin den ehemaligen Ministerpräsidenten Gustav von Kahr zum Staatskommissar. Bayern rebelliert; in Thüringen und Sachsen treten nach einem Wink aus Moskau kommunistische Minister in die Landesregierungen ein; im Rheinland sehen die Separatisten ihre Chance gekommen; Hamburg steht kurz vor einem Aufstand der Kommunisten um Ernst Thälmann. Die Republik wankt. In Bayern kommt es schließlich zum offenen Abfall, als sich der dortige Reichswehrchef von Lossow – im Einvernehmen mit Kahr – weigert, einem Befehl aus Berlin zu folgen und Hitlers Hetzblatt, den „Völkischen Beobachter", wegen Diffamierung der Republik zu verbieten. Am Ende aber, nachdem sich die Lage in den anderen Regionen zugunsten der Berliner Zentralregierung geklärt hat, weichen Kahr und Lossow zurück, lenken sie ein und verhindern damit den Einmarsch der Reichswehrverbände des Generals von Seeckt.

Nur einer, der schon glaubte, nun habe die Vorsehung seine Stunde bestimmt, spielt verrückt. In der Nacht vom 8. auf den 9. November

1923 trommelt Hitler seine Verbände zusammen, dringt mit dem Revolver in der Hand in den Bürgerbräukeller ein, wo Kahr gerade eine Versammlung abhält. Mit einem Schuß in die Luft und hysterischer Stimme verkündet Hitler die nationale Revolution, fordert er Kahr und den ebenfalls anwesenden General von Lossow auf, sich mit ihm an die Spitze dieses Umsturzes zu stellen. Zum Schein gehen beide darauf ein, aber schon am nächsten Morgen muß der Betrüger erkennen, daß er diesmal selbst der Betrogene ist. Trotzdem, in der blinden Hoffnung, das Unmögliche zu erzwingen, in einem grotesken Aufbegehren gegen die tatsächlichen Machtverhältnisse marschiert Hitler am 9. November an der Spitze seiner Anhänger durch München. An seiner Seite, in Generalsuniform, Erich Ludendorff, unbelehrbar, schon wieder dabei, wenn es darum geht, sein Land ins Unglück zu stürzen. Im Maschinengewehrfeuer der Polizei endet auf dem Odeonsplatz diese schauerliche Politkomödie. 14 Menschen sterben, Hitler flieht, die „nationale Revolution" überlebt nicht einmal 20 Stunden.

Vier Jahre später stellt der Schriftsteller Lion Feuchtwanger in seinem Roman *Erfolg* diese Münchner Ereignisse dar. Er lebt dann schon in Berlin, hat möglicherweise den für das Geschehen in der „bayerischen Hochebene" notwendigen, inneren und räumlichen Abstand. Es wird eines der wichtigsten Bücher über die ersten, so entscheidenden Jahre der Republik. Mit sicherem Gespür für die dunklen Ängste des deutschen Kleinbürgers, der schon bald auf dem Weg der radikalen Verneinung der Demokratie ist und dessen Hinwendung zum Blut-und-Boden-Mythos der Völkischen, aus äußerer Not und innerem Moralverfall geboren, kaum aufzuhalten ist, wird Lion Feuchtwanger zum frühen Deuter der Untergangssymptome der ersten deutschen Demokratie. Hellsichtig wie wenige seiner Zeitgenossen, erkennt er die dramatische Symbolik des lächerlichen, gefährlichen Putsches der Nationalsozialisten, wird das Hakenkreuz für ihn schon zu Beginn der 20er Jahre zum Zeichen einer neuen, modernen Barbarei. Als Jude und Intellektueller doppelt betroffen, gelingt ihm mit seinem literarischen Bericht über *Drei Jahre Geschichte einer Provinz* – so der Untertitel von *Erfolg* – ein Meisterwerk. Seine Gegner werden es 1930, wenn es erscheint, in blinder Wut ein „Buch des Hasses" nennen.

Weggefährten

Zu diesem Zeitpunkt werden allerdings schon zwei andere Romane Feuchtwangers *(Jud Süß* und *Die häßliche Herzogin Margarete Maultasch)* vorliegen, die ihn bereits weltbekannt gemacht haben und die das bedeutendste literarische Ergebnis seiner letzten Münchner Jahre gewesen sind. In dieser Zeit, den Jahren 1919 bis 1925, beginnen auch die Freundschaften mit Bertolt Brecht und Arnold Zweig, werden die Beziehungen zu Heinrich Mann und Bruno Frank vertieft. Vor allem Brechts Einfluß ist stark. Der junge Augsburger zieht nach München, lebt dort zwar recht provisorisch, zeitweise in der Nähe der Georgenstraße, ist häufiger Gast bei den Feuchtwangers. Ein Rebell, der die Provokation liebt, mit seinen Freunden Caspar Neher und Arnolt Bronnen das etablierte Theater verhöhnt, dessen erste eigene Aufführungen in München und Berlin bei einem kleinen Kreis von Kennern Begeisterung auslösen. „Klaus Mann, der Sohn von Thomas Mann. Wer ist Thomas Mann?" schreibt er bösartig, und die Hälfte des Kleist-Preises, die ihm Freund Bronnen nach dem Erfolg seines Dramas *Vatermord* abgeben will, weist er zurück: Ein Brecht nimmt nur den ganzen Lorbeer des Ruhmes, nicht ein Stück davon. Auf den vielen Faschingsfesten oder Premierenfeiern in der Georgenstraße hockt er in der Ecke, hager, kantig, abweisend, singt mit rauher Stimme und zur Gitarre seine Balladen. Die Frauen sind fasziniert von ihm, er gebraucht sie recht häufig und gleichgültig. Feuchtwangers Wohnung wird zum Treffpunkt des Brecht-Kreises, der erheblich Ältere genießt die „andere Welt". Klatsch kann diese Freundschaft nicht trüben, selbst wenn Brecht in den Cafés erzählt, er brauche den etablierten Feuchtwanger nur als „Sprungbrett". Bruno Frank berichtet davon erbost dem nachsichtigen Förderer, der dies schnell vergißt.

Es gibt Verstimmungen über die Autorennennung bei gemeinsamen Stücken. So schreibt Brecht im Frühjahr 1924, kurz vor der Premiere von *Leben Eduards des Zweiten von England*, hilfesuchend an Herbert Ihering: Feuchtwanger „lehnt es ... ab, irgendeine Nennung seines Namens zuzulassen, durch die seine Mitarbeit herabgewürdigt wird, etwa auch die von mir vorgeschlagene zweite Buchseite: Dieses Stück entstand in Zusammenarbeit mit L. Feuchtwanger. Eine Widmung lehnt er, als ihn schädigend ab." Und in seinem letzten, nicht mehr beendeten Werk schildert der alte Schriftsteller Lion Feuchtwanger noch einmal, wie heftig es bei den gemeinsamen Diskussionen und Arbeiten zwischen ihnen zugehen konnte: *„Ich erinnere mich einer Debatte mit Bertolt Brecht ... Es ging um ein scheinbar Geringes, ein Komma, das Brecht durchaus nicht setzen wollte. Dieses fehlende Komma aber machte den Satz schlechthin unverständlich. Ich wies ihn auf die vielen grotesken Mißverständnisse hin, welche fehlende oder falsche Interpunktion der Bibel oder der klassischen antiken Dichtung hervorgerufen haben. Brecht hob die Stimme, er geriet ins Schreien, er geriet leicht ins Schreien beim Debattieren, das regte ihn an; auch ich, der ich leises Reden bevorzuge, hob die Stimme. Draußen fragte das Dienstmädchen, ob man nicht unterbrechen solle, bevor die Herren sich schlügen.*

Nachts, nach zwölf Uhr, kam Brecht an meiner Wohnung vorbei, pfiff mich ans Fenster und erklärte: , Sie haben recht. Ich setze das Komma.'" *(Das Haus der Desdemona,* 1961)

Wichtig ist beiden die gegenseitige Anregung, ihr Gespräch über Theater und Stücke. Und daß der damals schon einflußreiche Lion Feuchtwanger zu den entscheidenden frühen Förderern des jungen Brecht gehört, ist literaturgeschichtlich sicher mehr als eine Fußnote wert. Auf einem der Premierenfeste in der Wohnung des Schriftstellers gibt der Hausherr dem Chef der „Kammerspiele", Otto Falckenberg, das Manuskript von Brechts *Trommeln in der Nacht,* das ursprünglich den Titel *Spartakus* trug. Falckenberg erzählt: „Feuchtwanger sagte, ich sollte es gleich lesen, denn es wäre sehr interessant. Ich las es natürlich nicht. Es vergingen Tage und Wochen, Feuchtwanger rief an, schrieb Briefe, hielt mich auf der Straße an und erinnerte mich daran, aber ich schwieg immer weiter. Ich las das Stück einfach nicht. Wer es dann las? Es war meine Frau, Sybille Binder. Sie hatte eine Fußverrenkung, lag zu Haus, hatte nichts zu lesen, was sie interessierte, und griff daher nach dem herumliegenden Manuskript. Plötzlich schrie sie auf: ‚Das ist ein fantastisch gekonntes Stück, das m u ß t Du lesen!' Dann las ich es auch, nahm es an und inszenierte den ersten Brecht." Einer der großen Dramatiker unseres Jahrhunderts ist entdeckt. Es wird ein Erfolg – Brecht hat auf sich aufmerksam gemacht. Er wird Dramaturg bei Falckenberg, inszeniert dort, chaotisch, aber doch schon mit genialen Einfällen, Feuchtwangers und seinen *Eduard II.,* geht 1924 nach Berlin, dem großen Ruhm entgegen, der mit der von ihm selbst wenig geachteten *Dreigroschenoper* kommt. Die Freundschaft bleibt in Berlin, dann auch im Exil, wo Brecht häufig Gast bei Feuchtwanger im südfranzösischen Sanary und später für längere Zeit auch sein Nachbar in Kalifornien ist.

Brecht hat Lion Feuchtwanger immer wieder angezogen. Sein unkonventionelles Auftreten, sein auch in der äußeren Form unbürgerliches Verhalten, seine unzweifelhaft genialischen Züge imponieren dem schüchternen, disziplinierten Sohn des Großbürgertums. Marieluise Fleißer, die beide in diesen Jahren sehr gut kennt, die von ihnen entdeckt und gefördert wird, schreibt in ihren Erinnerungen: „Es war gerade so, als ob Feuchtwanger an irgendeinem Menschen auslassen mußte, was in ihm rumorte. Denn dieser Brecht rumorte in ihm. Er war auf Anhieb genial, frech wie ein junger Gott und eines Menschenzeitalters liebstes Kind." „Onkel Feuchtwanger", wie ihn der Jüngere manchmal spöttisch-liebevoll nennt, fühlt sich natürlich vor allem vom großen Künstler Brecht angezogen. Wie sehr umgekehrt auch Brecht ihn als geistigen Partner schätzt, zeigt – neben vielen persönlichen Äußerungen – sein *Me-ti/Buch der Wendungen,* wo der Schriftsteller Fe-huwang mehrmals als herausfordernder intellektueller Gegenpart auftritt: „Warum sind die Kopfarbeiter nicht für die Umwälzung? fragte Fehu-wang. Me-ti sagte: Sie stellen sich zu ihr nicht als Köpfe, sondern als Bäuche."

Die zweite große Künstlerfreundschaft beginnt ebenfalls Anfang der 20er Jahre. Arnold Zweig und Lion Feuchtwanger treffen sich das erste Mal im Faschingskostüm, in der Schwabinger Hinterstube des Buchhändlers Steinicke, wo in schweren Notzeiten manche Feste gefeiert werden. Beide verbindet ein ähnlicher künstlerischer Werdegang, der Weg vom Schriftsteller des Ästhetizismus zum Intellektuellen, den der Krieg erschütterte. Beide sind Juden, beide neigen dem Sozialismus zu. Feuchtwanger hat schon vor dem ersten Zusammentreffen Zweigs im Krieg geschriebene Novelle *Die Bestie* gelesen, die ihn sehr beeindruckt. Arnold Zweig wiederum wird vom Romanerfolg des *Jud Süß* bewogen, sein *Grischa*-Schauspiel in eine epische Fassung umzuschreiben. „Meinen Glauben an den deutschen Roman", schreibt Zweig am Ende seines Lebens, „mußte ich erst erhärten, als ich an Feuchtwangers ‚Jud Süß' ein vollgültiges Beispiel dafür in Händen hielt." Feuchtwanger nennt den Roman *Der Streit um den Sergeanten Grischa*, den Zweig 1927 veröffentlicht, *„das erste große Epos unseres Krieges"*. Beide teilen bald danach das Schicksal des Exils. Zweig ist vor seiner Umsiedlung nach Palästina mehrere Monate in Sanary. In tiefer Sorge um das wieder bedrohte Schicksal der Juden veröffentlichen sie gemeinsam eine Streitschrift unter dem Titel *Die Aufgabe des Judentums.* In den beiden Aufsätzen – der erheblich umfangreichere Essay *Nationalismus und Judentum* stammt von Feuchtwanger – vertreten sie allerdings unterschiedliche Positionen. Zweig ist Zionist, Feuchtwanger meint dagegen, daß die Juden keine Nation bilden können.

Fast jedes Jahr kommt Zweig dann von Palästina nach Frankreich, wo er sehr aktiv in den Exilorganisationen tätig ist. Die Namen Feuchtwanger und Zweig stehen unter dem 1936 verfaßten *Aufruf für die deutsche Volksfront.* Zweigs Bücher werden zwar in viele Sprachen übersetzt, aber seine materielle Lage wird in den Jahren des Exils immer schwieriger. Ein schweres Augenleiden behindert seine Arbeit. Lion Feuchtwanger unterstützt ihn mit regelmäßigen Geldsendungen, er setzt sich dafür ein, daß auch über die Hilfsfonds der Exilorganisationen Geld nach Palästina gelangt, um Zweigs Lage zu erleichtern. Ende der 30er Jahre sehen sie sich zum letzten Mal. Dann kann Zweig bis zum Kriegsende nicht mehr nach Europa, und Feuchtwanger wird Amerika nicht mehr verlassen. Ein umfangreicher Briefwechsel begleitete diese Freundschaft jedoch bis zu Feuchtwangers Tod 1958. Es sind Briefe der kollegialen Kritik und Ermunterung, Werkgespräche zweier

Schriftsteller, ein Dialog zwischen Gleichgesinnten. Allerdings, Arnold Zweig bekennt sich eindeutig zum Kommunismus, kehrt 1949 nach Deutschland zurück und nimmt seinen Wohnsitz in der DDR. Dort wird er 1950 erster Präsident der Deutschen Akademie der Künste, ein Amt, das Heinrich Mann nicht mehr antreten konnte. Feuchtwanger ist dem Freund auf diesem Weg nicht gefolgt. Er bleibt im Gegensatz zu Zweig zwischen den Fronten, eine Übersiedlung in die DDR kommt für ihn nicht in Betracht. Doch selbst nach ihrem Tod – Zweig stirbt 1968 – bleibt Gemeinsames: Wie Feuchtwanger wird auch Zweig in der Bundesrepublik wenig beachtet – Buchmarkt und Wissenschaft vernachlässigen sein literarisches, pazifistisches Werk.

Seit den Kriegsjahren hat sich die Beziehung zu Heinrich Mann vertieft. Der Autor des *Untertan* und des *Professor Unrat*, der große politische Essayist und Republikaner wird von Feuchtwanger seit den frühesten Jugendjahren verehrt. Immer wieder hat er auf den starken Einfluß hingewiesen, den Heinrich Manns Bücher für seine schriftstellerischen Arbeiten besaßen: *„Heinrich Mann hat meine Diktion verändert."* Neben Brecht und Döblin war es dieser zeitgenössische Dichter, zu dem er sich stets dankbar bekannt hat. In den späten Münchner Jahren entwickelt sich zwischen beiden eine Künstlergemeinschaft, stets vom Respekt des Jüngeren und der etwas „würdevollen" Haltung des Lübeckers ein wenig auf Distanz gehalten. Vor allem in den 20er Jahren aber – der Zeit, in der Heinrich Mann auf dem Höhepunkt seines Wirkens und seiner Anerkennung als Schriftsteller steht – finden sie in der politisch-geistigen Auseinandersetzung um den Bestand der Republik eine gemeinsame Plattform. Später, im französischen Exil, lebt Heinrich Mann in Nizza und Feuchtwanger unweit davon in Sanary. Beide sind häufig in Paris, wo die Spaltung unter den Exilanten immer deutlicher wird und wo Heinrich Mann, wie Alfred Kantorowicz schreibt, „bei Emigranten aller politischen und weltanschaulichen Überzeugungen – Liberalen, Demokraten, Sozialisten, Kommunisten, Pazifisten – hohe Achtung genoß..." Beide gehören zu den Mitbegründern der „Deutschen Freiheitsbibliothek", die die in Deutschland verbrannten Bücher führt und zeitweise zu einem geistigen Zentrum der deutschen Exilliteratur in Frankreich wird. Sie werden beide sehr aktive Mitglieder im „Schutzverband deutscher Schriftsteller".

Als Hitlers Truppen in Frankreich einfallen, flieht er mit seiner Frau, ebenso wie kurz vorher Werfels und Golo Mann, über die Pyrenäen nach Spanien und nach Lissabon. *„Ich mußte ihm, immer in Eile und vagen Umrissen"*, so erinnert sich Feuchtwanger später an diese Tage, *„von einem abenteuerlichen Fluchtprojekt erzählen, das große Ansprüche stellte an die Nerven und an die physische Kraft derjenigen, die es* *unternahmen. Ich mußte... fragen: sind Sie bereit, alles, was Sie haben, im Stich zu lassen, einen Rucksack mit dem Allernotwendigsten auf die Schulter zu nehmen, dreißig Kilometer durch die Nacht zu marschieren... Der neunundsechzigjährige Heinrich Mann, ohne sich eine Sekunde zu bedenken, sagte ja." (Heinrich Mann. Zum 75. Geburtstag, 1946)*

Im kalifornischen Exil werden sie, wie in München und Berlin, wieder Nachbarn. Es sind die schlimmen Jahre, in denen der alternde Heinrich Mann vereinsamt. Nach dem Freitod seiner zweiten Frau, einer Fischerstochter aus Niendorf an der Ostsee, sind es vor allem die Familie des Bruders Thomas, inzwischen ebenfalls im kalifornischen Exil, und das Ehepaar Feuchtwanger, die ihm finanziell und menschlich zur Seite stehen. Einer der größten deutschen Dichter des 20. Jahrhunderts, aus seinem Vaterland verjagt, lebt in den letzten Jahren seines Lebens fast unbekannt und ungelesen an der amerikanischen Pazifikküste. Eine melancholisch-schöne, sehr charakteristische Szene aus diesen Tagen überliefert Marta Feuchtwanger: „Doch einmal brach ein furchtbares Unwetter los, und ich fuhr ihn zurück. Ich mußte den Wagen vor seinem Haus in einer Sackgasse umwenden. Heinrich Mann blieb vor der Tür stehen im strömenden Regen, den Hut in der Hand, bis ich außer Sicht war. Er war der letzte Ritter."

Und als er endlich nach 17 Jahren Exil zurück in die Heimat kann – die DDR hat ihm Wohnsitz und hohe Ehrung angeboten – da tritt der Tod dazwischen. Kurz vorher löst ein gemeinsames Telegramm von Feuchtwanger und ihm in der Bundesrepublik noch einmal Ärger aus, geboren aus Intoleranz und einer politischen Bevormundung, die auch die Nachkriegsjahre kennzeichnet: Heinrich Mann und Lion Feuchtwanger nämlich schicken einen Glückwunsch zur Gründung der Deutschen Akademie der Künste nach Ostberlin.

Auf dem Friedhof von Santa Monica stehen die Grabsteine dieser beiden Schriftsteller nur knapp zehn Meter voneinander entfernt. Beide haben ihre Heimat nie wiedergesehen.

Aber nicht nur das gemeinsame Schicksal als republikanische Schriftsteller und in ihrem Vaterland verfemte Intellektuelle hat diese Lebensfreundschaft begründet. Beide schätzten das Werk des anderen hoch ein. Heinrich Mann, der übrigens auch den Dramatiker Feuchtwanger mit Lob bedenkt, schreibt, das Werk des Jüngeren lebe davon, „weniger zu hassen, als zu erkennen: es gewährt, seinen Romanen und ihm die Lebenskraft und Dauer. Ihnen ist erlaubt gütig zu sein; Güte verlangt Echtheit und er hat sie." Er nennt ihn den „Fontane-Nachfolger". Und Lion Feuchtwanger würdigt den greisen, 75jährigen Heinrich Mann in der Zeitschrift „Aufbau" mit dem Satz: *„Unter den deutschen Schriftstellern, die sich vorsetzen, unser Jahrhundert nicht nur in ihren Bü-*

chern zu gestalten, sondern es durch sie zu verändern, ist er der Größte."

Ein Lebens- und politischer Leidensgefährte bleibt Bruno Frank, der einzige Duzfreund und, seit den Stammtischabenden in der „Torggelstube", ein Bewunderer Feuchtwangers. Auch Frank hat durch das Erlebnis des 1. Weltkriegs als Schriftsteller eine tiefgreifende Wandlung erfahren. Zunächst ein begabter Lyriker im Rilke-Stil, schreibt er bereits 1915 seinen ersten Roman. Es folgen in den 20er und frühen 30er Jahren vielgespielte und -gelesene Dramen und Komödien, Novellen und Romane. Der Jude Bruno Frank wird leidenschaftlicher Republikaner, bleibt bis 1933 in München, wo ihn die Freundschaft zu Thomas Mann fesselt, den Schriftsteller, den er verehrt und bewundert wie keinen anderen. Einen Tag nach dem Reichstagsbrand verläßt er Deutschland zusammen mit seiner Frau Liesl, Tochter des berühmten Operettenstars Fritzi Massary. Wie Thomas und Heinrich Mann, wie Lion Feuchtwanger hat auch Bruno Frank in der letzten Phase von Weimar vor der politischen Katastrophe der Republik gewarnt, hat er als Schriftsteller und politischer Essayist dagegen gekämpft. Frank ist kein Sozialist wie Lion Feuchtwanger oder Arnold Zweig, aber sein humanistisches Weltbild hat ihn davor bewahrt, gegenüber den Schwächen des Bürgertums blind zu werden. In einem Rundfunkinterview vom März 1938 wird er gefragt, was denn die Amerikaner aus den Ereignissen in Europa, der hilflosen Politik der parlamentarischen Demokratien gegen Hitlers brutales Machtstreben lernen könnten. Die Antwort, die er gibt, umschreibt seine eigene Position: „Like many of you I was born and brought up a Democrat and Liberal, and a Democrat and Liberal I still am. But it is my conviction, that only through a close alliance with the working masses can we bring our ideas to victory." („Wie viele von Ihnen bin ich als Demokrat und Liberaler geboren und erzogen worden, und ein Demokrat und Liberaler bin ich geblieben. Aber ich bin überzeugt davon, daß wir unsere Ideen nur durch ein enges Bündnis mit den arbeitenden Massen zum Sieg führen können.")

Bruno Frank gehört im November 1918 zu den Mitbegründern des „Politischen Rats der geistigen Arbeiter, München", und er steht in den Jahren der Weimarer Republik an der Seite derer, die vor den immer stärker werdenden antidemokratischen und antisemitischen Kräften warnen. Über Österreich, die Schweiz, Frankreich und England – Länder, in denen er sich während der ersten Exiljahre aufhält – geht er schließlich 1939 in die USA, wird dort Mitglied der großen deutschen Exilgemeinde in Kalifornien.

Lion Feuchtwanger hat Bruno Frank als Schriftsteller zweifellos nicht so hoch eingeschätzt wie die Brüder Mann, Bertolt Brecht oder Alfred

Döblin. Aber er findet doch immer wieder freundliche Worte für die Arbeit des drei Jahre jüngeren Freundes: *„Bruno Frank wollte ein Diener am deutschen Wort sein, er wollte die Fackel weitergeben. Gerade weil mit dem Einbruch der Barbarei in Deutschland die Tradition jäh abriß, war er mit zweifacher Liebe bestrebt, diese Tradition fortzusetzen. Im Exil, umgeben von den Lauten fremder Sprachen, kämpfte er darum, die Reinheit und den Adel des deutschen Wortes zu wahren. Mit kompromißloser Energie mühte er sich, das Erbe der Sprache in seinem Werk zu retten." (Zum Gedächtnis Bruno Franks,* 1945)

Feuchtwanger fühlt sich besonders von dem großzügigen, weltmännischen Charakter Franks angezogen. Auch mag der Gegensatz zur eigenen Psyche den Reiz dieser Freundschaft ausgemacht haben. Es ist aber auch eine Beziehung, die ihre Krisen hat. Frank ist empfindlich, er kann Brechts Person und Werk nicht ausstehen, fordert von Feuchtwanger eigensinnig die Wahl: Brecht oder er. Das ist Anfang der 20er Jahre, als der junge Brecht durch München wirbelt und die „Etablierten", zu denen auch Bruno Frank schon zählt, mit sarkastischen Randbemerkungen erbost. Hinzu kommt, daß Brecht und Thomas Mann sich fremd bleiben, Bruno Frank wiederum zum engsten Kreis des „bürgerlichen Repräsentanten" vom Herzogpark gehört. Einige Jahre später, als Lion Feuchtwangers Roman *Erfolg* wütende Reaktionen auslöst, natürlich vor allem in Bayern, da meint auch der Freund und bei München lebende Bruno Frank, wie undankbar Feuchtwanger sei, weil er München und Bayern so heruntergemacht habe. Später hat er diese Bemerkung selbst als töricht empfunden.

In den Monaten, in denen Bruno Frank in Sanary lebt, schreibt er seinen Roman *Cervantes,* und es gibt manche Diskussion über Stoff und Form dieses Buches mit dem Nachbar Lion Feuchtwanger. Als der amerikanische Verleger Ben Huebsch von der Viking Press im März/April 1934 Feuchtwanger in Südfrankreich aufsucht, gibt der ihm das noch unvollendete Manuskript des *Cervantes.* Huebsch bietet Frank daraufhin einen Vertrag für die amerikanische Übersetzung an, der Roman erscheint 1935 in den Staaten und wird dort „Buch des Monats". Später in Hollywood, wo Bruno und Liesl Franks Haus in Beverly Hills zu einem gesellschaftlichen Zentrum des Exils wird, setzen beide gemeinsam ihren Autorenruhm ein, um das Schicksal vieler deutscher Exilanten zu erleichtern. Frank gehört neben Thomas Mann, Albert Einstein, Bruno Walter und Arturo Toscanini zu den Unterzeichnern des später berühmten Telegramms an Präsident Roosevelt, in dem die Emigranten darum bitten, die Einstufung deutscher Flüchtlinge als „enemy alien" (feindlicher Ausländer) fallenzulassen. Der Einsatz für die Leidensgefährten des Exils bringt ihn bereits Anfang der 40er Jahre – so wie später auch Lion Feuchtwanger – in den Verdacht, ein Sympathisant des Kommunismus zu sein. Gerade bei Bruno Frank eine ganz unsinnige Unterstellung.

Fünf Wochen nach Kriegsende stirbt er, erst 58jährig in Kalifornien. Feuchtwanger hat ihn *„einen Glücklichen"* genannt, denn *„selbst das Böse, das ihm begegnete, nahm er mit Freuden hin, weil es ihm half, das Gute doppelt zu schätzen."* Und doch waren die letzten Jahre Bruno Franks zunehmend von politischen und künstlerischen Sorgen verdunkelt. Am Grabe Ernst Tollers, der sich in totaler Vereinsamung 1939 in seinem New Yorker Hotelzimmer erhängt hatte, meinte Bruno Frank: „Um die ganze Wahrheit zu sagen – er hat sich nicht selbst getötet. Er ist ermordet worden, und sein Mörder ist Hitler." Auch Franks wachsende Lebensmüdigkeit und sein früher Tod sind Folgen eines jahrelangen, zermürbenden Exildaseins gewesen. Ein *„Humanist bis ins Innerste"* – so nennt ihn Feuchtwanger in seinem Nachruf. Einer, der die „Weltereignisse" seiner späten Jahre nicht mehr ertragen konnte.

Ganz anders als zu Bertolt Brecht, Heinrich Mann oder Bruno Frank waren die Beziehungen Feuchtwangers zu einem Weggefährten, dem er an verschiedenen Stationen seines Lebensweges immer wieder begegnete. Thomas Mann lebte wie er in München, in Sanary und in Kalifornien, und beide Schriftsteller waren vor allem im amerikanischen Exil über Jahre hinweg Nachbarn. In der Zeit, in der sie in München wohnen, bleiben sie sich fremd. Der damals schon berühmte Schriftsteller Thomas Mann lebt in anderen gesellschaftlichen Kreisen der bayerischen Metropole als der noch weitgehend unbekannte, seine künstlerischen Ziele noch suchende Theaterkritiker der „Schaubühne" aus der Schwabinger Boheme. Man trifft sich auf Dichterlesungen, bei Theaterpremieren oder einer Vernissage, manchmal auch auf privaten Faschingsfesten, aber ein näherer Kontakt kommt nicht zustande. Im Streit der beiden Brüder Mann während der Kriegsjahre steht Lion Feuchtwanger ganz auf der Seite des „Zivilisationsliteraten" Heinrich Mann, lehnt die damals elitär-konservative Haltung von Thomas Mann ab, wie sie in seinen fatalen *Betrachtungen eines Unpolitischen* zu Tage tritt. Auch in den Nachkriegsjahren kommt es nicht zu engeren Beziehungen. Feuchtwanger steht auf der Seite der Revolution, Thomas Mann schaudert vor ihr zurück. Überhaupt macht es sich der Autor des *Zauberberg* zunächst nicht leicht, die Republik zu bejahen. Ganz anders Lion Feuchtwanger, der schon in der Kaiserzeit die Schwächen und Fehlentwicklungen von Monarchie und Bürgertum erkannt hatte. Dann, als der *Jud Süß* und *Die häßliche Herzogin Margarete Maultasch* erschienen sind und Feuchtwanger in Berlin lebt, treffen sich beide hin und wieder – nun auch der Jüngere schon beinahe so etwas wie ein Repräsentant – auf öffentlichen Veranstaltungen.

Später, aus Deutschland vertrieben, in Sanary lebend, begegnen sie sich häufig, werden ihre Gespräche persönlicher, lernen sie sich menschlich schätzen. Thomas Mann wohnt vom Mai bis zum September 1933 in dem damals noch kleinen französischen Fischerdorf, dann läßt er sich in der Schweiz nieder. Es sind die Monate innerer Verwirrung und des sich verzweifelt Zurechtfindenmüssens, in einer für den Bürger Thomas Mann völlig neuen Situation. In diesem Sommer erkennt er in Feuchtwanger nicht nur den Künstlerkollegen, sondern auch den Leidensgefährten. 1940 gelingt es dem Ehepaar Feuchtwanger, auch durch die Hilfe Thomas Manns, nach Amerika zu fliehen, wo sie sich in Pacific Palisades niederlassen. Im April 1941 kommt Thomas Mann ebenfalls in diesen Vorort von Los Angeles, und die nächsten elf Jahre leben die Familien wieder als Nachbarn zusammen.

Aber es bleibt auch in dieser Zeit stets eine Distanz zwischen beiden, die nie überschritten wird. Lion Feuchtwanger hat den Schriftsteller Thomas Mann seit seiner ersten Begegnung mit dessen Werk hoch geschätzt. Die *Buddenbrooks,* 1902 erschienen, bleiben für ihn einer der bedeutenden Romane seines Jahrhunderts. Er hat Thomas Mann wohl als den größten zeitgenössischen Autor anerkannt.Gerade deswegen hält der stets schüchterne, auf sympathische Art zurückhaltende Lion Feuchtwanger zeitlebens respektvollen Abstand. Umgekehrt ist er in Bezug auf das eigene Schaffen sehr selbstbewußt, neigt also nicht – wie mancher in der Umgebung Thomas Manns – zur euphorischen Unterwerfung. Der Lübecker schätzt vor allem in den späteren Jahren seines Lebens die heitere, vom disziplinierten Tagewerk ablenkende, aber doch „gebildete“ Unterhaltung, wenn er in Gesellschaft ist. Und er braucht seine Zuhörer. In Feuchtwanger – „ein lieber, heiterer, mitteilsamer... treuherziger Mann, dessen gut münchnerische Rede Behagen schafft“ – findet er stets einen aufmerksamen Partner. „Die vielen Abende kamen“, so schreibt Thomas Mann, „bei ihm oder bei uns, mit ernsten und heiteren Gesprächen, Erinnerungen, Weltbetrachtungen, gegenseitigen Vorlesungen...“ Und in der Widmung seines *Faustus*-Exemplars schreibt er im Januar 1945 einen Satz, der die Atmosphäre zwischen beiden treffend charakterisiert: „Lion Feuchtwanger, der auch deutsch schreibt, von Burg zu Burg.“

Natürlich nimmt Thomas Mann auch in Kalifornien wieder eine ganz besondere Position ein. Ludwig Marcuse sieht das ganz richtig: „Er war Kaiser aller deutscher Emigranten, ganz besonderer Schutzherr des Stammes der Schriftsteller. Von ihm wurde alles erwartet, ihm wurde alles verdankt, er wurde für alles verantwortlich gemacht.“ Wenn allerdings Bertolt Brecht und Thomas Mann in Hollywood zufällig auf der gleichen Party sind – was selten genug vorkommt, denn die Gastgeber wissen, was sich gehört – dann ergreift beide tiefes Unbehagen. Feuchtwanger weiß durch seine Freundlichkeit und Rücksichtnahme allzu große Peinlichkeiten zwischen den beiden zu verhindern. Aber auch zwischen ihm selbst und Thomas Mann gibt es während der Exiljahre, vorrangig in den sie alle bedrängenden politischen Fragen, unterschiedliche Auffassungen. Nicht in der grundsätzlichen, von tiefer Abscheu getragenen Haltung gegenüber dem Faschismus, sondern in der Einschätzung der Situation oder wenn es darum geht, öffentlich zu den politischen Ereignissen Stellung zu beziehen. Am 6. Juli 1933 schreibt Thomas Mann in einer Tagebucheintragung nach einem Gespräch mit seinem Bruder Heinrich und Lion Feuchtwanger über die Lage in Deutschland: „Mein Glaube an ein rasches Hinweggefegtwerden ist leider weit geringer als der von Heinrich und Feuchtwanger, die an baldigen wirtschaftlichen Zusammenbruch und Revolution glauben." Und nach dem Erscheinen von Feuchtwangers Reisebericht über seine Erlebnisse in der Sowjetunion heißt es am 8. Juli 1937 im Tagebuch: „Feuchtwangers Buch ‚Moskau 1937'. Ist doch merkwürdig zu lesen."

Trotzdem, gemeinsam bleibt der Kampf gegen den Faschismus, bleibt ihre republikanische Einstellung. Unterschiede zeigen sich bei der Beurteilung der Rolle des Kommunismus für Europas Zukunft. Thomas Mann hat sehr viel stärkere Skrupel als Lion Feuchtwanger, politische Resolutionen zu unterschreiben, die beispielsweise die Zusammenarbeit mit den Kommunisten im Exil fordern. Aber ebensowenig wie dieser wird sich Thomas Mann nach dem Krieg von Deutschland West oder von Deutschland Ost politisch vereinnahmen lassen. Seinen letzten Wohnsitz wählt er in der Schweiz, und die Schiller-Gedenkrede kurz vor seinem Tod hält er sowohl in Stuttgart als auch in Weimar.

Lion Feuchtwanger gehört sicher nicht zu den intimen Freunden Thomas Manns, wie in der kalifornischen Zeit Bruno Frank, Alfred Neumann oder Bruno Walter, die am Prozeß des Schreibens teilnehmen „dürfen", eingeweiht sind in die Pläne und Manuskripte des von ihnen so tief verehrten Romanautors. Auch dem schriftstellerischen Werk Feuchtwangers steht Thomas Mann nicht ohne Vorbehalte gegenüber. Er schätzt den Erfindungsreichtum und Unterhaltungswert der Romane, aber wenn er vom „kleinen Meister" spricht, dann klingt da auch eine gute Portion Mannscher Ironie mit. Im Tagebuch findet sich sogar am 28. Mai 1939 nach einem Familiengespräch am Abendbrottisch die Notiz: „Über die Schriftsteller Zweig, Ludwig, Feuchtwanger und Remarque. Welchem die Palme der Minderwertigkeit zu reichen." Dem steht jedoch der Satz aus einem Brief vom April 1944 gegenüber, der zeigt, wie gespalten Thomas Mann das Werk des Exilnachbarn aufnimmt: „In England hab ich's selbst gehört: wenn einer etwas sehr loben wollte, so sagte er: ‚It's nearly as good as Feuchtwanger.'"

Sie sind beide „Großschriftsteller", vom Erfolg verwöhnt, den großbürgerlichen Lebensstil liebend und können ihn dank ihrer Einnahmen auch leben. Doch während Thomas Mann – seine Tagebücher zeigen dies auf erschreckend-tragische Weise – zeit seines Lebens ein Zerrissener bleibt, findet Feuchtwanger zur Haltung des Stoikers. Vielleicht staunte Thomas Mann deswegen häufig – und es klingt fast ein wenig neidvoll – über „Glück und Erfolg" des anderen.

Schließlich soll noch von Alfred Döblin gesprochen werden. Nicht etwa, weil der geniale, schwierige Zeitgenosse Feuchtwangers besonders freundschaftliche Gefühle für ihn empfunden hätte. Im Gegenteil, Döblin wird in den 40er Jahren manch bitteres Wort über den erfolgreichen Schrifsteller Lion Feuchtwanger notieren. Er gehört vielmehr deshalb in die Reihe der Weggefährten, weil er neben Heinrich Mann und Bertolt Brecht der dritte zeitgenössische Schriftsteller ist, von dem Feuchtwanger sagt, daß er auf sein Werk gewirkt hat: *„Heinrich Mann hat meine Diktion verändert, Döblin meine epische Form, Brecht meine dramatische."* Hinweise auf diesen Einfluß Döblins finden sich auch in den Rezensionen, die Feuchtwanger über verschiedene Romane des Berliner Arztes veröffentlicht hat. Sie zeigen, daß es vor allem der barocke, oft übersteigerte Sprachrhythmus ist, der ihn fesselt. Deutliche Spuren hat dieses Vorbild besonders in den beiden frühen Romanen *Jud Süß* und *Die häßliche Herzogin Margarete Maultasch* hinterlassen. Im Mai 1921 schreibt Feuchtwanger in der „Weltbühne" eine Kritik über Döblins kurz vorher erschienenen Roman *Wallenstein* und verwendet dort Formulierungen, die wie ein programmatisches Bekenntnis klingen: *„Es ist kein bleiches, abstraktes Wort in den zwei Bänden. Die Eindringlichkeit, die Blutfülle seiner Worte zwingt auch dem Widerstrebenden das Aug des Dichters auf. Kritikaster mögen die Brauen hochziehen über die barocke Häufung, mit der Döblin seine Worte schichtet. Diese Häufung, dieser Drang, sich, und sei es noch so farbig, nicht mit einem Wort zu begnügen, ist nicht Armut, ist nicht Gestammel, ist überlaufende Fülle. Die Bilder Döblins toben mit der fanatischen Wucht biblischer Gesichte auf den Leser ein."* Zwei Monate nach der Veröffentlichung dieser Zeilen beginnt Lion Feuchtwanger mit der Niederschrift des Romans *Jud Süß*, ein Buch, für das zutrifft, was er selbst über Döblins *Die drei Sprünge des Wang-lun* schreibt, daß nämlich *„alles Farbe, Gestalt, Bewegung, Verve, Leben ist."* Wie in Döblins chinesischem Roman, dessen asiatische Einflüsse dem Denken Feuchtwangers sehr nahekommen, so anerkennt er auch beim *Wallenstein*, daß dies *„etwas durchaus Neues, Andres, Abwegiges ist"*.

Allerdings, bei Feuchtwangers frühen Romanen bleibt die Sprachfülle disziplinierter, ufert die epische Form nicht so aus, wie es bei Döblin häufig der Fall ist. Im Alter betrachtet er das Werk Döblins denn auch nicht mehr mit dem Enthusiasmus der früheren Jahre. 1957 schreibt er über den *Wallenstein*: *„Allein in dem riesigen Fresco Döblins gewahre ich jetzt leere Stellen. In dem riesigen Gewimmel fehlen die Bauern, die Kleinbürger der Städte, es fehlen die Durchschnittsmenschen. Döblin interessiert sich nur fürs Interessante. Das ist seine Stärke, und das ist seine Schwäche... Damals ließ ich mich überwältigen von dieser Fülle, von der barocken Freude des Dichters an wildfarbigen Einzelheiten, an immer neuen bizarren Schnörkeln. Heute frage ich mich, ob nicht gerade diese Überfülle die Schuld daran trägt, daß man nur halbe Befriedigung spürt...“* (*Das Haus der Desdemona*, 1961) Erstaunlich jedoch, daß Feuchtwanger in diesem Zusammenhang Döblins geschlossenstes Werk *Berlin Alexanderplatz* ein *„verhältnismäßig unbedeutendes Buch“* nennt. Und dennoch, in seinem letzten Lebensjahr schreibt Feuchtwanger in seinen unvollendeten Betrachtungen über den historischen Roman: *„Alfred Döblin war ein großer Dichter, er sah die Dinge neu; er hatte echte Visionen, und er schuf seine Menschen und Situationen aus der Anschauung heraus; sie sind farbig empfangen, nicht hinterher angestrichen.“*

Döblin steht Feuchtwangers Romanwerk sehr viel skeptischer gegenüber. Vor allem in den für ihn schwierigen, einsamen, ruhmlosen Jahren im kalifornischen Exil findet er harte Worte. „Ich verkaufe mich nicht“, meint er verbittert mit Blick auf die „Großschriftsteller“ Thomas Mann und Lion Feuchtwanger, denen er vorwirft, für Geld ihre literarischen Prinzipien zu verraten. Zu verstehen ist diese Position nur aus der persönlichen Lage Döblins in Kalifornien. Er ist dort ein nahezu unbekannter Autor, seine Bücher werden in Amerika nicht veröffentlicht. Nach einem Jahr verliert er den ungeliebten Job als Drehbuchschreiber bei MGM in Hollywood; er ist auf die finanzielle Unterstützung von Schriftstellerkollegen oder des „writers fund“, zu dem auch Feuchtwanger stark beiträgt, und das wöchentliche Arbeitslosengeld von 18 Dollar angewiesen. Seine „Strindberg-Ehe“ und die Sorge um den in Europa verschollenen Sohn führen zu schweren Depressionen.

Auch politisch wächst die Distanz zwischen beiden. Noch zu Beginn des Exils, am 7. Juli 1934, schreibt Döblin recht optimistisch in seinem Geburtstagsbrief an Feuchtwanger: „... Entlarvung auf allen Seiten, die falschen Bundesgenossen sind weg, jetzt können wir zeigen, daß wir sind, was wir sind, niemandes Schleppenträger, aber Diener einer Sache. Es heißt im Meer schwimmen. Es wird sich zeigen, ob wir Muskeln haben.“ Sieben Jahre später, am 21. Juli 1941, in einem Brief an Hermann Kesten klingt das anders, reagiert Döblin verbittert: „Hoffnungen äußert hier nur Feuchtwanger. Das ist ein Ultraoptimist. Confus. Als ich ihm neulich sagte, daß ich jede Diktatur ablehne, und die von links nicht weniger als die von rechts, da meinte er, ich brauche nichts zu fürchten, im Links-Deutschland würden Heinrich Mann und er – L. F., bestimmen, was gedruckt würde und was nicht." Lion Feuchtwanger als linker Kulturdiktator, das ist nun doch eine abstruse Vorstellung, die durch nichts – weder durch Briefanmerkungen noch durch seine literarischen Schriften – zu belegen ist. Aber Döblins Brief an Kesten zeigt, wie mißtrauisch er auf seine Umwelt reagiert.

Nach dieser verzweifelten Zeit schreibt er im August 1945, kurz vor seiner Rückkehr nach Europa: „Was mein Resümee für Amerika anlangt, so bin ich die ganzen fünf Jahre hier eine Null gewesen und bin es geblieben. Keine Zeile von mir wurde gedruckt, mit keinem Wort wurde ich erwähnt."

Döblins Haltung zu Feuchtwanger bleibt bis zu seinem Tod im Juni 1957 reserviert. Ohnehin ein schwieriger Mann, haben die Demütigungen der langen Exiljahre ihn verhärtet. Während Lion Feuchtwanger und Thomas Mann in Kalifornien „residieren", ihre Werke gedruckt, gelesen, besprochen werden, ihre finanzielle Unabhängigkeit auch in der Fremde erhalten bleibt, spürt Alfred Döblin täglich den harten Existenzkampf. Und er hat dies auch in den Jahren danach nicht vergessen können. Seine „Flucht" in den Katholizismus trug sicher auch zur Entfremdung zwischen ihm und dem Kosmopoliten Feuchtwanger bei.

Romancier

Kehren wir noch einmal zurück in das München der Zeit nach dem Ersten Weltkrieg. Die letzten Jahre, die der Schriftsteller Lion Feuchtwanger in seiner Heimatstadt lebt, bevor er für immer von ihr Abschied nimmt, sind trotz der dramatischen äußeren Geschehnisse vor allem harte Arbeitsjahre. Allein der Umfang des in dieser Zeit hervorgebrachten Werkes macht dies deutlich. Zwischen November 1918 und Februar 1925, wenn Feuchtwanger endgültig nach Berlin übersiedelt, entstehen zwei Romane, vier Schauspiele, zwei Theaterarbeiten mit Brecht, einige Kurzgeschichten, Teile seiner amerikanischen *Wetcheek*-Balladen, die das „Berliner Tageblatt" veröffentlicht, zwei Essays über jüdische Fragen und mehrere Aufsätze für die „Weltbühne" oder andere Blätter. Die literarische Produktion beginnt in diesen Jahren endgültig sein Leben zu bestimmen, wird zum absoluten Zentrum seines Alltags.

Natürlich gibt es weiterhin die Gespräche mit den Freunden, die politischen und literarischen Diskussionen, die Faschingsfeste, die Dichterlesungen in der „Caspari-Galerie", die Theaterproben und Premierenabende, es gibt die erotischen Abenteuer. Und doch, der Rhythmus dieses Lebens ist jetzt ganz den Anforderungen der schriftstellerischen Arbeit untergeordnet. In den Monaten, in denen die großen epischen

Werke entstehen, gibt es kaum Ablenkungen, ist alles auf das Schreiben konzentriert.

Der graue Nachkriegsalltag muß weitgehend von Marta bewältigt werden. Die furchtbare Versorgungsnot ist auch für sie beide spürbar. Marta Feuchtwanger berichtet in ihren Erinnerungen von vielen mühsamen Gängen zum blühenden Münchner Schwarzmarkt, von nächtlichen Ausflügen zur Margarine-Fabrik der Feuchtwangers in Haidhausen, wo der Schwager Fritz ihr heimlich etwas Speiseöl zusteckt, vom Naturaltausch Fleisch gegen Freikarten fürs Theater. Lion Feuchtwangers empfindlicher Magen verträgt vieles nicht, Marta muß nachts ein besonderes Brot für ihn backen, tagsüber reicht das zugeteilte Gas nicht aus. Sie selbst ist durch den ständigen Nahrungsmangel gesundheitlich angeschlagen. Eine längere Reise auf den Balkan, an die jugoslawische Adriaküste, bringt beiden eine notwendige, hilfreiche Abwechslung.

Die Inflation wütet bis zum 15. November 1923, rafft alles hinweg, was an Barem bezahlt wird. Lion Feuchtwangers Theaterstücke werden jetzt zwar recht häufig gespielt, die Tantiemen fließen und könnten ein finanziell gesichertes Leben gewährleisten. Aber wenn diese Zahlungen den Autor erreichen, sind sie schon nichts mehr wert. Der Monat, der in der Regel zwischen Aufführung und Auszahlung liegt, hat längst die Zahl der Nullen auf den Geldscheinen vermehrt. Aus Berlin kehrt der Theaterautor einmal nach einer Premiere mit zwei Koffern zurück, die prall gefüllt sind mit Geldscheinen. Kaufen kann er sich dafür schon fast nichts mehr. Auch dies Auswüchse einer aus den Fugen geratenen Zeit.

Aber, was noch viel schlimmer ist, Lion und Marta Feuchtwanger beginnen den zunächst noch dumpf brütenden, nur von einigen völkischen Radikalen öffentlich geschürten Antisemitismus zu spüren. Aufführungen von Feuchtwanger-Stücken lösen Proteste der nationalen Rechten aus, bösartige Artikel im „Völkischen Beobachter", doch auch in den konservativ gewordenen „Münchner Neuesten Nachrichten" diffamieren den „jüdischen-bolschewistischen" Schriftsteller. Der politische Mob wirft nach einer Feuchtwanger-Premiere Fensterscheiben im Haus in der Georgenstraße ein. Als Hitlers Putsch unmittelbar bevorsteht, ruft der Münchner Korrespondent des „Berliner Tageblatts" und Freund der Feuchtwangers, Leonhard Adelt, in der Nacht vom 8. auf den 9. November an, warnt vor einer möglichen Verhaftung durch die Sturmabteilungen Hitlers und rät zur raschen Flucht. Feuchtwanger schläft weiter, nichts geschieht, der Putsch am nächsten Tag scheitert. Aber der Anruf zeigt, wie vergiftet die Atmosphäre bereits ist, wie wenig übertrieben ein von Marta überlieferter Satz aus dieser Zeit ist: „Wer hier lebt, ist immer mit einem Fuß im Gefängnis."

Auch die bayerischen Behörden sind vom ansteigenden Fieber des

Rassenwahns schon erfaßt, das das deutsche Bürgertum auf der von tiefen, psychologischen Massenverdrängungen begleiteten Suche nach den Schuldigen für den politischen und wirtschaftlichen Niedergang schüttelt. Das Finanzamt fordert von Feuchtwanger Nachzahlungen über wertlose Inflationseinkünfte, meint sarkastisch, wenn er und seine Frau nicht geborene Münchner wären, man wüßte schon, was zu tun sei: Man würde die jüdischen Intellektuellen aus Bayern ausweisen. Es gibt sogar Zeiten, da wird das Haus in der Georgenstraße unter behördliche Beobachtung gestellt.

Wie illusionslos Lion Feuchtwanger schon in den Anfängen der Republik die Dummheit und die Gefährlichkeit des wiederaufflammenden deutschen Antisemitismus durchschaut, zeigen die beiden größeren Aufsätze über jüdische Themen, mit denen er bereits 1920 an die Öffentlichkeit tritt. *Die Verjudung der abendländischen Kultur* erscheint in der Zeitschrift „Der Spiegel" (Nr. 14/15) und ist eine ironische Auseinandersetzung mit dem polemisch-rassistischen Schlagwort von der „internationalen jüdischen Literatur". Der zweite Aufsatz, *Gespräche mit dem Ewigen Juden*, wird in dem von Georg Müller Verlag herausgegebenen Sammelband *An den Wassern von Babylon. Ein fast heiteres Judenbüchlein* veröffentlicht. Feuchtwanger läßt in dieser Satire den Ewigen Juden im Nachkriegs-München auftreten, voller Sorge, daß der Antisemitismus in Deutschland womöglich im Sinken begriffen sein könnte. Er hält – in ironischer Umkehrung – dem deutschen Bürgertum den Spiegel vor: *„Mein Zweck ist, nachzuweisen, daß alles Unheil, das jemals in der Welt passiert ist, die Kreuzigung Christi, die Einschleppung der Philosophie und der Syphilis in Europa, die Erfindung der Sozialdemokratie und des Kapitalismus, die Entstehung des Weltkriegs und des Pazifismus, kurz, daß alles Schlechte in der Welt von den Juden angestiftet wurde."* Und von den so häufig durchsichtigen Motiven des modernen Judenhasses heißt es dort: *„Worauf stößt man denn, wenn man mit Antisemiten debattiert? Am Ende ist es immer die Wut der Untüchtigen auf die Konkurrenz der Begabten. Oder es stecken gar Leute dahinter, die die Erbitterung über ihre Fehler und Schurkereien auf andere ablenken wollen."* Auch läßt Feuchtwanger in diesem frühen Stadium – die NSDAP ist zum Zeitpunkt der Niederschrift des Essays noch nicht gegründet – keine Zweifel, daß für ihn das Hakenkreuz das Symbol des neuen Antisemitismus in Deutschland ist.

Eindeutig schließlich auch, wie sarkastisch und treffend Lion Feuchtwanger die Reaktion der Münchner auf die wachsende geistige Verrohung in seinem *Gespräche mit dem Ewigen Juden* beschreibt: *„Wir können gar nicht hereinfallen, denn wir merken nichts, wir kümmern uns nicht darum. Sehen Sie, wir haben hier schon so viel gegründet: die Stilbühne und den Achtstundentag, die Renaissance des Kunstgewerbes, die*

Elf Scharfrichter und die Salzbrezeln, das Neue Pathos und das helle Bier ... Der Münchner wird einfach nichts merken." Und doch sind beide Aufsätze, gemessen an dem, was über die deutschen Juden in den 30er und 40er Jahren hereinbricht, noch mit leichter Hand geschrieben.

Im Juli 1921 beginnt Lion Feuchtwanger mit der Niederschrift seines Romans *Jud Süß*. Im September 1922 liegt das Manuskript fertig vor. Unmittelbar danach schreibt er das nächste größere Prosawerk, *Die häßliche Herzogin Margarete Maultasch*, das im April 1923 beendet wird. Nach ihrer Veröffentlichung erreichen beide Romane bald hohe Auflagen und finden auch im Ausland – zunächst vor allem in Großbritannien und in den Vereinigten Staaten – einen guten Absatz. Lion Feuchtwanger ist seit 1925, dem Jahr, in dem er München verläßt, ein berühmter Mann. Die Kritik und mancher Kollege nennen ihn bald den „Meister des historischen Romans". In den nächsten 33 Jahren werden noch zwölf weitere epische Werke erscheinen. Aus dem Dramatiker Feuchtwanger ist endgültig ein Romancier geworden.

Vernachlässigt man das Jugendwerk *Der tönerne Gott*, so hinterläßt der Schriftsteller Lion Feuchtwanger 14 Romane. Es sind keineswegs nur historische Romane – ein ohnehin nicht sehr glücklicher, ungenauer Gattungsbegriff – die in den folgenden Jahren entstehen. Fünf Bücher sind in erster Linie Zeitromane: *Erfolg, Die Geschwister Oppermann, Exil, Die Brüder Lautensack, Simone*. Ihre Handlung spielt in der Gegenwart, sie nehmen direkten Bezug auf das Zeitgeschehen, den Aufstieg und die Folgen des deutschen Faschismus. Die Rahmenhandlung von zwei Romanen (die *Josephus*-Trilogie: *Der jüdische Krieg, Die Söhne, Der Tag wird kommen* und *Der falsche Nero)* verlegt Feuchtwanger in das römische Kaiserreich des ersten nachchristlichen Jahrhunderts, einer Zeit, die ihn viel beschäftigt hat. Beide Romane aber besitzen starke Zeitbezüge; die *Josephus*-Trilogie ist eine politische Auseinandersetzung mit der neuen, nationalistischen Welle, die Europa in den 20er und 30er Jahren überrollt und der er seinen großen Traum vom Weltbürgertum gegenüberstellt. Drei Romane *(Die Füchse im Weinberg, Goya, Narrenweisheit oder Tod und Verklärung des Jean-Jacques Rousseau)* nehmen Figuren und Geschehen aus dem unmittelbaren Umfeld der Französischen Revolution, mit der sich Feuchtwanger in den 40er Jahren eingehend auseinandersetzt. Der Untergang einer Gesellschaft, einer geistig-politischen Weltordnung, wie sie die Jahre 1760 bis 1830 bringen, die große Utopie der Aufklärung, die Feuchtwanger verstärkt nach 1945 beschwört, fesseln ihn. Die Parallelen zum eigenen Jahrhundert des Übergangs, der Zerstörung und des Fortschritts werden gezogen. Die beiden letzten Bücher *(Die Jüdin von Toledo, Jefta und seine Tochter)* kehren zu den Anfängen zurück. Wie *Jud Süß* und *Die häßliche*

Herzogin Margarete Maultasch sind es Werke, die dem Begriff „historischer Roman" noch am nächsten kommen – Geschichten, die weniger von „Politik" oder gesellschaftlichen Prozessen sprechen als vielmehr die Entwicklung von Menschen erzählen, die der Weg von Europa nach Asien, vom Tun zum Nichttun, von Nietzsche zu Buddha führt.

Gemeinsam ist allen Romanen, daß die Zeit, aus der Feuchtwanger die Handlung nimmt, stets eine historische Umbruchepoche darstellt. Das erste nachchristliche Jahrhundert, in dem der jüdische Schriftsteller Josephus Flavius und der Töpfer Terenz, der falsche Nero, leben und in dessen zweiter Hälfte Roms langer Abstieg beginnt, der die Antike Jahrhunderte beherrschende Einfluß des römisch-griechischen Denkens wird von neuen Lehren und Ideen allmählich zurückgedrängt. – Das dunkle 14. Jahrhundert der Margarete Maultasch, in dem nichtendenwollende Kriege und die fürchterliche Pest Europa heimsuchen, ganze Landstriche und Städte entvölkern, die Überlebenden zu Witwen, Waisen oft zu Vagabunden machen, zu Menschen, deren tiefer Glaube an die festgefügte Welt des Mittelalters erschüttert wird. – Das 18. Jahrhundert, in dem die Intellektuellen in Frankreich, England und den amerikanischen Kolonien Bücher veröffentlichen, die von der Gleichheit des Menschen sprechen, von der „natürlichen" Rechtsgleichheit aller, vom Gesellschaftsvertrag, den der mündige Bürger zur Gründung des idealen Staates abschließt. Rousseau, Voltaire, Beaumarchais, Benjamin Franklin oder auch der Maler Francisco Goya stehen am Anfang der amerikanisch-französischen Revolutionen, die die absolutistische Welt des württembergischen Herzogs Karl Alexander oder des Bourbonen Ludwig XVI. zerstören.

Schließlich das 20. Jahrhundert, in dem fünf Feuchtwanger-Romane spielen und in dem der Autor selbst den großen Umbruch seiner Zeit erlebt hat, die Bedrohung des Bürgertums, das sich zunächst am wilhelminischen Imperialismus berauscht und dann fast kampflos dem Hitler-Faschismus hingibt. – Und ist nicht selbst die Epoche des israelischen Richters und charismatischen Helden Jefta, der rund 1300 Jahre vor unserer Zeitrechnung das Jordantal erobert, eine neue Zeit, in der Israels Kinder ihr Nomadenleben aufgeben und seßhaft werden, später sogar Staatsgründer und Gesetzesmacher? Es sind immer *„wesentliche"* Zeiten, die den Schriftsteller Lion Feuchtwanger angezogen haben, er *„sucht in der Geschichte nicht die Asche, er sucht das Feuer!" (Die Füchse im Weinberg*, Nachwort 1953)

Feuchtwanger hat sich häufig über den historischen Roman und die Geschichtsschreibung geäußert. Seine Gedanken zu diesem Thema sind in zwei größeren Arbeiten zusammengefaßt: in dem Vortrag *Vom Sinn und Unsinn des historischen Romans*, der 1935 gedruckt erscheint, und im Fragment gebliebenen letzten Werk, *Das Haus der Desdemona*, das mit Hilfe Marta Feuchtwangers 1961, drei Jahre nach seinem Tod, in der DDR veröffentlicht wird. Seine Stellung zur wissenschaftlichen Geschichtsschreibung ist zurückhaltend, teilweise ablehnend. *„Was ist denn ein Historiker? Ein Mann, der an der Hand von Fakten Gesetze der Entwicklung der Menschheit aufzuzeichnen sucht ... Dabei ist die Wissenschaftlichkeit dessen, was man heute Geschichtsschreibung nennt, äußerst fragwürdig."* (*Vom Sinn und Unsinn des historischen Romans*, 1935)

Mehrfach hat Feuchtwanger in seinen Betrachtungen über die Geschichtswissenschaft auf Nietzsche und Theodor Lessing hingewiesen, deren Auffassungen ihn in dieser Frage anregten, sein Denken beeinflußten. „Nur soweit die Historie dem Leben dient, wollen wir ihr dienen", schreibt Nietzsche im zweiten Stück seiner *Unzeitgemäßen Betrachtungen*, das er „Vom Nutzen und Nachteil der Historie im Leben" nennt. Geschichte ist nicht Vernunft, sondern Zufall. Geschichtsschreibung täuscht Objektivität vor – sie ist, wie Lessing meint, „Sinngebung des Sinnlosen". Er schreibt: „Keineswegs wird durch Geschichte ein verborgener Sinn, ein Kausalzusammenhang, eine Entwicklung in der Zeit per se offenbar; sondern Geschichte ist Geschichtsschreibung, das heißt die Stiftung dieses Sinnes, die Setzung dieses Kausalzusammenhanges, die Erfindung dieser Entwicklung. Sie vorfindet nicht den Sinn der Welt, sie gibt ihn." Theodor Lessing verurteilt daher die Versuche der Wissenschaft, die Hegelsche „Geschichtslogik" zu legitimieren: „Verrat am Geist nenne ich den Idealismus der deutschen Geschichtsschreiber und Geschichtsphilosophen, welche die selbstgerechte Reichsgeschäftsalgebra der alleinseligmachenden Politik oder gar die Chronik ihrer Fürstenhöfe für Angelegenheiten halten, um die eine Weltvernunft sich zu bemühen habe."

Feuchtwanger spricht mehrfach vom Zufall, der die *„Hauptrolle in unser aller Leben"* spielt. In einem Aufsatz über seinen Roman *Erfolg* schreibt er 1931: *„Ich bin weder Fatalist noch Marxist, der glaubt, das einzig ökonomische und materielle Gesetze die Welt machen. Ich bin auch kein Individualist, der meint, daß jeder Mensch Herr seiner Zukunft sein kann. Diese drei Theorien bilden jedoch, objektiv gefaßt, das Schicksal. Der Zufall sowie die Bedürfnisse der Menschheit, die sozialen, agrarischen, industriellen, spielen ebenfalls eine große Rolle ...*

Das Leben? Der Mensch im Kampf gegen seine Bedürfnisse, Spielball des Zufalls, der ihm hilft oder etwas Unüberwindliches in den Weg wirft: das ist das Leben!"

Geschichte so gestalten, daß „sie dem Leben dient" – das ist für ihn die Aufgabe des historischen Romans. Er lehnt den Kostümschinken ab und die vordergründige Abenteuerstory um Liebe, Intrigen und auch ein bißchen Politik – Feuchtwanger nennt als Beispiele dafür *Ben Hur* und *Quo vadis?* – ebenso den biederen, belehrenden Professorenroman im Stile Felix Dahns oder Gustav Freytags. Der Autor historischer Romane hat nach Feuchtwanger die Aufgabe, *„die natürliche klare Beziehung von Leben und Historie hinzustellen, das Vergangene, die Geschichte für die Gegenwart und die Zukunft fruchtbar zu machen."* Und in diesem Punkt erkennt er auch das Gemeinsame von Wissenschaft und Kunst: *„Sowohl der Historiker wie der Romandichter sieht in der Geschichte den Kampf einer winzigen, urteilsfähigen und zum Urteil entschlossenen Minorität gegen die ungeheure, kompakte Majorität der Blinden, nur vom Instinkt geführten, Urteilslosen." (Vom Sinn und Unsinn des historischen Romans,* 1935)

Für Feuchtwanger hat der historische Roman nicht das Ziel, eine frühere Epoche besonders wirklichkeitsecht darzustellen. *„Edle Dichter"*, so meint er, *„haben auch in ihren Schöpfungen, die Historie zum Gegenstand hatten, immer nur Zeitgenössisches aussagen wollen, ihr Verhältnis zur eigenen Zeit, ihr erlebtes Erkennen, wieviel von der Vergangenheit in der eigenen Zeit atmet." (Das Haus der Desdemona,* 1961) Daß die Dichtung im historischen Gewand auftritt, obwohl sie von der Gegenwart berichten will, dafür nennt Feuchtwanger mehrere Gründe. So die *„Möglichkeit, politische oder erotische Wahrheiten ohne Gefahr aussprechen zu können."* Im Fragment *Das Haus der Desdemona* führt er eine Fülle von Beispielen dafür an. Die Autoren der Bibel nennt er, die den Mächtigen ihrer Zeit Wahrheiten sagten, die sie – ohne Schaden zu nehmen – nur in Berichten von der Vergangenheit verdeutlichen konnten. Shakespeare, Racine, Voltaire, Diderot flüchteten in die Geschichte, um die Mängel ihrer Zeit offenzulegen. Andere wie Jean de La Fontaine wählten die Fabel. Noch ein Motiv nennt Lion Feuchtwanger für die Wahl eines historischen Stoffes: *„Manchmal... gelingt es mir nicht, Teile meiner Handlung nach Wunsch zu stilisieren; sie bleiben, lasse ich sie mit zeitgenössischem Gewand, Rohstoff, sie bleiben Bericht, Erwägung, Gedanke, werden nicht zum Bild. Oder ich habe, wenn ich das Milieu der Gegenwart setze, das Gefühl des mangelnden Abschlusses. Die Dinge sind noch im Fluß..."* Tolstoi in *Krieg und Frieden* oder August Strindberg in seinen historischen Dramen seien nur deshalb in die Vergangenheit ausgewichen, um für die Auseinandersetzung mit der Gegenwart eine bessere Perspektive zu gewinnen, *„in der Überzeugung, daß man die Linien eines Gebirges aus der Entfernung besser erkennt als mitten im Gebirge." (Vom Sinn und Unsinn des historischen Romans,* 1935)

Der Umgang mit Fakten ist nicht entscheidend. Feuchtwanger hat dennoch den historischen Hintergrund seiner Romane jeweils bis ins Detail recherchiert. Seine Sekretärin Lola Humm-Sernau, der er von 1927 bis 1940 sämtliche Manuskripte diktierte, berichtete dem Verfasser, daß sie beispielsweise während der Entstehung des Romans *Erfolg* Zahlen, Fakten und Ereignisse in alten Zeitungsbänden genau nachprüfen mußte. Nur, verwendet hat sie Feuchtwanger dann so, wie sie ihm dramaturgisch in sein Konzept paßten. *„Ja, ich habe oft die mir genau bekannte aktenmäßige Wirklichkeit geändert, wenn sie mir illusionsstörend wirkte"*, sagt er in seinem Vortrag über den historischen Roman.

Viele Kritiker haben Feuchtwanger gerade dies vorgeworfen. Der Alltag im Nazi-Deutschland habe ganz anders ausgesehen, als er ihn in *Die Geschwister Oppermann* beschreibt. Josef Süß Oppenheimer, der Finanzrat des Herzogs Karl Alexander, stamme in der historischen Wirklichkeit keineswegs von einem christlichen Feldherrn aus höchstem Adelsgeschlecht ab. Die Herzogin von Alba sei nie die Geliebte des plebejischen Malers Francisco Goya gewesen, und Jean-Jacques Rousseau sei auch nicht von seiner Lebensgefährtin Thérèse Lerasseur umgebracht worden. Dies alles ist sicher richtig, nur sagt es überhaupt nichts über die Qualität der historischen Romane Lion Feuchtwangers aus. *„Ich kann mir nicht denken"*, meint er, *„daß ein ernsthafter Romandichter, der mit geschichtlichen Stoffen arbeitet, in den historischen Fakten etwas anderes sehen könnte als ein Distanzierungsmittel, als ein Gleichnis, um sich selber sein eigenes Lebensgefühl, seine eigene Zeit, sein Weltbild möglichst treu wiederzugeben." (Vom Sinn und Unsinn des historischen Romans*, 1935) Wäre es anders, der historische Roman erschiene überflüssig, die Geschichtsschreibung würde ausreichen.

Die historischen Romane von Feuchtwanger, Heinrich Mann, Alfred Döblin oder Arnold Zweig besitzen zudem eine politische Dimension, die nicht nur damals von großer Bedeutung war. Diese Autoren haben die Verantwortung des Intellektuellen in der Gesellschaft durch Hinweise aus der Geschichte untermauern wollen. Als Lion Feuchtwanger seinen Roman *Jud Süß* konzipiert, denkt er an Walther Rathenau, der das tragische Wechselspiel von Geist und Macht wie kaum eine andere Figur seiner Epoche verdeutlicht. Die Beschreibung eines Lebensweges wird zur Deutung und zum Programm: *„Ich für mein Teil habe mich, seitdem ich schreibe, bemüht, historische Romane für die Vernunft zu schreiben, gegen Dummheit und Gewalt, gegen das, was Marx das Versinken in die Geschichtslosigkeit nennt." (Vom Sinn und Unsinn des historischen Romans*, 1935) Der historische Roman ist für den Intellektuellen Lion Feuchtwanger „die Waffe", die ihm im Kampf für den Fortschritt am besten liegt.

Jud Süß

Der Schriftsteller Lion Feuchtwanger ist 37 Jahre alt, als er 1921 seinen Roman *Jud Süß* beginnt. Es ist sein populärstes und meistgedrucktes

Buch geworden. Bis heute wurden weit über drei Millionen Exemplare verkauft, es gibt wahrscheinlich – genau läßt sich dies kaum feststellen – Übersetzungen in 23 Sprachen. Der *Jud Süß* ist ein Weltbestseller unseres Jahrhunderts. Rekordzahlen bedeuten natürlich nicht automatisch das Anrecht auf einen Platz in der Weltliteratur, aber die deutsche Kritik hat – von wenigen Ausnahmen abgesehen – sehr bald den Umkehrschluß gezogen. Denn mit dem Erscheinen des *Jud Süß*, dem entscheidenden Schritt Feuchtwangers in die literarische Öffentlichkeit, beginnt seine Nichtbeachtung oder Herabsetzung als Schriftsteller bei vielen Berufskritikern seiner Heimat. Das Buch, das den historischen Roman wieder populär machte und das zahlreiche Autoren, vor allem in der angelsächsischen Welt, zur Nachahmung reizte, hat sich in Deutschland zunächst gegen die Verleger und dann gegen die Kritik durchsetzen müssen. Noch am 11. November 1981 ist in einer Rezension der FAZ von Klaus Harpprecht zu lesen: „Die Schwächen des Buches...: das fatale Gemisch von aufgedonnerter Reportage, Kostümfilm, Märchen, Weihespiel und Oper."

Der *Jud Süß*, obwohl praktisch der erste Roman seines Autors – *Der tönerne Gott* zählt da nicht mit – ist ein geschlossenes, reifes Kunstwerk. Es strömt in Form und Stil Sicherheit aus, ist trotz aller expressionistischen Anklänge ein sehr individuell geschriebenes Buch. Es weist bereits all das auf, was später in vielen Variationen in den Romanen Lion Feuchtwangers wiederkehrt: die expressive Sprache, in der sich Adjektive und Verben jagen, wie Leitmotive die Romanfiguren ankündigen und charakterisieren; die an den Beginn der einzelnen Kapitel gesetzten Betrachtungen über den historischen Hintergrund, denen dann rasche, dramatische Handlungen folgen, atemlos aneinandergereiht wie Filmszenen; die inneren Monologe, die in Feuchtwangers Romanen häufig zum dramaturgischen Zentrum der Handlung werden und die den äußeren Geschehensablauf in den Hintergrund drängen, um die Entwicklungsstufen seiner Figuren erkennbar zu machen.

Erstaunlich dabei, wie modern, das heißt lesbar der *Jud Süß* auch heute noch ist. Im Gegensatz zu manchem seiner Aufsätze oder einigen Dialogen in seinen Theaterstücken, wo die Sprache hin und wieder leicht ins Pathetische abgleitet, wo der Schriftsteller Feuchtwanger mit veralteten Begriffen, breiten Satzkonstruktionen arbeitet, bleiben seine Romane erregende, aktuell-zeitlose Geschichten vom Glück und von der Tragik des Menschen, dargestellt in einer sehr eigenen Sprache. Die Gefahr für seine beiden historischen Romane *Jud Süß* und *Die häßliche Herzogin Margarete Maultasch* liegt in der Überhäufung der Bilder und Worte, durch die er einen Einklang zwischen äußerer Handlung und innerem Empfinden seiner Figuren herstellen will. Es gibt dafür manche Beispiele. Etwa wenn der alte Herzog Eberhard Ludwig darüber nachdenkt, wie seine Umwelt auf den Bruch mit seiner im Volk verhaßten Mätresse reagieren wird: *„Er hörte, hörte, wie das Land aufatmete, er sah die fetten Bürgerkanaillen seines Parlaments, wie sie triumphierend grunzten, breitmäulig, sich die Schenkel schlagend, er sah die nüchternen, steifleinernen, korrekten Verwandten der Herzogin und ihren magern, sauern, höhnischen Jubel."* *(Jud Süß)* Oder Feuchtwangers Beschreibung des Lebens auf den württembergischen Landstraßen des 18. Jahrhunderts: *„Das alles trieb vorwärts, rückwärts, querte sich, staute sich, hetzte, stolperte, trottete gemächlich, fluchte über die schlechten Wege, lachte, erbittert oder behaglich spottend, über die Langsamkeit der Post, greinte über die abgetriebenen Klepper, das gebrechliche Fuhrwerk. Das alles flutete vor, ebbte zurück, schwatzte, betete, hurte, lästerte, bangte, jauchzte, atmete."* *(Jud Süß)*

Das mag manchem des Guten zuviel sein. Klaus Harpprecht schreibt über diese Sprache: „Es streift die Grenze zum Unerträglichen." Wulf Köpke sieht den kritischen Punkt in der Häufung der Bilder: „Hier ist in der Tat zu fragen, ob er nicht, zumal in den ersten Romanen, einem unerreichbaren, zumindest für ihn unerreichbaren Ideal mit allzugroßem Ehrgeiz nachgejagt ist." Marcel Reich-Ranicki meint: „Seine Schreibweise hat etwas Penetrantes: Sie ist bisweilen eindringlich und zugleich aufdringlich." Eberhard Hilscher, ein DDR-Germanist, der Feuchtwanger sonst sehr schätzt: „Dennoch gelangte er selten zu meisterhaften Ausdrucksformen und zu einer Diktion von ästhetischem Reiz."

Wie immer solche subjektiven Einschätzungen, für die sich in einem so breiten Werk natürlich leicht Belege anbringen lassen, zu bewerten sein mögen – beim Lesen der Romane Feuchtwangers ist unübersehbar, daß er die Sprache als visuelles und psychologisches Medium einsetzt. Er variiert damit den Rhythmus des Handlungsablaufs, in dem breite, beschreibende Szenen mit hetzenden, kurzen, flatternden Metaphern wechseln. Mit biblischer Sprachkraft werden Bilder gemalt, die der dramatischen Wucht des Geschehens angepaßt sind. *„Es ächzte das Land, wand sich unter dem würgenden Druck. Korn wuchs, Wein wuchs, Gewerbefleiß rührte sich, schuf. Der Herzog lag darauf mit seinem Hof und seinen Soldaten, das Land trug ihn. Zweihundert Städte, 1 200 Dörfer, sie seufzten, bluteten. Der Herzog sog an ihnen, sog durch den Juden. Und das Land trug ihn und den Juden."* *(Jud Süß)*

Charakteristisch auch die hin und wieder auftauchenden süddeutschen Sprachwendungen – *„ich bin in hundert Schlachten gestanden"* – oder die Hinweise auf die Spracheigentümlichkeiten des Jahrhunderts, in dem sein Roman spielt: *„Ich bin desolat, daß der Demoiselle Tochter der Akzident zustößt"*. Vor allem aber sind es die immer wiederkehrenden Dreiergruppen der Adjektive, die im *Jud Süß* und in der *Häßlichen*

Herzogin Margarete Maultasch auffallen: *„Der Jude sah das joviale, brutale, massige Gesicht des Gaisberg, das feine, höhnische, hakennasige des Schütz, das harte, grausame, hagere des Pflug, das des jungen Götz sogar, sonst leer, fad, rosig, schien belebt von Haß, Rache, Triumph."* *(Jud Süß)* Um Szenen dramatischer zu gestalten oder Charakterzüge deutlicher zu zeichnen, scheut Feuchtwanger weder vor eigenen Wortschöpfungen – *„zerlachen, zerwälzt, zertrümmt, angehaßt, übergraust"* – zurück noch vor oft gelungenen Satzverkürzungen: *„Was war also zu tun? Logik! Logik! Er dachte nach. Soff. Dachte nach. Erhellte sich. Grinste. Gab dem Burschen zu trinken. Quäckte. Schlief."* *(Die häßliche Herzogin Margarete Maultasch)*

Äußeres Geschehen wird von Feuchtwanger – auch durch die veränderte Sprachmelodie – aus der Innensicht seiner Figuren beschrieben: *„Und jetzt war er in Neßlach, polterte gegen sie mit bäurisch groben Späßen. Nein, nein! Warten? Unsinn. Sie wäre erstickt an längerem Zusehen. Nicht einmal für die Karosse hatte sie Geduld genug. Befehle in rasender Hast: Intendant, Sekretär, Zofen, Lakaien sollten folgen. Sie selber, nur mit einem Reitknecht, flog zu Pferde nach Neßlach, gönnte sich nicht die Zeit zum Essen, ritt wie ein Dragoner des Satans."* *(Jud Süß)* Wut, Panik, Angst, die ganze verzweifelte Stimmung der alternden, verjagten Geliebten des Herzogs Eberhard Ludwig tritt in diesen Sätzen zum Vorschein – Sätze, die vordergründig nur beschreiben, wie sie zum letzten Versuch aufbricht, den Herzog doch noch umzustimmen.

Feuchtwangers Sprache wird später ruhiger, der expressionistische Einfluß beginnt zurückzuweichen, die Überfülle der Bilder wird eingeschränkt, seine Prosa wird abgewogener, konzentrierter. Im Exil muß er zudem verstärkt an die Übersetzbarkeit seiner Bücher denken, die Sprachdichte wird etwas zurückgenommen. Der Autor schreibt in einem Brief vom 1. Oktober 1956 an Walter A. Berendsohn, er habe sich bemüht, *„ein Deutsch zu schaffen, das volkstümlich war und nicht banal, von der Umgangssprache distanziert und nicht künstlich raffiniert."*

In der Geschichte über das Leben des Josef Süß Oppenheimer finden sich die Grundthemen, die das Denken Feuchtwangers immer bewegen werden und die zum Teil bereits in seinen dramatischen Arbeiten angeklungen sind. Süß Oppenheimer ist der Mensch, der den Weg von Europa nach Asien geht, der den Gipfel der Macht ersteigt und erst im Sturz das Zeichen des „Shin" erkennt, das Zeichen des Wissenden. Er ist der Einzelgänger, der Jude unter den Christen, der Außenseiter unter den Juden. Er ist der Mensch, der von seinen Trieben gehetzt wird, *„gierig sich aus dem Kuchen der Welt ein mächtig Teil herauszufressen."* Zwei Stellen im *Jud Süß* zeigen die Pole dieses Lebens: *„Mit geblähten*

Nüstern, wohlig, schnupperte Süß die Luft der Macht, in der er jetzt lebte. Seit seinen glücklichen Maßnahmen zur Auffüllung des Heeres war er der eigentliche Herrscher im Herzogtum. Er war sehr hoch, er war nah am Gipfel, es überrieselte den Rücken wie laues Wasser, sah man hinunter, wo es kribbelte und sich abzappelte, um heraufzuklimmen ... Oh, es war süß, süß und herrlich war es, Macht zu haben unter den Menschen."

Und dann in der grauen, feuchten Zelle des Gefängnisses, der Weg der Erkenntnis ist fast durchschritten: „*Eine grenzenlose Mattigkeit fiel ihn an. Nie in seinem Leben war er so ausgehöhlt von dinghafter, leibhafter Schwäche und Müdigkeit gewesen. So mußte es sein, in lauem Bad sitzen und aus geöffneten Adern, ganz langsam, das Leben entströmen lassen. Dieses Schmelzen, Weichwerden, Zusammenstürzen in ihm. Dieser süße, ziehende, lüstige, alle Glieder pressende, reibende, lösende Schmerz. Dieses Sichaufgeben, Stürzen, Getragensein. Dieses Nichtwollen, dieses zum ersten Mal Sichtreibenlassen, dieses selige, willenlose Vergleiten, Verströmen. Als entfließe sein Blut und mit ihm aller Drang und alle Sucht, fühlte er sich sinken in glückhafter, schmerzhafter, grenzloser Erschlaffung.*"

In den späteren Romanen wird dieses Grundthema erweitert, es treten vor allem die gesellschaftlichen Momente in den Vordergrund. Jacques Tüverlin *(Erfolg)* oder Gustav Oppermann, Benjamin Franklin *(Die Füchse im Weinberg)* oder Francisco Goya anerkennen stärker als Josef Süß Oppenheimer die Forderung, sich für die Gesellschaft, für den Fortschritt einzusetzen, ihr individuelles Wollen zurückzustellen. Es wird, wie bei dem jüdischen Schriftsteller Flavius Josephus, die Suche nach der eigenen Rolle in einer sich immer mehr den Ideologien hingebenden Gesellschaft, die kosmopolitische Stellung des Intellektuellen herausgehoben. Immer wieder taucht sie auf, diese Sehnsucht nach der Ruhe, dem Schlafen, dem Nichts. Sie wird gleichsam zum utopischen Gegenpol zu der so eindringlich beschriebenen Tatwelt: „*Es trieb ihn, es jagte ihn. Neue Frauen, neue Händel, neue Pracht, neue Sitten. Amsterdam, Paris, Venedig, Prag. Wirbel. Leben.*" *(Jud Süß)*

Es ist ein schmales Bändchen, das Lion Feuchtwanger erstmals ernsthaft auf den Juden Josef Süß Oppenheimer aufmerksam macht. Die Biographie von Manfred Zimmermann, die 1916 erscheint. Wenige Monate vorher hat Döblin seinen Roman *Die drei Sprünge des Wang-lun* veröffentlicht, dessen asiatische Lehren Feuchtwanger stark beeindrukken. Was ihn aber endgültig zur Bearbeitung des Süß-Stoffes anregt, dafür hat er zwei Gründe angegeben. 1929 schreibt er: „*Es ergab sich ein Schicksal wie das Unzähliger, kaum dazu angetan, die Seele eines Menschen von 1920 länger zu beschäftigen. Bis ich auf eine nebensächliche und nebensätzliche Anmerkung des Biographen stieß, Josef Süß, der es im übrigen mit den rituellen Vorschriften durchaus nicht genau genommen habe, habe sich geweigert, zum Christentum überzutreten, trotzdem er dadurch wahrscheinlich sein Leben hätte retten können... Ich sah plötzlich den Weg und das Bild des Mannes, Zentrum und Gleichnis seines Lebens. Nicht, daß er einem Bekenntnis treu blieb... zog mich an und erhellte mir sein Schicksal. Sondern es war dies, daß ich sah, wie er sich fallen ließ. Ich begriff sein Glück und seinen Sturz in einem."* (*Über Jud Süß*, 1929)

Sechs Jahre später nennt er ein anderes Motiv für die Darstellung des Josef Süß Oppenheimer: „*Vor Jahren lag mir einmal daran, den Weg eines Mannes zu zeigen vom Tun zum Nichttun, von der Aktion zur Betrachtung, von europäischer zu indischer Weltanschauung. Es lag nahe, diese Idee der Entwicklung eines Mannes aus der Zeitgeschichte zu gestalten: Walther Rathenau."* (*Vom Sinn und Unsinn des historischen Romans*, 1935) Das Rathenau-Motiv liegt tatsächlich nahe. Der AEG-Chef, hochgebildet und sensibel, gehörte zu den bedeutendsten Männern seiner Zeit. Als Jude innerlich zerrissen, wurde er Mitglied der Machtelite des wilhelminischen Reiches und Anfang der 20er Jahre Außenminister der jungen Republik. Reich, kultiviert und doch ein Leidender, vom Vater-Sohn-Konflikt und dem zeitlebens gespürten Außenseitertum als Intellektueller und Jude überschattet. Michael Freund schreibt: „Sehenden Auges sah er den Tod auf sich zuschreiten. Er wußte, welche Gefahr er lief, als er – der Jude – es wagte, deutscher Außenminister zu werden. Kein Römer hat gelasseneren Geistes dem Tod ins Auge gesehen." Im Juni 1922 schossen ihn seine Mörder auf offener Straße nieder. Da war einer aus dem Volk der Juden erhoben worden, aufgestiegen zu höchsten Ämtern, in einer ihm und seinen Glaubensgenossen feindlichen Welt. Und wie 200 Jahre vorher im absolutistischen Württemberg der Jud Süß Opfer des Hasses wurde, so mußte im republikanischen Weimar auch der Jud Rathenau, in dem sich Geist und Macht wie nur selten bei einem Menschen konzentrierten, seinen Erfolg mit dem Leben bezahlen.

Sicher ist, daß Feuchtwanger Wilhelm Hauffs Novelle *Jud Süß* aus dem Jahr 1827 kannte. Der Württemberger Hauff hatte, wie Wolfgang Berndt in seiner sehr schönen Arbeit über die beiden ersten Feuchtwanger-Romane anmerkt, eine besondere Beziehung zu dem mächtigen Günstling des Herzogs Karl Alexander. Das Grundstück seines Großvaters lag neben dem des Josef Süß Oppenheimer. Die Novelle ist allerdings ein schwächeres Werk des Erzählers Hauff, die Figur des Süß tritt hinter einer etwas rührseligen Liebesgeschichte zurück, ist nicht frei von antisemitischen Zügen. Einige Motive von Hauff finden sich jedoch in dem 100 Jahre später veröffentlichten Roman wieder. Feuchtwanger schreibt über diese Novelle: „*Die naiv-antisemitische Darstellung Wil-*

helm Hauffs wurde zwar viel gelesen; aber ich finde kein Zeugnis, daß sie, wie es etwa die Märchen des gleichen Erzählers taten oder die knabenhafte Romantik seines ‚Lichtenstein', Wirkungen hervorgebracht oder irgend jemanden ernsthaft ergriffen hätte.“ (*Über Jud Süß*, 1929)

Einfluß auf den Roman hatte auch die Novelle *Der Heilige* von Conrad Ferdinand Meyer, in der es zwar nicht um den württembergischen Finanzrat geht, die aber Motive enthält, die Feuchtwanger in seinem *Jud Süß* aufnahm. Meyer erzählt in dieser Novelle die Geschichte des Thomas Beckett, Kanzler von Englands König Heinrich II. und später Bischof von Canterbury. Auch hier entwickelt sich ein Konflikt zwischen zwei Männern, die das Schicksal geheimnisvoll aneinandergekettet hat. Mancher Charakterzug von Meyers Heinrich II. findet sich bei Feuchtwangers Karl Alexander wieder. Höhepunkt der Tragödie ist der Tod von Becketts liebreizender Tochter, den der wollüstige, naive und brutale König verschuldet hat – so wie Naemi, die geliebte Tochter des Josef Süß Oppenheimer, Opfer Karl Alexanders wird. Beckett stirbt auf dem Schafott, schuldig-unschuldig wie Süß im Käfig über dem Galgen. Außenseiter ist auch Thomas Beckett, nicht Jude, aber er wächst als Sohn eines Angelsachsen und einer Sarazenin in einer hochmütigen, normannischen Hofgesellschaft auf.

Der Stoff aus der württembergischen Geschichte des 18. Jahrhunderts fesselt Feuchtwanger sehr früh. Bereits 1916 schreibt er innerhalb weniger Monate das Schauspiel *Jud Süß*. In einem Brief vom 29. März 1952 an Wolfgang Berndt wird jedoch deutlich, wie früh Lion Feuchtwanger erkennt, daß die dramatische Form der Stoffbearbeitung ihn unbefriedigt läßt: *„Damals schon ging mir auf, daß, was ich wollte, sich in einem Stück nicht ausdrücken ließ.“* Der Aufführungserfolg des *Jud Süß* hat ihn nicht umstimmen können. Marta Feuchtwanger berichtet, wie unzufrieden sich der Autor nach der Premiere am 13. Oktober 1917 im Schauspielhaus München über das Werk geäußert hat. Vor allem gelingt es ihm in der dramatischen Fassung nicht, die psychologische Entwicklung seiner Hauptfiguren deutlich zu machen, die großen inneren Monologe des Romans sind im Schauspiel recht langatmig geratene Auftritte.

Als Lion Feuchtwanger 1921 den Roman beginnt, ist ihm dieser Abschnitt der Geschichte Württembergs also bestens vertraut. Josef Süß Oppenheimer wurde 1692 in Heidelberg geboren als Sohn einer jüdischen, berühmt-hübschen Schauspielerin und des Rabbi Süßkind Oppenheimer, Schauspieldirektor und Vorsänger. Gerüchte, daß er aus einer Liebschaft seiner Mutter mit dem christlichen Feldmarschall Georg Eberhard von Heydersdorf stammt, werden immer wieder angedeutet, aber sie sind nie bewiesen worden. Mit 18 Jahren beginnt er seinen abenteuerlichen Lebensweg als jüdischer Finanzmann, gründet er durch häufig risikoreiche Geschäfte in Frankfurt, Amsterdam, Prag, Wien, am kurpfälzischen Hof und durch den Verkauf der hessisch-darmstädtischen Münze seinen Reichtum. 1732 führt ihn der einflußreiche Finanzmann Isaac Landauer in Wildbad mit Karl Alexander, dem späteren Herzog von Württemberg, zusammen. Auf ihn setzt Süß, und als er im Dezember 1733 als Günstling des neuen Herrschers in Stuttgart einzieht, beginnt der schwindelerregende Aufstieg des berühmtesten Hofjuden jener Zeit.

In wenigen Monaten wird er der mächtigste, bald auch der reichste Mann des Landes. Ohne je ein offizielles Staatsamt zu bekleiden , verschafft er dem Herzog riesige Summen, der damit seine Mätressen und Soldaten bezahlen kann. In seinem prächtigen Stuttgarter Palais feiert Süß rauschende Feste, dirigiert er die Politik des Landes, plant er die immer pressenderen Steuer- und Abgabenverordnungen, verführt er, der elegante, schöne Mann, die Frauen der württembergischen Hofgesellschaft. Knapp vier Jahre nur dauert die Regierung Karl Alexanders, dann erliegt er – seine Staatsstreichpläne sind gescheitert – einem „Schlagfluß". Auf Süß Oppenheimer wartet noch in derselben Nacht die Verhaftung, ihm wird der Prozeß gemacht. Nach mißlungenem Fluchtversuch kerkern ihn seine Feinde in einer düsteren feuchten Zelle auf dem Hohenasperg ein. Seine Richter, fast alle Gegner des einstigen Günstlings ihres Herrschers, können ihn in monatelangen Verhandlungen nicht überführen. Alle ihm vorgeworfenen Verfehlungen, insgesamt zehn Anklagepunkte, waren ausdrücklich vom verstorbenen Herzog gedeckt worden. Selbst seine Liebschaften mit christlichen Frauen, nach alten Gesetzen bei Todesstrafe verboten, dienen nur als vorgeschobene Klagepunkte, die juristisch nicht haltbar sind. Obwohl ein Rechtsgutachten zu dem Schluß kommt, „daß nach den Gesetzen des Deutschen Reiches und des Landes Württemberg man den Angeklagten zum Tode nicht verurteilen könne", unterzeichnet der Regent Karl Rudolf das Todesurteil. Süß-Biograph Kurt Elwenspoek überliefert seine Bemerkung: „Das ist ein seltenes Ereignis, daß ein Jud für Christen-Schelmen die Zeche bezahlt." Elf Monate währt das Martyrium. Am 4. Februar 1738 wird Josef Süß Oppenheimer auf der Tunzenhofer Steige bei Stuttgart in einem eisernen Käfig erhängt.

Lion Feuchtwanger hat in seinem Roman die historische Wirklichkeit weitgehend beachtet. Mit Recht konnte er sieben Jahre nach der Vollendung des Buches, als die bislang beste Süß-Biographie erschien, schreiben: *„Es ist mittlerweile eine gründliche Darstellung des Süß erschienen, gestützt auf die bisher unveröffentlichten Akten seines Prozesses, übersichtlich gegliedert und erzählt von Kurt Elwenspoek... ich freue mich..., daß die Geschehnisse, wie ich sie im Verfolg der intuitiv gefaßten Kurve gestaltete, sich mit der hinterher aktenmäßig belegten histori-*

schen Realität fast zum Erschrecken genau deckte." (*Über Jud Süß*, 1929)

Neben den neu aufgenommenen, „erfundenen" Motiven – etwa die Tochter Naemi und ihr tragischer Tod oder die Gestalt des Rabbi Gabriel, des im Gegensatz zu Süß „Wissenden" – hat Feuchtwanger die äußere Wirklichkeit nur dort verändert, wo es besondere dramaturgische Akzente notwendig machten, um Ablauf und Aussage im Sinne des Autors noch zu verdeutlichen. Beispielsweise läßt Feuchtwanger die Erbfolgechancen Karl Alexanders beim ersten Zusammentreffen mit Süß 1732 viel unwahrscheinlicher erscheinen, als es in Wirklichkeit der Fall war. Der Thronfolger war bereits 1731 gestorben, und trotz der späten Versöhnung mit seiner lange vernachlässigten Gemahlin hatte der alternde Herzog Eberhard Ludwig nur wenig Chancen auf einen weiteren Sohn. Aber gerade das fast Unmögliche gibt der Voraussage des Süß, als sie dann eintrifft und Karl Alexander tatsächlich Herzog wird, ihre mystische Bedeutung für das künftige Verhältnis zwischen beiden. Auch die Frage, ob Würzburgs Karl von Schönborn den katholischen Staatsstreich als treibende Kraft geplant hat, ist nicht so eindeutig zu beantworten, wie das in Feuchtwangers Roman geschieht. Schließlich erhält die ungewisse Abstammung des Süß Oppenheimer vom christlichen Feldmarschall bei Feuchtwanger eine überragende Bedeutung. Erst der Verzicht, durch den Hinweis auf seine christliche Geburt sein Leben zu retten, macht den Jud Süß des Romans zur tragischen, geläuterten Figur, die den Weg nach Asien gefunden hat. Historisch ist dies sicher höchst zweifelhaft: Sein Leben war nicht zu retten, er mußte aus politischen Gründen geopfert werden, damit andere ihr staatsfeindliches Handeln in der Regierungszeit Karl Alexanders vertuschen konnten. Im übrigen war seine Mutter Jüdin, was nach jüdischem Gesetz bedeutet, daß er – unabhängig vom Glauben des Vaters – Jude ist. Die Historiker sind sich schließlich auch nicht darüber einig, ob der Hofjude nicht doch die Finanzlage des Landes sehr geschickt konsolidierte, also das Volk der Württemberger nicht nur, wie im Roman, zu des Herzogs oder zum eigenen Vorteil ausgebeutet hat.

Aber dies sind Randnotizen, völlig unerheblich für das, was der Autor nahebringen will: die Lebensgeschichte einer historischen Gestalt im Zeitalter des Absolutismus und eines zeitlosen Antisemitismus, die Geschichte eines Mannes, der als Außenseiter die höchsten Stufen der Macht erklimmt, auf diesem Weg zynisch, unmenschlich , lebensgierig voranschreitet und der erst im Sturz erkennt, wie vergeblich, wie lächerlich sein verzweifeltes Tun gewesen ist. „*Es geht mir in dem Buch ‚Jud Süß' ja nicht darum, den Mann Josef Süß etwa zu retten oder eine antisemitische Legende zu zerstören, sondern was ich machen wollte, das war: den Weg des Menschen weißer Haut zu zeichnen, den Weg über die enge europäische Lehre von der Macht über die ägyptische Lehre vom Willen zur Unsterblichkeit bis hin zu der Lehre Asiens vom Nichtwollen und Nichttun." (Über Jud Süß*, 1929)

Es ist auch ein Buch über sein Volk. Er spricht vom Leiden, von den Verfolgungen, von der Not der Juden. Das grausame Schicksal des unschuldigen Reb Seligmann, der durch die Beschuldigung eines betrunkenen Landstreichers, die der antisemitische Mob sofort gierig aufgreift, weil sie ihre dümmlichen Vorurteile, ihre dumpfen Instinkte anregt, des Mordes verdächtigt, gefoltert wird und der, obwohl durch Süß gerettet, ein Geschlagener bleibt – dieses Schicksal wiederholt sich hunderttausendfach in Europa. *„Aber in Deutschland saßen sie klein und kümmerlich. Im 14. Jahrhundert waren sie hier in mehr als 350 Gemeinden erschlagen, ertränkt, verbrannt, gerädert, erdrosselt, lebendig begraben worden... Seitdem saßen sie spärlich im Römischen Reich. Auf 600 Deutsche kam ein Jude. Unter raffinierten Plackereien des Volkes und der Behörden lebten sie eng, kümmerlich, dunkel, hingegeben jeder Willkür." (Jud Süß)* Und doch bleiben sie auch in diesem Roman für Lion Feuchtwanger die durch Not Wissenden, den Geist Asiens in sich spürenden Flüchtlinge zwischen den Welten: *„Aber im Blut stak es allen, im innersten Gefühl, es war da: das tiefe, heimliche, sichere Bewußtsein von der Sinnlosigkeit, der Wandelbarkeit, dem Unwert der Macht. Sie waren solange klein und gering gesessen unter den Völkern der Erde, zwerghaft, lächerlich in Atome verspellt. Sie wußten, Macht üben und Macht erleiden ist nicht das Wirkliche, Wichtige. Zersplitterten nicht einer um den anderen die Kolosse der Gewalt? Aber sie, die Gewaltlosen, hatten der Welt ihr Gesicht gegeben." (Jud Süß)*

Es ist aber keineswegs ein Buch, das die Juden idealisiert. Die Hauptfigur Süß Oppenheimer, wird als kalter, berechnender, grausamer Geldeintreiber und devoter, biegsamer Untertan dargestellt. Sympathien kann er nur schwer wecken; später, als Süß ins Elend gestoßen wird, bleibt beim Leser wohl allenfalls Mitleid zurück. Der distanzierte Intellektuelle Lion Feuchtwanger – und dies macht die Größe dieses Romans aus – weiß die Schattierungen im bunten Gewimmel seiner Charaktere sehr differenziert zu setzen. Protestanten und Katholiken, Pietisten und Juden, Adlige und Emporkömmlinge, Stuttgarter und Esslinger – es sind Menschen, getrieben von ihren Wünschen und Ängsten, ihren Instinkten und Lüsten, immer bereit zur Untat, nur selten zum Guten fähig. Was Feuchtwanger über die mächtigen Nachbarn sagt, die Württemberg belauern, um seinen Reichtum einzusäckeln, gilt für jeden: *„Sie alle saßen, warteten im Kreis, beschielten sich mißtrauisch, warfen ihre großen, stummen Schatten über das Land." (Jud Süß)*

Und noch eines wird in diesem Roman sichtbar. Lion Feuchtwanger hat sich mit den Lehren seines Zeitgenossen Sigmund Freud beschäftigt, den er sehr verehrt hat, aber dem er nie begegnet ist. Die Psychoanalyse hat auch in den späteren Romanen Eingang gefunden. Das sexuelle Motiv nimmt dort eine nicht unbedeutende Rolle ein. Nicht der Eros, sondern der Sexus beherrscht die Menschen Feuchtwangers. Sinnlich-gierig suchen sie sich, geben sie sich hin, genießen sie sich. Josef Süß Oppenheimers Machtrausch erfüllt sich erst ganz, wenn er auch über die Frauen am Hofe Karl Alexanders triumphiert, sie besessen hat. Flavius Josephus verfällt zeitweise bis zur Hörigkeit der hochmütigen Ägypterin Dorion; der Flavier Titus sieht nur den Gang der schönen jüdischen Königstochter Berenike und verliert sich an sie (*Josephus*-Trilogie). Johanna Krain geht mit dem „windigen", wenig sympathischen Erich Bornhaak schlafen, einem ihr selbst nicht erklärbaren Zwang gehorchend *(Erfolg)*. Selbst die liebreizende, zarte Tochter des Jehuda Ibn Esra, die schöne Raquel, gibt sich Alfonso, ihrem König, in tiefer Sinnlichkeit hin *(Die Jüdin von Toledo)*.

Die Menschen Feuchtwangers werden nicht nur von ihren Machttrieben, sondern auch von ihren sinnlichen Wünschen beherrscht. Es ist eine sehr „handfeste" Erotik, die er schildert, lebensnah, ohne metaphysische Überhöhung. Dabei fällt auf, daß Feuchtwangers „Emporkömmlinge" ihr Lebensziel häufig erst erreicht wähnen, wenn sie Frauen der oberen Gesellschaftsschicht erobert haben. Das gilt für Süß, für Josephus Flavius, der die Tochter des berühmtesten Malers im Römischen Reichs begehrt, es gilt für die Beziehung des Plebejers Goya zur Herzogin von Alba, und selbst der alternde Demokrat Benjamin Franklin fühlt sich von seinen Flirts mit Damen der Oberschicht geschmeichelt, erhoben. So wird die Sexualität bei Feuchtwanger auch zu einem Mittel der Selbstbestätigung.

Formal ist der Roman *Jud Süß* klar gegliedert: fünf fast gleichlange Kapitel, deren Überschriften – *Die Fürsten, Das Volk, Die Juden, Der Herzog, Der Andere* – weniger den Handlungsablauf als den Hintergrund des Geschehens thematisieren.

Der Roman ist zunächst umfangreicher, Ende der 20er Jahre hat Feuchtwanger einige Kürzungen vorgenommen, die in allen späteren Auflagen beibehalten werden. Er hat das Buch nach 13 Monaten beendet. Das Manuskript ist handgeschrieben, ebenso das des folgenden Romans. Marta Feuchtwanger hat das am Tag Geschriebene nachts in die Schreibmaschine getippt. Feuchtwanger arbeitet in diesen Monaten sehr viel konzentrierter als bei der Niederschrift seiner dramatischen Werke. Fast jede Ablenkung wird vermieden, er lebt in Klausur. Und er hat Schwierigkeiten mit dem Stoff, will schon aufgeben, bis der Roman dann schließlich doch in einem Zuge zu Ende geschrieben wird.

Zwei Jahre lang findet sich kein Verleger für das dann so vielgelesene Buch. Sie schicken es mit den fast immer gleichen Begründungen zurück: Es sei nicht die Zeit für historische Romane, und ein jüdisches Thema passe angesichts des völkischen Getümmels nun erst recht nicht. Überhaupt, die distanzierte Haltung, mit der in diesem Roman die eigene Vergangenheit und ihre Menschen beschrieben werden, der leidige Konflikt zwischen Protestanten und Katholiken, nein, das Vaterland hat doch Sorgen genug, in diesen demütigenden Zeiten der außenpolitischen Ohnmacht und des innenpolitischen Verfalls. Wer will denn da etwas lesen vom Weg zu Buddha, vom Scheitern des Handelns?

Einer immerhin ist fasziniert von dem Manuskript. Ein Außenseiter im Verlagsgeschäft. Der Industrielle Aschenbach hat den ersten deutschen Buchclub, den „Volksverband der Bücherfreunde", gegründet und sucht attraktive Manuskripte. Er fragt seinen Freund Leonhard Adelt, Münchner Korrespondent des „Berliner Tageblatts", der für ihn Werke des Amerikaners Sinclair Lewis ins Deutsche übersetzt hat. Adelt schickt ihn zu Bruno Frank, der aber nichts fertig hat und – Zufall für die Literaturgeschichte – auf Lion Feuchtwanger hinweist, der seinen Roman *Jud Süß* gerade beendet habe. Achenbach macht Besuch in der Georgenstraße, nimmt das Manuskript mit, liest es in einer Nacht durch, ist begeistert. Aber auch er scheut vor dem jüdischen Thema zurück. Immerhin, der Amateurverleger hat erkannt, welchem Talent er begegnet ist. Er schlägt Feuchtwanger vor, für den Buchclub einen neuen Roman zu schreiben. Die Themenauswahl steht ihm frei, nur darf es nicht ein Buch über Juden werden und den Umfang von 320 Seiten nicht überschreiten. Feuchtwanger akzeptiert und schreibt *Die häßliche Herzogin Margarete Maultasch,* die dann auch in beachtlicher Auflage erscheint. Der *Jud Süß* aber liegt immer noch in der Schublade.

Noch ein Zufall. Lion Feuchtwanger hat einen Vertrag mit dem „Drei Masken Verlag" abgeschlossen, der ihn verpflichtet, ausländische Stücke zu lesen und sie auf ihren Übersetzungs- und Aufführungswert für Deutschland hin zu prüfen. Er liest fleißig und gründlich, findet aber nichts. Der Vertrag ist gut dotiert. Feuchtwanger einigt sich mit dem Verlag, die Verpflichtungen mit dem Druck des *Jud Süß* vorzeitig abzulösen. Ohne große Erwartungen geht der Theaterverlag ans Werk, im März 1925 erscheinen 6 000 Exemplare. Immerhin, im gleichen Jahr gibt es noch zwei Auflagen, allerdings glaubt der „Drei Masken Verlag" nicht so recht an einen Erfolg.

In Schweden macht der mächtige amerikanische Verleger Ben Huebsch, Chef der Viking Press, in diesen Wochen Familienurlaub. Er liest den *Jud Süß* und ist hingerissen. Er telegraphiert Feuchtwanger, erwirbt die Recht für Amerika. Im Oktober 1926 erscheint der Roman unter dem Titel *Power* und wird ein großer Erfolg. Einen Monat später kommt die englische Ausgabe *Jew Süß* bei Martin Secker in London heraus. Im ersten Jahr folgen allein in England 23 weitere Auflagen. Entscheidend für den Durchbruch ist eine enthusiastische Kritik des englischen Novellisten Arnold Bennett im „Evening Standard“. Der angelsächsische Erfolg wird schließlich auch in der Heimat des Schriftstellers bemerkt, der *Jud Süß* beginnt schwindelerregende Auflagenzahlen zu erreichen. Bis Juli 1931 sind schließlich 100 000 Exemplare allein in Deutschland verkauft.

Der Romanerfolg reizt zur Bearbeitung. 1929 schreibt der englische Theaterautor Ashley Dukes sein Drama *Jud Süß*, und es gelingt ihm mehr als nur ein Saisonerfolg. Paul Kornfelds deutsche Dramatisierung wurde am 7. Oktober 1930 mit Ernst Deutsch in der Titelrolle im Theater am Schifferbauerdamm uraufgebührt. Sie fand nur ein geringes Echo. Allerdings, die Nazis hatten sich den Mann gemerkt. Der expressionistische Dichter wird 1942 im KZ Lodz umgebracht.

In den 30er und 40er Jahren gibt es zwei Verfilmungen des Stoffes. Eine davon sollte traurigen Ruhm erlangen: Veit Harlans antisemitisches Greuelstück *Jud Süß*, 1940 im Auftrag von Joseph Goebbels inszeniert. Ein Musterbeispiel der Nazipropaganda, das Millionen Deutsche faszinierte und den Judenhaß im Dritten Reich auf schauerliche Weise schürte. Harlan bog den Handlungsablauf willkürlich um, ließ den Josef Süß Oppenheimer zu einem menschlichen Scheusal werden, das christliche Frauen unter Drohungen zum Beischlaf zwingt. Mit suggestiver Kameraeinstellung und Massenszenen wird dem Zuschauer das dumpfe Vorurteil vom „jüdischen Untermenschen“ hemmungslos dargeboten. Hochbegabte Schauspieler wie Ferdinand Marian, der den Süß spielt, Werner Krauss, der in sieben verschiedenen, den jüdischen Charakter primitiv karikierenden Rollen auftritt, oder Heinrich George als Herzog Alexander tragen – mehr oder weniger freiwillig – zum Propagandaerfolg bei. Lion Feuchtwanger schreibt in einem Nachwort zur Romanausgabe von 1958 über diesen Film: *„Er war politisch überaus wirksam, geistig überaus leer.“*

Harlan hat später immer wieder betont, nicht Feuchtwangers Roman, sondern Wilhelm Hauffs Novelle sei die Vorlage für seinen Film gewesen. Abgesehen davon, daß dies völlig gleichgültig für die fürchterlichen Folgen ist, die Harlans Produkt mitverschuldet hat, bleibt es nicht nur moralisch ein fragwürdiges Bekenntnis. Soweit sich die Filmhandlung auch von Feuchtwangers Buch entfernt – Goebbels hat zweifellos nicht an Hauffs ziemlich unbekannte Novelle, sondern an den großen Erfolg des Romans gedacht, als er den *Jud Süß* für die propagandistische Vorbereitung des Holocaust auswählte. Nach dem Krieg wurde der Nazi-Streifen verboten, Veit Harlan jedoch von einem bundesdeutschen Gericht unter dem Beifall der Zuhörer vom Vorwurf freigesprochen, mit dem Film etwas Böses bezweckt zu haben. Werner Krauss erhielt das

Bundesverdienstkreuz. Ferdinand Marian, mit einer Jüdin verheiratet, hatte sich noch im Krieg das Leben genommen.

Aus dem amerikanischen Exil schreibt Lion Feuchtwanger einen offenen Brief an die Hauptdarsteller des Harlan-Films. Es ist eine bittere, entlarvende Anklage gegen das opportunistische Verhalten großer Künstler in der Nazi-Zeit, die im April 1941 in der Zeitschrift „Atlantic Monthly" erscheint: *„Meine Herren, ich lese im ‚Völkischen Beobachter', daß Sie die Hauptrollen gespielt haben in einem Film ‚Jud Süß', der in Venedig preisgekrönt worden ist. Der Film zeigt, berichtet das Blatt, das wahre Gesicht des Judentums, seine unheimliche Methodik und vernichtende Zielsetzung... kurz, wenn ich das Geschwollene, am Bombast des ‚Führers' geschulte Geschwafel ins Deutsche übersetze, dann bedeutet es: Sie haben, meine Herren, aus meinem Roman ‚Jud Süß' mit Hinzufügung von ein bißchen Tosca einen wüst antisemitischen Hetzfilm im Sinne Streichers und seines ‚Stürmers' gemacht."* Feuchtwanger erinnert daran, daß fünf von ihnen bereits in Bühnenaufführungen seines Stükkes mitgewirkt, mit ihm über das Buch und seine Bedeutung diskutiert hatten, dem Werk und seiner Aussage Bewunderung zollend. Er zeigt in diesem Brief tiefe Betroffenheit. Werner Krauss, Heinrich George, Albert Florat und Eugen Kloepfer, ein begeisterter Nazi, waren ihm freundschaftlich und künstlerisch verbunden gewesen. Er beendet den Brief mit dem Satz: *„Und wenn Sie sich verändert haben, meine Herren, ich werde Ihnen entgegentreten können als Ihr alter Lion Feuchtwanger."*

Die englische Verfilmung des *Jew Süß*, 1934 von der Gaumont Filmgesellschaft produziert, hat lange nicht die Bedeutung des deutschen Streifens erreicht. Regisseur Lothar Mendes hält sich eng an die Romanvorlage und macht einen philosemitischen Film. Der gerade emigrierte deutsche Schauspieler Conrad Veidt ist der einzige Star unter den Darstellern, die Briten arbeiten mit erheblich geringeren Produktionskosten als sechs Jahre später Veit Harlan. Feuchtwanger reiste 1935 zur Filmpremiere nach London, äußerte sich freundlich über Mendes Arbeit, auch wenn er später die englische Produktion vielleicht doch etwas skeptischer beurteilte.

Die häßliche Herzogin Margarete Maultasch

Fast unmittelbar nach dem *Jud Süß* schreibt Lion Feuchtwanger seinen zweiten historischen Roman. Diesmal als Auftragsarbeit. In einem Brief vom 17. Oktober 1951 an Wolfgang Berndt heißt es: *„Da mir der Maultasch-Stoff geläufig war und da es mich reizte, nach dem Jud Süß nochmals die Geschichte einer ‚Abnormität' darzustellen, schlug ich dem Volksverband* (das ist der Buchclub des Verlegers Aschenbach) *‚Die* *häßliche Herzogin' vor, und sie waren ohne weiteres einverstanden."* Er schreibt den Roman in knapp zehn Monaten, vom November 1922 bis September 1923.

Auch dies Buch zeigt deutlich, daß Feuchtwanger den geschichtlichen Hintergrund sehr gut gekannt hat, nahezu alle Figuren spielen in dem Roman jene Rolle, die ihnen auch die Geschichtswissenschaft zugewiesen hat. Tirol ist dem bayerischen Schriftsteller durch manche Reise bekannt, er weiß um die regionalen Besonderheiten dieser Berglandschaft. Im übrigen wurde der Sohn von Margarete Maultasch, Herzog Meinhard III., im Jahr 1362 von Niederbayerns Herzog Stephan auf Schloß Feuchtwangen belagert. Vielleicht ist der Autor, dessen Vorfahren und Name von der mittelfränkischen Stadt stammen, im Zuge früherer Familienforschung schon auf die Geschichte der unglücklichen Herzogin von Tirol gestoßen.

Der Roman spielt in der ersten Hälfte des 14. Jahrhunderts, Kriege, Pest und Kirchenschisma erschüttern die mittelalterliche Welt. Es ist die Zeit des Machtkampfes der Luxemburger, Wittelsbacher und Habsburger um die Herrschaft im Heiligen Römischen Reich Deutscher Nation. Kaiser- und Königsthrone werden ebenso verschachert wie die Kardinalshüte; die Papstkirche liegt in Avignon in Fesseln; die Wahl ihres Oberhauptes ist fast nur noch eine Frage der politischen Opportunität. Frankreich, England, Spanien, Böhmen, Österreich, Brandenburg, Bayern, das zerrissene Italien – überall gieren die Fürsten und Herzöge, die Kurfürsten und Kardinäle, die Ritter und Burgherren nach Geld und Land. Der Tod eines Thronfolgers löst Krisen und Kriege aus, die Verbindung zweier Herrscherhäuser durch Heirat erschüttert das machtpolitische Gleichgewicht, bringt riesigen Landbesitz und für die Völker oft über Nacht neue Herren.

Um das Jahr 1350 schreibt der Florentiner Francesco Petrarca: „Es gab ein glücklicheres Zeitalter, und es wird vielleicht noch eines geben. In der Mitte, in unserer Zeit, sieht man Niedertracht und Schande vereint." Es ist das Lebensgefühl einer Zwischenzeit, das nicht nur der große Humanist und Dichter Petrarca immer stärker empfindet. Die alte christliche Weltordnung wankt; der Mensch des späten Mittelalters fordert Autonomie, Selbstbestimmung; die fähigsten Köpfe entdecken voller Überraschung den hellen, lebenszugewandten Geist der griechischen und römischen Antike; die Wissenschaft löst sich von den Gesetzen der scholastischen Kirchenväter; die Städte verlangen Handels- und Zunftfreiheit, drängen die feudalen Landesherren zurück, reißen Reichtum und Macht an sich.

Margarete Maultasch wird 1318 geboren. Tochter des schwachen Herzogs Heinrich von Kärnten und Tirol, steht ihr Leben ganz im Zeichen der territorialen Machtkämpfe zwischen dem Wittelsbacher Ludwig, seit 1314 nach einer heftig umstrittenen Wahl Kaiser, dem Luxemburger Johann, König von Böhmen, und dem Habsburger Albrecht II. Tirol und Kärnten sind begehrtes Land, sind reich und die Brücke zur Lombardei, dem Einfallstor nach Italien. Als Heinrich stirbt, gehen zunächst die Pläne des Luxemburgers Johann auf, der seinen Sohn Johann Heinrich fünf Jahre vorher, 1330, mit Margarete verheiratet hat. Ludwig, vorerst leer ausgegangen, schachert mit dem Habsburger; der wiederum einigt sich nach kurzen militärischen Auseinandersetzungen mit dem Tiroler Herzog: Kärnten den Habsburgern, Tirol den Luxemburgern. Aber die holen aus ihrem Königreich Böhmen hochmütige, geldgierige Herren, die das Land auspressen, den heimischen Adel aus der Verwaltung drängen. Zwei Adelsaufstände, von Margarete unterstützt, verjagen ihren Luxemburger Ehemann. Sie läßt sich wegen Johann Heinrichs „Eheunfähigkeit" von ihm scheiden. Die Stunde des Wittelsbachers kommt, er verheiratet seinen Sohn, Landgraf Ludwig von Brandenburg, mit der geschiedenen Herzogin. 19 Jahre regiert er in Tirol, stirbt dann plötzlich und noch keineswegs alt. Margaretes und Ludwigs Sohn, Herzog Meinhard III., ist unfähig, gerät bald in die Hände eines skrupellosen Adelskreises und stirbt, erst 20jährig, nur zwei Jahre nach seinem Vater. Das Haus Habsburg greift zu: Da Margarete das herrenlose Tirol nicht alleine regieren kann, überschreibt sie das Erbland Rudolf IV., dem Chef des Hauses Habsburg. Anschließend lebt sie bis zu ihrem Tod 1369 in Wien. Ein verwirrender Ablauf, und doch fast alltäglich für die Herrschergeschlechter dieses Jahrhunderts, besonders wenn ihr Territorium eine so bedeutende Grenzlage zwischen mehreren mächtigen Nachbarn einnimmt.

Margarete von Tirol war häßlich, mehrere Überlieferungen weisen ausdrücklich darauf hin. Ihr wenig schmeichelhafter Beiname Maultasch ist ebenfalls in Dokumenten und Schriften erwähnt. In einer *Geschichte Tirols*, 1872 von Joseph Eggers veröffentlicht, heißt es: „Margareta wird von Sagen- und Geschichtsschreibern körperlich und geistig sehr ungünstig geschildert. War sie auch nicht ein Ausbund an Häßlichkeit – den Preis der Schönheit jedenfalls verdiente sie nicht, denn glaubwürdigen Nachrichten zufolge verunstaltete ihr Gesicht ein großer, breiter Mund, von dem sie, nach mancher Überlieferung, den Beinamen ‚Maultasche' bekommen haben soll." Ob sie allerdings für ihre Zeit besonders ausschweifend und grausam gewesen ist, wie mancher Zeitgenosse zu berichten weiß, sei dahingestellt.

Lion Feuchtwanger hält sich weitgehend an die geschilderten geschichtlichen Tatsachen. Er geht frei mit ihnen um, wo es der psychologischen Deutung seiner Hauptfigur oder der dramatischen Entwicklung seines Romans nützlich ist. Vor allem hat er seine Margarete Maultasch stark idealisiert. Historisch blieb sie unbedeutend, ein Handelsobjekt ihrer männlichen Umwelt. Ihre Herrscherfähigkeit, die Feuchtwanger mit großer Sympathie beschreibt, ist mit der Wirklichkeit kaum in Übereinstimmung zu bringen. Denn schon vier Tage nach dem Tod ihres Sohnes wurde die historische Herzogin entmachtet, hatte der Landesadel die Herrschaft an sich gerissen. Bis der Habsburger kam.

Manche wichtige Figur des Romans ist von Feuchtwanger neu eingeführt worden, historisch ist dann allenfalls der Name, aber nicht die vom Dichter beschriebene Person. Etwa der Jude Mendel Hirsch, den Margarete nach Tirol holt, oder sein Konkurrent, der christliche Geldleiher Messer Artese aus Florenz. Auch Agnes von Flavon, die schöne Gegenspielerin der häßlichen Herzogin, ist historisch nicht nachweisbar.

Feuchtwanger hat mehrfach auf das Hauptmotiv seines Romans hingewiesen. *„Ich wollte darstellen"*, so schreibt er beispielsweise in einem Brief vom 27. November 1951, *„wie eine Frau durch ihre Häßlichkeit gezwungen wird, alle schlummernden Begabungen zu entfalten."* Und wirklich, Feuchtwanger malt ein greuliches Bild von seiner Romanheldin: *„Über einem dicklichen Körper mit kurzen Gliedmaßen saß ein großer, unförmiger Kopf. Wohl war die Stirn klar und rein, und die Augen schauten klug, rasch, urteilend, spürend; aber unter einer kleinen, platten Nase sprang der Mund äffisch vor mit ungeheuren Kiefern, wulstiger Unterlippe. Das kupferfarbene Haar war hart, spröde, ohne Glanz, die Haut kalkig grau, bläßlich, lappig."*

Sie sucht Ersatz im politischen Geschäft, regiert nach dem Tod des Vaters neben ihren Männern, zunächst dem jähzornigen, kindlichen Luxemburger Johann, dann nach dessen Vertreibung neben dem ernsten, nüchternen Ludwig von Brandenburg. Aber die Häßlichkeit liegt wie ein Fluch auf ihr, vertreibt jedes persönliches Glück. Die Männer lieben sie nicht, allenfalls gewinnen sie ihrer staatspolitisch klugen Haltung zeitweise Respekt ab. Das Volk – *„dumm, instinktlos... jedes Tier war klüger und hatte mehr Instinkt"* – schiebt alles Unglück, das über das Land kam, auf die häßliche Herrscherin, die so sichtbar gezeichnet war. Wie jubelt es, wenn die schöne Agnes von Flavon durch das Land reist, die verhaßte Gegnerin, der alles so leicht gelingt, deren Lächeln die Männer betört, den Tirolern glückliche Zeiten zu verheißen scheint. Was hilft alle Staatskunst, alle Klugheit, alles sich Hingezogenfühlen zum Lande Tirol und seinen Menschen, wenn die physische Beschaffenheit dies alles wegfegt, es unwichtig macht. *„Ja, ja, ja! Mistfahren lieber den langen Tag, aber wohlgeschaffen, als so im Schloß, als mit diesem Mund, mit diesen Zähnen, mit diesen Backen."*

Agnes wird zur Todfeindin, zum Gegenprinzip einer hellen, lichten, leichten Welt, die Margarete verschlossen bleibt. Ihr Weg ist gepflastert mit Enttäuschungen. Ein von ferne geliebter Ritter wird nach einem mißlungenen Aufstand hingerichtet, der Luxemburger Johann mit ihrer Hilfe vertrieben, der Wittelsbacher Ludwig mit ihrem Wissen vergiftet, die letzte Hoffnung, der Sohn Meinhard, kaltblütig ermordet. Auch das Land verliert sie. Und selbst um die Hinrichtung der Feindin wird sie betrogen – Agnes von Flavon ist vorher vergiftet worden. Sie erstarrt, verkrustet. *„Mit einem matten Verlangen wünscht sie nur eines: immer so bleiben, immer so dahindämmern in den brütenden Sommer, schlaff, still verdunsten, wie das besonnte Wasser."*

Die Geschichte der häßlichen Herzogin ist unübersehbar von den Lehren Freuds und Darwins beeinflußt, mit denen sich Feuchtwanger nach dem Ersten Weltkrieg auseinandersetzt. Die physische Konstitution als natürliche Benachteiligung und ihre Auswirkung auf die psychische Entwicklung sind das Kernmotiv des Romans. Margaretes seelische Verkümmerung, die schließlich zu einer pathologischen Freßsucht führt, ihr unerfülltes Liebesbedürfnis, das sie eine kalte, auch zum Mord fähige Machtpolitikerin werden läßt, zeigen Feuchtwanger als gelehrigen Schüler Freuds. Auch Biographisches spielt da noch mit. Feuchtwanger, der jüdische Intellektuelle, hat die Außenseiterposition seiner Romanfigur tief mitempfunden. Als der Jude Mendel Hirsch bei der Herzogin ist, erfährt sie einiges von den unbekannten Sitten seines Volkes: *„Sie hörte von seinen seltsamen Gebräuchen, Gebetmantel, Gebetriemen, anderer Kost. Sie fragte ihn nach Einzelheiten. Er wich höflich und entschieden aus. Dies gefiel Margarete. Er war häßlich und besonders. Er war umkrustet. Sie war die Maultasch, er der Jud."*

Hinzu kommen weitere Motive, die bereits mit unterschiedlichem Nachdruck im *Jud Süß* auftauchen. Da ist der historische Hintergrund, der in der *Häßlichen Herzogin* allerdings erheblich stärker in die Handlung einbezogen wird als in der Geschichte von Josef Süß Oppenheimer. Die Übergangszeit des 14. Jahrhunderts – das Ende des feudalen Rittertums, das Aufblühen der Städte, des Handels und des Geldwesens – rückt ins Zentrum. Margarete ist eine moderne Herrscherin, die Juden ins Land holt, um den Handel zu fördern und die Städte zu stärken, die Zukunft gehört dem Materialismus: *„An die Stelle der Burg trat die Stadt, an Stelle des kräftigen Einzelnen die Organisation. Wenn der fahrende Ritter Herberge verlangte, Speis und Trank, forderte man von ihm – Gotts Marter! – Bezahlung. Nicht ihm gehörte die Zukunft, sondern dem Bürger, nicht der Waffe, sondern der Ware, dem Geld."* Das schreibt Feuchtwanger in den Monaten der Inflation, kurz bevor der Dollarstrom die Republik von Weimar für wenige Jahre stabilisiert. Er hat sich mit Marx beschäftigt; der „Amerikanismus", den er schon so früh erspürt, lenkt ihn auf neue Denkbahnen, macht ihm Parallelen zwischen der Zeit der Maultasch und seinem eigenen Jahrhundert deutlich.

Auch taucht in der *Häßlichen Herzogin* wieder das Thema Asien-Europa auf. Margarete erlebt die Vergeblichkeit des Tuns, scheitert mit ihren Plänen, erstarrt im Nichttun. Am Ende des Romans sitzt sie am Ufer des Chiemsees: „*Aus dem niedern, gelblichgrauen, besonnten Fischerhaus kam ihr dürres Fräulein, holte die Herzogin zum Essen. Margarete stand auf, reckte sich träg, ging mit ihrem schweren, schleifenden Schritt dem Haus zu. Der Mund wulstete sich äffisch vor, die Backen hingen schlaff, riesig, unförmig herab, die Schminke konnte die Warzen nicht verdecken. Das stille, demütige Fräulein öffnete die ungefüge Tür vor ihr. Wolkig drang der Geruch gebratener Fische heraus. Margarete schnupperte ihn behaglich ein, ging ins Haus.*“ Aber auch Johann, König von Böhmen und erster Schwiegervater der Maultasch – dieser leichtsinnige Abenteurer, an dem die neue Zeit abzuprallen scheint, in der Geld und Ware statt der Jagd nach Waffenglück und begehrenswerten Frauen den Lauf des Lebens bestimmen, und dessen wirbelndes, vertanes Dasein Lion Feuchtwanger mit soviel Symphatie schildert – zerrinnt alle Macht und aller Ruhm. Blind und sinnlos stürzt er sich in den Schlachtentod. „*Der tote König lag allein. Große, glänzende Schmeißfliegen setzten sich auf sein Gesicht.*“

Und auch in diesem Roman tauchen die Juden auf, von Margarete ins Land geholt, fleißig, isoliert, gehaßt und schließlich wieder verjagt oder ermordet. „*Von Italien dann kroch es herauf in die Täler Tirols, schleimig, immer weiter. Geraune erst, dann immer festere Gewißheit: die Juden machen die Pest. Die Pest hört nicht auf, solang man die Juden im Land läßt. Es ballte sich zusammen. Hetze, Anschläge.*“ Der Antisemitismus, im 14. Jahrhundert vielfach nachgewiesen, bleibt auch in unserem Jahrhundert ein dominierendes Thema für den Schriftsteller.

Der Roman ist leichter, distanzierter geschrieben als der *Jud Süß*. Feuchtwanger ist mehr Betrachter, nüchterner Chronist. Die Sprache bleibt zwar voll barocker Fülle, aber die Prosa ist nicht mehr so breit, was schon durch den erheblich geringeren Umfang des Herzogin-Romans bedingt ist. Die klare Gliederung in drei Bücher folgt den Herrschaftsverhältnissen in Tirol: im ersten Buch sind es die Luxemburger, im zweiten die Wittelsbacher, im dritten die Habsburger, die im Land die Macht besitzen.

Im Herbst 1923 erscheint die erste Auflage, also 19 Monate vor dem *Jud Süß*. Der Erfolg ist beachtlich. Besonderes Glück, daß die „Frankfurter Zeitung“ eine außergewöhnlich umfangreiche und positive Kritik veröffentlicht, obwohl *Die häßliche Herzogin* zunächst in einem Buchclub erscheint, üblicherweise also keine Besprechung zu erwarten ist. Bis Ende 1932 sind rund 200 000 Exemplare verkauft. Die englische Ausgabe, wieder bei Martin Secker, folgt 1927, die amerikanische bei der Viking Press 1928. In beiden Ländern ist im Gegensatz zu Deutschland vorher bereits der *Jud Süß* erschienen; Feuchtwanger besaß daher in Großbritannien und den USA als Romanautor schon einen gewissen Bekanntheitsgrad. Wolfgang Berndt berichtet, daß bis Ende 1932 insgesamt 632 000 Exemplare der *Maultasch*-Geschichte in 18 Sprachen gedruckt worden sind.

Beide Romane werden zu Recht als Einheit gesehen. Sprachlich und thematisch weisen sie starke Gemeinsamkeiten auf. Sie sind im eigentlichen Sinne historische Romane. Mit ihrer Veröffentlichung ist diese Literaturgattung vor allem in der angelsächsischen Welt wieder populär geworden, hat Lion Feuchtwanger den historischen Roman von den Zwängen konservativer, pathetischer Historienportraits befreit. Natürlich nicht er allein, da waren auch Alfred Döblin und Arnold Zweig oder – wenn auch wieder sehr viel individueller – Stefan Zweig. Aber seine und Stefan Zweigs Bücher setzten sich mit Abstand am stärksten beim Leser durch. *Jud Süß* und *Die häßliche Herzogin Margarete Maultasch* schließlich haben den Ruhm ihres Schöpfers begründet, ihn materiell unabhängig gemacht. Der Schriftsteller Lion Feuchtwanger hat sich mit ihrer Veröffentlichung seinen Platz im Literaturgetriebe der Weimarer Republik erobert.

Berlin

„Berlin ist eine Messe wert", schreibt Carl Zuckmayer in seinen Lebenserinnerungen, wenn er auf die 20er Jahre zurückblickt. „Diese Stadt fraß Talente und menschliche Energien mit beispiellosem Heißhunger, um sie ebenso rasch zu verdauen, kleinzumahlen und wieder auszuspucken. Was immer in Deutschland nach oben strebte, saugte sie mit Tornado-Kräften in sich hinein, die Echten wie die Falschen, die Nullen wie die Treffer..." Das preußische Berlin wurde zur Metropole der Republik, politisch und kulturell. Die „Goldenen Zwanziger" – merkwürdig verklärend nannten viele diese Zeit später so, und sie meinten damit vor allem die Hauptstadt. Berlin hatte die besten Theater, es zog die großen Künstler der Epoche wie ein Magnet an. Brecht kam und Heinrich Mann, Alfred Döblin lebte dort und Arnold Zweig, zeitweise auch Carl Zuckmayer und Joseph Roth, Erich Kästner tauchte auf und Ödön von Horváth, Gerhart Hauptmann verließ es nie ganz. Die großen Verlage waren da, Ullstein, Fischer, Kiepenheuer, und die großen Zeitungen „Berliner Tageblatt", „Vossische Zeitung". Die mächtigsten Theaterkritiker befehdeten sich in Berlin: Alfred Kerr und Herbert Ihering. Sie schrieben über die größten Schauspieler der Republik, die natürlich auf den Bühnen der Hauptstadt spielten: Emil Jannings, Heinrich George, Ernst Deutsch, Conrad Veidt, Fritz Kortner,

Albert Bassermann, Werner Krauss, Gerda Müller, Elisabeth Bergner, Maria Koppenhöfer, Lotte Lenya. Berliner Theaterinszenierungen wurden zum Ereignis: Leopold Jessner erstaunte mit der ersten Treppe auf der Bühne. Erwin Piscator schwor auf Brecht und das politische Theater, Erich Engel führte die *Dreigroschenoper* zum Triumph, Max Reinhardt, Wanderer zwischen Salzburg und Berlin, schuf das Große Welttheater. Bruno Walter und Otto Klemperer – der eine der Tradition, der andere in der Kroll-Oper der Modernen verbunden – führten Berlins Musiktheater zu neuen Höhen.

Die großen Alten Max Liebermann, Lovis Corinth und Max Slevogt malen in Berlin unbeeindruckt vom Sturm der Moderne ihre neoimpressionistischen Bilder, dem Realismus zugewandt. An der Akademie lehrt Max Pechstein, einst Mitbegründer der „Berliner Sezession" und Maler des berühmten „Brücke"-Expressionismus. Dada ist 1925 schon passé, Karl Schmidt-Rottluff und Erich Nolde haben Ateliers in Berlin. George Grosz geißelt mit seinen scharfen, entlarvenden, illusionszerstörenden Zeichnungen die kapitalistische Bourgeoisie, zeigt die brutale Wirklichkeit, die hinter dem längst schon wieder gesellschaftsfähig gewordenen Militarismus droht. Auf dem Reißbrett des großen Architekten Mies van der Rohe entstehen strenge, sachliche Konstruktionen. Mancher ist dort, aber viele Maler, Bildhauer, Architekten sind sensibler, spüren schon stärker die harte politische Luft dieser Stadt. Berlin ist für sie nicht Zentrum, die Provinz triumphiert, das „Bauhaus" ist in Weimar und Dessau.

Berlin, das waren gewagte, verrissene, glänzende Theateraufführungen, das waren Sechstagerennen und Avusgedröhne, Boxkampf und Modeschauen, das war Flitter und Betäubung, verdrängter Sex und Flucht in den Rausch, das war politisches Kabarett und eine ironische, grausame Sensationspresse. Es war die Stadt einer „lost generation", illusionslos, zynisch, diesseitig. Wer sie erobert hatte, diese Stadt, dem gehörte die Welt, wer in ihr unterging, war allein. Talent hatte Chancen, die Sensation noch mehr. Berlin war liberal, keineswegs dumpf. Die Stadt der „Bewegung" war München, die Stadt des „Amerikanismus", der Sachlichkeit war Berlin. Goebbels mußte auf Inflation und Massenarbeitslosigkeit warten, bis er das Leben hier ersticken konnte.

Berlin war 1925 mit vier Millionen Einwohnern nach New York und London die drittgrößte Stadt der Erde. 56 Dörfer und 29 Gutsbezirke waren eingemeindet und in 20 Verwaltungsbezirke eingeteilt worden. 1925 gab es in Berlin 115 730 Arbeitslose und 55 000 „Notstandsarbeiter", 47 071 Geburten, 133 612 Verurteilungen wegen krimineller Vergehen. In Berlin war 1919 der Spartakus-Aufstand und 1920 das Zentrum des Kapp-Putsches. In Berlin wurden Rosa Luxemburg und Karl Liebknecht ermordet. Auch Walther Rathenau.

Am Aschermittwoch des Jahres 1925 verläßt Lion Feuchtwanger endgültig München, zieht er nach Berlin. Er kennt die Stadt, hat dort, als sie noch die Hohenzollern beherbergte, zwei Semester studiert, ist in den frühen 20er Jahren bei Theaterproben oder Aufführungen seiner Stücke, auch der von Brecht, an der Spree. Zuletzt in den turbulenten Tagen der Proben ihres *Eduard II.*, an dem Regisseur Jürgen Fehling fast verzweifelte. Seine Schwester Franziska lebt in Berlin, Gattin des jüdischen Unternehmers Eduard Diamand, dessen Charakter manches zur Figur des Kaufmanns Jacques Lavendel in dem Roman *Die Geschwister Oppermann* beigetragen hat. Ihre Wohnung bietet dem aus München angereisten Bruder und Schwager in den ersten schwierigen Inflationsjahren häufig Unterkunft.

Feuchtwanger liebt Berlin, die Großstadtatmosphäre, er lebt gerne dort, aber er wird nie mit der preußischen Stadt so tief verwurzelt sein wie mit München, mit der bayerischen Heimat. Fast acht Jahre wird er dort wohnen, bis ihn das Vaterland endgültig verjagt. Zwei Romane wird er in diesen Berliner Jahren schreiben und veröffentlichen, mehrere Kurzgeschichten, Teile seiner amerikanischen Balladen. Er wird noch stärker als nach der bayerischen Revolution zu einem politischen Liberalen, einem kritischen Anhänger der republikanischen Verfassung.

Die Jahre zwischen 1925 und 1933 sind Arbeits- und Reisejahre. Wenn ein neues Werk im Entstehen ist, lebt Feuchtwanger sehr zurückgezogen. Erholung findet er in ausgedehnten, oft mehrmonatigen Reisen, die ihn nach Italien, Frankreich, Spanien, Großbritannien, Skandinavien oder in die Vereinigten Staaten führen. Ein Drittel des Jahres ist er unterwegs, entdeckt neue Länder, neue Städte, neue Themen. Er ist ein berühmter Autor geworden. Zum Zeitpunkt des Umzugs nach Berlin wird der *Jud Süß* veröffentlicht, der ihn dann rasch auch im Ausland bekannt macht. Englische und französische Journalisten und Literaten kommen nach Berlin, um ihn zu interviewen: Sinclair Lewis, John Galsworthy, Theodore Dreiser, Paul Valéry. Die großen Verlage – Fischer, Ullstein, Kiepenheuer – bieten Verträge; er wird allmählich wohlhabend, kann die Reisen gut finanzieren, Marta einen Fiat, dann einen schönen Buick schenken, 1931 schließlich im Grunewald ein Haus bauen. Er kann sich, was seine Arbeitstechnik einschneidend verändert, eine ständige Sekretärin leisten.

Die Freundschaft zu Brecht bleibt in Berlin eng, war er es doch, der ihn besonders drängte, München zu verlassen und in die „Großstadt" nachzukommen. Sie sehen sich häufig, Brecht sucht die Zusammenarbeit, ist treibende Kraft bei der Neufassung von Feuchtwangers *Warren Hastings*, die sie gemeinsam schreiben. Die gegenseitigen künstlerischen und politischen Anregungen vertiefen sich. Allerdings, im politischen Denken vollzieht Feuchtwanger Brechts wachsende, dann besonders von Helene Weigel beeinflußte Hinwendung zum Marxismus nicht mit, steht er dem historischen Materialismus skeptisch, sogar ablehnend gegenüber. Aber er teilt Brechts großstädtischen Enthusiasmus, seine Leidenschaft für den Film oder für lärmende Sportveranstaltungen, hört interessiert zu, wenn der Augsburger von seinen Besuchen in zwielichtigen Lokalen berichtet, wo Huren und Zuhälter Stammgäste sind. Und er lächelt nicht, wenn Brecht für Sportillustrierte oder Modehefte schreibt. Der Jüngere bleibt für ihn immer anregend. Brecht schreibt in diesen Jahren wichtige Werke, den Text zu Kurt Weills Oper *Aufstieg und Fall der Stadt Mahagonny* oder *Die heilige Johanna der Schlachthöfe*. Feuchtwanger seine Romane *Erfolg* und *Der jüdische Krieg*.

Arnold Zweig wohnt einen halbstündigen Fußmarsch von Feuchtwangers Grunewaldhaus entfernt. Oft begleiten sie sich nach einem Besuch, gehen zweimal von Haustür zu Haustür, ins Gespräch über Werk und Politik vertieft. Für beide gewinnt das jüdische Thema eine neue, wichtige Bedeutung. Denn der in den letzten Jahren der Republik mit neuer Wucht ausbrechende Antisemitismus trifft sie tief. Zweigs bedeutendster Roman – *Der Streit um den Sergeanten Grischa* – erscheint 1927, vom Freund Feuchtwanger im „Berliner Tageblatt“ begrüßt: *„Da kommt nun dieser deutsche Schriftsteller Arnold Zweig... Schreibt als erster einen Kriegsroman ganz großen Formats.“*

Heinrich Mann sieht er seltener, der große Repräsentant der deutschen Literatur in den Weimarer Jahren lebt privat in seiner eigenen Welt, den Theatern, Kabaretts und dem spartanischen Schreibzimmer. In diesen Jahren auch ganz von der Leidenschaft zur Schauspielerin Trude Hesterberg gefesselt, macht die Premiere der *Professor Unrat*-Verfilmung im Frühjahr 1930 ihn über den Kreis der Literatur-Interessierten hinaus bekannt. *Der blaue Engel*, von Josef von Sternberg gedreht und mit Marlene Dietrich und Emil Jannings glänzend besetzt, wird ein Welterfolg. Im Mai 1931 gibt der PEN-Club ein großes Bankett zu Heinrich Manns 60. Geburtstag. Lion Feuchtwanger hält die Festansprache.

Es sind die Jahre, die die Literaturgeschichte mit dem Begriff „Neue Sachlichkeit“ bezeichnet. Lion Feuchtwanger hat mehrfach auch in die literarische Diskussion dieser Zeit eingegriffen. Es erscheinen in knapper Folge Aufsätze, in denen er die eigene Position beschreibt. Wobei auf eine wichtige Bemerkung von Marta Feuchtwanger hingewiesen sei, die Egon Brückener und Klaus Modick in ihrer Arbeit über den Roman *Erfolg* zitieren: „Lion Feuchtwanger gehörte nie einer Moderichtung an; so betrachtete er sich auch nicht als zur neuen Sachlichkeit gehörend. Wahrscheinlich aber lag die neue Sachlichkeit in der Luft.“

Im Zusammenhang mit der Betrachtung seiner Theaterstücke ist schon auf Feuchtwangers Thesen in seinem Aufsatz *Zur Konstellation der Literatur* eingegangen worden, auf seinen Hinweis, daß die Literatur neue Inhalte in den Vordergrund rückt, „*Krieg, Revolution, gesteigerte Technik... Fabriken, Kongresse, Autos, Sport, Petroleum.*" Er weist auf den wachsenden Einfluß der angelsächsischen Schriftsteller hin. „*Der Angelsachse verlangt von seinen Schreibern, daß sie im wirklichen Leben Bescheid wissen. Er sieht es lieber, wenn seine Schriftsteller sich auf Experimente, Statistiken, Akten berufen als auf Seele. Er findet lieber in einem Buch Material, Information als die Ansichten des Schreibers, Angeschautes lieber als Anschauung.*" (*Von den Wirkungen und Besonderheiten des angelsächsischen Schriftstellers*, 1928) Das Dokumentarische, Reportagehafte drängt in den Vordergrund, löst den „sentimentalen" Subjektivismus der französischen Literaten ab. Feuchtwanger verschweigt in diesem Aufsatz nicht die großen Sympathien, die er den englischen und amerikanischen Autoren entgegenbringt: „*Die Weltgeltung der Literaturen entspricht der Art, wie sie die viel verspottete Forderung nach Sachlichkeit erfüllen. Am vollkommensten genügt dieser Forderung das angelsächsische Buch, sodann das russische, sehr viel weniger das deutsche, gar nicht das romanische.*"

Wer Sinclair Lewis gelesen habe, so meint Feuchtwanger, der wisse mehr über Amerika als nach dem Studium umfangreicher Fachzeitschriften. Shaw, Galsworthy oder Bennett würden über das England von heute besser informieren als ganze wissenschaftliche Bibliotheken. Allerdings, die Sachlichkeit darf nicht Selbstzweck sein, sie bleibt ein bewußt eingesetztes Kunstmittel des Schriftstellers: „*Wer verkündet, der heutige Roman strebe an, den Leser über äußere Tatbestände, soziologische oder psychologische Fragen zu informieren, wer das verkündet, der ist ein Schwindler. Der heutige Roman überläßt das mit der gleichen Seelenruhe wie der frühere der Wissenschaft und dem Bericht des guten Reporters.*" (*Der Roman von heute ist international*, 1932)

Feuchtwanger hat – wie auch Brecht – die besondere Rolle des Films für die Literatur sehr früh erkannt, die Prinzipien dieses neuen Mediums dem modernen Roman empfohlen: „*Der heutige Mensch ist durch den Film rascher in der Auffassung geworden, wendiger in der Aufnahme schnellwechselnder Bilder und Situationen. Das heutige Prosaepos macht sich das zunutze. Es hat vom Film gelernt. Es wagt mit Erfolg, eine viel größere Fülle von Gesichten zwischen zwei Buchdeckeln zusammenzupressen als das frühere. Der heutige Roman wagt sich daran, die endlose Vielfalt der Welt in ihrer Gleichzeitigkeit darzustellen. Es gibt oft nicht eine oder zwei oder drei Handlungen, sondern 20 oder 50... Wie das elisabethanische Drama die Einheit des Ortes und der Zeit sprengte, so durchbricht das heutige Prosaepos, sehr oft mit Erfolg, das Gesetz von der Einheit der Handlung.*" (*Der Roman von heute ist international*, 1932)

Die literarischen Werke, die Lion Feuchtwanger in dieser Zeit schreibt, sind von solchen theoretischen Anschauungen mitgeprägt. Nicht nur für den großen Roman *Erfolg*, der ihn drei Jahre lang stark beschäftigt und der 1930 erscheint, gilt das, sondern auch für die wenigen kleinen Erzählungen aus dieser Periode und – vor allem mit Blick auf den Amerikanismus Feuchtwangers – die *Wetcheek*-Balladen, die während seiner Berliner Zeit gesammelt veröffentlicht werden.

Zwischen 1925 und 1932 schreibt Feuchtwanger sieben Kurzgeschichten. Es sind literarische Miniaturen, Szenendarstellungen oder knappe Ereignisabrisse, in sachlicher Sprache geschildert. Drei davon – *Stierkampf*, *Polarfahrt* und *Panzerkreuzer Potemkin* – werden als Einzelkapitel in den Roman *Erfolg* aufgenommen. *Marianne in Indien* entsteht bei der Neubeschäftigung mit dem *Warren Hastings*-Thema. Die Geschichte schildert die Überfahrt der Baronin Imhoff nach Indien und ihr erstes Zusammentreffen mit Hastings. Das kleine Prosastück ist zeitlich also vor die Ereignisse des Schauspiels gelegt.

Nachsaison, *Höhenflug* und *Die Geschichte des Gehirnpsychologen Dr. Bl.* sind eigenständige Erzählungen. Die Geschichte *Nachsaison* berichtet vom Sterben des berühmten, alternden Dichters Robert Wikkersberg. Während der Nachsaison in einem Kurort genießt er seine Anonymität, verliebt sich in ein nichtssagendes junges Mädchen und, um ihr zu imponieren, unternimmt er einen sportlichen Kraftakt, der Krankheit und Tod auslöst. Trotz der sprachlichen Nüchternheit eine melancholische Erzählung, nicht ohne ironischen Seitenblick auf - Thomas Manns damals schon seit 16 Jahren berühmten *Tod in Venedig* geschrieben.

Die Leser des „Berliner Tageblatts“ freuten sich seit 1924 – jedenfalls, wenn sie satirische Balladen reizvoll fanden – auf die Sonntagsbeilage dieser großen Zeitung. Denn dort erschienen eine Zeitlang jede Woche die Gedichte eines J. L. Wetcheek, der vom sehr amerikanischen Leben des Mister B. W. Smith, Dachziegel und Verwandtes, erzählte. Niemand wußte, wer der Balladendichter war, bis ein findiger Leser den Verfassernamen übersetzte und das Geheimnis lüftete: Wetcheek war ein Pseudonym Feuchtwangers (wet = feucht, cheek = Wange). 1928 erscheinen diese Gedichte bei Kiepenheuer in einem Sammelband unter dem Titel *PEP. J. L. Wetcheeks amerikanisches Liederbuch*, illustriert vom Brecht-Freund Caspar Neher. Die Widmung in diesem schmalen, lesenswerten, leider vom Buchmarkt verschwundenen Bändchen lautet: *„Für den guten Amerikaner Sinclair Lewis in Verehrung und Kameradschaft.“* Eine Zuneigung, die gleichzeitig programmatische Ankündigung ist. Die *Wetcheek*-Balladen nämlich sind Feuchtwangers direkteste Auseinandersetzung mit dem Amerikanismus, der in der zweiten Hälfte der 20er Jahre Deutschland endgültig überschwemmt. Feuchtwanger hat ihn früher als mancher seiner Zeitgenossen gespürt und in seinen Arbeiten umgesetzt.

Er steht dem „american way of life" in diesem Lebensabschnitt, aber auch später, sehr aufgeschlossen gegenüber. Das nüchterne, vernunftbetonte, fortschrittliche des technischen, des „amerikanischen" Zeitalters liegt ihm. Amerika besitzt eine große Faszination für den Schriftsteller. Im Roman *Erfolg* ist es der amerikanische Konzernboß Daniel Washington Potter, der kühl, unkompliziert und mit *„einer großen Anzahl Dollars"* die Welt und die Menschen bewegt. Dieser Amerikaner kennt bei Feuchtwanger keine Ideologien, sondern nur Geld und Geschäft, Profit und ökonomische Macht. Er vertritt eine Weltanschauung, von der Lion Feuchtwanger Ende der 20er Jahre erheblich stärker überzeugt ist als von den Lehren des Marxismus. Das wird später, angesichts der faschistischen Gefahr anders, aber auch dann bleibt Feuchtwanger zwischen den Fronten, distanziert, Stärken und Schwächen der Systeme erkennend und beschreibend.

Als die *Wetcheek*-Balladen und *Erfolg* entstehen, setzen viele auf den amerikanischen Kapitalismus. Die Republik hat die furchtbare Inflationsphase durch das „Wunder der Rentenmark" überwunden; die Dollaranleihen, die der Dawes-Plan über den Ozean brachte, stabilisierten ab 1924 die Verhältnisse. Weimars kurze, etwas stabilere Zeit begann. Der Nationalökonom Gustav Stolper schreibt verwundert, diese wirtschaftliche Erholung sei so tiefgreifend gewesen, daß es dafür „in der Geschichte kein Vorbild gibt und daß sie sogar die stürmische Entwicklung der Gründerzeit nach 1871 noch übertroffen hat." Arthur Rosenbergs Urteil ist politisch genau: „Im Jahre 1924 brachte die Dollarsonne, die über Deutschland aufging, zunächst eine überraschende Befestigung der verfassungsmäßigen Republik. Ein Land, in dem Bürgerkrieg, Terror und Diktatur herrschten, wäre der New Yorker Börse nicht kreditwürdig erschienen. So mußten die deutschen Kapitalisten im Frühjahr 1924 wieder auf das Ermächtigungsgesetz und den militärischen Ausnahmezustand verzichten. Auch die Generäle mußten dem Dollar weichen, und der Reichstag übte wieder die Rechte aus, die ihm die Weimarer Verfassung gewährte."

Und das dauert bis zum Mai 1931, wenn der Zusammenbruch der angesehenen Österreichischen Creditanstalt endgültig das Ende des „Wirtschaftswunders" der Weimarer Republik einläutet, das Kartenhaus der Dollarillusionen zusammenkracht, die Weltwirtschaftskrise nicht nur den ökonomischen Liberalismus, sondern auch die demokratische Staatsform in Frage stellt, sie schließlich sogar vernichtet.

Aber das ist für die meisten noch nicht erkennbar. Zunächst wird die deutsche Industrie neu aufgebaut, nimmt der Außenhandel, vor allem der Export rasch zu. Die Arbeitslosenzahlen sinken zwar nicht auf den Vorkriegsstand, aber immerhin im besten Konjunkturjahr 1927 unterschreiten sie für einige Monate die Millionengrenze. Die verzwickte Situation, in der die öffentlichen Hände, die Banken und Sparkassen, die großen Konzerne stecken – wer kann, wer will sie schon erkennen?

Von den etwa 25 Milliarden Goldmark, die in den Jahren 1924 bis 1930 seitens der öffentlichen Körperschaften und der Banken aus dem Ausland geliehen werden, bestehen fast die Hälfte aus kurzfristigen Anleihen. Und als dann am 24. Oktober 1929, dem „schwarzen Donnerstag", der New Yorker Börsenkrach die ersten Warnsignale setzt, als die Überproduktion der amerikanischen Farmer einen Preisverfall in der deutschen Landwirtschaft auslöst, als schließlich das Auslandskapital, das der deutschen Volkswirtschaft den Sauerstoff zum Überleben bietet, abgezogen wird, als die Zahl der Arbeitslosen innerhalb von vier Jahren – von 1928 bis 1932 – von sieben auf fast 31 Prozent ansteigt, als die Dollarsonne also am Horizont verglüht, und als die Hoffnungen auf den „weißen Sozialismus" schwinden, den Henry Ford damals mit seiner auch in Deutschland viel gelesenen Autobiographie suggeriert – da ist es zu spät, die Flut nicht mehr zu stoppen.

Die *Wetcheek*-Balladen, die vom Geld und vom Geschäft erzählen, sind Gedichte eines kritischen Liberalen, geschrieben, als die Republik von Weimar noch Zukunft versprach. Sie karikieren den homo americanus – so wie ihn der deutsche Amerikanismus zu entdecken glaubte – seine in den Versen häufig angesprochene kapitalistische Denkweise, ihre Auswirkungen auf die Kultur des weißen Mannes. Vorbild – Lion Feuchtwanger hat dies ausdrücklich betont – ist die Hauptfigur in Sinclair Lewis 1922 erschienenem, sehr erfolgreichen Roman *Babbitt*. George F. Babbitt, wohlhabender, aktiver, optimistischer Immobilienhändler aus einer Stadt im Mittelwesten, sieht in seinesgleichen, im amerikanischen Geschäftsmann, den modernen Helden, das Rückgrat der fortschrittlichen Gesellschaft. Er versteht nichts von Philosophie oder Religion, von Literatur oder Geschichte, aber er weiß alles über seine Immobilien, und damit glaubt er die Welt und das Leben voll zu erfassen. Der Konformist Babbitt, der satte, selbstzufriedene Kleinbürger im amerikanischen Gewand, ist der Vater von Feuchtwangers B. W. Smith, Dachziegel und Verwandtes:

Er brauchte wenig Schlaf und war 57 Jahre,
sein Magen war schlecht, sonst eigentlich war er ganz gesund,
auch hatte er noch 26 Zähne, gute, schwer zerstörbare;
höchstens um die Taille war er etwas rund.

Und warum der Balladensänger seine Gedichte PEP nennt, darüber klärt er seine Leser recht fröhlich auf:

Das Wort „Pep“ dürfte sich von pepper= Pfeffer herleiten
und bedeutet „Stimmung! Kopf hoch! Hurra! Kurasche!“
und dergleichen.
Der Amerikaner pflegt damit seine Tätigkeit zu begleiten,
insbesondere wenn ihm mulmig wird und seine Energie beginnt aufzuweichen.

700 Worte hat ein Durchschnittsamerikaner, Frauen 800,
ein Chauffeur (infolge Fluchens) 900, Präsident Coolidge keines,
W. Shakespeare 14 000, G. B. Shaw 3 700.
Aber in Wirklichkeit notwendig ist nur eines: Pep!

Schon die „Gebrauchsanweisung“, die dem Liederbuch vorangestellt ist, läßt wenig Zweifel an J. B. Wetcheeks satirischem Vorhaben, aber auch an seinen stillen Sympathien für das so ironisch betrachtete Amerika:

Vergessen Sie nicht, wenn Sie diese Gedichte lesen,
daß an fast allen großen Männern kleine Schwächen hafteten und haften.
Moses war jähzornig, Brutus berechnete unfaire Zinsen und Spesen.
Sogar an H. Ford und Th. Edison bemerken Sie einzelne
wenige sympathische Eigenschaften.
Es ist erlaubt, daß einem die kleinen Schwächen großen Männer lächern.
Einige lachen selbst mit, einige sehen sauer, wenn man sie neckt.
Den großen Mann zu necken, bleibt gutes Recht des Schwächern,
hat er nur vor der wahren Qualität den erforderlichen Respekt.

Amerika ist gut, Amerika ist groß, Amerika zahlt 100 Prozent.
Bemerken Sie wohl, während Sie hier seine kleinen Pickel beachten,
daß diese Pickel, die jeder kennt,
sogleich unsichtbar werden, wenn sie das Land total betrachten.

Und dann wird in vier Abschnitten Weltanschauliches, Soziales, Kunst oder kleine Erlebnisse und Ergebnisse aus dem Leben und Denken des amerikanischen Mittelwestlers B. W. Smith dargeboten. Vor allem natürlich, sind es seine Geschäfte, die ihn bewegen:

Mir hat einmal Mister G. Earthon einen schadhaften Petroleumkübel
für einen neuen Benzinbehälter angedreht.
Ich nahm es nicht Mister Earthorn, sondern nur mir übel;
denn für solche Geschäfte war meine Jahreszeit schon reichlich spät.

Sehe ich jetzt Mister Earthorn, sag ich „Hallo, alter Junge!" und hecke
still weiter an meinen Plänen, man sieht mich weder jadegrün noch lachsrot strahlen.
Aber ob einer noch soviel Pappwand zwischen mich und Mister Earthorn stecke,
ich vergesse schwerlich, und einmal wird Mister Earthorn zahlen.

Der Satiriker Feuchtwanger arbeitet auch in seiner PEP-Lyrik häufig mit den inneren Monologen, läßt den Geschäftsmann B. W. Schmith durch Erlebnisse, die sein festgefügtes, heiles Weltbild durcheinanderbringen könnten, zum verdrängenden Kleinbürger werden, der nicht nur im amerikanischen Mittelwesten zu Hause ist:

Herr B. W. Smith trifft in Nizza eine rus-
sische Dame, die „ihn in ungewöhnlichem Maße
beschäftigte."
Er sprach von Weltmarkt, Hotels, Automaten, Reklame,
erwähnte Weltreisen, Sport, Dampfkomfort, wirtschaftliche Zusammenhänge.
Doch sein smarter Optimismus blieb ohne Eindruck auf die Dame.
Sie lenkte ab auf bildende Kunst und Sonnenuntergänge.

Herr B. W. Smith entrüstete sich ehrlich
und nannte innerlich ihre Konversation stillos, unzart, unangenehm.
Von jeher hatte er den Bolschewismus als gefährlich
empfunden und als ein überaus anrüchiges System.

Erschütterungen dringen nicht in diese geordnete, konforme Denkwelt, und wenn doch, dann geschieht Außerordentliches:

Als Herr B. W. Smith im Ostexpress mit einem Gegenzug zusammengetroffen war,
wobei er mit 17 % der Passagiere unverletzt das Feld räumte,
geschah ihm, was ihm selten geschah,
daß er nämlich zwei Nächte hindurch unangenehm träumte.

Die Sachlichkeit kennt keine Geheimnisse, alles ist berechenbar, auch die Sexualität, „Hunger und Liebe“:

> *Der Professor Harry Mawkins machte folgendes Experiment.*
> *Er sperrte in einen Käfig sechs männliche Ratten,*
> *einesteils vom Futter, andernteils vom Weibchen getrennt*
> *durch sinnvoll arrangierte elektrisch geladene Platten.*
>
> *72 Stunden, gewarnt durch Elektrizität, wagte sich auf die Platte*
> *von den Tieren keines.*
> *Dann, nach 72 Stunden Hunger und Liebesentbehrung,*
> *ging von den sechs Männchen zu den Weibchen eines,*
> *fünf gingen zum Futter, den Weg zur Ernährung.*
>
> *Darauf machte der Professor das Experiment in umgekehrtem Sinne*
> *und nahm sechs Weibchen auf die gleiche Art in Verwahrung.*
> *Von denen gingen nach 72 Stunden fünf den Weg der Minne,*
> *zum Männchen, und eine ging den Weg zur Nahrung.*
>
> *Herr B. W. Smith las lebhaft interessiert von diesem Experimente.*
> *Er fand das Ergebnis erstklassig, lehrreich und tief.*
> *Er gab seiner Freundin, Mrs. Maud Rountree, nurmehr*
> *die Hälfte der bisherigen Rente*
> *und widmete sich seiner Dachziegelfabrik doppelt intensiv.*

Feuchtwangers PEP-Lyrik ist nicht antiamerikanisch. Die Gedichte sind eine sehr persönliche Auseinandersetzung mit dem Amerikanismus, nicht von wehleidiger Kulturkritik oder mystischer Verklärung der vortechnischen Zeit getragen, sondern von ironischer Nüchternheit, augenzwinkerndem Verstehen, intellektueller Distanz. Helmut Lethen hat Feuchtwangers Haltung im amerikanischen Liederbuch sehr schön und treffend mit dem Begriff „provozierendes Einverständnis“ umschrieben. Und nicht zuletzt sind diese Balladen auch ein großer Spaß, an dem sich ihr Schöpfer beim Schreiben nicht weniger amüsiert als die Abonnenten des „Berliner Tageblatts“ beim Lesen.

Erfolg

Das Hauptwerk dieser ersten Berliner Jahre ist der Roman *Erfolg*. Feuchtwanger beginnt mit der Niederschrift Ende 1927 und schließt das Manuskript im Mai 1930 ab. Er steht in der Mitte des Lebens, ist 43 Jahre alt, als er die ersten Zeilen für das Buch diktiert. Berühmt, finanziell unabhängig, von den „Schatten“ Münchens frei, konzipiert er sehr selbstbewußt ein mächtiges Prosaepos über die Geschichte des Landes Bayern in den Jahren 1921 bis 1924. Der große Erzähler des *Jud Süß* und der *Häßlichen Herzogin* bleibt in diesem Werk deutlich erkennbar, aber Feuchtwanger geht auch neue Wege, die Auseinandersetzung mit seiner Zeit, ihren Ideen und ihren politischen Lenkern, wird jetzt direkt.

Erfolg ist ein historischer Roman, ein Zeitroman, ein Schlüsselroman, ein Roman, in dem viele Elemente der „neuen Sachlichkeit“ verarbeitet sind, ein politischer Roman. Es ist ein ganz und gar individuell komponiertes Buch, die literarischen Strömungen der Zeit aufnehmend, manch historisches Vorbild bewußt zu erkennen gebend, beides aber dem eigenen Stil, der eigenen Dramaturgie untergeordnet. Schließlich: *Erfolg* ist das erste große Prosawerk, das sich mit dem Aufkommen des modernen Barbarentums, der nationalsozialistischen Bewegung auseinandersetzt, ihre Hintergründe ausleuchtet, ihre Lächerlichkeit, ihre Gefährlichkeit, ihre Unmenschlichkeit anprangert.

Die Handlung ist vielfältig verknüpft, läuft auf den unterschiedlichsten Ebenen ab, wird von zahlreichen dokumentarischen Montagen unterbrochen. Es gibt keine individuellen Helden in dieser Geschichte, sondern nur eine bunte Vielfalt von „Typen“ und einen kollektiven Hauptdarsteller, das Land Bayern und seine Bewohner. Erzählerisch verbunden werden die Ereignisse durch ein krasses Unrechtsurteil gegen Martin Krüger, der in einem „politischen“ Prozeß zu zwei Jahren Zuchthaus verurteilt wird. Meineid wird ihm vorgeworfen und falsch bezeugt; seine unkonventionelle, moderne Einstellung zur Kunst aber ist es, die die Mächtigen, die Konservativen im Lande Bayern an dem Museumsdirektor stört, die ihn vernichtet. Das Buch schildert den Kampf zahlreicher Menschen für oder gegen die Befreiung und Rehabilitierung Martin Krügers, der schließlich kurz vor seiner Begnadigung im Gefängnis stirbt.

Erfolg erzählt von den wirtschaftlichen, sozialen, politischen Strömungen der frühen Weimarer Jahre, von einer politisch korrumpierten Justiz, von den wenigen Mächtigen, die aus dem Hintergrund die Geschichte des Landes Bayern und seiner Menschen nach ihrem Willen und für ihre Interessen lenken, den Intellektuellen, die zwischen Tun und Nichttun, zwischen politischem Handeln und „Elfenbeinturm“ den „argen Weg der Erkenntnis“ durchschreiten. Der Roman erzählt von Mutigen und Feigen, Sympathischen und Verachtenswerten. Auch dies: vom Aufstieg und nur scheinbaren Fall der „Wahrhaft Deutschen“ und ihres Führers Rupert Kutzner.

Es ist ein Zeitroman, ein politischer Roman. Denn es sind die Monate der bayerischen Revolution und ihrer grausamen Niederschlagung, die das Panorama des Buches bilden, das Anwachsen der völkischen Bewegung, die in München ihr Zentrum findet und zu der auch Adolf Hitler und seine Nationalsozialisten gehören, und ihr gescheiterter Putschversuch vom 9. November 1923. Es sind die Jahre, in der Arbeitslosigkeit und Inflation Deutschland erschüttern, schließlich die „Rentenmark" und die Dollaranleihen eine Scheinstabilität herstellen. Es ist die Zeit, in der Bayern immer stärker dem Konservatismus verfällt, sich gegen die Reichszentrale in Berlin auflehnt. Wirtschaftlich brechen in diesen Jahren die herkömmlichen Strukturen zusammen, Inflationsgewinner ist die Großindustrie, die weniger in Bayern sondern an der Ruhr sitzt. Verlierer sind die kleineren und mittleren Unternehmer, die Kleinbürger: Sie ertrinken in den von nicht erkennbaren Mächten gelenkten Geldströmen. Gewinner sind auch die Bauern, denn die Ernte wächst, und die Städter hungern. Die Vertreter der Justiz und der Verwaltung sind monarchistisch, sie lehnen die Republik ab, sehen ihre Privilegien gefährdet und ihr Vermögen, ihr Einkommen von der Inflation dahingerafft. Sie kämpfen gegen das Neue, den Haß auf die Demokraten, die „Novemberverbrecher" und die Intellektuellen im Herzen, nach Erfolg zappelnd, Recht zu Unrecht machend, den Mächtigen hörig, hoffend, vom großen Kuchen, der verteilt wird, einen Krümel zu erhalten. Von alledem wird im Buch *Erfolg* berichtet.

Es ist ein historischer Roman. Denn der Autor schreibt aus der Perspektive des Zurückblickenden. Feuchtwanger arbeitet mit der Fiktion, das Geschehen der frühen 20er Jahre werde von einem Erzähler im Jahre 2 000 berichtet. Ein Trick, der wenig einsichtig erscheint und vor allem in unseren Tagen völlig wirkungslos bleibt. Außer den etwas standardisiert wiederkehrenden Formulierungen *„in jenen Zeiten"* oder *„in jenen Jahren"* erhält der Leser kaum Hinweise auf diese Zeitperspektive; er vermißt sie nicht, sie trägt auch nichts zur dramaturgischen Verbesserung des Romans bei. Feuchtwanger hat sehr bald offensichtlich selbst Ähnliches empfunden: *„Vielleicht war ich zu überheblich, als ich mir bei der Konzeption von ‚Erfolg' vornahm, den Roman so zu halten, als schriebe ihn ein Autor des Jahres 2000."* (*Nachwort* zu *Exil*, 1939)

Die Ereignisse – die *Drei Jahre Geschichte einer Provinz*, so der Untertitel von *Erfolg* –, über die Feuchtwanger berichtet, folgen der tatsächlichen Entwicklung dieser Zeit. Auch insofern also sicher ein historischer Roman. Erstaunlich dabei: Feuchtwangers Darstellung vom Aufstieg der „Wahrhaft Deutschen" (Nationalsozialisten) und ihres Führers Rupert Kutzner (Adolf Hitler) sowie die Schilderung vom Verlauf des Novemberputsches ist von der späteren Geschichtsforschung bis ins Detail bestätigt worden. Auch die psychologische Ausdeutung der Auftritte von Kutzner-Hitler ist von bedeutenden Biographen des „Führers", beispielsweise von Joachim Fest, 40 Jahre nach der Veröffentlichung von *Erfolg* untermauert worden. Die nach bester Bühnenmanier inszenierten Auftritte entsprechen im Roman voll den Erwartungen seiner wachsenden Anhängerschaft, zunächst also dem von Krisenstimmungen tief verunsicherten Kleinbürgertum: *„Ungeheurer Beifall knatterte hoch. Viele hatten Tränen in den Augen. Begeistert schauten sie auf Rupert Kutzner, voll des gleichen Gefühls in der geliebten Oper Lohengrin, wenn auf silbernem Schwan einer hereinzieht, um im letzten Augenblick Erlösung aus allen Nöten zu bringen."*

Kutzners Schauspielerattitüden, die er bei dem alternden Mimen und Anhänger Konrad Stolzing – nicht zufällig erinnert Feuchtwanger an Wagners so deutschen Meistersinger, den Ritter Walther von Stolzing – einstudiert, werden vom Autor zwar häufig spöttisch karikiert, aber auch sie haben ihre historischen Parallelen im Leben Adolf Hitlers. *„So hatte er gelächelt"*, erinnert sich Stolzing im Roman glücklich während eines umjubelten Auftritts Kutzners, *„vor 25 Jahren, in der Rolle des Prinzen Hamlet von Dänemark, eine Figur des Bühnendichters Shakespeare."* Hitler ein Schauspieler? Auch das war er ganz sicher, und sein Erfolg bei den Massen hat viel mit diesen einstudierten Auftritten zu tun. Der Politiker als Darsteller einer Rolle – im Fernsehzeitalter ruft dies kaum noch Widerspruch hervor.

Der Vorwurf, Feuchtwanger habe die völkische Bewegung in *Erfolg* nicht in ihrer unheimlichen, tödlichen Konsequenz erkannt, sondern durch Ironie verharmlost, trifft nicht zu. Im Gegenteil, die Dummheit und Dumpfheit, das Menschenverachtende und Barbarische des Faschismus wird in *Erfolg* schonungslos, aber mit den Mitteln des Schriftstellers und nicht in der hysterischen Tonlage des Agitators dargestellt. Dies wird nicht nur bei der Schilderung des brutalen Fememordes an einem politisch völlig desinteressierten Dienstmädchen deutlich, sondern vor allem auch an der tragischen Figur des sozialdemokratischen Rechtsanwalts Siegbert Geyer. Mit seinem psychischen Zusammenbruch zeigt Feuchtwanger die fürchterlichen Folgen, die der Antisemitismus auch für einen aufgeklärten, vernunftgläubigen Juden haben kann.

Auch die ökonomischen Hintergründe des Romans – der unsichtbare Einfluß der Großindustrie (Andreas von Reindl, Sebastian von Grueber, der Amerikaner Daniel W. Potter) oder der Bauernführer (Geheimrat Bichler) auf die politischen Entwicklungen – entsprechen der historischen Wirklichkeit, sind heute weitgehend unbestritten. Sie zeigen Feuchtwangers damalige Einschätzung, die das Buch wie einen roten Faden durchzieht. *„Hätte jemand behauptet"*, so schreibt er über den amerikanischen Konzernboß Daniel W. Potter, *„der unscheinbare Herr... habe in das Schicksal der Stadt München mehr dreinzureden als etwa Rupert Kutzner, so hätte die ganze Stadt über einen solchen spinnerten Kopf gelacht."* Und doch sind es Männer wie Potter oder der

Chef der Bayerischen Motorenwerke, Baron von Reindl, die die Geschicke des Landes Bayern lenken, die die Kabinettspolitiker Klenk und Flaucher wie Marionetten steigen oder fallen lassen.

Schließlich ist da noch die Inflation, die diese Zeit prägte und an die Feuchtwanger in diesem Buch immer wieder mit nüchternen, dokumentarischen Auflistungen leitmotivisch erinnert: *„Denn schon kostete der Dollar 1 665 Mark, für einen Zentner Kartoffeln mußte man 1 100 Mark anlegen, der schofelste Wintermantel war nicht unter 1 270 Mark zu kriegen.“* Daß die Industrie in diesen turbulenten Geldzeiten, in den Jahren der Preistreiberei ihren Profit sucht und findet, daran läßt Feuchtwanger keinen Zweifel: *„Die ganz Großen... tauchten aus der Wirrnis mit großem Gewinn.“* Viele blieben aber auf der Strecke in dieser mörderischen Zeit. Der kleinbürgerliche, biedere Möbelhändler Cajetan Lechner, dem der Traum vom Rentierdasein, vom Kauf des gelben Hauses buchstäblich zerrinnt: *Cajetan Lechner ist ein Schlauer, der verlangt unerhörte Preise. Aber das Schicksal, Cajetan Lechner, ist noch schlauer, und steigerst du deine Preise von einem Tag auf den anderen um das Dreifache, ist das Geld, das du kriegst, in dieser Zeit um das Vierfache entwertet.“* Es bleiben auch jene auf der Strecke, die in Feuchtwangers Gesellschaftspanorama der Zwischenkriegszeit praktisch überhaupt nicht auftreten, die Arbeiter. *„Die deutsche Arbeitskraft war billig, ermöglichte den Unternehmern einträgliche Auslandsgeschäfte“*, heißt es da allenfalls einmal lapidar.

Und weil die politisch-wirtschaftliche Szene dieser Jahre in *Erfolg* so eindringlich beschrieben wird, häufig in trockener, quasi-statistischer Manier, sind auch manche Elemente der „neuen Sachlichkeit“ in diesen Roman eingeflossen. Er handelt von *„Fabriken, Konzernen, Autos, Sport, Petroleum“*, also von Dingen, die den zeitgenössischen Leser fesseln, wie Feuchtwanger 1927 in seinem Aufsatz *Die Konstellation der Literatur* verkündet hatte. *Erfolg* ist sicher kein Roman der „neuen Sachlichkeit“, aber sie hat ihn mit beeinflußt. Der Autor schreibt später einmal: *„Selbstverständlich konnte ich mich dieser Strömung nicht ganz entziehen. Krieg, Revolution, die Entwertung des deutschen Geldes mit all ihren grotesk-schauerlichen Begleiterscheinungen lehrten uns alle überaus sachlich zu denken und zu werten.“* (*Selbstdarstellung*, 1933)

Es ist ein Schlüsselroman. Die zahlreichen Figuren, die in *Erfolg* auftauchen, haben zu einem erheblichen Teil in der Geschichte des Landes Bayern ihre Vorbilder gehabt. In vielen Untersuchungen ist Feuchtwangers Personenkatalog nachgegangen worden, meldeten Germanisten, Historiker und Journalisten Ergebnisse ihrer Spurensuche. Wichtige Hinweise, denn tatsächlich taucht in *Erfolg* manche Person der bayerischen Zeitgeschichte wieder auf. Die Schriftsteller Ludwig Thoma (Lorenz Matthäi) und Ludwig Ganghofer (Josef Pfisterer), der Komiker

Karl Valentin (Balthasar Hierl) und der Dramatiker Bertolt Brecht (Kaspar Pröckl), die Politiker Erich Ludendorff (General Vesemann), Gustav von Kahr (Franz Flaucher) und Christian Roth (Otto Klenk). Johanna Krain hat manches von Marta Feuchtwanger, und der Schweizer Schriftsteller Jacques Tüverlin trägt unverkennbar autobiographische Züge. Die Reihe ließe sich fortsetzen, und die Monographien über den Roman tun dies auch ausgiebig. Allerdings, so richtig und interessant die Verschlüsselungsthese auch ist, vor ihrer Überschätzung sei gewarnt. Feuchtwanger ist Schriftsteller, nicht Historiker, er hat nur einzelne Charakterzüge der geschichtlichen Vorbilder in seine Figuren aufgenommen, aber sie ansonsten weitgehend frei gestaltet. Bei Brecht-Pröckl und Hitler-Kutzner ist die Übereinstimmung der historischen Personen mit den Romanfiguren noch am deutlichsten.

Es gibt im *Erfolg* eine zweite Verschlüsselungsebene, auf der Feuchtwanger historische und literaturgeschichtliche Anspielungen macht, die seine Darstellung, seine Aussagen verdeutlichen. Das Kapitel etwa, in dem Martin Krüger an einem Herzanfall in seiner Zelle stirbt, heißt *De profundis*, trägt also die gleiche Überschrift wie Oscar Wildes erschütternder Brief aus dem Gefängnis von Reading, in das ihn die Scheinmoral der viktorianischen Gesellschaft gebracht hat. So wie Martin Krüger Opfer der bayerischen Doppelmoral geworden war. – Der brutale Fememord am Dienstmädchen Amalia Sandhuber, eine tatsächliche Begebenheit aus diesen Jahren, wird im Kapitel *Caliban* geschildert. Mythologisch ist Caliban ein Unhold von besonders grausamem Charakter. So primitiv, wie Feuchtwanger den rechten Mordmob einschätzt. – Wenn der vom Marxismus überzeugte Ingenieur Kaspar Pröckl auf Drängen seines Chefs Reindl, dem er in einer merkwürdigen Haßliebe verbunden ist, seine aufrührerischen Balladen vorsingt, nennt Feuchtwanger dieses Kapitel *David spielt vor König Saul*. Der Kommunist Pröckl (David) geht schließlich nach Rußland, der Kapitalist Reindl (Saul) hat für den Andersdenkenden eine ihm schwer erklärliche Sympathie. In der Bibel schickt König Saul den jungen David bekanntlich zu den Philistern. Nicht ohne die Hoffnung, damit einen von Gott erwählten, vom Volk geliebten Konkurrenten loszuwerden. Natürlich weiß der Bibelkenner Feuchtwanger, wie die Geschichte zwischen den beiden endet: David wird König. Allerdings ein solches Ende gibt es in *Erfolg* nicht. Pröckl ist keineswegs beliebt – im Gegenteil, der heftige, kantige Mann stößt viele ab, und wenn der Marxist „König“ werden sollte, dann allenfalls im Land seiner Träume, im kommunistischen Rußland. Und doch reizt es Feuchtwanger offenbar, durch diese literarische Anspielungen Entwicklungen offenzulassen, mit ihnen gedanklich zu spielen.

Schließlich Jacques Tüverlin gibt seinem „Buch Bayern“, in dem das Unrechtsurteil gegen Martin Krüger erfolgreich öffentlich angeprangert wird, den Untertitel „Jahrmarkt der Ungerechtigkeit“. Eine unübersehbare Anspielung auf William M. Thackerays berühmten Roman *Vanity Fair* (*Jahrmarkt der Eitelkeit*), der 1848 erschien. Feuchtwanger hat dieses Buch des Zeitgenossen von Charles Dickens nicht nur sehr geliebt, sondern der Kenner der Literaturgeschichte wußte auch, daß Thackerays Roman eines der berühmtesten und meistgelesensten Bücher des 19. Jahrhunderts war. Der selbstbewußte Tüverlin-Feuchtwanger strebt – so darf vermutet werden – mit seinem „Buch Bayern“ nichts Geringeres an.

Ein knappes Jahrzehnt vor dem Roman *Erfolg* hatte Lion Feuchtwanger in seinem Schauspiel *Thomas Wendt* den Künstler zwischen Tun und Nichttun, zwischen Handeln und „Dichten“ gezeigt, der schließlich am revolutionären Alltag scheitert. *Erfolg* greift dieses Thema nun erneut auf. Im Schriftsteller Jacques Tüverlin beschreibt Feuchtwanger die eigene Position, die seit den Tagen der bayerischen Revolution eine Wandlung erfahren hat. Der Intellektuelle Feuchtwanger verläßt in den Weimarer Jahren endgültig den „Elfenbeinturm“ der Kunst, meldet sich in der gesellschaftspolitischen Auseinandersetzung zu Wort. Tüverlin, der zunächst in erster Linie aus „Spaß“ schreibt, wird durch den Fall Krüger zu einem kämpferischen Schriftsteller, der mit seinem „Buch Bayern“ dazu beiträgt, daß der Tote nicht, wie die Mächtigen es fordern und hoffen, „sein Maul hält“. Auf dem Weg zu diesem Buch zeigen die Auseinandersetzungen zwischen dem liberalen, vernunftgläubigen Tüverlin (Feuchtwanger) und dem recht doktrinären Marxisten Kaspar Pröckl (Brecht) die Entwicklungsstufen, die Tüverlin durchläuft. Pröckl konfrontiert ihn mit seiner Forderung nach Klassenkampf, in dessen Dienst sich auch der Künstler zu stellen habe: *„Hatte es Sinn, während der gewaltigsten Umstellung der Welt läppische, kleine Gefühlchen einer sterbenden Gesellschaft festzuhalten? Sanatoriums-, Winterkurortpoesie zu machen, während der Planet zerrissen wurde vom Klassenkampf?“* Fragen des heftigen Pröckl an Tüverlin, und der sie ihm in den Mund gelegt hat, denkt unübersehbar an die Epik des *Zauberberg*-Verfassers Thomas Mann, der bei Pröckl-Brecht schon immer auf tiefe Abneigung gestoßen war. Tüverlins Entgegnung aber zeigt Feuchtwangers Haltung zu dieser Frage: *„Ihm, Tüverlin, zum Beispiel scheine der Zusammenstoß der alten asiatischen Kulturen mit der jungen barbarischen Europas, die durch den erleichterten Verkehr bewirkte neue Völkerwanderung mit all ihren Begleiterscheinungen viel wesentlicher als die soziologische Umschichtung Europas.“* Vor allem aber ist es Feuchtwangers großes Bekenntnis zur Vernunft, das Tüverlin immer wieder, in manchen Passagen fast beschwörend, ausspricht: *„Ein großer Mann..., den Sie nicht leiden können, ich übrigens auch nicht, er heißt Karl Marx, meinte: die Philosophen haben die Welt erklärt, es kommt* *darauf an, sie zu ändern. Ich für meine Person glaube, das einzige Mittel, sie zu ändern, ist, sie zu erklären. Erklärt man sie plausibel, so ändert man sie auf stille Art, durch fortwirkende Vernunft. Sie mit Gewalt zu ändern, versuchen nur diejenigen, die sie nicht plausibel erklären können... Große Reiche vergehen, ein gutes Buch bleibt. Ich glaube an gut beschriebenes Papier mehr als an Maschinengewehre.“*

Manche haben dieses Credo Feuchtwangers nachher, als der Faschismus scheinbar bewiesen hatte, daß nicht Papier, sondern Maschinengewehre die Welt beherrschen, belächelt, haben es als naiv, politisch blind bezeichnet. Richtig ist, daß Feuchtwanger seine aufklärerische Position in den Werken der 30er und 40er Jahre insofern revidiert hat, als seine Ablehnung gegenüber dem Marxismus erheblich abnahm, als er eine Verteidigung der Welt der Vernunft gegen die Bedrohung durch den Faschismus forderte – wenn es sein mußte, auch mit den Mitteln der Gewalt. Aber verlassen hat sie ihn nie, diese tiefe Überzeugung vom Sieg des Geistes über die Dummheit, des Arguments über die Faust. Es ist eine Haltung, die in der Geschichte schon immer ohne akzeptable Alternative geblieben ist. Nicht der Krieg, sondern der menschliche Geist hat den Fortschritt gebracht; nicht die noch raffiniertere Nuklearrakete wird die Menschheit vor dem Untergang bewahren, sondern nur die Vernunft. Bisher hat die Geschichte jedenfalls nicht Voltaire oder Kant oder Feuchtwanger widerlegt, sondern die „Realpolitik“. Feuchtwangers Roman *Erfolg* ist auch deswegen aktuell geblieben, weil er ein Plädoyer für das Aufstehen gegen die nicht ausgestorbene Dummheit ist.

Welch zentrale Bedeutung Feuchtwanger der Aufklärung im Roman beimißt, macht er auch in der Darstellung seiner Hauptfiguren deutlich. Viele von ihnen setzen sich „intellektuell“-künstlerisch mit den politischen Vorgängen oder dem eigenen, meist sehr unterschiedlich motivierten Handeln auseinander. Jacques Tüverlin schreibt das „Buch Bayern“, und Johanna Krain, erst Geliebte, dann Frau Martin Krügers, dreht einen Film über sein Schicksal. Beide Arbeiten dringen durch, widerlegen die „Realpolitik“ durch Erklären. Siegbert Geyer sitzt an seiner „Geschichte des Unrechts im Lande Bayern“, Otto Klenk verfaßt seine, von Haß- und Rachegedanken getragenen Erinnerungen. Martin Krüger verändert durch das Leiden der Gefängniszeit seine bürgerlich-spielerische Künstlerhaltung – *„Er... versäumte die Pflichten, die seine Begabung ihm auferlegte“* – und findet in seiner Zelle die Kraft für die Niederschrift einer revolutionären, aufklärerischen Goya-Studie. Kaspar Pröckl dichtet seine aufrührerischen Balladen, der Komiker Balthasar Hierl entlarvt mit seiner „Handschuh“-Parabel die gewalttätige Dummheit der Rechtsradikalen. Wie die Kinobesucher vom „Panzerkreuzer Orlow“, dem aufklärerischen Kunstwerk, hingerissen, überzeugt werden, so wollen auffallend viele Figuren in diesem Roman „erklären“, im Guten wie im Bösen. Jacques Tüverlin und Johanna Krain, insofern endet das Buch optimistisch, haben dabei „Erfolg“.

Wobei Feuchtwangers Roman keineswegs mit einer Utopie endet. Tüverlins Buch und Johanna Krains Film werden erst möglich, als der amerikanische Kapitalist, der *„Dollarscheißer“* Daniel Washington Potter auftaucht und seine Geldscheine die Türen bei den bayerischen Reaktionären öffnen. Er, und nicht Tüverlin oder Geyer oder Johanna Krain, erreicht die – zu spät kommende – Begnadigung des Martin Krüger. *„Sie* (Johanna Krain) *mag sich bemühen oder nicht, es ist gänzlich gleichgültig. Äußere Mächte, die nichts mit dem Mann zu tun haben, entscheiden sein Schicksal für ihn.“* (*Mein Roman Erfolg*, 1930) Geld und Politik, das weiß auch der Schriftsteller Lion Feuchtwanger, regieren die Welt. Wenn der *„Dollar ins Land schaut“*, das kalifornische Mammut Potter sachlich-kühl und rechnend seine Angebote macht, dann verhandelt dort *„einer von jenen dreihundert, die mit zu entscheiden hatten, ob Krieg oder Friede sein soll, und wie weit man das russische, das indische, das chinesische Experiment ungestört ließ.“*

Dem Leser geht es wohl so wie den Zuhörern des Gesprächs zwischen dem Kommunisten Pröckl und dem Kapitalisten Potter: *„so bezaubernd manchmal der Fanatismus Kaspar Pröckls wirken konnte, die trocken hervorgekauten Sätze des Amerikaners schlugen ihn.“* Jean Améry schreibt in diesem Zusammenhang über *Erfolg*: „Allemal triumphiert die bürgerliche Vernunft – der ‚kritische Rationalismus‘, würde man heute in philosophischer Fachterminologie sagen – über den Marxismus.“ Feuchtwanger bleibt auch im Roman *Erfolg* der freischwebende Intellektuelle, der Betrachter, der Erzähler und wird nicht zum Doktrinär einer Lehre.

Daraus erklärt sich auch eine häufig mißverstandene Einstellung Feuchtwangers zu seinen Romanfiguren. Er zeichnet sie fast ausnahmslos mit einem hohen Grad an Objektivität, kaum ein Charakter in *Erfolg* – und das gilt auch für die anderen Romane – der nicht auch symphatische Züge trägt, selbst wenn sein Handeln verachtenswert, unmenschlich, zynisch erscheinen muß. Beispielhaft zeigt sich dies in der Darstellung des Justizministers Otto Klenk. Er arbeitet nur für seine Karriere, sieht in der Justiz allein ein Instrument der Macht und nicht der Gerechtigkeit, schließt sich, um für seinen politischen Sturz Rache zu nehmen, den „Wahrhaft Deutschen“ an, obwohl er deren Plattheit sehr genau erkennt. Trotzdem schildert ihn Feuchtwanger mit verblüffender Sympathie, mit einem besonderen Verständnis für Klenks tiefe Verwurzelung im bayerischen Milieu, zeigt seine fast sportliche Fairneß im politischen Kampf, kurz: Da tritt ein Mensch und keine Schwarzweißfigur auf. Feuchtwanger begründet diese Einstellung später noch einmal ausdrücklich: „*Ich durfte zum Beispiel die Sympathie nicht erdrücken, die ich für einzelne meiner Menschen spüren mochte, auch wenn meine Vernunft erkannt hatte, daß alles, was diese Menschen dachten, taten, lebten, waren, der Gesamtheit Schaden bringen mußte.*" (*Nachwort* zu *Exil*, 1939) Da mag im übrigen auch der geschätzte englische Kollege aus dem 19. Jahrhundert, William M. Thackeray, nicht ohne Einfluß geblieben sein. Die Gestalten auf dem *Jahrmarkt der Eitelkeit* nämlich sind mit strenger Objektivität dargestellt.

Erfolg schildert zwar *Drei Jahre Geschichte einer Provinz*, ist aber kein Heimatroman. „*Das Land Bayern ist der eigentliche Held meines Romanes. Hier liegt ein Konflikt: Bayern ist die Agrarprovinz eines großen Industriestaates, Gegensätze ergeben sich zwischen Stadt und Land... Sachlichkeit wird den gemütlichen, unsachlichen Bayern aufgezwungen.*" (*Mein Roman Erfolg*, 1931) Feuchtwanger schreibt über die Konflikte einer Provinz, und da er diese Epoche in Bayern selbst durchlebte, geben dieses Land und seine Menschen Atmosphäre, Kolorit, Hintergrund der Geschichte ab. Dennoch finden sich in diesem Roman keine harmonischen Idyllen, sondern hier wird die harte Wirklichkeit einer Umbruchzeit vorgeführt, ihre brutale, manchmal vernichtende Wirkung auf die Menschen. So beschreibt Feuchtwanger sehr realistisch den menschenverachtenden Zuchthausalltag dieser Jahre, greift dabei auf die Aufzeichnungen von Ernst Toller, Erich Mühsam und Max Hölz zurück, die eindringlich von ihrer Leidenszeit in den Gefängnissen der Republik berichteten.

Erfolg ist – allen Protesten aus dem Land Bayern zum Trotz – kein antibayerischer Roman. Feuchtwangers zeitkritische Darstellung dieser Jahre und dieser Menschen ist durchzogen von großer Liebe zu seiner Heimat und ihren Bewohnern. Nur haben die meisten von ihnen es bis zum heutigen Tag nicht so recht bemerkt, obwohl er diese Liebe doch immer wieder durchblicken läßt: „*Kaspar Pröckl, nun er wußte, daß er München bald und für immer verlassen werde, beschaute die Stadt mit neuem Blick. Er war in München geboren, niemals weit aus dieser Stadt herausgekommen. Alle Flüsse waren ihm wie der Fluß Isar, alle Natur wie der Englische Garten, aller Verkehr wie das Leben am Stachus, der Umkreis der Frauentürme war seine Welt. Er wußte, daß München eine Bauernstadt war, verknorpelt im Alten, übel reaktionär. Aber dieses Wissen war nur in seinem Hirn, ins Blut war es ihm nie gedrungen. Jetzt mühte er sich, seine Vaterstadt klein zu sehen, schäbig, verächtlich, sie messend an gigantischen Phantasiebildern. Es gelang nicht recht.*" Oder der Schriftsteller Jacques Tüverlin: „*Er sieht gut das Läppische der großspurigen Stadt: aber gerade so wie sie ist, liebt er sie.*" Der Intellektuelle Lion Feuchtwanger hat bei der Betrachtung von Leben und Treiben des Landes Bayern das „Hirn" nie ausschalten können, er hat scharf und pointiert den moralischen Verfall beschrieben – dies dumpfe *„Bauen, brauen, sauen"*, dies gefährliche Verdrängen der fürchterlichen Ereignisse der Zeit, *„solange die grüne Isar noch durch die Stadt gehe, solange hört die Gemütlichkeit nicht auf."* Und trotzdem: *„Tüverlin erkennt genau den Menschen der Hochebene in allen seinen Mängeln; allein sein Herz hängt an ihm. Er liebt diesen Menschen..."*

Der Roman *Erfolg* erscheint 1930 bei Kiepenheuer in Berlin, das umfangreiche Manuskript ist in zwei Bände aufgeteilt, die Erstauflage umfaßt 40 000 Exemplare. Feuchtwangers Bericht über das Land Bayern erregt die Gemüter, wird von der völkischen Rechten als „Sudelbuch" scharf angegriffen, von der bürgerlichen Kritik mit gemischten Urteilen aufgenommen, die „Gesinnung des Linksrepublikaners" wird in diesen Besprechungen stärker unter die Lupe genommen als das literarische Ereignis. In Bayern wird *Erfolg* als „Nestbeschmutzung" empfunden, die „Münchner Neuesten Nachrichten" nennen es „ein Buch des Hasses". Und Freund Brecht ist voller Zorn über seine Charakterisierung in der Figur des Kaspar Pröckl. In der „Weltbühne" heißt es am 11. November 1930: „Lion Feuchtwangers zweibändiger Bayernroman... hat im allgemeinen eine herzlich schlechte Presse gefunden."

In dieser Kritik, die aus der Feder Carl von Ossietzkys stammt, wird dies auf den inzwischen gewandelten Zeitgeist zurückgeführt: „Die soziale Anklage sinkt im Kurs, die Aktien von Narciss & Goldmund steigen." Der Roman wirke wie ein „Nachzügler", meint der Chefredakteur der „Weltbühne". Aber entscheidender ist sicher, daß *Erfolg* in seiner Zwischenphase der Weimarer Jahre entsteht. Die Nationalsozialisten sind seit 1923, den Tagen des gescheiterten Münchner Putsches, zur Bedeutungslosigkeit herabgesunken. Bei den Reichstagswahlen vom 20. Mai 1928 erreichen sie ganze 2,6 Prozent der Wählerstimmen. Die Gefahr, die Feuchtwanger aufgezeigt hatte, schien also für viele gebannt. Als der Roman aber dann erscheint, hat die Weltwirtschaftskrise bereits mit Wucht eingesetzt, bei den Wahlen im September 1930 wachsen Hitlers Anhänger auf 18,3 Prozent an. Feuchtwangers Ironie gegenüber Kutzner-Hitlers Auftreten wirkt nun für andere wiederum verharmlosend.

Erfolg wird in den Jahren nach dem Zweiten Weltkrieg gleichwohl zu jenem Feuchtwanger-Roman, der von Kritik und Wissenschaft am intensivsten beschrieben, untersucht, gedeutet und auch gelobt wird. So gibt es inzwischen auch einige Monographien über dieses Werk, die beste stammt von Egon Brückener und Klaus Modick, die wichtige Einsichten in das Schaffen Feuchtwangers bieten. Sie haben zweifellos zur zaghaft einsetzenden Feuchtwanger-Renaissance unserer Tage beigetragen. Harald Weinrich schreibt am 4. Dezember 1980 in der FAZ eine Besprechung über *Erfolg* und geht dabei auf die Darstellung der frühen

Nazi-Bewegung ein: „Feuchtwangers Klarsicht und Erkenntniskraft bleibt erstaunlich genug..., und es darf der deutschen Literatur zur Ehre gereichen, daß diese warnende Analyse aus der Feder eines Schriftstellers gekommen ist." Eine Einsicht, die viel zu lange in der deutschen Literaturkritik verdrängt wurde. – Marcel Reich-Ranicki, inzwischen ein reservierter Betrachter des Feuchtwanger-Opus, meint: „Nur ein einziges Werk von Feuchtwanger war, glaube ich, für die Geschichte der deutschen Literatur in unserem Jahrhundert von Bedeutung – und es ist eben nicht ein historischer, sondern ein zeitkritischer Roman: das zunächst überaus kühl aufgenommene Buch ‚Erfolg'." – Hans Mayer, der Feuchtwanger spöttisch den „Ersatzklassiker" zu nennen pflegt, ihn auf die Dauer „langweilig und monoton" findet, nennt das Buch einen „der besten Romane". Die DDR-Germanistik schließlich steht diesem Buch sehr zwiespältig gegenüber. Feuchtwangers Marxismus-Kritik paßt ihr bei diesem ansonsten so „fortschrittlichen" Schriftsteller nicht ins Konzept. Und so sind denn auch einige Passagen, in denen der „historische Materialismus" mit eindeutigen Formulierungen abgelehnt wird, in der DDR-Ausgabe gestrichen. Streichungen, die leider auch die bundesdeutschen Lizenzausgaben enthalten.

Erfolg wird später von Feuchtwanger als erster Band der Trilogie *Der Wartesaal* bezeichnet. Im nachhinein, als die Vertreibung der Demokratie aus Deutschland und die faschistische Unterdrückung Wirklichkeit geworden sind, fühlt sich der Autor von *Erfolg* als Chronist einer viel tiefgreifenderen „Übergangszeit". In den ersten Monaten des französischen Exils schreibt er als zweiten Band *Die Geschwister Oppermann*, ein Buch, das den brutalen, rechtslosen und vor allem für die Juden gefährlichen Alltag im Hitler-Deutschland schildert. 1939 erscheint der letzte Band der *Wartesaal*-Trilogie, der Roman *Exil*. Er berichtet über das Leben und das Leiden der deutschen Flüchtlinge in Paris. Im Nachwort zu diesem Roman heißt es: *„Inhalt des Roman-Zyklus sind die Geschehnisse in Deutschland zwischen den Kriegen von 1914 und 1939, das heißt der Wiedereinbruch der Barbarei in Deutschland und ihr zeitweiliger Sieg über die Vernunft."* Ein vierter Band, von dem Feuchtwanger spricht – *„Ich rechne damit, daß ich das Werk mit einem Epilog ‚Rückkehr' werde schließen können"* – wird nicht geschrieben, der vertriebene Schriftsteller kehrt nicht mehr zurück.

Jud Süß und *Erfolg* sind die beiden Schlüsselromane für das Verständnis des Werkes von Lion Feuchtwanger. In ihnen sind die Grundzüge seines Weltbildes niedergelegt: seine Suche nach einer Symbiose zwischen westlichem und östlichem Geist, sein Glaube an den Fortschritt, den Vernunft und Aufklärung bewirken, seine Haltung zur gesellschaftspolitischen Aufgabe des Schriftstellers, sein tiefes Empfinden für die Situation des Außenseiters, die er als Jude spürt. In beiden Büchern zeigt er sich bereits als skeptischer Optimist, distanzierter Erzähler, unabhängiger Intellektueller. Seine Geschichtsauffassung und seine Bewertung der großen Ideologien der Zeit werden in diesen Romanen deutlich. Die späteren Werke variieren manche Position, zum Beispiel seine Haltung gegenüber dem Marxismus (*Exil*), arbeiten einiges stärker heraus, wie etwa seine kosmopolitische Einstellung, sein Weltbürgertum (*Josephus*-Trilogie). Aber das Bild des Lion Feuchtwanger von der Welt und den Ereignissen, zumindest das Grundmuster, ist im *Jud Süß* und in *Erfolg* vorgezeichnet. Beide Bücher sind auch im Hinblick auf Feuchtwangers Sprache, den dramaturgischen Handlungsaufbau seiner Romane grundlegende Werke. Schließlich bilden sie die beiden Gattungspole, die ihn berühmt machten als Schöpfer des historischen und des Zeitromans. Heinrich Mann sprach vom „Roman ‚Typ' Feuchtwanger".

Weil diese beiden großen Bücher bereits soviel von dem in sich tragen, was auch die späteren Werke enthalten, sind sie hier verhältnismäßig breit dargestellt worden. Für die erheblich kürzeren Betrachtungen der folgenden Romane Feuchtwangers gilt eben vieles von dem, was über *Jud Süd* und *Erfolg* gesagt worden ist.

Bei der Niederschrift seines Romans *Erfolg* hat Lion Feuchtwanger seine Arbeitstechnik geändert. Wurden die Manuskripte von *Jud Süß* und *Die häßliche Herzogin Margarete Maultasch* noch mit der Hand geschrieben, ist der *Erfolg* weitgehend diktiert worden. In einem Berliner Salon lernt Lion Feuchtwanger 1926 die damals 30jährige Lola Sernau kennen. In ihren *Erinnerungen an Lion Feuchtwanger* schreibt sie: „Er hatte mich mitten in einer Unterhaltung gefragt, ob ich seine Sekretärin werden wolle, und als ich, völlig entgeistert, erklärte, ich sei dazu doch viel zu dumm, antwortete er: ‚Klug bin ja ich, und das genügt.'" Lola Sernau wird die nächsten 14 Jahre seine Manuskripte schreiben, in den Schaffensphasen nahezu täglich für ihn arbeiten, 1933 mit ins Exil nach Frankreich gehen. Die Trennung folgt 1940, als das Ehepaar Feuchtwanger nach Amerika flieht, Lola Sernau aber – trotz intensiver Bemühungen des Schriftstellers – keine Einreiseerlaubnis für die USA erhält, da sie mit einem Schweizer Paß ungefährdet war. Bis zum Tode des Schriftstellers verbindet sie jedoch weiterhin ein regelmäßiger Briefwechsel, in schweren Jahren unterstützt er Lola Sernau durch regelmäßige finanzielle Hilfe. Die Briefe zeugen von einem sehr persönlichen, burschikos-kameradschaftlichen Verhältnis. Es sind Dokumente des Alltags, aus dem Leben des alternden Schriftstellers, Briefe, die von den „kleinen" Sorgen berichten, von der enormen Arbeitsüberlastung, eine Korrespondenz, die ihn als tröstlichen Ratgeber und unverzagten Optimisten in den „großen" Fragen zeigen.

Lola Sernau und auch andere haben seine im Freundes- und Kollegenkreis häufig diskutierte, manchmal belächelte Arbeitsweise ausführlich beschrieben. Feuchtwanger hat während seiner Arbeit an einem Roman sehr viel diktiert, hat oft – scheinbar ohne Zusammenhang – Gedanken und Fakten gesammelt. Zunächst mußte das Diktierte auf rosa Papier in die Maschine geschrieben werden, die nächste Fassung auf gelbes, die dritte auf grünes, die vierte auf blaues Papier. Glaubte Feuchtwanger, ein Kapitel habe seine Endfassung erreicht, schrieb die Sekretärin es noch einmal auf weißem Papier ab, in der Annahme, daß dieser Teil des Romans nun „stehe". Lola Sernau berichtet: „Das traf aber nur in den seltensten Fällen zu; vor allem, wenn L. F. schlecht geschlafen hatte, erklärte er mir am Morgen nach der Begrüßung, daß diese oder jene Stelle völlig umgeändert werden oder gar ausfallen müsse, und dann begann ein großer Teil der Arbeit von neuem. Er prüfte noch einmal alles von den verschiedensten Gesichtspunkten aus. . . Das Ganze kam mir oft wie ein Schachproblem vor." Marta Feuchtwanger erzählte dem Verfasser, daß ihr Mann sich nachts oft stenographische Notizen machte, die dann am nächsten Tag wieder in den Roman eingearbeitet wurden. Jede endgültig fertige Seite, so schätzt die Sekretärin, „war ein Destillat aus vielleicht 20 Seiten". Später, in den Jahren des Exils, erfolgt die Reinschrift des Manuskripts in der Regel in zahlreichen Exemplaren, denn die ausländischen Verleger und ihre Übersetzer warten bereits auf den „neuen" Feuchtwanger.

„Er diktierte ohne Vorlage", berichtet Lola Sernau, „meist saß er neben mir an dem langen Arbeitstisch, nur selten stand er auf und diktierte einige Sätze im Auf- und Abgehen." Feuchtwanger arbeitete ungewöhnlich langsam, genau und gewissenhaft. Um so erstaunlicher ist der enorme Umfang seines Lebenswerks. Zu leisten war dies nur durch eine restlose Hinwendung zur schriftstellerischen Arbeit. Als er sich ab 1930 seine eigenen Bibliotheken einrichtet, stehen in den Regalen seines Arbeitszimmers häufig 200 bis 300 Bücher, die Thema, Hintergrund oder statistische Fakten des gerade im Entstehen befindlichen Romans beleuchten.

Das ungewöhnlich breite Wissen, das alle Bücher und Aufsätze Feuchtwangers auszeichnet, ist die Frucht eines lebenslangen, intensiven Lesens. Die Welt der Bücher hat diesen Mann gefesselt wie kaum einen anderen Zeitgenossen. Ist er in Berlin und dann in Sanary schon ganz auf das Werk konzentriert, so verläßt er in den letzten 18 Lebensjahren das herrliche Haus, die über dreißigtausendbändige Bibliothek und den schönen Garten hoch über dem kalifornischen Pazifik nur noch ganz selten. Ein, zwei Besuche in New York sind die einzigen größeren Unterbrechungen in den letzten beiden Jahrzehnten dieses Schriftstellerlebens. Aber nur mit einer oft schwer durchzuhaltenden

Arbeitsdisziplin war es wohl möglich, die ungeheure Stoffülle zu bewältigen, die für die Vorarbeiten seiner Romane durchgearbeitet werden mußte.

Feuchtwanger hat oft über seine Arbeitsweise gesprochen, er verstand sich – ähnlich wie Brecht – als Literaturproduzent. Weil seine Arbeitstechnik sachlich-nüchtern war, verspottete er den irrationalen, verquollenen Geniekult, der noch aus dem 18. und 19. Jahrhundert in seine Zeit ragte. Klaus Modick beschreibt dieses frühere „Dichter"-Denken recht anschaulich: „Die Produktion von Kunst galt nicht als intellektuelle Arbeit; vielmehr präsentierte sich das produzierende Subjekt als ausführendes Organ metaphysischer Eingebung, auserwähltes Sprachrohr eines nicht begreifbaren Göttlichen". Wie anders der Autor von *Erfolg*: *„Der Schriftsteller L. F. konnte in der Stunde bis zu 7 Seiten Schreibmaschine schreiben, bis zu 30 Zeilen schriftstellern und bis zu vier Zeilen dichten. Während der Stunden Dichtens nahm er um 325 Gramm ab."* (*Der Autor über sich selbst*, 1935)

Manchmal ging es beim „Dichten" vielleicht sogar so turbulent zu, wie im Roman *Erfolg* aus Jacques Tüverlins Schriftstellerwerkstatt berichtet wird. Nicht ohne Selbstironie schildert Feuchtwanger die Szene: *„Jacques Tüverlin diktierte einer sauberen, blitzblanken Sekretärin einen Essai zum Fall Krüger. Der Lautsprecher des Rundfunks gellte einen Tanz, eine Freundin Jacques Tüverlins beschwerte sich am Telefon, daß er sie im Restaurant habe sitzen lassen... Der Bote eines Verlages forderte dringend Korrekturfahnen ein. Er wich nicht aus dem Vorzimmer, er hatte Auftrag, nicht ohne Korrekturfahnen abzuziehen. Jacques Tüverlin liebte Lärm beim Arbeiten. Die Sekretärin wartete geduldig, er diktierte weiter. Ein Schneider kam zur Anprobe des neuen Smokings, der Bote des Verlages wartete, der Lautsprecher schrillte und quäckte, ein Sporthaus rief an, die neuen Schneeschuhe seien angekommen."*

Am 21. November 1928 läßt Feuchtwanger die Leser des „Berliner Tageblatts" in einer Zusendung unter dem Titel *Handschrift oder Schreibmaschine?* wissen, daß in seiner Dichterklause die Muse recht alltäglich daherkommt: *„Es tut mir leid, ich kann Ihnen die Handschrift des Buches nicht überlassen, auch wenn Sie mehr dafür bieten, als ich für die Urheberrechte von allen meinen Verlegern bekommen habe. Die Handschrift existiert nämlich nicht. Das Buch ist mit Maschine geschrieben. Sie sind enttäuscht? Entrüstet? Ich kann es nicht wunderlich finden, daß einer mit der Maschine – setzen wir es hin: dichtet... Sie fragen mich, etwas höhnisch, sogar ein bißchen gekränkt, ob ich also Verse in die Maschine tippe, Visionen mit der Maschine festhalte. Sie fragen wörtlich: ‚Gestatten Sie mir eine blöde Frage: Dichten Sie also mit der Maschine?' Gestatten Sie mir eine blöde Antwort: ‚Ja.'"* Der Künstler als Handwerker im besten Sinne, so versteht der Schriftsteller Lion Feuchtwanger seine Arbeit. So wie der große Johann Sebastian Bach sich stets als Meister und nicht als Genie gefühlt hat, als fleißiger, unermüdlicher Arbeiter, der – wie Goethe es einmal formulierte – seine 10 Prozent Talent mit 90 Prozent Fleiß für die Hervorbringung seines mächtigen Werkes zum Tragen brachte.

Dazu gehört, daß der Künstler als Aufklärer Einblicke in seine Werkstatt zuläßt, sich nicht geheimnisvoll gibt, sondern nachvollziehbar schafft. Aus diesem Denken heraus sind auch Feuchtwangers zahlreiche Interpretationen seiner Arbeiten zu erklären, seine häufigen Nachworte oder Werkberichte.

Und der „Autor als Produzent" hat Verträge zu schließen, über Tantiemen und Übersetzungen, Copyrightfragen und Filmrechte zu verhandeln. Lion Feuchtwanger macht dies mit Fleiß, und er war stolz auf sein kaufmännisches Talent, sein Verhandlungsgeschick, das auch manchem in diesen Fragen weniger talentierten Freund und Kollegen zugutekam. Dennoch rümpfte da mancher die Nase, im Glauben, daß Armut und Weltfremdheit erst die wahre Kunst ermöglichen. Feuchtwanger dagegen hat einen gut ausgehandelten Buchvertrag stets als notwendige Grundlage für seine schriftstellerische Unabhängigkeit gesehen. In den schweren Exiljahren, die bald nach dem Erscheinen von *Erfolg* kommen sollten, wurde die materielle Absicherung wichtiger denn je – ohne sie wäre an ein kontinuierliches Schreiben nicht zu denken gewesen.

Da der „Produzent" Lion Feuchtwanger häufig und gerne von dem Erfolg seiner Produkte und der Art ihrer Entstehung sprach, rankte sich bald manche Werkstattlegende um den erfolgreichen, wohlhabenden Autor. Aus Thomas Manns Worten hört man das Erstaunen geradezu heraus, das den in strenger Zurückgezogenheit und starrer Disziplin, mit einem stets korrekt zurechtgelegten Schreibinstrument arbeitenden Autor des *Zauberberg* oder der *Josephs-Geschichten* beim Betrachten von „Freund Feuchtwanger" erfaßt: „Im Studierzimmer aber, im Oberstock, auch mehr ein Saal als ein Zimmer, ist nach Möbel und Gerät die dienlichste, bestorganisierte literarische Werkstatt, die mir je vorgekommen. Dort arbeitet er mit seiner Sekretärin nach eigentümlichen, ja wunderlichen Methoden..." Wer es sich heute anschaut, dieses von Thomas Mann angesprochene letzte Arbeitszimmer Feuchtwangers im kalifornischen Haus, das noch immer unverändert ist, der findet es hübsch und für die dort zu verrichtende Arbeit praktisch und angemessen. Sie haben – nicht nur Thomas Mann, sondern auch andere – da doch etwas überhöht von den „Merkwürdigkeiten" berichtet. Manche, wie Hermann Kesten, meinten sogar spitzzüngig, es sei doch recht lächerlich, wie es da im Arbeitszimmer Feuchtwangers zuging: „Er diktierte grundsätzlich seiner Sekretärin, und zwar stundenlang, alles was ihm durch den Kopf ging, die Pläne zu einem neuen Roman..., was Feuchtwanger gerne zum Abendbrot bekäme und seine Meinung übers Wetter, und Verse und Dialogfetzen und politische Befürchtungen." Und Heinrich Mann wird von Kesten nach einem gemeinsamen Besuch, bei dem Feuchtwanger beiden von seiner Arbeit berichtete, mit den Worten zitiert: „Ein wirklich kurioser Autor, der Dr. Feuchtwanger, sehr kurios!" Nun, wir wollen über Kestens Pointenzwänge nicht rechten.

Festzuhalten bleibt, daß Feuchtwanger seine Rolle als Schriftsteller in den 20er Jahren distanziert und unpathetisch sieht. Während er sich in seinen Romanen immer wieder mit der Verantwortung des Künstlers im Kampf um Fortschritt und Aufklärung auseinandersetzt, fordert er vom Schriftsteller seiner Zeit „eine sachliche, unmetaphysische Haltung zum eigenen ‚Produzieren'" (Klaus Modick). Und seit der Arbeit am *Erfolg* bleibt seine Technik, seine „kuriose" Art Bücher zu schreiben, unverändert. Immerhin entstehen nach dem Buch über das Land Bayern auf diese Weise noch elf beachtliche Romane.

Die Arbeit an *Erfolg* wird durch große Reisen, aber auch zwei schwere Erkrankungen unterbrochen. Eine komplizierte Blinddarmoperation erfordert eine lange Erholungspause, eine Magenerkrankung muß überwunden werden. Der Mittvierziger wird durch seine Frau Marta in dieser Zeit mit dem Sportlehrer Karl Schröder zusammengebracht, der ihm zur körperlichen Ertüchtigung ein eigenes Trainingsprogramm ausarbeitet. Die morgendliche Gymnastik und der tägliche Dauerlauf werden nun bis ins hohe Alter einen festen Platz im Alltagsleben des Schriftstellers einnehmen. Beides hilft ihm, die Folgen der Krankheiten zu überwinden, später die enorme Anstrengung der Arbeit ohne körperliche Beschwerden durchzuhalten.

Es sind streng geregelte Arbeitstage. Nach dem morgendlichen Spaziergang mit Marta, dem Gymnastik, Lauf und Frühstück vorausgegangen sind, arbeitet er von 10 bis 14 Uhr mit Lola Sernau. Nach dem Mittagessen geht er meist wieder spazieren, trinkt dann Tee mit Marta und diktiert von 17 bis etwa 19 Uhr wieder. Die Teestunde wird allerdings auch häufig den – manchmal lästigen – Gästen gewidmet. Nicht selten nutzt er sie zum Zusammentreffen mit einer schönen, interessanten Frau, zur erotischen Begegnung. Der Abend gehört dem Lesen oder der Musik. Feuchtwanger, in dessen Werk im Gegensatz beispielsweise zu Thomas Manns Romanen die Tonkunst praktisch keine Rolle spielt – der Komponist Sepp Trautwein in *Exil* ist eine Ausnahme –, liebt besonders Mozart und Beethoven.

Viele Eindrücke, die er auf den meist wochenlangen Reisen dieser Jahre gewinnt, finden in *Erfolg* und natürlich auch in den späteren Büchern ihren Niederschlag. 1926 ist er erstmals in Paris, sieht im Louvre die Bilder des spanischen Malers Francisco Goya. Wenige Wochen später begegnet er ihnen erneut im Madrider Prado-Museum, wird von ihnen gefesselt, empfängt dadurch unvergessene Einblicke in die Epoche des revolutionären Europas im 18. Jahrhundert. Das Goya-Erlebnis prägt sich ihm tief ein: Das erste literarische Echo ist in *Erfolg* zu erkennen, wo Martin Krüger sich in der Gefängniszelle durch seinen Essay über diesen spanischen Maler innerlich befreit. 24 Jahre später entsteht dann Feuchtwangers großer Goya-Roman, die Geschichte des plebejischen Hofmalers, der auf dem *„argen Weg der Erkenntnis"* zu einem revolutionären Intellektuellen reift. Auf dieser Reise besucht er Toledo und Sevilla – Orte, die die Größe ihrer maurischen Vergangenheit noch deutlich erkennen lassen. Bilder, Atmosphäre, Kultur dieser Städte, ihrer historischen Blütezeit tauchen wieder auf in seinem vorletzten Buch, in der Geschichte von der schönen Jüdin Raquel und dem achten König Spaniens, der den Namen Alfonso trägt *(Die Jüdin von Toledo).*

1927 besucht er London, einer offiziellen Einladung folgend. Dort ist er ein unumstrittener, vielgelesener Autor. Auf dem Bahnhof drängen sich bei der Ankunft die Menschen, der Ruhm zeigt sich von seiner heiteren Seite. Empfänge, Lesungen, große Galadiners, auch Londons Aristokratie fühlt sich geehrt. Als Feuchtwanger wegen einer schweren Erkältung alle Besuche absagen muß, meldet sich in seinem Hotel der führende Labour-Politiker und Ex-Premier Ramsey MacDonald zum Krankenbesuch an, bleibt zwei Stunden. Bernard Shaw trifft ihn mehrmals und diskutiert leidenschaftlich Sprachprobleme mit ihm, staunt über sein miserables Englisch. John Galsworthy meldet sich, H. G. Wells lädt ein. England, wahrhaftig nicht allzu deutschfreundlich, seit Wilhelm II. Schlachtschiffe baute und englische Soldaten auf flandrischen Schlachtfeldern starben, ehrt den Autor von *Jew Süß* außergewöhnlich. Seine alte angelsächsische Vorliebe wird ihm bestätigt.

Auch das geliebte Italien, Rom, Amalfi, besucht er in den nächsten Jahren. Skandinavien bittet um Lesungen und feiert ihn. Aus Stockholm kommen Signale, daß im Umkreis des Nobelpreis-Komitees der Name Feuchtwanger gefallen ist. Angeblich soll allerdings ein deutscher Kollege sein Veto eingelegt haben. Es wird gemunkelt, doch nie bestätigt, der Preisträger von 1929, Thomas Mann, habe ein negatives Urteil nach Stockholm gesandt.

Ein Schriftstellerleben, produktiv, erfolgreich und geehrt, ist es, das er in diesen Berliner Jahren führt.

1932 bezieht er sein neues Haus in der Mahlerstraße 8 – reizvoll gelegen im Grunewald, inmitten herrlicher Bäume, in der Nähe eines kleinen Waldsees, in dem er schwimmen kann. Er hat das Haus im Rohbau erstanden, baut es dreistöckig aus, kann endlich die langersehnte eigene

Bibliothek zusammenstellen. Schon bald sind es annähernd 10 000 Bände, die ihn umgeben. Im Rückblick ein erstaunliches Unternehmen. Der kritische Beobachter der politischen Entwicklung, der in dieser Zeit einmal sehr hellsichtig äußert, er sehe *„Berlin voll von zukünftigen Emigranten"*, baut sich, 15 Monate vor dem Machtantritt der Faschisten, sein Haus, kauft eine prächtige Bibliothek zusammen, den bürgerlichen Grundinstinkten nach Geborgenheit, nach Sicherheit folgend. Im Exil darauf angesprochen, wird er lächelnd sagen: „So ist der Mensch".

Politisch wächst in diesen Jahren das öffentliche Engagement Feuchtwangers. 1925 unterzeichnet er einen Aufruf, der sich gegen die vielfältigen Einschüchterungsversuche in der Kulturszene wendet; 1927 fordert er gemeinsam mit Heinrich Mann und Alfred Kerr die Freilassung politischer Gefangener, zum Beispiel des Kommunisten Max Hölz. Er gehört dem Scheringer-Komitee an, das einen ehemaligen Armee-Leutnant unterstützt und verteidigt, der sich für einen marxistischen Arbeiter eingesetzt hatte und deswegen in Schwierigkeiten bei seinen Vorgesetzten geraten war. 1932 ist er bei der kleinen Gruppe der Freunde und Mitarbeiter von Carl von Ossietzky, die den Chef der „Weltbühne" bis zum Tor des Gefängnisses von Tegel begleiten, wo er eine Haftstrafe antreten muß. Feuchtwangers politische Haltung in diesen Jahren ist eindeutig: Er kämpft gegen die Einseitigkeit der Weimarer Justiz, gegen Versuche, den Ungeist des Faschismus über die Kulturpolitik entscheiden zu lassen, er kämpft für ein liberal-demokratisches Deutschland.

Die Versuche, Feuchtwangers Position in diesen Jahren für den Marxismus zu reklamieren, gehen an der Wirklichkeit vorbei. Joseph Pischels ansonsten sehr kenntnisreiche Biographie bemüht sich an vielen Stellen, solche Verbindungen nachzuweisen: „War es ihm in den 20er Jahren noch vorrangig um die Verteidigung der letzten demokratischen Freiheiten in seinem ureigensten Schaffens- und Lebensbereich, in Kunst und Literatur gegangen, so engagiert er sich jetzt immer entschiedener in politischen Grundfragen wie Krieg und Frieden, Faschismus und Demokratie, und nach dem Ausbruch der großen Krise und der offenen Verschärfung der Klassenkämpfe bringt er auch immer häufiger seine Sympathien mit der kämpfenden Arbeiterbewegung zum Ausdruck." So richtig diese Darstellung in ihrem ersten Teil ist – der Hinweis auf Feuchtwangers „Sympathien mit der kämpfenden Arbeiterbewegung" suggeriert einen politischen Standort, den der Schriftsteller nicht einnimmt. Seine Marxismus-Kritik in *Erfolg* beweist dies ebenso wie sein Weltbürgertum, zu dem er sich in seinem Mitte 1932 abgeschlossenen Roman *Der jüdische Krieg* so eindrucksvoll bekennt. In beiden Büchern übrigens – und das gilt auch für die folgenden Werke – spielt die Arbeiterschicht keine Rolle, liegen ihre Probleme, ihre Empfindungen, ihr Kampf außerhalb der Darstellung. Überhaupt werden die Massen vom Intellektuellen Feuchtwanger fast immer mit Distanz beschrieben – ihre häufig irrationale, wechselnde Stimmung, ihre Verführbarkeit betrachtet er nicht ohne Mißtrauen. Und noch etwas kommt hinzu: Dem Großbürger Lion Feuchtwanger ist die Welt des Arbeiters zeitlebens fremd geblieben, er kannte sie nicht und schrieb deshalb auch nicht darüber. Es ist also falsch, diesen Schriftsteller mit dem so gern benutzten Rechts-Links-Strickmuster abzuhaken. Marta Feuchtwanger erzählte dem Verfasser im übrigen, daß Feuchtwanger und sie bei den Reichspräsidentenwahlen im März und im April 1932 Hindenburg wählten und nicht den kommunistischen Kandidaten Ernst Thälmann. Nicht etwa, weil Feuchtwanger von Hindenburg schwärmte, sondern weil ein Kandidat der demokratischen Mitte fehlte und die Weimarer Koalitionsparteien sich für die Wiederwahl des alten Mannes ausgesprochen hatten, sah er ihn gegenüber Hitler als kleineres Übel an. Interessant in unserem Zusammenhang ist dabei lediglich, daß der kritische Republikaner Feuchtwanger den kommunistischen Kandidaten offensichtlich nicht als wählbare Alternative ansah.

Josephus-Trilogie

In den letzten Weimarer Jahren beschäftigt sich Lion Feuchtwanger erneut mit einem historischen Roman, in dessen Mittelpunkt er seine Gedanken über die Zukunft des plötzlich wieder so massiv bedrohten Judentums stellt und der sich mit jenem nationalen Egoismus auseinandersetzt, der nicht nur in Deutschland, aber dort mit unverkennbar hysterischen Tönen von den Nationalsozialisten und kaum weniger gedämpft von der bürgerlichen Rechten gepredigt wird. Die *Josephus*-Trilogie, deren erster Band, *Der jüdische Krieg*, 1932 erscheint und von der das Manuskript des zweiten und – so war es jedenfalls zunächst geplant – letzten Teiles bei der Machtergreifung Hitlers fast beendet ist, wird eines seiner persönlichsten Werke. In der Gestalt des jüdischen Historikers Flavius Josephus spiegelt Feuchtwanger die Tragödie des intellektuellen Juden, sein tief gespürtes Außenseitertum, sein verzweifeltes Streben, in einer Welt der Vorurteile, der Gewalt und der menschlichen Blindheit eine vermittelnde, aufklärerische Rolle zu übernehmen. Dieser Romanzyklus mag für manchen Leser – der Verfasser zählt sich dazu – einer der gelungensten, „modernsten" Beiträge Feuchtwangers zur europäischen Ideengeschichte sein: das Bekenntnis zum Weltbürgertum, das Überwinden des engen, chauvinistischen, für die Geschichte so häufig von furchtbaren Folgen begleiteten Nationalismus. Gedanken, die ähnlich auch bei zwei anderen deutschen Juden – Richard Beer-Hofmann und Jakob Wassermann – in der ersten Hälfte unseres Jahrhunderts auftauchen.

Beschäftigt hat ihn die Geschichte der Zerstörung des Tempels von Jerusalem, diesem für die Entwicklung des jüdischen Volkes so einschneidenden Ereignis, schon lange. Das Bild von den römischen Legionären, die das heilige Gerät aus dem brennenden Tempel tragen, hat ihn nicht mehr losgelassen, seit er es damals 1912 während der langen Italienreise auf dem Forum Romanum, an der Innenseite des Titus-Triumphbogens entdeckte. Und die Zeit der Flavier-Kaiser, die für das jüdische Volk mit einer Katastrophe begann – wies sie nicht auch manche Parallelen auf zu den dunklen Tagen Spätweimars? Die Wirren des Dreikaiserjahres, die 69 n. Chr. auf Neros Tod folgen. Der aufblühende, nationale Rausch der Bewohner von Judäa. Die Zerrüttung der römischen Staatsfinanzen. Die wachsende Macht des Militarismus, denn die Rhein- und Asienlegionen riefen die Kaiser aus. Und da war auch das Aufkommen der neuen Lehre einer kleinen Gruppe, die sich Christen nannte und die schon in ihren Anfängen unübersehbar erste fanatische Züge aufwies, den Anspruch absoluter Wahrheit erhob.

Der Roman *Der jüdische Krieg* enthält viele Antworten Feuchtwangers auf das äußere Geschehen seiner Zeit. Auf den „Zionismus", der Anfang der 30er Jahre neue Nahrung erhält, und seinen Gegenpol, den „Antisemitismus", der sich mehr und mehr zum Rassenwahn steigert. Das pragmatische, ökonomisch durchorganisierte römische Weltreich spiegelt in diesem Roman auch manches von Daniel W. Potters technisch-kapitalistischem Amerika der 20er Jahre wider.

Dann, in den beiden abschließenden Bänden – *Die Söhne* (1934–35) und *Der Tag wird kommen* (1939–41) – rücken die Entwicklungen in Deutschland seit 1933 in den Vordergrund. Die Herrscherzeit des Antisemiten und Despoten Domitian, letzter Kaiser aus dem Geschlecht der Flavier, weist in der Darstellung Feuchtwangers deutliche Parallelen zum Hitler-Faschismus auf. Unterdrückung, Terror und strenge Zensur kennzeichnen die Schreckensherrschaft Domitians ebenso wie rund 1850 Jahre später das Dritte Reich des „Führers".

Auch in der *Josephus*-Trilogie erweist sich Feuchtwanger als Kenner der historischen Hintergründe. Die Fabel hält sich eng an das tatsächliche Geschehen der Jahre 64 bis etwa 100 n. Chr., die Regierungszeit der drei Flavier-Kaiser und den Beginn der Herrschaft von Trajan. Die Ereignisse bei der Ausrufung Vespasians zum Kaiser, seine Charakterisierung als bäurisch-schlauer, scharf kalkulierender, ökonomisch denkender Imperator ist in den historischen Werken ebenso zu finden wie die Schilderung über die Beziehungen des Sohnes und Nachfolgers Titus zur jüdischen Königstochter Berenike oder das Verhältnis zwischen den beiden Söhnen Vespasians. Verlauf und Ende des Jüdischen Krieges sind weitgehend dem Bericht des Geschichtsschreibers Flavius Josephus entnommen worden. Domitian ist sicher negativer gezeichnet, als es den

Tatsachen entspricht, aber der Ruf des jüngsten und am längsten regierenden Flaviers ist auch bei vielen Historikern nicht der beste.

Der geschichtliche Flavius Josephus ist 37 oder 38 n. Chr. geboren, in Jerusalem aufgewachsen und als junger Mann für den Priesterberuf ausgebildet worden. 64 n. Chr. wird Doktor Josef Ben Matthias, Priester der Ersten Reihe, zu Verhandlungen nach Rom geschickt, macht dort die Bekanntschaft der Kaiserin Poppaea, hat möglicherweise den großen Brand aus der Zeit Neros miterlebt. Später dann betrauen ihn die Führer Jerusalems mit der Leitung der Provinz Galiläa. Er selbst schreibt, er habe beim großen jüdischen Aufstand gegen die römische Herrschaft, der 66 n. Chr. ausbricht, zunächst auf der Seite der mäßigenden Kräfte gestanden. Von Vespasians Legionen bedrängt, zieht sich Josef auf die Festung Jotapata zurück, die nach 47tägiger Belagerung fällt. Der Rest der Verteidiger versteckt sich in den Zisternen, und die meisten suchen den Freitod. Josef, einer der letzten Überlebenden, stellt sich dann doch den Römern und rettet sein Leben durch die Prophezeihung, der Flavier Vespasian werde bald Herr des römischen Imperium sein. Josef Ben Matthias nennt sich nach seiner Freilassung, dem neuen Herrscherhaus dienend, Flavius Josephus und schreibt *Die Geschichte des Jüdischen Krieges,* eine ganz aus der Sicht der Römer verfaßte Darstellung des Aufstands und der Zerstörung des Tempels, zum Ruhme der Flavier und mit Hilfe der kaiserlichen Archive erstellt. Für sein Volk, die Juden, ist Josephus ein Verräter und Opportunist, daher bleiben seine im Auftrag der Römer vor den Mauern des belagerten Jerusalem unternommenen Vermittlungsversuche erfolglos. Als Favorit der neuen Dynastie erhält er Land in Palästina und volle Bürgerrechte. Am Ende seines Lebens wendet er sich wieder seinem Judentum zu, schreibt die *Jüdischen Altertümer* und eine Polemik gegen den alexandrinischen Antisemiten Apion, verfaßt schließlich eine „Autobiographie", die als Antwort auf eine andere jüdische Darstellung der Aufstandsperiode, das Buch des Justus von Tiberias, gedacht war und aus der Feuchtwanger viele Einzelheiten für sein biographisches Werk entnommen hat. Flavius Josephus starb um 100 n. Chr., das genaue Datum ist unbekannt.

Feuchtwangers Roman sieht den Weg dieses Flavius Josephus als den eines Menschen zwischen Rom und Judäa, zwischen West und Ost. Leidvoll muß der Jude erfahren, wie seine Rolle als Mittler, der den „Geist des Ostens" mit der „Technik des Westens" vereinen will, an den politischen Realitäten scheitert. *„Eine große Kälte fiel ihn an, alles war von ihm abgeblättert, Schmerz und Hochmut. Er gehörte nicht zu den Römern und nicht zu den Juden, die Erde war wüst und leer wie vor der Schöpfung, er war allein, um ihn war nichts als Hohn und Gelächter." (Der jüdische Krieg)* Der Jude und der Intellektuelle Josephus bleibt ein unverstandener Rufer: Der Tempel wird zerstört; Nationalismus, Machtgier und Verblendung führen in die Katastrophe. Er muß erkennen, daß fast alles, was er unternimmt, zum Unheil ausschlägt, für sein Volk vernichtende Auswirkungen hat. Der „Psalm des Weltbürgers", den er dichtet, bleibt noch eine große Utopie: *„Lobet Gott und verschwendet Euch über die Länder./Lobet Gott und vergeudet Euch über die Meere./Ein Knecht ist, wer sich festbindet an ein einziges Land./Nicht Zion heißt das Reich, das ich Euch gelobte,/Sein Name heißt: Erdreich."*

In seinem 1935 veröffentlichten Aufsatz *Vom Sinn und Unsinn der Geschichte* hat Feuchtwanger die zentrale Aussage dieses ersten Bandes verdeutlicht: *„Ein Thema, das mich seit je von Grund auf bewegt hat, ist der Konflikt zwischen Nationalismus und Internationalismus in der Brust eines Mannes."*

Die beiden folgenden *Josephus*-Bücher zeigen dann den Einfluß, den die politischen Entwicklungen in Deutschland, das inzwischen dem Faschismus verfallen ist, auf Feuchtwanger genommen haben. Deutlich verschieben sich jetzt die Motive, tritt das Hohelied des Weltbürgertums hinter einer realistischeren Einschätzung der Lage im Rom des Domitian und im Berlin des Adolf Hitler zurück. Josephus vereinsamt zunehmend, persönliche Mißerfolge und familiäre Tragödien überschatten sein Leben. Er erkennt, was sein geistiger Gegner, Justus von Tiberias, ihm schon immer vorgeworfen hat, daß nämlich seine historischen Darstellungen, gemessen an der Wirklichkeit, *„höfisch-konziliant"* und *„kosmospolitisch-lau"* sind. Und der ehemalige Führer der jüdischen Aufständischen in Jerusalem, Johann von Gischala, weist mit seinem Urteil über Josefs Buch auf Feuchtwangers nun sehr materialistische Deutung seiner Zeit hin: *„Es ging damals ... nicht um Jahve und nicht um Jupiter: es ging um den Preis des Öls, des Weins, des Korns und der Feigen. Hätte eure Tempelaristokratie in Jerusalem... nicht so gemeine Steuern auf unsere mageren Produkte gelegt und hätte ihre Regierung in Rom... uns nicht so niederträchtige Zölle und Abgaben aufgebrummt, dann wären Jahve und Jupiter noch lange ausgezeichnet miteinander ausgekommen." (Die Söhne)*

Josephus kehrt nach Palästina zurück. Ein alter Mann ist er geworden, der mit seiner Schrift gegen den Judenverleumder Apion und seinem mutigen Auftritt vor dem Diktator Domitian die Sympathien seines Volkes zurückgewonnen hat. Er beteiligt sich an einem neuen Aufstand – *„Beinah siebzig hat er werden müssen, ehe er so weise wurde, unweise zu sein"* – und endet, von römischen Legionären zu Tode geschleift, auf einer staubigen Straße im Lande Galiläa. Aber Feuchtwanger macht auf den letzten Seiten des dritten Bandes dennoch deutlich, daß die Idee des Weltbürgertums, das hohe Motiv des ersten Buches, nicht widerlegt, nicht aufgegeben ist. *„Er hatte die Welt gesucht"*, heißt es dort, „*aber gefunden hat er nur sein Land; denn er hatte die Welt zu früh gesucht.*“

Das dreibändige Werk, dessen Grundthesen hier nur knapp skizziert worden sind, enthält eine Fülle von Motiven und Deutungsversuchen, aber auch zahlreiche Neuorientierungen des Autors. Etwa zum Zionismus, den er im *Psalm des Weltbürgers* des ersten Bandes ablehnt, nach den Judenverfolgungen im Dritten Reich aber anzuerkennen beginnt. Im *Jüdischen Krieg* heißt es noch: „*Was ist der wehende Atem Gottes? Lehre und Gesetz. Man kann uns nicht auseinanderreißen, solange wir Zungen haben oder Papier für das Gesetz.*“ In *Der Tag wird kommen* klingt das anders. „*Gesetze und Bräuche sind Gott wohlgefällig*“, schreibt er jetzt, „*aber sie bleiben Geschwätz, wenn sie nicht die Vorbereitung sind eines selbständigen Staates mit Polizei und Soldaten und souveräner Gerichtsbarkeit.*“

Oder seine Haltung zur Darstellung der Geschichte, die sich ebenfalls im zweiten Band gewandelt hat, sogar frühere Äußerungen widerruft: „*Ich habe Ihr Buch aufmerksam gelesen, Doktor Josef: Preise und Wirtschaftsziffern habe ich keine darin gefunden... Ihr Buch mag ein Kunstwerk sein, aber wenn man es gelesen hat, weiß man über das Warum und Wieso des Krieges keinen Deut mehr als vorher.*“ Feuchtwangers Überzeugung, daß Legenden die stärkste Wirkung auf die Geschichtsüberlieferung besitzen, taucht an verschiedenen Stellen der Trilogie ebenso auf wie die sehr aktuelle Forderung an die Intellektuellen, die Wahrheit zu suchen und zu sagen: „*Heil dem Manne, den du nicht zwingen kannst,/Zu sagen, was nicht ist./Denn er nimmt es auf sich, das Schwerste./Sehend, mitten im nüchternen Tag,/Winkt den Tod er herbei und spricht zu ihm: komm!/Für ein körperloses Wort/Steht er dem Tode, Es zu verweigern, wenn es seine Lüge ist,/Es zu bekennen, wenn es seine Wahrheit ist./Heil dem Manne,/Der dafür dem Untergang steht./Denn das ist der Mut,/Zu dem Gott ja sagt.*“ *(Der Tag wird kommen)*

Auch die alten Weisheiten früherer Werke finden sich in der Roman-Biographie über den jüdischen Schriftsteller Flavius Josephus wieder. Feuchtwanger zitiert den von ihm immer schon tief empfundenen Prediger Salomo: „Alles ist Eitelkeit. Alles ist Haschen nach Wind.“ Der greise Großdoktor Jochanan Ben Sakkai aber deutet das Leben im Sinne von Camus' Sisyphos-Mythos: „*Es ist uns nicht gegeben, das Werk zu vollenden, aber es ist uns auferlegt, nicht davon abzulassen. Das ist es, wozu wir auserwählt sind.*“ *(Der jüdische Krieg)*

Der erste *Josephus*-Band erscheint 1932 im Propyläen Verlag. Die Aufnahme des Buches zeigt das nach wie vor vorhandene Interesse für den historischen Roman, erregt aber verständlicherweise nicht soviel Aufsehen wie zwei Jahre vorher *Erfolg*. Das Manuskript des zweiten kehr von einem USA-Aufenthalt nach Deutschland unmöglich macht. Als SA-Horden im März 1933 sein Haus plündern, wird die Niederschrift vernichtet. *„Den verlorenen Teil in der ursprünglichen Form wiederherzustellen"*, schreibt er 1935 im *Nachwort* von *Die Söhne*, *„erwies sich als unmöglich. Ich hatte zu dem Thema des ‚Josephus': Nationalismus und Weltbürgertum manches zugelernt, der Stoff sprengte den früheren Rahmen, und ich war gezwungen, ihn in drei Bände aufzuteilen."* 1935 erscheint der zweite Teil, das dritte, abschließende Buch 1942, zunächst in einer englischen Übersetzung, dann 1945 die deutsche Ausgabe. Und auch das Manuskript dieses dritten Bandes stand kurz vor dem Abschluß, als Lion Feuchtwanger zum zweiten Mal auf der Flucht vor den Mordbanden Hitlers war.

Der jüdische Krieg entsteht in den Jahren des langen, qualvollen Niedergangs der ersten deutschen Republik. Mit dem Ausbruch der Weltwirtschaftskrise gewinnen die radikalen Kräfte sehr rasch Oberwasser, verfallen die „Weimarer Koalitionsparteien" einer hilflosen Lethargie, erweisen sie sich – Sozialdemokraten, Zentrum, Linksliberale – als zu kraftlos, um der Gefahr energisch entgegenzutreten. Die Konservativen um Hugenberg und von Papen, die Reichswehr- und Wirtschaftsführer glauben in törichter Überheblichkeit, sie würden den politischen Mob, der jetzt auf der Straße wütet, schon bändigen können. Einer von vielen Irrtümern, die das Handeln der Führungsschichten im Deutschland dieser Jahre kennzeichnen.

Mit Heinrich Brünings Kanzlerschaft, die am 30. März 1930 beginnt, endet das demokratische Weimar. Der Zentrumsmann regiert am Rande der Verfassungslegalität, mit Hilfe des sehr weit ausgelegten Artikels 48 und abhängig von einem senilen alten Mann, der den Einflüsterungen und Intrigen einer kleinen, mittelmäßig begabten Kamarilla erliegt. Der Sieger von Tannenberg, Paul von Hindenburg, möglicherweise ein tüchtiger Soldat, aber ganz sicher ein total überforderter Reichspräsident, hat in den Monaten vor Hitlers Machtergreifung Deutschlands Schicksal in seinen Händen.

Brüning ist Außenpolitiker, vom deutschen Obrigkeitsdenken geprägt, ein trockener Mann aus dem katholischen Münster, ohne Charisma. Seine Innenpolitik dient dem Ziel, das gedemütigte Reich wieder gleichberechtigt in die Völkerfamilie zurückzuführen, die Reparationszahlungen zu beenden, den „Schandfrieden" von Versailles endgültig vergessen zu machen. Er will den Siegermächten durch eine rigorose Deflationspolitik beweisen, daß Deutschland ökonomisch am Ende ist, sie dadurch an den Verhandlungstisch zwingen. Eine Sanierung der von der Wirtschaftskrise geschüttelten Staatsfinanzen hat er dabei auch im Blick. Eine katastrophale Politik. Die Beamtengehälter sinken, die

Staatsaufträge gehen drastisch zurück, die Steuern steigen, die Arbeitslosigkeit erreicht im Februar 1932 mit 6,1 Millionen ihren Höchststand, Arbeitslosenunterstützung und Invalidenrenten werden gekürzt, das Volkseinkommen sinkt innerhalb von zwei Jahren um 17 Prozent, die Selbstmordquote im Reich klettert auf den europäischen Spitzenplatz. Leopold Schwarzschild schreibt am 18. Juli 1931 im „Tagebuch“: „Aber es ist gegangen, wie es gehen mußte. Wenn ein Haus morsch und faulig geworden ist, läßt sich nicht mit Bestimmtheit voraussagen, an welchem Tag der Zusammenbruch kommt, an welcher Ecke er beginnen wird.“

Auf den Straßen beginnt der Bürgerkrieg, schlagen sich SA-Trupps und Rotfrontkämpfer gegenseitig tot, manchmal trifft es auch unschuldige Passanten. Am 1. Oktober 1931 marschiert das reaktionäre Deutschland in Bad Harzburg auf, demonstriert seine Macht und behauptet frech, die Mehrheit des deutschen Volkes stehe hinter ihm. Ihre Führer sind zwar zerstritten, aber der Haß auf die Republik, die Gier nach der Macht führt sie immer wieder zusammen. Und die Demokraten? Sie sind gelähmt, vom jahrelangen Ringen um Mehrheiten und Koalitionen zermürbt. Die Sozialdemokraten verweigern sich, glauben nur noch als Opposition ihren Wählerschwund stoppen zu können, lassen in ohnmächtigem Zorn Brünings „Notstands“-Kabinett regieren, wodurch das Land noch tiefer in die Armut stürzt. Das Zentrum aber denkt nur an Regierungsbeteiligung – notfalls um jeden Preis.

Brünings Sturz – „Hundert Meter vor dem Ziel“, wird er später wehleidig klagen – kommt im Mai 1932. Die Dämmerung hebt an, Hitler wird hoffähig. Goebbels in einer Tagebucheintragung vom 8. Mai 1932: „Der Führer hat eine entscheidende Unterredung mit General Schleicher; einige Herren aus der nächsten Umgebung des Reichspräsidenten sind dabei... Brüning soll in den nächsten Tagen schon fallen.“ Und er „fällt“ über die Osthilfe. Ironie der Geschichte: Das Ende des alten Reiches und das Ende Preußens wird durch ihre einstigen konservativen Träger heraufbeschworen oder doch zumindest entscheidend beschleunigt, durch die ostelbischen Junker und die Armeeführung. Die Gutsbesitzer fordern nämlich beim gleichgesinnten Hindenburg den Sturz Brünings, als die Regierung die Zuschüsse für die teilweise bankrotten, hochverschuldeten Landgüter im Osten streichen will. Am 30. Mai akzeptiert Hindenburg die Demission des verbitterten, gescheiterten Kanzlers.

Noch acht Monate bleiben der Republik, bis sie in die Hände der Faschisten fällt. Die kurzlebigen Kanzlerschaften Papens und Schleichers – der eine dumm, der andere schlau, ohne politische Größe aber beide – können nichts mehr retten. Papen bricht die Verfassung und setzt die letzte einigermaßen stabile Kraft im Reich ab, die sozialdemokratische Regierung Braun in Preußen. Papens „Kabinett der Barone“

findet zwar den Beifall der rheinischen Schwerindustrie, aber auf den Straßen toben die blutigen Schlachten in unverminderter Heftigkeit weiter. Graf Kessler notiert am 12. Juli 1932 in seinem *Tagebuch:* „Eine Tag für Tag und Sonntag für Sonntag fortlaufende Bartholomäusnacht."

Die Wahlen vom Juli 1932 zeigen die wirkliche Lage: Hitlers NSDAP klettert vom 18,3 auf 37,3 Prozent und stellt mit 230 Abgeordneten die stärkste Fraktion im Reichstag. Die Sozialdemokraten erhalten nur noch 133 Mandate. Ein Schock für die Weimarer Parteien und für alle, die am wirtschaftlichen Horizont erste Silberstreifen sehen und damit das Ende der Erfolge Hitlers. Fast kommt es auch noch so: Bei den Novemberwahlen 1932 sinkt der Stimmenanteil für die Nationalsozialisten auf 33,1 Prozent, zwei Millionen Wähler sind Hitler weggelaufen. Wenige Tage vorher standen beim Streik der Verkehrsbetriebe in Berlin SA- und Rotfrontkämpfer Schulter an Schulter und verprügelten brutal arbeitswillige Sozialdemokraten und Gewerkschafter. Ein Kapitel, das die marxistische Geschichtsschreibung gern überblättert, die damaligen Wähler aber doch für einen Augenblick nachdenklich gemacht hat.

Papen stürzt Ende November 1932 – im Parlament hatte er bei einem Mißtrauensvotum im September noch ganze 42 Stimmen auf seiner Seite. Ohne Fortüne, mit beschränktem politischen Durchblick, ein Edelmann mit besten Manieren, aber ohne politische Moral, ist er am Ende, wird er Opfer einer politischen Intrige seines Freundes und Förderers Kurt von Schleicher. Der Reichswehrchef, lange mächtiger Drahtzieher im Hintergrund, muß nun selbst auf die Bühne. Dem Kanzler Schleicher bleiben knapp zwei Monate, dann ist der „böhmische Gefreite" am Ziel. Nichts scheint ihn mehr verhindern zu können. Ein mögliches, kaum zu schlagendes Bündnis zwischen Reichswehr und Gewerkschaften scheitert ebenso wie Schleichers letzter Versuch, die NSDAP über eine Koalition mit Hitlers Vertreter Gregor Strasser zu spalten. Die SPD vereitelt die Zusammenarbiet zwischen Regierung und Gewerkschaften, obwohl Schleicher verspricht, mit einem sozialen und konjunkturfördernden Programm Arbeit zu schaffen, und Gregor Strasser verliert in den entscheidenden Stunden die Nerven, bricht zusammen. Am 30. Januar 1933 haben es „Fränzchen" von Papen, Oskar von Hindenburg und Staatssekretär Otto Meißner geschafft, der greise Hindenburg akzeptiert Adolf Hitler als Regierungschef. Die Republik ist tot, Deutschland hat einen Diktator.

Am 27. Februar brennt der Reichstag, die Gefängnisse füllen sich, die ersten provisorischen Konzentrationslager werden errichtet. Zunächst für die Kommunisten, dann für die Sozialdemokraten und Gewerkschafter, dann für die bekennenden Christen, dann für die Juden. Am

23. März läßt sich Hitler seine Diktatur durch das „Ermächtigungsgesetz" im Reichstag absegnen, nur die Sozialdemokraten sagen mutig nein. Am 10. Mai verbrennen auf öffentlichen Plätzen die Bücher der bedeutendsten deutschen Schriftsteller. Mehr als fünf Jahre später, am 9. November 1938 brennen dann die Synagogen. Deutschland versinkt in der Finsternis.

Viele hatten gewarnt, wenige nur das ganze Ausmaß der Gefahr erkannt. Auf einem SPD-Parteitag im Juni 1931 meinte Rudolf Breitscheid noch optimistisch: „Auf die Dauer kann der Faschismus in Deutschland nicht triumphieren." Im Sitzungsprotokoll des SPD-Vorstandes vom 31. Januar 1933, dem Tag nach der Machtergreifung, wird Otto Braun mit der Bemerkung zitiert, ihm scheine doch, daß die ostelbische Herrenklasse, die sehr maßgebend Einfluß hätte, den Malergesellen nicht an die Macht lassen wolle. Blind in ihrem Kampf gegen die SPD bleiben auch die Kommunisten. KP-Chef Ernst Thälmann im September 1932: „Im jetzigen Stadium der fortschreitenden Faschisierung wird jede Abschwächung unseres prinzipiellen Kampfes gegen die Sozialdemokratie ein schwerer Fehler." Walter Ulbricht, KP-Reichstagsabgeordneter aus Sachsen, im Januar 1933: „Nach wie vor müssen wir den Hauptstoß gegen die Partei führen, wo die entscheidenden Schichten des Proletariats oder Teile von ihnen vom revolutionären Kampf abgehalten... werden. Das ist die Sozialdemokratie."

Aber auch die linksliberalen Intellektuellen, die Schriftsteller, Journalisten und Künstler haben die Entwicklung oft falsch eingeschätzt. Immerhin, im Gegensatz zu vielen ihrer Kollegen im rechtsbürgerlichen Spektrum, die den Mangel an demokratischer Überlieferung in Deutschland auch in den Weimarer Jahren bewiesen, bekannten sie sich eindeutig zur Republik. Die Universitäten – ihre Studenten und Professoren – verfielen dagegen den völkischen Leerformeln, dem modernen Barbarentum schon früh und in großem Umfang. Frank Trommler spricht von „dem Krisengefühl der Intelligenz", das entscheidend zum Verfall Weimars beigetragen hat: „Ganz offensichtlich vermochten die politischen Freiheiten, die die Weimarer Republik gewährte, das Gefühl ökonomisch-sozialen Niedergangs, das die Intelligenz nach 1919 empfand, nicht aufwiegen."

Unterschätzt werden Hitler und der Nationalsozialismus im Lager der linken Intellektuellen. Carl von Ossietzky meint am 3. Februar 1931 in einem Aufsatz in der „Weltbühne" unter dem Titel *Brutus schläft:* „Adolf Hitlers Sorgen sind nicht die unsrigen... Dennoch ist die gegenwärtige Situation einer Sonderbetrachtung wert, denn zum ersten Mal seit langem arbeitet der Nationalsozialismus ohne Glück, genauer: er arbeitet überhaupt nicht." Tucholsky schreibt im April 1932 als „Hellseher" recht blind in der gleichen Zeitschrift: „Die Hitlerleute?

– Halb so schlimm. Furchtbar viel Geschrei; Brutalitäten; Freude an organisiertem Radau... halb so schlimm. Vorspann – wenn sie den ersten Ruck gegeben haben, wird man sie bremsen, die armen Kerle."

Es gibt aber auch andere, die schon sehr viel schärfer blicken. Thomas Mann beispielsweise im „Berliner Tageblatt" vom 8. August 1932: „Werden die blutigen Schandtaten... den Bewunderern der seelenvollen ‚Bewegung', die sich Nationalsozialismus nennt, ... endlich die Augen öffnen über die wahre Natur dieser Volkskrankheit, dieses Mischmasch aus Hysterie und vermuffter Romantik, dessen Megaphon-Deutschtum die Karikatur und Verpöbelung alles Deutschen ist?"

Lion Feuchtwanger hat zu den Mahnern gehört, nicht nur in seinem schriftstellerischen Werk, sondern auch in tagespolitischen Beiträgen. Am 21. Januar 1931 veröffentlicht die linke Berliner Zeitung „Welt am Abend" eine Antwort Feuchtwangers auf ihre Umfrage: „Wie bekämpfen wir das Dritte Reich". Da sie seine Auffassung in diesen letzten Jahren Weimars sehr gut kennzeichnet, wird sie hier vollständig und stellvertretend für viele ähnliche Äußerungen wiedergegeben: *„Der Krieg hat die barbarischen Instinkte des einzelnen und der Gesamtheit gelöst in einem Maße, das vorher unvorstellbar war. Der Nationalsozialismus hat diese Barbarei kunstgerecht organisiert. Er heißt bei den Intellektuellen OBD: Organisierte Barbarei Deutschlands.*

Seinem Wesen und seiner Ideologie nach antilogisch, antigeistig, will der Nationalsozialismus die Vernunft absetzen und preist an ihrer Stelle das Gefühl, den Trieb, eben das Barbarische. Schon dadurch, daß Geist und Kunst übernational sind, sind sie dem Nationalismus im tiefsten verdächtig und verhaßt. Knebelung des Geistes und der Kunst ist einer seiner wichtigsten Programmpunkte, und da von den Zielen, die er verkündet, diese Aufgabe am gefahrlosesten durchzusetzen ist, hat er hier seine stärksten Erfolge.

Als der Nationalsozialismus zur Macht gelangte, hat er sich mit besonderem Fanatismus gegen alles Geistige und alles Künstlerische gewandt.

So gut wie kampflos hat das liberale Bürgertum alle kulturellen Positionen vor ihm geräumt. Abgesehen von ein paar Arbeiterbühnen wagt kein Kino und Theater mehr ein Stück zu spielen, das den Nationalsozialisten nicht genehm ist: Schriftsteller, die eine Haltung einnehmen, die der OBD nicht paßt (und das sind mit einer einzigen Ausnahme alle deutschen Schriftsteller von Rang) werden mit Drohbriefen überhäuft. Seit einem Jahrhundert war der Geist in Deutschland nicht so unfrei wie heute.

Was also die Intellektuellen und Künstler zu erwarten haben, wenn erst das Dritte Reich sichtbar errichtet wird, ist klar: Ausrottung. Das erwarten denn auch die meisten, und wer irgend unter den Geistigen es ermöglichen kann, bereitet heute seine Auswanderung vor. Man hat, wenn man unter den Intellektuellen Berlins herumgeht, den Eindruck, Berlin sei eine Stadt von lauter zukünftigen Emigranten.

Es ist also ein Gebot nackter Selbsterhaltung für alle Geistigen, mit ganzer Seele und ganzem Vermögen gegen das Dritte Reich zu kämpfen. Solange es in Deutschland noch einen Winkel gibt, wo die Kunst den Mund auftun darf, wollen wir es unmißverständlich aussprechen und in die Schädel hämmern: Das Dritte Reich bedeutet Ausrottung der Wissenschaft, der Kunst, des Geistes."

Die Nazis schäumten und antworteten in ihrer Zeitung „Der Angriff": „Heil und Sieg, Herr Feuchtwanger, und gute Reise. Sie sind ein blendender Prophet."

Aber auch Lion Feuchtwanger will letztlich nicht an den Untergang glauben – die Vorstellung, Deutschland könnte zum Spielplatz der antisemitischen, brutalen Hitlerhorden werden, verdrängt er. Er baut sein Haus. Nach den Novemberwahlen 1932, die für die Nationalsozialisten einen Rückschlag bringen, meint er gegenüber amerikanischen Reportern optimistisch: „Hitler is over." Wenn er das sagt, ist er schon auf seiner Vortragsreise durch die USA, nicht ahnend, daß er die Heimat nicht wiedersehen wird.

Fast alle Menschen, die er in diesen letzten Jahren im „Romanischen Café", beim Austernessen im mondänen Restaurant „Kempinski" oder in „Lutters Weinstube", deren Gast schon der skurrile preußische Beamte E. T. A. Hoffmann und seine Serapionsbrüder waren, trifft, wird er bald im Exil begegnen. Brecht, Arnold Zweig, Heinrich Mann, Carl Zuckmayer, Erich Maria Remarque, Vicki Baum, die schon 1931 nach Hollywood geht. Anderen wie Arnolt Bronnen oder dem Schauspieler Eugen Kloepfer, die sich am „neuen" Deutschland begeistern, begegnet er mit freundlich-ablehnender Nachsicht, nimmt ihr Engagement nicht ernst.

Im Sommer 1932 locken dann die Vereinigten Staaten. Eine Agentur bietet eine große Vortragstournee quer durch den riesigen Kontinent an, und sein Verleger Ben Huebsch ist davon sehr angetan. Feuchtwanger jedoch zögert mit der Zusage. Er haßt öffentliche Auftritte, ist mit der englischen Sprache nicht sehr vertraut, hat kein Talent für Vorlesungen. Die Stimme dringt nicht durch; der Charme, die Dynamik, die Kraft seiner Bücher, die seine Leser so fasziniert – kaum etwas davon ist zu spüren, wenn der schmale, kleine, schüchterne Mann vor einem größeren Auditorium daraus liest. Seine Zuhörer sind in der Regel enttäuscht, im angelsächsischen Raum verstehen sie wenig vom bayrisch gefärbten Englisch des Schriftstellers.

Schließlich aber sagt er doch zu, Amerika hat ihn schon immer gefesselt. B. W. Smith, Dachziegel und Verwandtes, oder George F. Babbitt,

Kleinbürger aus dem Mittelwesten, ziehen den Balladendichter J. L. Wetcheek an. Er nimmt tapfer Englischstunden, und an einem grauen Novembertag steigen Lion und Marta Feuchtwanger am Bahnhof Zoo in den Zug. Brecht bleibt winkend auf dem Bahnsteig zurück. Es ist, er weiß es nur noch nicht, Lion Feuchtwangers endgültiger Abschied von Berlin.

Zunächst geht es nach London, das ihn – und nun auch Marta – wieder ehrt und feiert. Es kommt zur letzten persönlichen Begegnung mit seinem englischen Verleger Martin Secker, der später in große finanzielle Schwierigkeiten gerät; bei einem Diner sitzt er dem Führer der zionistischen Bewegung, Chaim Weizmann, gegenüber, ist fasziniert von der großen Persönlichkeit des späteren ersten Präsidenten des Staates Israel. Winston Churchill, damals gerade politisch kaltgestellt, erscheint auf einem der Empfänge; König Georg V. lädt nach Windsor ein, um dem Schriftsteller ein Gemälde der häßlichen Herzogin Margarete von Tirol zu zeigen. Aber die Zeit drängt, Feuchtwanger muß absagen, in Southampton wartet das Schiff.

Während Marta Feuchtwanger nach Deutschland zurückkehrt, überquert der Autor den Atlantik. Am 17. November erreicht er an Bord der „Europa" New York. Ein Reporterschwarm empfängt ihn; sie fragen nach dem *Josephus*-Roman, nach der Lage in Deutschland und was Mr. Feuchtwanger von Amerika halte. Er antwortet knapp und präzise, aber es gibt auch – wie so häufig, wenn Journalisten Aussagen verkürzt wiedergeben – Mißverständnisse. Der Schriftsteller sieht Amerika stark unter dem Blickwinkel seiner *Babbitt*-Lektüre, soll, wie die „New York Times" zu berichten weiß, angesichts des Broadway-Flitters von einer „unliterarischen Nation" gesprochen haben. Ganz sicher nicht richtig: Feuchtwanger verehrt nach wie vor die amerikanische Literatur, schätzt Mark Twain, Theodore Dreiser, Sinclair Lewis, Scott Fitzgerald, John Steinbeck, dessen erste Bücher gerade erscheinen, den frühen Hemingway.

Er wohnt im Waldorf-Astoria, feiert Weihnachten bei Theodore Dreiser, der sich betrinkt, trifft mit Franklin D. Roosevelt und dessen Frau Eleonor zusammen. Damals ist der Schöpfer des „New Deal" noch Gouverneur von New York, aber schon auf dem Sprung ins Weiße Haus, in das er 1933 für zwölf Jahre einziehen wird. Eine wichtige Begegnung, denn acht Jahre später wird Eleonor Roosevelt an der Rettung Feuchtwangers vor Hitlers SS-Verbänden entscheidend beteiligt sein, die Flucht aus Europa ermöglichen. Anfang Januar 1933 geht es durch das weite Land nach Boston, Atlanta, Los Angeles, San Franzisko, Washington. Lesungen, Interviews, Empfänge. Der Ruhm zeigt sich von seiner lästigen Seite.

Auf einer dieser Veranstaltungen lernt er den deutschen Botschafter

Baron Prittwitz kennen, der ihm dann am Abend des 30. Januar die Hiobsbotschaft übermittelt: Hitler ist in Berlin Kanzler geworden. Der Diplomat warnt vor einer Rückkehr. Feuchtwanger ist zunächst ratlos. Ein Schriftsteller von seinen Lesern, seinen Sprachwurzeln getrennt? Und doch weiß er im Grunde schon, daß es für ihn keine Alternative zum Exil gibt.

Das deutsche Vaterland läßt denn auch in den kommenden Monaten keine Zweifel daran aufkommen, was ihn bei einer Heimkehr erwarten würde. Im März dringt eine kleine SA-Truppe auf der Suche nach dem Schriftsteller in der Mahlerstraße 8 ein, verprügelt die Dienstboten, verwüstet das Haus, vernichtet zurückgebliebene Manuskripte. Am 26. April erscheint sein Name auf der „Braunen Liste von verabscheuungswürdiger Literatur“, am 10. Mai verbrennen seine Bücher auf dem Scheiterhaufen, am 13. Mai nennt das „Börsenblatt“ ihn und elf weitere deutschsprachige Autoren, Künstler, die das deutsche Ansehen schädigen. Am 23. August schließlich veröffentlicht der „Reichsanzeiger“ die erste Ausbürgerungsliste. An sechster Stelle steht der Name Lion Feuchtwanger. Es ist eine Ehrenliste: Die Schriftsteller Heinrich Mann, Kurt Tucholsky, Alfred Kerr findet man dort, die Journalisten Leopold Schwarzschild, Georg Bernhard, die Politiker Rudolf Breitscheid, Philipp Scheidemann, Otto Wels. Auch die verfolgten Kommunisten Max Hölz, Wilhelm Münzenberg und Wilhelm Pieck. Insgesamt sind es 33 Personen, denen die Faschisten in dieser Veröffentlichung die deutsche Staatsangehörigkeit aberkennen und deren Vermögen sie beschlagnahmen. Feuchtwanger antwortet sarkastisch: *„Hitler hat mir das Bürgerrecht weggenommen, doch nicht wegnehmen konnte er mir meinen bayrischen Dialekt.“* Und noch etwas geschieht: Am 7. November wird ihm von der Universität München sein Doktortitel aberkannt.

Er bleibt bis Anfang März in Amerika. In der „New York Times“ ist am 2. März unter dem Titel „Dr. Feuchtwanger sails“ zu lesen, er sei der Meinung, Deutschland brauche seine Intellektuellen, um es gegen Hitlers Verstöße gegen die Grammatik („literary rule“) zu verteidigen. Eine ironische Bemerkung, die für viele offen läßt, ob er nach Deutschland zurückkehren wird oder nicht. Aber ein anderer, aus diesen Wochen überlieferter Satz Feuchtwangers zeigt, daß er sich innerlich längst entschieden hat. Als der deutsche Botschafter ihm von der faschistischen Machtergreifung berichtet, meint Feuchtwanger: „Hitler means war.“

Exil

Exil I: Frankreich

In Deutschland beginnt der Terror. Die ersten Verhaftungen erfolgen bereits am Abend des 30. Januar, während die SA ihre Fackeln durch die Berliner Wilhelmstraße trägt und die „neue Zeit“ auf martialische Art feiert. Am 27. Februar stecken die Nazis den Reichstag an, um die notwendigen Sondergesetze zur physischen Vernichtung ihrer politischen Gegner erlassen zu können. In Nürnberg wird Generaloberst Halder dreizehn Jahre später Göring mit dem Satz zitieren: „Der einzige, der den Reichstag wirklich kennt, bin ich; ich habe ihn ja angezündet.“ Am 28. Februar 1933 wird die „Verordnung des Reichspräsidenten zum Schutz von Volk und Staat“ veröffentlicht. Zur „Abwehr kommunistischer, staatsgefährdender Gewaltakte“ sind wichtige Verfassungsrechte außer Kraft gesetzt, die Gegner des Faschismus werden recht- und schutzlos. 4 000 Funktionäre der KPD und zahlreiche Mitglieder der SPD verschwinden in Gefängnissen oder Lagern, ihre Zeitungen werden verboten. Trotzdem erreicht die NSDAP eine Woche später bei den „Wahlen“ nur 43,9 Prozent der Stimmen. Es kümmert Hitler wenig. Am 24. März stimmt der Reichstag dem „Ermächtigungsgesetz“ zu: „Reichsgesetze können außer in dem in der Reichsverfassung vorgesehenen Verfahren auch durch die Reichsregierung beschlossen werden... Die von der Reichsregierung beschlossenen Reichsgesetze können von der Reichsverfassung abweichen...“

Am 22. Juni wird die SPD verboten, am 14. Juli erscheint im Reichsgesetzblatt das „Gesetz gegen die Neubildung von Parteien“: „In Deutschland besteht als einzige politische Partei die Nationalsozialistische Deutsche Arbeiter-Partei.“ Am 30. Juni 1934 vernichtet Hitler die Vormachtstellung der SA, der „Röhm-Putsch“ wird zur Abrechnung mit zahlreichen alten Gegnern genutzt. Etwa 200 Menschen läßt der „Führer“ kaltblütig umbringen. Kurt von Schleicher und seine Frau werden in ihrer Wohnung niedergeschossen, ebenso der einstige parteiinterne Gegner Gregor Strasser. Auch der alte Gustav von Kahr, der 1923 beim Münchner Putschversuch Hitlers nicht mitmachen wollte, vor der Feldherrnhalle die Polizei auf die Putschisten hatte schießen lassen, wird meuchlings niedergemacht. Drei Tage später erläßt Hitler das „Gesetz über Maßnahmen der Staatsnotwehr“. Einziger Artikel: „Die zur Niederschlagung hoch- und landesverräterischer Angriffe am 30. Juni, 1. und 2. Juli vollzogenen Maßnahmen sind als Staatsnotwehr rechtens.“ Der Mord ist in Deutschland legalisiert.

Begleitet werden diese Ereignisse von einem immer stärker anschwellenden Flüchtlingsstrom. Erst sind es 100, dann 1 000, dann 10 000, dann 100 000, die aus dem tödlichen Machtkreis der Faschisten fliehen. Meist ohne große Vorbereitung, gerade mit dem Notwendigsten ausgestattet, häufig ohne finanzielle Absicherung gehen sie über die Grenze. Nach Frankreich und Holland, in die Tschechoslowakei und die Schweiz, nach Österreich, einige nach England, in die skandinavischen Länder oder in die Sowjetunion. Es sind Kommunisten, Sozialdemokraten, Konservative, Protestanten, Katholiken, Juden, Wissenschaftler, Schriftsteller, Schauspieler, Wirtschaftsführer, Arbeiter. Eine bunt gewürfelte Schar, die häufig nur eines miteinander verbindet: die Angst und die Abscheu vor den Faschisten. Es gibt nicht d a s deutsche Exil. Es gibt nur viele Tausende, die das nackte Leben retten wollen oder es nicht mehr ertragen, Deutschland in den Krallen des Faschismus entehrt zu sehen. Viele schaffen es nicht, entscheiden sich zu spät zur Flucht. Sie werden erschossen, gehängt oder in Lager geschleppt, jahrelang gefoltert, geprügelt, zu Tode gequält. Erich Mühsam gehört dazu und Carl von Ossietzky. Andere kommen nach Monaten oder Jahren wieder frei, zermürbt, vom Erlebten für immer gezeichnet.

„Jeder Intellektuelle in der Emigration", schreibt Theodor Adorno, „ohne alle Ausnahme ist beschädigt... Enteignet ist seine Sprache und abgegraben die geschichtliche Dimension, aus der seine Erkenntnisse die Kräfte zog." Etwa 2 500 deutschsprachige Schriftsteller leben in den Jahren des Dritten Reiches – ganz oder zeitweise – im Exil. Viele von ihnen sind Juden, fast alle gehörten in den Weimarer Jahren zur kritischen, demokratischen Intelligenz. Zunächst suchen sie Zuflucht in der Nähe, hoffend, manche auch fest glaubend, der fürchterliche Spuk sei bald vorüber. Glücklich, wer einen Besitz hatte im Ausland oder sein Vermögen mitnehmen konnte. Das waren nur verschwindend wenige. Die anderen kommen mittellos, entwurzelt, häufig nach Jahrzehnten eines bürgerlich-geregelten Alltags. Und wo sie sich ermattet, verstört niederlassen, werden sie bald wieder aufgeschreckt, weitergetrieben. Exil, das ist in der Regel immer nur Durchgangsstation. Brecht beispielsweise flieht in die Tschechoslowakei, dann nach Österreich, in die Schweiz, nach Skandinavien, in die Sowjetunion, nach Kalifornien. Vielen geht es so, kaum einer, der sofort einen sicheren Überlebensplatz findet.

Sie kommen und fliehen in Wellen. Die ersten nach dem Reichstagsbrand und dem Röhm-Putsch. Der Anschluß Österreichs 1938 und die Zerschlagung der Tschechoslowakei treiben sie weiter. Der deutsche Überfall auf Holland, Belgien und Frankreich löst die nächste Fluchtwelle aus. Die Rettung vor den Mördern fordert immer größere Distanz. Die Vereinigten Staaten, Südamerika, China (Schanghai) versprechen Sicherheit, aber bleiben für viele unerreichbar. Karl Wolfskehl vereinsamt sogar in Neuseeland.

Wo sie hinkommen, sind sie Fremde. Geduldet, weil die Gesetze des Gastlandes es verlangen, aber ungeliebt. Mitte der 30er Jahre ist die große Wirtschaftskrise noch längst nicht überwunden, die Flüchtlinge könnten den Einheimischen Arbeit und Brot nehmen. Antisemitismus gibt es nicht nur in Deutschland, auch anderswo wehren sich die Behörden, versteckt oder offen, gegen das „Überhandnehmen der Judenflüchtlinge". Sie werden schikaniert, die Bürokratie arbeitet überall auf der Welt gründlich und mitleidlos. Ein Papier entscheidet oft über das Leben: Ohne Paß ist der Mensch rechtlos, ohne Arbeitserlaubnis brotlos. Sie werden über die Grenze ins Nachbarland abgeschoben, dort ohne Aufenthaltserlaubnis aufgegriffen und ins Gefängnis gesteckt, danach zurückgeschickt, erneut ohne Papiere verhaftet und wieder ins Gefängnis gesteckt. Ein schizophrener Kreislauf. Viele halten es nicht durch: Kurt Tucholsky, Walter Hasenclever, Ernst Toller, Walter Benjamin, Joseph Roth, Ernst Weiß und Stefan Zweig ertragen irgendwann auf diesem langen, mühsamen Weg von Land zu Land, von Kontinent zu Kontinent das Leben nicht mehr. Andere fallen den Faschisten auf der Flucht doch noch in die Hände wie Theodor Wolff, der einstige Chefredakteur des „Berliner Tageblatts", kommen ins KZ. Theodor Lessing aber, der große, heute zu Unrecht fast vergessene Kulturphilosoph, wird im tschechischen Exil von gedungenen Mördern Hitlers erschossen.

Es gibt Unterschiede: Nach Österreich gehen zunächst diejenigen, die ohnehin von dort stammen: Franz Blei, Ferdinand Bruckner, Ödön von Horváth, Robert Musil, Alfred Polgar, Max Reinhardt. Oder die, die dort ein Haus, aufnahmebereite Freunde haben: Walter Mehring, Carl Zuckmayer. Die politisch stark engagierten sozialistischen Schriftsteller meiden Wien, der Austro-Faschismus der Dollfuß- und Schuschnigg-Ära ist bedrohlich. Sie bevorzugen die Tschechoslowakei, obwohl das liberale, ein bißchen schlampige, durch Kafka und Rilke, Werfel und Meyrink vielen so vertraute Prag auch nicht ganz ungefährlich ist. Heinrich Mann ist dort eine Zeitlang, Alfred Wolfenstein und Ernst Bloch. Prag ist auch Hauptquartier der Exil-SPD.

Die Schweiz bleibt ein Paradies, das sich meist jedoch nur denen öffnet, die Wohlhabenheit garantieren, gute Steuerzahler sind. Für viele deswegen nur die erste rettende Station ihres Exils: Bruno Frank, Max Herrmann-Neiße, Hans Henny Jahnn, Leopold Schwarzschild, Else Lasker-Schüler ziehen bald weiter. Die Schriftsteller und Journalisten leiden unter dem strikten Arbeitsverbot. Robert Musil etwa, der 1938 in der Schweiz hängenbleibt, ist bis zu seinem Tod abhängig von der Hilfe der Freunde oder der Exilorganisationen. Trotzdem: Tausenden ermöglicht die Schweiz das Überleben, und in Zürich gründet Emil Orprecht einen wichtigen Verlag für die deutschen Exil-Schriftsteller. England, wo einst Karl Marx als Exilant lebte, wird erst später Fluchtort. Stefan Zweig allerdings geht schon 1934 hin, das politische Klima in seiner

Heimat Österreich nicht mehr ertragend. Sigmund Freud, der große alte Mann, kommt 1938, Robert Neumann dagegen schon früh, direkt aus Berlin. Arthur Koestler und Erich Fried bleiben für immer. In Schweden vereinsamt Kurt Tucholsky, lebt der junge Peter Weiss.

Die Sowjetunion bleibt ein Sonderfall. Sie läßt fast nur eingeschriebene Kommunisten – und auch davon nicht allzu viele – ins Land. Allerdings, sie werden regelmäßig unterstützt, leben zwar recht karg, aber nicht wie viele in den westlichen Exilländern am Rande des Hungers. Moskau stellt Mittel für Exilzeitschriften und für die Veröffentlichung deutscher Exilliteratur bereit, aber es verlangt weitgehend Linientreue. Die deutschen Exilanten in der Sowjetunion werden für die Politik Stalins eingesetzt, müssen sich den ideologischen Wechseln dieser Jahre stets schnell anpassen. Schlimmer noch: Viele von ihnen verschwinden irgendwann in den Lagern des roten Diktators, sterben dort oder tauchen erst nach Jahren schwerster Arbeit und Haft wieder auf.

Holland gewinnt an Bedeutung, weil dort die beiden wichtigsten Verlage für die geflohenen deutschen Schriftsteller gegründet werden. Querido in Amsterdam, dessen deutsche Abteilung von Fritz Landshoff geleitet wird, und das Verlagshaus Allert de Lange, wo Hermann Kesten und Walter Landauer auswählen, wer und was gedruckt wird. Beide Verlage veröffentlichen bis 1940 viele wichtige Romane des deutschen Exils.

Frankreich wird in diesen Jahren eines der großen Exilländer für die deutschen Flüchtlinge. Wie alle zunächst bevorzugten Fluchtorte ist es schnell erreichbar, liegt in unmittelbarer Nachbarschaft zum Reich. Viele Deutsche, vor allem die Künstler und Schriftsteller, haben eine besondere Vorliebe für die französiche Kultur, sind mit dem romanischen Geist vertraut. Frankreich ist für sie das Land der Aufklärung, das Land der großen bürgerlichen Revolution, die Europa vom Absolutismus befreite. Heinrich Mann oder der Elsässer René Schickele beispielsweise sind schon seit Jahrzehnten innerlich tief verbunden mit dem Land, aus dem Voltaire und Rousseau, Gustave Flaubert und Emile Zola kommen. Und Frankreich ist für die Deutschen ein traditionsreiches Asylland. Georg Forster fand dort Zuflucht, Ludwig Börne und Heinrich Heine. Selbst der jetzt in der Heimat zu so schauerlichen Ehren kommende Richard Wagner ließ sich 1839 – auf der Flucht vor seinen Gläubigern und auf der Suche nach dem Ruhm – auf Zeit in Paris nieder.

Allerdings, der Alltag des Exils ist auch in Frankreich grau, mühsam, ein ewiger Kampf mit den Behörden. In den Erinnerungen vieler Emigranten findet der Leser überraschend häufig herbe Kritik an diesem Gastland. Sicher wird sie von den letzten Monaten der Dritten Republik – September 1939 bis Mai 1940 – stark beeinflußt. Der Kriegsausbruch, der Zusammenbruch des Landes bringen den Emigranten eine besondere Leidenszeit, und Frankreich zeigt sich in diesen Wochen tatsächlich von seiner „unholden" Seite. Anfang September 1939 werden sämtliche im Land lebenden Deutschen und Österreicher in Internierungslager gesteckt. Juden und Christen, Kommunisten und Sozialdemokraten, Konservative und Nazis – die Franzosen machen keine Unterschiede mehr, es gibt nur noch „les boches". Die Presse schürt Fremdenhaß, und der Faschismus hat auch viele Franzosen längst in seinen Bann geschlagen. Alfred Kantorowicz schreibt in seinem Buch über das französische Exil: „Das jahrhundertealte Renommee von Frankreich als dem ‚klassischen' Asyllande und der gute Ruf der Hospitalité Française haben damals einen argen Schock erlitten."

Es gab hier in den 30er Jahren drei Zentren des Exils: Paris, Nizza und das kleine Fischerdorf Sanary sur mer. In Paris wurde der „Schutzverband Deutscher Schriftsteller im Exil" gegründet und die „Deutsche Freiheitsbibliothek", dort fand 1935 der „Erste Internationale Schriftstellerkongreß zur Verteidigung der Kultur" statt. In Paris erscheint die Emigrantenzeitschrift das „Neue Tage-Buch", das Leopold Schwarzschild herausgibt; das „Pariser Tageblatt" ist die renommierteste Zeitung des deutschen Exils in Frankreich. In Paris trinkt sich Joseph Roth zu Tode, versucht Alfred Döblin seinen wachsenden Pessimismus zu besiegen, lebt völlig unbekannt Walter Benjamin. Thomas und Heinrich Mann, Ludwig Marcuse, Klaus Mann, Ödön von Horváth, der auf den Champs Elysées von einem herabfallenden Ast erschlagen wird, und auch Lion Feuchtwanger tauchen häufig auf. Welche Bedeutung dieses Paris für die deutschen Flüchtlinge hatte, machen auch die Exilromane dieser Zeit deutlich. Viele Autoren wählen die französische Hauptstadt als Schauplatz der Romanhandlung. Heinrich Mann in seinem *Henry IV.*, Klaus Mann im *Vulkan*, Erich Maria Remarque in *Arc de Triomphe*, Anna Seghers in *Transit*, Joseph Roth in der *Legende vom heiligen Trinker* und Lion Feuchtwanger in *Exil*.

Aber Paris ist teuer, im Süden des Landes lebt es sich erheblich billiger. Heinrich Mann, die unumstrittene Persönlichkeit des deutschen Exils in Frankreich, René Schickele und zeitweise Hermann Kesten wohnen in Nizza. Heinrich Mann schreibt dort sein zweibändiges, meisterhaftes Alterswerk über Heinrich von Navarra.

Das dritte Zentrum ist Sanary. In dem kleinen Dorf westlich von Toulon, jenseits des auch schon damals von Fremden und Einheimischen überlaufenen, mondänen Teils der französischen Riviera, treffen sich in den Jahren zwischen 1933 und 1939 mehr deutsche Schriftsteller, als in den besten Zeiten der Weimarer Republik auf dem Kurfürstendamm. Sanary hat damals 4 000 Einwohner, lebt vom Fischfang, von der Landwirtschaft und vom Kleinhandel, träumt in der warmen Sonne des Mittelmeers vergnügt, ungehetzt und noch nicht zersiedelt vor sich hin. Auch schon vor 1933 kommen deutsche Künstler – Maler, Schriftsteller – in den versteckten Ort, vom Klima, von den Olivenhainen, von den herrlichen Farben, von den stillen, lauen Abenden am Hafen oder in den Bergtavernen gelockt. „In dieser kleinen Bucht", schwärmt Ludwig Marcuse, „an einem der ausrangiertesten Gleise des Weltgeistes, vergaß ich an den glücklichen Tagen, daß ich hier nicht geboren war."

Noch heute spürt der Besucher den besonderen Reiz dieses Ortes. Noch immer kann er im Café „La Marine" und im Café „Le Nautique" sitzen, den damaligen Treffpunkten der deutschen Exilanten, auf die bunten Fischerboote blicken, auf das „Hotel de la Tour", wo viele Flüchtlinge erst einmal abstiegen, durch die engen, zeitlosen Gassen wandern. Noch immer lächeln die beiden Steindamen, die Statuen „Agriculture" und „Marine" freundlich auf den Hafenbesucher hinab. Gestiftet hatte sie vor über hundert Jahren ein glücklicher Bürgermeister, dem der Indienhandel äußerst segensreich ausschlug. Sicher, der Quai Victor Hugo heißt nun Quai Charles de Gaulle, und die Marmortische des Café „La Marine" sind Plastikattrappen geworden. Und es gibt jetzt über 11 000 Einwohner, viel mehr Häuser und viel mehr Motorräder in Sanary. Aber die Winter sind immer noch kurz und die Sommer wie ein endloser Frühling.

Mitte März 1933 ist Lion Feuchtwanger wieder in Europa. Er fährt nach Österreich, wo er in Sankt Anton seine Frau trifft. Sie ist dort seit einigen Wochen in Skiurlaub, hat den 30. Januar also nicht in Deutschland erlebt. Sie wohnen im „Grand Hotel". Brecht kommt, die Freundin Eva Boy mit ihrem Mann. Eine Rückkehr nach Deutschland ist ausgeschlossen. Lion Feuchtwanger ist als Jude und als Schriftsteller, der die neuen Machthaber, vor allem auch ihren „Führer", seit Jahren mit Hohn und Spott überschüttet hat, lebensgefährlich bedroht. Brecht entscheidet sich für Dänemark. Feuchtwangers, die in Sankt Anton den Austro-Faschismus bereits spüren, sich unsicher fühlen, fahren zunächst in die Schweiz, treffen in Bern seine Sekretärin Lola Sernau. Eine Freundin Marta Feuchtwangers aus England findet sich ebenfalls dort ein. Sie reist mit Vollmachten nach Deutschland, um zu versuchen, etwas von seinem Vermögen zu retten. Aber weder in München, wo der größte Teil seines Geldes auf einem Konto des Bankhauses Feuchtwanger deponiert ist, noch in Berlin hat sie Erfolg.

Lion und Marta Feuchtwanger entscheiden sich schließlich für die französische Riviera. Das Meer hat sie schon immer angezogen, das warme Klima verspricht einen angenehmen Aufenthalt, und allzu teuer ist es dort auch nicht. Marta fährt vor, mietet sich in der Nähe des Badeortes Bandol ein, in dem zu diesem Zeitpunkt leerstehenden kleinen Hotel „La Reserve". Lion Feuchtwanger kommt nach, auch Lola

Sernau trifft ein, und er stürzt sich sofort in die Arbeit, versucht den zweiten Band des *Josephus*-Romans vorzubereiten, dessen in Berlin gebliebenes Manuskript er verloren gibt. Ein für ihn typischer Wesenszug zeigt sich hier. Selbst in den extremsten Lebenssituationen – in den unsicheren ersten Tagen des Exils oder später in einem Versteck in Marseille vor der Flucht nach Amerika – schreibt er konzentriert und offensichtlich ohne Unruhe an dem gerade in Arbeit befindlichen Werk.

Sie haben kaum Geld, die Lage ist nicht einfach. Aber Feuchtwanger bleibt – und das gilt für seine gesamte Zeit im Exil – vom Schlimmsten verschont. Er schreibt seinen ausländischen Verlegern. Ben Huebsch von der Viking Press schickt sofort einen Vorschuß, aus England kommt bald etwas Geld für ein Drehbuch, von dem noch zu sprechen sein wird. Während Lion Feuchtwanger es unter großem Zeitdruck verfaßt, sucht Marta nach einem eigenen Quartier. Zwischen Bandol und Sanary findet sie hoch über dem Meer ein hübsches Haus, spartanisch eingerichtet, ohne Heizung und Küche. Aber der Blick ist herrlich, ein schmaler Pfad führt über die Klippe hinunter ans Meer, wo die Mieter einen eigenen kleinen Strand haben. Beide sind begeistert, die Villa „Lazare“ wird recht preiswert von einem Rechtsanwalt aus Toulon gemietet. Die erste Bleibe ist gefunden, mit 49 Jahren beginnt der Schriftsteller Lion Feuchtwanger ein neues Leben.

Er wird fast genau sieben Jahre in Südfrankreich leben, bis Hitler ihn erneut vertreibt. In dieser Zeit bleibt er ungemein produktiv, schreibt die beiden restlichen *Josephus*-Bücher und drei weitere Romane, einen Bericht über seine Reise nach Moskau, mehrere Essays und zahlreiche Zeitungs- und Zeitschriftenaufsätze. Er wird zu einem sehr aktiven Mitglied der verschiedenen Exilorganisationen. Mitte der 30er Jahre ist er ein leidenschaftlicher Befürworter der Volksfront-Pläne. Er ist, bei aller Freundlichkeit im persönlichen Umgang, in der Sache ein streitbarer Mann geworden, seine skeptische Haltung gegenüber den westlichen Demokratien – deren Versuche, sich mit Hitler zu arrangieren, er scharf verurteilt – und seine zunehmend positiven Äußerungen über die Sowjetunion schaffen ihm manchen Feind, tragen ihm böse öffentliche Angriffe ein. Leopold Schwarzschild, inzwischen zu einem Kommunistenfresser geworden, beschimpft ihn als „Laureatus unter den deutschen Sowjetagenten“; Kurt Hiller meint nach dem Erscheinen des Moskau-Buches, in dem er auch den französischen Dichter Gide angreift, Feuchtwanger sei „es nicht wert, André Gide auch nur die Schreibmaschine zu putzen.“ Es ist eine der unschönsten Seiten des Exils, der sich auch Feuchtwanger zeitweise nicht entzieht: Obwohl ohne Einfluß und Macht, streiten sich die politischen Gruppierungen verbissen, meist sehr kleinkariert und trotz der furchtbaren Katastrophe, die über sie hereingebrochen ist, nahezu unbelehrbar.

Zunächst jedoch steht auch für Feuchtwanger die persönliche Situation im Vordergrund. Ende 1933 sind die größten finanziellen Sorgen überwunden, die Autoreneinnahmen fließen wieder in beruhigender Höhe. Er unterstützt zahlreiche Freunde und Kollegen, denen das Schicksal jetzt keine größeren Buchauflagen mehr beschert. Zahlreiche Menschen, die von seinem „Reichtum" hören, wenden sich um Hilfe an ihn. Am 23. Januar 1934 schreibt er bedrückt in einem Brief an Lola Sernau: *„Mindestens 200 Leute wollten Geld und Empfehlungen von mir."* Die Notrufe werden zeitweise zu einer nur schwer erträglichen Last. In einem Brief vom 18. April 1934 heißt es: *„Da ich den Eindruck gewann, ich würde in Paris von allen Seiten angepumpt werden, habe ich mich entschlossen, hier zu bleiben."* Aber der berühmte Mann setzt immer wieder seine Beziehungen und Kontakte ein, um Flüchtlingen zu helfen, ihnen Papiere zu besorgen, sie bei einflußreichen Bekannten zu empfehlen, wenn sie unbekannt, mittellos in einem Land oder in einer Stadt irgendwo auf der Welt gestrandet sind. Ein typischer Briefauszug, der ähnlich immer wieder in seiner Korrespondenz dieser Jahre zu finden ist: *„In der nächsten Zeit wird sich wahrscheinlich auf meine Veranlassung Doktor Gustav Erlanger an Sie wenden, ein guter Bekannter von mir. Er hatte in Berlin als Augenarzt einen ausgezeichneten Namen, und ich würde mich herzlich freuen, wenn Sie ihn gut aufnähmen."* (am 10. Februar 1936 an Prof. Leonard Michaelis, New York) Viel Gehässiges, Neidisches ist über Feuchtwangers hohe Einnahmen, sein großbürgerliches Leben in Sanary oder in Kalifornien geredet und geschrieben worden. Wenige nur haben vermerkt, mit welcher Großzügigkeit, mit welcher Hilfsbereitschaft, er sich in all diesen Jahren für andere eingesetzt hat. Man hat es ihm selten vergolten. Ähnliches im übrigen trifft für einen anderen „Großschriftsteller" zu, für Thomas Mann.

Im Frühjahr 1933 füllt sich Sanary. Thomas Mann kommt im April nach Bandol, mietet sich dann für den Sommer in Sanary, in der Villa „La Tranquille" ein; Arnold Zweig und Brecht erscheinen, werden künftig fast jedes Jahr Gäste bei Feuchtwangers sein. Der streibare, intelligente Ludwig Marcuse mietet ein kleines Häuschen und schreibt unverzagt seine schönen Bücher, die lange nicht so viele Leser finden wie die von Nachbar Feuchtwanger. Bruno Frank und seine Frau Liesl lassen sich in der Villa „Fayette" nieder, Franz und Alma Werfel wählen Sanary als Aufenthaltsort, als sie nach dem „Anschluß" Österreichs 1938 vertrieben werden, und wohnen bis zur Flucht über die Pyrenäen im alten „Sarazener"-Turm. Alfred Kerr, Erwin Piscator, Friedrich Wolf, Wilhelm Herzog, Leopold Schwarzschild, René Schickele, Heinrich Mann, sein Neffe Klaus, Ernst Toller, Ernst Bloch, der große englische Schriftsteller Aldous Huxley und Arthur Koestler – sie alle wohnen in Sanary, die einen nur für Tage oder Wochen, andere über Jahre. Zwei Orte weiter in Saint Cyr lebt der alte Kunsthistoriker Julius Meier-Graefe, auf der anderen Seite, in dem kleinen Bormes schreibt Alfred Kantorowicz sein *Spanisches Tagebuch*.

Man trifft sich zum Tee, am Strand oder am Spätnachmittag bei der Witwe Schwab im Café „Le Nautique" oder zwei Meter nebenan im „La Marine". Es gibt gemeinsame Wanderungen durch die blühenden Weinberge oder Olivenhaine, hinauf in die Tavernen der Bergdörfer. Aber sie leben für sich, die deutschen Exilanten, haben wenig Kontakt zu den Einheimischen. Die Fischer spielen am anderen Ende des Hafens Boule, nicht ahnend, daß vorne auf der Promenade ein beachtlicher Teil der Weltliteratur klatschend und disputierend Kaffee trinkt. Und wer es sich leisten kann, reist häufig nach Paris, Zentrum des deutschen Exils und willkommene Abwechslung von den manchmal sehr ruhigen Tagen in der Provinz.

Dennoch, es ist keine Idylle, von der hier erzählt wird. Die politischen Sorgen lassen keinen von ihnen los, der tägliche Überlebenskampf fällt den meisten bitter schwer. Auch Feuchtwanger durchlebt zunächst harte Monate. Er hat seine stattliche Bibliothek verloren, die geplante Weiterarbeit am *Josephus* ist dadurch stark erschwert. Er ist von seinem deutschen Lesepublikum abgeschnitten, finanziell ist die Zukunft nicht ganz düster, aber anfangs auch noch keineswegs gesichert. Ein schwerer Unfall überschattet diese Monate noch zusätzlich. An einem Sommerabend kehren Arnold Zweig, Bert Brecht und Feuchtwangers in die Villa „Lazare" zurück. Während die drei Schriftsteller die steilen Wege zum Meer hinuntergehen, lösen sich die Bremsen von Martas altem Renault. Sie springt auf den Wagen, versucht durch das Fenster die Bremse zu ziehen, muß aber, um die Männer nicht zu überrollen, das Steuerrad herumreißen, das Auto kippt im Graben über sie. Komplizierte Bein- und Schenkelbrüche werden monatelang unter größten Schmerzen auskuriert. Für beide eine belastende Zeit. Lion verbringt sei teilweise in Paris und London, Marta erholt sich in Bandol.

Das Haus auf den Klippen wird nicht weiter gemietet. Ohne Heizung ist es an stürmischen Wintertagen zu kalt, zudem kann sich Lion Feuchtwanger nicht entscheiden, ob er im Winter nach Palästina reisen soll oder nicht. Der Mietvertrag ist Weihnachten abgelaufen. Marta sucht ein neues Haus und findet es schließlich am Rande von Sanary, auf einem Hügel, der sich Gorguette nennt, wieder mit einem herrlichen Blick auf das Meer, auf die Inseln Raveau und Les Embiez, die vor der Bucht liegen. Es ist dreistöckig, hat genug Platz für die sich nun schon wieder in beachtlichen Mengen ansammelnden Bücher und einen schönen Garten. Sie greifen zu, immer noch im Glauben, nur ein Provisorium überstehen zu müssen. „Ich habe schrecklich viel Arbeit damit", schreibt Marta am 10. April 1934 an Arnold Zweig, „es müssen viele Veränderungen vorgenommen werden, die Tapeten sind z. T. zu grell und bunt, Bücherregale anschaffen für 2 000 Bücher – und alles nur vorübergehend." Sechs Jahre werden sie in der Villa „Valmer" leben.

Eine Schriftstellerwerkstatt wird aufgebaut. Wieder umgibt Feuchtwanger sich mit Tausenden von Büchern, jetzt, fern von jeder öffentlichen Bibliothek, noch wichtiger als in Berlin. Sein Arbeitszimmer liegt im obersten Stock, der Schreibtisch steht am Fenster über dem Meer. Stunde um Stunde diktiert er hier Lola Sernau, die in einer kleinen Pension wohnt, seine Bücher. Frühstück und Nachmittagstee gibt es auf einer großen Terrasse, täglich schwimmt er mit Marta in der Bucht, macht er seine Dauerläufe. Im Garten zwischen Agaven, Pinien, Olivenbäumen und Kakteen tummeln sich Katzen und Schildkröten. Er leidet an der Welt, an den Strapazen der Arbeit, aber die Götter meinen es – „nehmt alles nur in allem" – gnädig mit ihm.

Das Haus liegt abseits vom Zentrum und ist für Gäste nicht allzu leicht erreichbar. Wer zu ihm will – und das sind nicht wenige – dem wird von „Kennern" geraten, sich vorher vom Hafen aus telefonisch anzumelden. Es könnte sonst passieren, daß der Zutritt von der in dieser Frage oft strengen Herrin des Hauses verwehrt wird. Mit Recht, denn vor allem im Sommer herrscht Betrieb in Sanary, und viele brauchen Geld oder hoffen auf Rat. Andere suchen das Gespräch mit dem berühmten Mann, der in Sanary Mittelpunkt der deutschen Exilkolonie ist. Im Café „La Marine" sitzt er selten, er lebt, ist er nicht auf Reisen, zurückgezogen. Wie immer in diesem Schriftstellerleben gehört die weitaus meiste Zeit der Arbeit. Immerhin, als der Verfasser 40 Jahre später eine freundliche alte Dame, die vor langer Zeit aus der Schweiz nach Sanary gekommen war und seitdem dort lebt, nach Lion Feuchtwanger fragt, sagt sie spontan: „Ach ja, der Chinese." Der kleine Mann, mit dem jetzt schon etwas zerknitterten, gelblichen Gesicht fällt auf in dem kleinen Ort.

Die Jahre in Sanary sind von häufigen Reisen unterbrochen. Oft ist er in Paris, mehrmals auch in London. Verlags- und Übersetzungsverhandlungen führen ihn in der Regel auf die britische Insel, Veranstaltungen der Exilorganisationen in die französische Hauptstadt. Er genießt diese Wochen, auch wenn sie recht anstregend sind – voller Verpflichtungen, manchmal von den ungeliebten öffentlichen Auftritten begleitet. Aber wieder in einem Pariser Feinschmeckerlokal bei Austern und Champagner zu sitzen, möglicherweise mit einer reizvollen Frau, bietet Entschädigung, hat er doch manchmal in seinem stillen Garten über dem Meer davon geträumt. Die vielleicht wichtigste, sicher aber spektakulärste Reise Feuchtwangers ist sein Moskau-Besuch Ende 1936. Sie wird ihm eine Menge Ärger und ein mittelmäßiges Buch eintragen.

Die Geschwister Oppermann

Im April 1933 legt Feuchtwanger den *Josephus* zunächst einmal beiseite und wendet sich einem anderen Thema zu. Der Anstoß kommt von außen. Die britische Regierung möchte einen antifaschistischen Film fördern, um vor der neuen deutschen Gefahr zu warnen. Premierminister Ramsey MacDonald erinnert sich an sein Gespräch mit dem von ihm so geschätzten Autor des *Jew Süß* und schickt einen Vertrauten nach Südfrankreich. Feuchtwanger nimmt die Idee sehr positiv auf, auch weil ihm einer der erfahrensten Skriptschreiber des englischen Films, Sidney Gilliat, zur Seite steht. Beide arbeiten in Bandol in kürzester Zeit einen Entwurf aus, die Geschichte einer jüdischen Familie, die von Hitlers Machtergreifung überrollt und deren Existenz in Deutschland vernichtet wird.

Aber das Projekt zerschlägt sich. Bei einem Besuch in London muß Feuchtwanger erkennen, daß der politische Wind sich hier gedreht hat, die Briten plötzlich auf „Appeasement" setzen, auf Verständigungspolitik mit den neuen deutschen Machthabern. Ein Anti-Nazi-Film paßt nicht mehr ins Konzept der britischen Diplomatie. Feuchtwanger kehrt zurück nach Bandol und macht aus dem Drehbuch einen Roman. In sechs Monaten – von April bis September 1933 – entstehen *Die Geschwister Oppermann,* sein erstes Prosawerk im Exil, und der erste deutschsprachige Roman überhaupt, der die Alltagswirklichkeit im Dritten Reich darzustellen versucht.

Das Buch erzählt in drei Kapiteln – *Gestern, Heute, Morgen* – die Geschichte der drei Brüder Oppermann, die aus einer alteingesessenen jüdischen Familie in Berlin stammen. Die Handlung spielt zwischen November 1932 und Sommer 1933, den entscheidenden Monaten für die deutsche Politik. Gustav ist Schriftsteller, der an einer Lessing-Biographie arbeitet; Martin leitet das große Möbelhaus der Familie, Grundlage ihres Vermögens; Edgar ist hochangesehener Arzt an einer Klinik. Im Zentrum der Erzählung steht Gustav, mit der Feier seines 50. Geburtstags setzt der Roman ein. Keiner der Brüder nimmt die Schatten der Spätphase von Weimar besonders ernst, Politik dringt nicht ein in diese Sphäre von Wohlhabenheit, humanistischer Bildung und Vernunftgläubigkeit. *„Alle Politik ist ein Saustall. Wenn man nicht unbedingt muß, soll man sie einfach ignorieren."* Die drei Brüder aber werden in den dramatischen Wochen, in denen in Deutschland der Faschismus siegt, unbarmherzig in den Sog der Zeitereignisse gezogen. Martin zwingen die Nationalsozialisten, sein Möbelhaus an seinen schärfsten „arischen" Konkurrenten unter demütigenden Umständen abzugeben. Edgar wird von einem antisemitischen SA-Mob, der in die Klinik eindringt, jählings aus seinem Elfenbeinturm der Wissenschaft gerissen und emigriert nach Palästina. Gustav muß nach dem Reichstagsbrand und dem ihm folgenden Terror erkennen, daß seine – am freundlich nachempfundenen Goethe(Vor)bild und aufklärerischen Lessing-Ideal hängende – Haltung ein tragischer Lebensirrtum war, daß Geist ohne Macht verloren ist. *„Dies Deutschland von 1933"*, so erkennt sein Bruder Martin, *„ist nicht mehr das Deutschland unserer Jugend. Es hat nichts zu tun mit dem Deutschland Goethes und Kants, daran muß man sich gewöhnen. Aus dem ‚Faust' kann er wenig über dieses Deutschland lernen, da muß er schon das Buch ‚Mein Kampf' studieren."* Und Gustav bekennt: *„ Ich habe mich getäuscht. Ich habe weggesehen... Deutschland ist anders."* Martins Sohn Berthold zerbricht an der neuen Zeit – die Versuche des Nazi-Lehrers Vogelsang, den jüdischen Schüler zu demütigen, obwohl der junge Oppermann tiefer vom deutschen Idealismus geprägt ist als die meisten seiner „arischen" Mitschüler, treiben ihn in den Selbstmord. Feuchtwanger umreißt Bertholds tragische Situation noch einmal wenige Tage vor dessen Tod: *„Er... gehört hierher, in dieses Land, zu seinen Kiefern, zu seinem Wind, zu seinem Gerinsel aus Schnee und Regen, zu seinen langsamen, nachdenklichen, soliden Menschen, zu seinem Sinn und Unsinn, zu seinem Brahms und Goethe und Beethoven, ja selbst zu seinem ‚Führer'."*

Die drei Brüder treffen sich zum letzten gemeinsamen Passahfest, bevor sie der Hölle des Dritten Reiches entkommen, aber es sind Geschlagene , die dort zusammensitzen. *„Ihre Heimat, ihr Deutschland, hat sich als Betrügerin erwiesen. So fest war man auf dieser Heimat gestanden, seit Jahrhunderten, und plötzlich glitt sie einem unter den Füßen fort."* Gustav kehrt zurück nach Deutschland, er will Material sammeln, um die Untaten der Nationalsozialisten dokumentieren zu können. Immer noch setzt er auf die Kraft des Geistes. Aber nicht die Biographie eines großen Mannes, die ihm angesichts der deutschen Wirklichkeit nutzlos erscheint, sondern das Dokument des Terrors, nicht die Ästhetik, sondern die historische Wahrheit ist Aufgabe und Ziel des Schriftstellers. Er wird verhaftet, leidet im KZ und stirbt wenige Wochen nach seiner Entlassung an den Folgen der körperlichen Strapazen und der Qualen im Lager. Es war mutig, bestätigt ihm der Widerstandskämpfer Frischlin, *„für das Richtige und Nützliche"* zu kämpfen. Aber es war nicht klug, denn er habe *„nur gesehen, was ist, und keinen nützlichen Rat gewußt, was zu tun sei. Er habe einen Marathonlauf gemacht, um eine Meldekapsel zu überbringen: leider nur sei keine Botschaft in der Kapsel gewesen."*

Zwei Absichten Feuchtwangers stehen im Zentrum des Romans: Der Autor will zum einen der westlichen Welt deutlich machen, welch ein Schreckensregime seit dem 30. Januar 1933 in Deutschland wütet. Während sich die europäischen Demokratien nämlich bereits darauf einrichten, mit Herrn Hitler zu leben, und auch die Sowjetunion zwar von Ideologie spricht, aber an den Handel denkt, füllen sich im Dritten Reich die Gefängnisse und Konzentrationslager, werden Parteien, freie Gewerkschaften, Zeitungen verboten, wächst der Strom der Exilanten.

Daß dies eines seiner Hauptmotive ist, zeigt auch die Eile, mit der Feuchtwanger die Fertigstellung des Buches vorwärtstreibt. Er, der sonst so langsame, so gründliche Arbeiter, diktiert das Manuskript unter unerhörtem Zeitdruck, wohlwissend, daß manches nicht so gelungen ist, eigentlich noch der Überarbeitung bedürfte. Aber es geht ihm diesmal weniger um Literatur als um den antifaschistischen Kampf. Im Nachwort heißt es: *„Mir lag daran, das Lesepublikum der Welt möglichst schnell über das wahre Gesicht und über die Gefahren der Naziherrschaft aufzuklären."* Feuchtwanger will das Grundsätzliche der Terrorherrschaft darstellen. *„Kein einziger von den Menschen dieses Buches"*, schreibt er am Ende des Romans, *„existierte aktenmäßig innerhalb der Grenzen des deutschen Reiches in den Jahren 1932/33, wohl aber ihre Gesamtheit... Der Roman ‚Die Geschwister Oppermann' gibt nicht wirkliche, sondern historische Menschen."*

Zum anderen aber ist es auch ein Versuch, das Versagen des deutschen Bürgertums in der Endphase der Republik offenzulegen. Die politische Haltung der Oppermanns, das Scheitern ihrer humanistischen Theorien angesichts des Ansturms der modernen Barbaren, ihr viel zu spätes Reagieren auf den Nationalsozialismus wird von Feuchtwanger hart und auch selbstkritisch angeprangert. Wobei er nicht nur die Schriftsteller anklagt, sondern die gesamte Intelligenz. Martin kommt schließlich aus der Geschäftswelt, Edgar ist Naturwissenschaftler. Eine der vielen typischen Passagen der *Geschwister Oppermann*, in denen Feuchtwanger seine These darlegt: *„Im Golfclub, im Theaterclub, hatte man Gustav auseinandergesetzt, es sei keine große Gefahr; durch den Einfluß der gemäßigteren, vernünftigeren Kabinettsmitglieder sei der Führer lahmgelegt... Gustav hörte das, glaubte es gern."*

Als Quellen für sein Buch dienen Feuchtwanger ausländische Zeitungsberichte, Aussagen von Besuchern, die Deutschland erst später verlassen haben, Informationen seiner Sekretärin Lola Sernau oder Briefe ehemaliger Hausangestellter. Vor allem aber benutzt er das *Braunbuch über Reichtstagsbrand und Hitlerterror*, das aus Berichten von Flüchtlingen, Journalisten, entlassenen KZ-Häftlingen oder Untergrundgruppen zusammengestellt worden ist und während der Entstehung des Romans erscheint.

Das Bild, das er aus der Ferne über Nazi-Deutschland zeichnet, ist sicher in manchen Details wirklichkeitsfremd. Feuchtwanger überschätzt in diesem Buch ganz eindeutig den Widerstand im Reich, hat Illusionen über die Haltung der Mehrheit des Volkes gegenüber Hitler.

Aber seine Darstellung der politischen Hintergründe, seine Beschreibung des Bürgertums im Spätweimar sind hellsichtig und heute noch packend zu lesen. *Die Geschwister Oppermann* sind schließlich auch ein Buch über die Tragödie der deutschen Juden. Auch dies macht das Werk, als aufklärerischer, aktueller Zeitroman geschrieben, ein halbes Jahrhundert nach der Veröffentlichung zu einem Stück großer Literatur.

Der Roman, der im Herbst 1933 im Querido-Verlag/Amsterdam erscheint, wird ein Verkaufserfolg. Im Sommer 1934 hat er bereits eine Gesamtauflage von 257 000 Exemplaren und ist in mehrere Sprachen übersetzt worden. Die Kritik ist überwiegend positiv, nimmt allerdings weitgehend nur auf die antifaschistische Position des Autors und die aufklärerische Wirkung des Werks Bezug. Der literarische Wert dagegen wird unterschiedlich beurteilt. Tucholskys knurrige Ablehnung wurde schon zitiert; kommunistische Zeitschriften werfen Feuchtwanger mehrfach seine „romantische" Darstellung der Widerstandsbewegung vor oder sein „Unvermögen historisch zu denken". Daran sei, so schreiben seine marxistischen Kritiker, „seine konsequente und leidenschaftliche Ablehnung des dialektischen Materialismus" schuld. Bruno Frank, Klaus Mann, Arnold Zweig, überhaupt die Mehrheit der Emigranten und ihrer Presse aber begrüßen das Buch.

Kurz vor dem Erscheinen läßt Feuchtwanger den Titel in *Die Geschwister Oppenheim* umändern. Sein in Deutschland zurückgebliebener Bruder Martin wird von einem hohen SA-Führer namens Oppermann mit schweren Repressalien bedroht, falls der „beleidigende" Roman den Namen Oppermann trägt. Lion Feuchtwanger schützt den Bruder, aber die späteren Auflagen erscheinen wieder mit dem Ursprungstitel.

Der falsche Nero

In der Zeit von 1934 bis Mitte 1935 steht die Arbeit am *Josephus* im Vordergrund. *Die Geschwister Oppermann* erleichtern die finanzielle Situation; die Bibliothek in der Villa „Valmer" ist gewachsen, Feuchtwanger kann sich wieder intensiv mit der römischen Geschichte im ersten Jahrhundert nach Christi auseinandersetzen. Als *Die Söhne* fertig sind, hat sich der Faschismus in Deutschland unübersehbar stabilisiert, die Hoffnung vieler Emigranten, bald sei Hitler am Ende, die Rückkehr in die Heimat möglich, hat sich als trügerisch erwiesen. Im Gegenteil, ein Jahr später, im Sommer 1936, feiert der deutsche Diktator mit der Inszenierung der Olympischen Spiele in Berlin einen weltweiten Prestigeerfolg. Bei vielen Verfolgten, Ausgestoßenen, lösen diese Jahre tiefe

Depressionen aus. Lion Feuchtwanger entscheidet sich, eine Satire zu schreiben, einen historischen Roman, der Aufstieg, aber auch Fall des Dritten Reiches im Kostüm der römischen Antike beschreibt. Mitte 1935 beginnt er mit dem Diktat seines Romans *Der falsche Nero*.

Der mächtige römische Senator Varro, der sich wegen einer Steueraffäre über seinen ehemaligen Schulkameraden und jetzigen Gouverneur von Syrien ärgert, leitet, wenige Jahre nach dem Tod von Kaiser Nero, ein Betrugsmanöver ein, das große Folgen hat. Er läßt im Osten des Reiches, in Mesopotamien, seinen früheren Leibeigenen, den Töpfer Terenz, der dem verstorbenen Kaiser verblüffend ähnlich sieht, als Nero auftreten. Das Volk, über die hohen Abgaben erbost, die ihm die in Rom regierenden Flavier abfordern, durch die äußerliche Ähnlichkeit getäuscht und ohnehin leichtgläubig und verführbar, jubelt dem wiedererschienenen Nero zu. Nero-Terenz errichtet mit Unterstützung seiner Gehilfen Knops und Trebon eine Schreckensherrschaft, die schließlich durch die Mißwirtschaft des Trios und das militärische Eingreifen Roms gestürzt wird. Terenz, Knops und Trebon enden jämmerlich am Kreuz. Varro, der Regisseur dieser Politsatire, taucht im fernen Reich der Parther unter.

Feuchtwanger schreibt – ganz im Sinne seiner Deutung des historischen Romans – eine Geschichte aus der Vergangenheit, die dem Leser die Gegenwart erklären soll. Im teuflischen Gespann Terenz, Knops und Trebon werden Hitler, Goebbels und Göring karikiert, in den – erstaunlich sympathisch geschilderten – Hintermännern des Geschehens unterstreicht Feuchtwanger die von ihm vertretene These von der Unterstützung der Nationalsozialisten durch die Großindustrie. Auch die von Hitler so viel beschworene „Vorsehung" kehrt in diesem Roman wieder: *„Aber am Ende verbürgt in der Politik nicht der Verstand den Erfolg, sondern die Intuition, und die letzte, reinste Schau verleihen die Götter nur ihren Erwählten, den Trägern der Majestät...*" In der Schilderung des äußeren Geschehens nimmt Feuchtwanger immer wieder Bezug auf die Zeitgeschichte. Der falsche Nero läßt die Stadt Apamea auf Rat seines Staatssekretärs Knops überschwemmen, um die Schuld an dieser Katastrophe den Christen zuschieben zu können. Und wie Hitler nach dem Reichstagsbrand die Kommunisten, so verfolgt Terenz-Nero die kleine unbeliebte Sekte. Denn *„daß die Christen Umstürzler waren, wußte alle Welt. Sie feindeten das Eigentum und die Familie an, jede Schandtat war ihnen zuzutrauen.*" In der Ermordung und Verfolgung der Gegner des falschen Nero spiegelt sich für die damaligen Leser die Nazi-Herrschaft in Deutschland wider.

Feuchtwangers optimistischer Schluß, der Sturz des Terenz, seine Darstellung des humanen, mutigen Joannes von Patmos, sollen den Verfolgten und Flüchtlingen deutlich machen, daß auch Hitlers Regime einmal überwunden sein wird, der mutige Kampf der Emigranten um eine menschliche Zukunft nicht vergeblich ist. Als Joannes vor Gericht steht, prophezeit er Knops-Goebbels: „*Eine Welt, in der Wesen zu Gerichte sitzen wie du und dein Herr, das armselige Abbild des großen Untiers, eine solche Welt muß untergehen.*“ Und auch dies will Feuchtwanger den verzweifelnden deutschen Exilanten zeigen: Geschichte ist ewige Wiederkehr des Gleichen. Sein dem Roman vorangestelltes Motto nimmt er aus dem Buch des Predigers Salomo, das die Juden den „Kohelet“ nennen: „Was gewesen ist, das gleiche wird sein, und was geschehen ist, das wird geschehen, und es geschieht nichts Neues unter der Sonne. Und geschieht auch etwas, von dem man sagt: Siehe, das ist neu, ist's doch zuvor auch geschehen in den Zeiten, die vor uns gewesen sind.“

Der falsche Nero löst bei seinem Erscheinen Mitte 1936 viel Ablehnung aus. Die ökonomischen, soziologischen Hintergründe des Faschismus, so lautet der Hauptvorwurf, ist überhaupt nicht oder unzureichend dargestellt. Georg Lukács tadelt: „Das Rätsel dieser Massenbewegung, das Rätsel dieser Schmach für Deutschland enthüllt der satirische Roman Feuchtwangers nicht. Es wird in ihm als eine einfache Tatsache hingestellt, daß das Volk zeitweilig auf die plumpeste Demagogie hereinfällt.“ Auch Arnold Zweig schreibt Feuchtwanger in einem langen, den Roman ablehnenden Brief vom 7. Februar 1937: „Ihr Buch... ist mir einfach zu willkürlich und zu individualistisch angefaßt... mir erscheint ein schriller Mißton die Verkoppelung jenes Varro und seines ‚Spiels‘ mit den furchtbaren Geschehnissen, die zum Dritten Reich führten und das Dritte Reich darstellen.“ Feuchtwanger antwortet postwendend am 24. Februar: „*Ich wollte in möglichst typischer Form die Entwicklung eines Menschen darstellen, der, ohne großes Format, dazu berufen wird, die Schicksale vieler Millionen Menschen zu lenken und zu bestimmen. Ob die politischen Hintergründe des ‚Falschen Nero‘ denen des heutigen Deutschland ähnlich waren oder gänzlich konträr, hat mich wenig bekümmert und schert mich heute nicht.*“ So bedenkenswert die Einwände von Lukács, Zweig und anderen Kritikern damals sicher waren, der heutige Leser wird das Buch wieder stärker unter den Aspekten sehen, die Feuchtwanger in seinem Brief an Arnold Zweig anspricht.

Moskau 1937

Neben der schriftstellerischen Arbeit rückt in diesen Jahren das politische Engagement Feuchtwangers in den Vordergrund. Es ist die Periode der Volksfront-Bemühungen, die im Kreis der deutschen Exilliteraten leidenschaftlich und erbittert diskutiert werden. Feuchtwanger ist in dieser Auseinandersetzung sehr aktiv; er bekennt sich, wie viele seiner Freunde, eindeutig zum Volksfrontgedanken. Er sieht nur in einem Bündnis aller antifaschistischen Kräfte eine Chance, Hitler zu widerstehen. In der Sowjetunion erblickt er Mitte der 30er Jahre zudem die entscheidende Kraft, die es mit dem Kampf gegen den deutschen Faschismus wirklich ernst meint. Er beteiligt sich an Aufrufen und Aktionen, besucht die wichtigen Exilkongresse in Paris, schreibt Grußworte an die Teilnehmer der Tagungen in Moskau (1934) oder Madrid und Valencia (1937).

Die Blütezeit der Volksfrontidee ist allerdings nur kurz, dauert kaum fünf Jahre. Sie setzt nach dem Reichstagsbrand ein und endet, als die Moskauer Prozesse gegen die alte bolschewistische Garde und Stalins Vernichtungsfeldzug gegen prominente Künstler viele überzeugte Anhänger einer Zusammenarbeit mit den Kommunisten zurückweichen lassen. Der Stalin-Hitler-Pakt stürzt dann selbst eingeschriebene Parteimitglieder in tiefe Zweifel, läßt manchen resignieren. Das ganze Ausmaß der Terrorherrschaft Stalins, des Mißbrauchs vieler Gutgläubiger, auch aus dem Kreis der deutschen Intellektuellen, wird aber erst 17 Jahre später auf dem berühmten XX. Parteitag der KPdSU 1956 sichtbar, als Nikita Chruschtschow sie in einer Rede enthüllt.

Damals in den 30er Jahren jedoch unterstützen – wenn auch mit unterschiedlicher Intensität – selbst liberale Schriftsteller wie Ludwig Marcuse die Volksfront. Unter einem Volksfrontaufruf vom 14. Januar 1937 stehen neben den Namen deutscher Kommunisten auch die Unterschriften von Sozialdemokraten wie Rudolf Breitscheid und Hans Hirschfeld oder der Schriftsteller Arnold Zweig und Lion Feuchtwanger. Es heißt in dem Appell: Die Unterzeichner hätten sich zusammengefunden, „sicher der Zustimmung unserer Gesinnungsgenossen in der Heimat. Allen Gegnern des blutigen Schandregimes rufen wir zu: Sucht Verbindung untereinander und mit uns! Schlagen wir in einer Front den, der unser aller Feind ist."

Heute kaum noch vorstellbar ist die Wirkung, die der Spanische Bürgerkrieg, der im Sommer 1936 begann und im Februar 1939 mit einem Sieg der Franco-Faschisten endete, auf die Intellektuellen dieser Zeit besaß. Der Amerikaner Frank R. Benson schreibt: „Weder der Erste noch der Zweite Weltkrieg haben die Gefühle der Menschen so sehr aufgewühlt, wie die Ereignisse in Spanien... Mehr als jede andere Krise des Jahrhunderts hat das Ringen in Spanien die Wurzeln der politischen Anschauungen und humanitären Hoffnungen einer höchst sozial denkenden Generation zu tage gefördert..." Selbst der in seiner Wortwahl stets zurückhaltende Thomas Mann meldet sich mit empörten Sätzen: „Gegen das um seine Freiheit, sein Menschenrecht verzweifelt kämpfende Volk werden die Truppen... in den Kampf geführt. Von den

Bombenflugzeugen des Auslandes werden seine Städte demoliert, seine Frauen und Kinder niedergemetzelt – und all das heißt ‚national', all diese himmelschreiende Schurkerei heißt Gott, Ordnung und Schönheit." Zahlreiche prominente Künstler und Politiker kämpfen freiwillig auf der Seite der Republikaner oder unterstützen durch Aufrufe, Artikel und Sammlungen die Sache des freiheitlichen Spanien. Von den deutschen Exilanten sind es in erster Linie die Kommunisten, die in die republikanischen Brigaden eintreten – Ludwig Renn, Alfred Kantorowicz, Egon Erwin Kisch, Gustav Regler, Friedrich Wolf, Willi Bredel gehören dazu. Auch prominente Ausländer stoßen zur kämpfenden Truppe: Ernest Hemingway, John Dos Passos, Ilja Ehrenburg, Georges Bernanos, Louis Aragon, André Malraux. Die parteilosen Schriftsteller, Journalisten oder Künstler sind dagegen während ihres Spanienaufenthaltes publizistisch tätig, schreiben aufrüttelnde Berichte oder machen den Bürgerkrieg zum Gegenstand ihrer künstlerischen Arbeiten. Lion Feuchtwanger unterschreibt Aufrufe und Resolutionen, hält vor allem im viel gehörten „Deutschen Freiheitssender 29,8" Radioansprachen, um die spanische Sache zu unterstützen.

Während die westlichen Demokratien strikte Neutralität im Spanischen Krieg verkünden, schickt Mussolini mehrere Divisionen und Hitler die „Legion Condor". Stalins Eintreten für die Republikaner, die Entsendung russischer „Freiwilliger" an die iberische Front bestätigt viele deutsche Flüchtlinge in ihrer Auffassung, daß nur die Sowjetunion dem Faschismus in Europa entgegentritt. Im Spanienkrieg verwirklicht sich für sie der Volksfrontgedanke, stehen Kommunisten und linksliberale Republikaner – sogar einige Konservative wie Hubertus Prinz zu Löwenstein – gegen den gemeinsamen Feind. Aber die spanischen Volksfronterfahrungen führen auch zu einem bitteren Erwachen. Moskau ist rücksichtlos darauf aus, die Vorherrschaft der Kommunisten in diesem Bündnis durchzusetzen. Es verschenkt manchen Sieg, opfert viele Menschen, um dieses Ziel zu erreichen.

Begonnen hat die Zusammenarbeit auf dem sowjetischen Schriftstellerkongreß 1934, auf dem nicht nur der „Sozialistische Realismus" verkündet wird, sondern mit dem Stalin auch durch Umarmungstaktik seine Volksfrontpläne international vorbereitet. Neben kommunistischen deutschen Schriftstellern wie Johannes R. Becher, Egon Erwin Kisch oder Friedrich Wolf kommen auch parteilose Autoren, etwa Klaus Mann und Oskar Maria Graf. Die Franzosen André Malraux und Louis Aragon geben dem Treffen zusätzliches Profil. Nicht gekommen oder nicht eingeladen allerdings sind bedeutende Exilschriftsteller wie Thomas Mann, Stefan Zweig, Joseph Roth oder Alfred Döblin. Heinrich Mann und Lion Feuchtwanger schicken Grußtelegramme. Krankheit und Arbeitsüberlastung halten Feuchtwanger von einer Reise ab.

Dabei ist er aber auf dem zweiten wichtigen Schriftstellerkongreß ein Jahr später in Paris. Es ist ein stark besuchtes Treffen; bei der Eröffnung am 21. Juni 1935 im Kongreßzentrum „Palais de la Mutualité" erscheinen fast tausend Teilnehmer. André Gide und André Malraux haben den Vorsitz, mehrere Tage diskutieren die Schriftsteller über „Das kulturelle Erbe", „Humanismus" oder „Nation und Kultur". Es gibt ergreifende Szenen, so wenn der 65jährige Heinrich Mann das Podium betritt, sich alle schweigend erheben, um dann das „Symbol" des deutschsprachigen Exils in Frankreich minutenlang mit Beifall zu begrüßen. Lion Feuchtwanger spricht zum Thema *Vom Sinn und Unsinn des historischen Romans.* Kritik – allerdings in dieser Zeit der Volksfrontumarmung sehr zurückhaltend vorgetragen – üben die kommunistischen Zuhörer an seinem mit Hinweis auf Nietzsche vorgetragenen Satz, daß sowohl der Historiker wie der Romandichter *„in der Geschichte den Kampf einer winzigen, urteilsfähigen und zum Urteil entschlossenen Minorität gegen die ungeheuer kompakte Majorität der Blinden, nur vom Instinkt Geführten, Urteilslosen"* sehen.

Der Kongreß ist insofern ein Erfolg, als sich die verjagten, geflüchteten Schriftsteller gegenseitig Mut machen, und als das Treffen zu beweisen scheint, daß es trotz der Vielfalt der politischen Ansichten auch Gemeinsamkeiten gibt. Sie schöpfen alle Kraft, die vertriebenen, geächteten, jetzt häufig ungelesenen Schriftsteller, wenn Heinrich Mann ihnen zuruft: „Erstaunlich wäre es,... wenn Meisterwerke dort auftauchen, wo Wahrheitsliebe mißfällt und überhaupt nicht hervordarf."

Feuchtwanger gehört auch zu den Gründungsmitgliedern des „Schutzverbandes Deutscher Schriftsteller im Exil", der im Sommer 1933 als Reaktion auf die Bücherverbrennungen in Deutschland entsteht. Bis zum November 1938 veranstaltet der Verband über 100 Lesungen, Vorträge und Diskussionsabende in Paris. Ludwig Marcuse, Alfred Kerr, Bruno Frank, Klaus Mann, Robert Musil, Max Brod, Ernst Bloch, Johannes R. Becher, Heinrich Mann, Alfred Döblin, Stefan Zweig – es ist eine lange, prominente Namensliste deutscher Literatur, die bei den Veranstaltungsankündigungen des Verbandes auftaucht. Auch der Name Lion Feuchtwanger natürlich, der mehrfach an solchen Abenden spricht, beispielsweise zum Thema *Der historische Stoff als Waffe im Kampf um die deutsche Freiheit.* Die Treffen finden im Souterrain des Café „Mephisto" am Boulevard Saint Germain statt, zwischen 50 bis 100 Besucher finden sich jeweils ein.

Im Mai 1934 gibt es eine zweite Reaktion auf die Scheiterhaufen, in die ein Jahr zuvor deutsche Professoren und Studenten die Werke der bedeutendsten deutschsprachigen Schriftsteller warfen. In Paris wird die „Deutsche Freiheitsbibliothek" gegründet. André Gide, Romain Rolland, H. G. Wells, damals PEN-Präsident, die Kommunisten Willi

Münzenberg und Alfred Kantorowicz, ferner Heinrich Mann und Lion Feuchtwanger haben sie ins Leben gerufen, sie unterstützt und gefördert. Die „Deutsche Freiheitsbibliothek“ veranstaltet Dichterabende, sammelt antifaschistische Literatur, gibt ein Mitteilungsblatt heraus, fertigt manchmal auch illegale Schriften und Broschüren an, die ins Hitler-Reich geschleust werden.

Alle Kongresse und Exilorganisationen dieser Jahre – es gab hunderte – haben vielen Emigranten materiell und moralisch geholfen. Sie tragen – wenn auch nur zu einem sehr bescheidenen Teil – dazu bei, die Welt aufzurütteln, die Forderung wachzuhalten, das Unrecht, die Unterdrückung in Deutschland nicht zu verdrängen. Gescheitert aber ist die Volksfront. Die Gegensätze unter den Exilanten sind zu groß; die Versuche der Kommunisten, die Herrschaft in diesem Bündnis an sich zu reißen, es zum Vollzugsorgan der Politik Moskaus zu machen – auch der spätere DDR-Staatsratsvorsitzende Walter Ulbricht spielt dabei seine Erfüllungsrolle – werden immer durchsichtiger, führen dann zum Bruch. Selbst Heinrich Mann, für viele unverdächtiger Repräsentant der Volksfront, resigniert schließlich. Der Hitler-Stalin-Pakt und der Zusammenbruch Frankreichs taten ein übriges, ein großer, alle Kräfte vereinigender Exilkongreß kommt nicht zustande.

Lion Feuchtwanger gehört zu jenen, die lange der Illusion einer Volksfront, einer Zusammenarbeit mit Moskau anhängen. In den Jahren zwischen 1934 und 1940 nähert er sich der Sowjetunion stärker als je zuvor oder nachher in seinem Leben. Die Gründe dafür liegen in der tiefen Abscheu, mit der er die wachsende Macht des Faschismus beobachtet, und in seiner Einschätzung der Politik Moskaus. Feuchtwanger klammert sich an die – für ihn – einzige Hoffnung, die Europa vor der faschistischen Finsternis bewahren kann. Dabei verliert er, zumindest in der politischen Alltagsdiskussion, jene skeptisch-distanzierte Position, die er sonst gegenüber Ideologien oder staatlichen Machtansprüchen einnimmt. Deutlich wird dies bei verschiedenen Gelegenheiten – doch der Reisebericht *Moskau 1937*, sein Artikel gegen André Gide, nach dessen Kritik an der Sowjetunion, und auch die Mitarbeit an der Zeitschrift „Das Wort“ bieten dafür die stärksten Hinweise.

Schon auf dem „Schriftstellerkongreß zur Verteidigung der Kultur“ 1935 in Paris wurde der Plan zur Herausgabe einer neuen deutschen Emigrantenzeitschrift erörtert. Die Idee wurde ein Jahr später in Moskau realisiert. Die erste Nummer der Zeitschrift „Das Wort“ erscheint im Juli 1936. Der Umfang beträgt pro Heft etwa 100 Seiten, die Auflage liegt in den drei Jahren des Erscheinens zwischen 5 000 und 12 000 Exemplaren. Herausgeber sind Bertolt Brecht, Lion Feuchtwanger und Willi Bredel. Im Vorwort zum ersten Heft schreibt die Redaktion: „Noch nie bedurfte eine Zeitschrift so wenig der Begründung ihres Erscheinens wie ‚Das Wort', denn noch nie waren die wirklichen Vertreter einer großen Literatur in einer Lage wie heute die meisten zeitgenössischen deutschen Schriftsteller; ja selbst viele deutsche Klassiker. Übersetzt in alle Weltsprachen, Zeugnis eines Vierteljahrhunderts dramatischster Schicksale der Gesellschaft, wie des Einzelnen, seit über drei Jahren im Exil – hat diese so hart bedrängte Literatur zwar ihre Verlage, aber keine einzige Zeitschrift." Es wird an die Bücherverbrennung in diesem Vorwort erinnert, an die Verfolgung der größten deutschen Schriftsteller, es wird aufgerufen, die Kräfte zu verbinden, um den Frieden und „den Bestand der großen Kulturerrungenschaften... zu sichern."

Die Monatszeitschrift erscheint bis März 1939, insgesamt 30 Hefte. Im Inhaltsverzeichnis werden berühmte Namen aufgeführt: Stefan Zweig, Alfred Döblin, Thomas Mann, Ludwig Marcuse, Max Herrmann-Neisse. Feuchtwanger selbst veröffentlicht im „Wort" insgesamt elf Beiträge, einige davon sind Auszüge aus seinem Prosawerk. Selbstverständlich setzt sich „Das Wort" für die Volksfront ein, empfindet sich als „fortschrittliche" Kraft im Kampf gegen den Faschismus. Nachdem Klaus Manns „Sammlung" in Amsterdam und die „Neuen Deutschen Blätter" in Prag am Geldmangel scheitern, Thomas Manns „Maß und Wert" auf allzu akzentuierte politische Stellungnahmen verzichtet, wird „Das Wort" für die deutschen Schriftsteller zu einer wichtigen, anerkannten Exilzeitschrift.

Allerdings, die „literarische Monatsschrift" erscheint in Moskau, wird von den offiziellen sowjetischen Stellen unterstützt, von ihnen weitgehend finanziert. Sie ist also – zahlreiche Artikel machen dies deutlich – linientreu. So interessante Beiträge sich dort auch finden lassen, die weitaus meisten Aufsätze stammen aus der Feder kommunistischer Autoren. Die marxistische Parteilichkeit wird in keinem Heft verborgen, aber im Gegensatz zur ebenfalls in Moskau erscheinenden Exilzeitschrift „Internationale Literatur" sind die Beiträge im „Wort" undogmatisch, manchmal sogar kontrovers. Immerhin, Herausgeber Lion Feuchtwanger muß kräftig intervenieren, um Beiträge von Bruno Frank oder Emil Ludwig ins Heft zu bekommen. Überhaupt, unter den drei Herausgebern ist Lion Feuchtwanger derjenige, der am stärksten darauf beharrt, daß es sich nicht um eine politische, sondern um eine literarische Monatsschrift handelt.

Der Einfluß der beiden Herausgeber Brecht und Feuchtwanger ist dennoch recht gering. Allein die räumliche Entfernung – Feuchtwanger lebt in Südfrankreich, Brecht in Dänemark – macht eine kontinuierliche Mitarbeit unmöglich. Zwar erhält Feuchtwanger häufig Durchschläge von eingesandten Manuskripten nach Sanary, aber der entscheidende Redakteur ist Willi Bredel, und dann seit 1937 Fritz Erpenbeck. Der

Moskauer Redakteur bestimmt im Auftrag der Partei Inhalt und Richtung der Zeitschrift.

Wie abhängig „Das Wort“ von den sowjetischen Kulturfunktionären ist, wird auch bei der Einstellung der Monatsschrift im März 1939 deutlich. Moskau stoppt ihr Erscheinen in jenem Augenblick, in dem Stalin seine Schaukelpolitik zwischen London, Paris und Berlin beginnt, erste Fühler zur faschistischen Führung in Deutschland ausgestreckt werden. Die Volksfront-Propaganda paßt jetzt plötzlich nicht mehr ins Konzept, und damit ist „Das Wort“ überflüssig geworden. Weder Feuchtwanger noch Brecht werden vorher gefragt, ihnen wird der „Beschluß“ mitgeteilt. Feuchtwanger ist sehr verärgert über dieses Verfahren, äußert sich allerdings nicht öffentlich darüber.

Im Sommer 1936 besuchen der Prawda-Korrespondent Michail Kolzow und seine – politisch ebenfalls stark engagierte – Geliebte Maria Osten Feuchtwanger in Sanary. Der Spanische Bürgerkrieg ist ausgebrochen, die beiden Gäste sind auf dem Weg zur Front. Sie sind leidenschaftliche, überzeugte Kommunisten, die ihr Leben ganz in den Dienst der Partei gestellt haben. Beide werden wenige Jahre später in Stalins Kerkern verschwinden, dort ermordet werden. Kolzow berichtet Feuchtwanger vom Tode Maxim Gorkis, der am 18. Juli gestorben war und den der deutsche Schriftsteller tief bewundert hat. – Hauptzweck des Besuchs ist eine Einladung des sowjetischen Schriftstellerverbandes an Feuchtwanger, möglichst bald die Sowjetunion zu besuchen. Eine Einladung, die ganz auf der Linie der sowjetischen Kulturpolitik liegt, denn viele nicht parteigebundene Künstler werden in diesen Monaten von Moskau umworben, ganz im Sinne der Volksfrontpropaganda. Feuchtwanger nimmt gerne an, seine Kontakte zur Sowjetunion haben sich verstärkt, seine Bücher werden dort in beachtlichen Auflagen gedruckt, er ist Mitherausgeber einer in Moskau erscheinenden Zeitschrift, und seine Sympathie für die Volksfront hat er mehrfach öffentlich bekundet.

Im November 1936 reist Lion Feuchtwanger über die Tschechoslowakei und Polen nach Moskau. Die Freundin Eva Herrmann begleitet ihn, auch der Mitemigrant in Sanary, Ludwig Marcuse und dessen Frau Sascha. An der russischen Grenze werden sie von einer Schriftstellerdelegation unter Führung von Willi Bredel feierlich begrüßt. Feuchtwanger ist ein geehrter Gast. In der „Deutschen-Zentral-Zeitung“, die in Moskau erscheint, berichtet er den Lesern, was er für Pläne während seines Aufenthaltes hat: „In Moskau will ich mich mit den Szenarien der Drehbücher meiner Romane ‚Erfolg‘ und ‚Die Geschwister Oppenheim‘ befassen. Außerdem will ich aktiv an der Herausgabe der Zeitschrift ‚Das Wort‘ teilnehmen. Schließlich will ich mit Übersetzern und Redakteuren meiner Bühnenstücke Fühlung nehmen. Vor allem aber

9. Um 1934: Lion und Marta Feuchtwanger in der Bibliothek ihrer Villa „Valmer“ in Sanary/Südfrankreich. Das Ehepaar lebte sechs Jahre lang in diesem Haus.

10. Lion Feuchtwanger 1940 im französischen Internierungslager Les Milles. Von einem Unbekannten aufgenommen, gelangte dieses Foto nach Washington ins Weiße Haus zu den Roosevelts. Es veranlaßte den US-Präsidenten dazu, dem Autor schnell und unbürokratisch zu helfen.

11. Bertolt Brecht (links) und Lion Feuchtwanger auf der Terrasse der Villa „Paseo Miramar“ in Pacific Palisades/Kalifornien. Die Aufnahme von Ruth Berlau, Brechts Mitarbeiterin, entstand 1947 bei der letzten Zusammenkunft der beiden Freunde – kurz vor Brechts Abreise zum Verhör in Washington und vor seiner Rückkehr nach Europa.

12. Um 1950: der Autor bei seiner kalifornischen Villa „Paseo Miramar“

13. Lion Feuchtwanger in den fünfziger Jahren, fotografiert in der Villa „Paseo Miramar“

14. Neue Bücher sind eingetroffen: das Ehepaar Feuchtwanger in der Villa „Paseo Miramar" während der fünfziger Jahre

15. November 1958: Lion Feuchtwanger im Monat vor seinem Tod. Das Foto stammt von Lotte Walter, der Tochter des Dirigenten Bruno Walter.

16. Das Grab des Autors auf dem Woodlawn-Friedhof von Santa Monica/Kalifornien

will ich mich bemühen, mit führenden Personen und den Massen der Sowjetunion in unmittelbaren Kontakt zu kommen."

Er lebt im Hotel „Metropol", besucht Fabriken und Schulen, bewundert die Untergrundbahn und das Reißbrett-Modell des zukünftigen Moskau, diskutiert an vielen Abenden mit seinen Gastgebern oder den in Moskau lebenden deutschen Emigranten Johannes R. Becher, Friedrich Wolf, Willi Bredel. Er besucht einen der berüchtigten Prozesse gegen die alten Bolschewiken, die in diesen Monaten ihren Höhepunkt erreichen, und ist dabei, als sich Georg Pjatakow und Karl Radek nach monatelanger Untersuchungshaft mit monotoner Stimme als „Trotzkisten" zu ihrer „Schuld" bekennen und als die Todesurteile – Radek erhält eine langjährige Haftstrafe – die Schlagzeilen der Moskauer Zeitungen füllen. Äußerer Höhepunkt des Besuchs ist ein zweistündiges Gespräch mit Stalin. Anfang Februar reist Feuchtwanger wieder ab. In der Tschechoslowakei, wo er seine Reise unterbricht, um einen Vortrag zu halten, wird ihm signalisiert, der Druck der Henlein-Faschisten sei inzwischen so stark geworden, daß ein öffentliches Auftreten des berühmten Hitler-Gegners in Prag nicht mehr gewagt werden könne. Der Vortrag wird abgesagt. Er kehrt nach Sanary zurück.

Feuchtwanger ist in Moskau der Propaganda seiner Gastgeber zweifellos erlegen. Hinzu kommt, daß er sich bekennen wollte. Ein Stück Naivität, die sein politisches Denken seit jeher kennzeichnete, tritt hinzu: Wenn der Liftboy im Hotel „Metropol" ihn auf einen seiner Romane anspricht, bei den Fabrikbesuchen „Arbeiter" mit ihm über sein Werk diskutieren, wenn bei abendlichen Gesprächen sowjetische Werktätige sich als Literaturkenner erweisen, die „Iswestja" von seinem „wunderbaren Schaffen" schreibt, dann fühlt er sich nicht nur geehrt, sondern bewundert auch, *„wie sich in der Sowjet-Union Millionen, die noch vor zwanzig Jahren in äußerster Unwissenheit hätten verkommen müssen, jetzt, da ihnen die Tore geöffnet sind, begeistert in die Stätten der Bildung drängen." (Moskau 1937)* Stalin läßt im Gespräch mit Feuchtwanger seinen Charme spielen, gibt sich menschlich, verständnisvoll, reagiert auf die kritischen Bemerkungen seines Gastes zum Personenkult in der Sowjetunion mit überlegener Nachsicht, bezeichnet ihn als Schwäche des noch jungen Sozialismus. Feuchtwangers Fragen nach den Prozessen beantwortet der Diktator mit Hinweisen auf seine lange Geduld und die Unbelehrbarkeit der Angeklagten. Er findet einen gläubigen Zuhörer, der dieses perfekt inszenierte Gespräch und die weiteren Begegnungen mit der sowjetischen „Wirklichkeit" sehr ernst nimmt.

Keine Frage, der Schriftsteller Lion Feuchtwanger läßt sich in Moskau blenden, der sonst so distanzierte Beobachter verliert nahezu jeden Abstand. Deutlich wird das in seinem Reisebericht *Moskau 1937*. Es ist das schwächste Buch, das er veröffentlicht. Nicht wegen seiner prosowjetischen Einstellung, mit der er in diesen Jahren nicht allein steht und die angesichts des millionenfachen Zuspruchs, den der Faschismus in Europa erfährt, nicht verwundern kann. Schlecht, unliterarisch, ein intellektueller Verzicht ist dieser Bericht, weil er sich bis in die Sprache hinein der offiziellen Darstellung des „realen Sozialismus" anpaßt, weil Feuchtwanger Thesen, Statistiken und Verschleierungen der Sowjetpropaganda offensichtlich bedenkenlos übernimmt. Da, wo er Kritik, Skepsis anmeldet – und das geschieht an mehreren Stellen des Buches – relativiert er dies sofort wieder, verweist – wie es die Funktionärsschicht in den sozialistischen Staaten heute noch zu tun pflegt – auf die herrliche Zukunft. Immer wieder stößt man auf Passagen wie diese: *„So genau, wie die Moskauer wissen: der Zug nach Leningrad geht um so und so viel Uhr, so genau wissen sie: in zwei Jahren werden wir Kleider haben, welche und soviel wir wollen, und in zehn Jahren Wohnungen, welche und soviel wir wollen."* Der scharfe, hellsichtige Analytiker des Landes Bayern in den 20er Jahren wird in Moskau zum naiven, schwärmerischen Betrachter: *„Wer Augen hat zu sehen, wer Ohren hat für den echten oder unechten Klang menschlicher Rede, der spürt auf Schritt und Tritt, daß es nicht leere Phrasen sind, wenn überall im Land die Leute erzählen ‚von ihrem glücklichen Leben'."* Mit nicht geringerer Qual liest man seine Darstellung der sowjetischen Jugend: *„Wie beglükkend ist es nach solchen Erfahrungen, jenen jungen Menschen zu begegnen, welche die ersten Früchte der Sowjeterziehung pflücken durften, jungen Intellektuellen bäuerlichen und proletarischen Ursprungs. Wie fest, zuversichtlich, ruhevoll stehen sie im Leben, wie fühlen sie sich als organische Glieder eines sinnvollen Ganzen."* Jubelnder liest es sich auch nicht in den Propagandabroschüren des Sowjetapparates.

Feuchtwanger sieht manche Schwächen des Systems: die Wohnungsnot, die Gängelung der Künstler, den Personenkult um Stalin, die Einschränkungen demokratischer Rechte. Aber er findet für all dies verständnisvolle Erklärungen, ist vom ehrlichen Bemühen Stalins und seiner Bürokratie tief überzeugt. Zweifel kennt der Schriftsteller Lion Feuchtwanger in seinem Buch nicht. Es endet mit den Sätzen: *„Es tut wohl, nach all der Halbheit des Westens ein solches Werk zu sehen, zu dem man von Herzen Ja, Ja, Ja sagen kann. Und weil es mir unanständig schien, dieses Ja im Busen zu bewahren, darum schrieb ich dieses Buch."*

Eine kleine Einschränkung der Kritik an diesem Reisebericht ist allerdings zu machen. Wie unsicher Feuchtwanger sich bei der euphorischen Beschreibung der Sowjetunion innerlich fühlt, wird in seinem Vorwort deutlich. Mehrfach weist er dort auf den subjektiven Charakter der Darstellung hin, sagt er selbst, daß sich der Bericht nicht an den intellektuellen Anforderungen einer historischen Auseinandersetzung mit dem System in der Sowjetunion messen lassen will: „*Ja, ich sympathisierte von vornherein mit dem Experiment, ein riesiges Reich einzig und allein auf der Basis der Vernunft aufzubauen, und ich ging nach Moskau mit dem Wunsch, es möge dieses Experiment geglückt sein.*" Wie so oft in seinem Leben drängte es Feuchtwanger, „Zeugnis abzulegen". Fast immer hat er es vorurteilslos getan, sich in den Dienst der Vernunft, der Logik gestellt. In Moskau ließ er sich von seinen Vorurteilen treiben, von einem „heißen Herzen" leiten.

Ganz allein steht er damit nicht. Als der Bericht im Sommer 1937 erscheint – nach einigem Zögern bringt ihn Querido in Amsterdam heraus – wird er zwar vielfach abgelehnt oder zumindest mit Verwunderung im Kreis der Freunde diskutiert, aber Brecht ist des Lobes voll. Im August schreibt er an den Moskau-Rückkehrer: „Ihr ‚De Russia' finde ich das Beste, was von Seiten der europäischen Literatur bisher in dieser Sache erschienen ist." Es sind jedoch nur wenige, die das Urteil Brechts teilen. *Moskau 1937* wird nicht mehr gedruckt. Selbst in der Sowjetunion oder in der DDR ist es nach dem Krieg nicht neu aufgelegt worden. Ob Alfred Kantorowicz mit seiner These recht hat, daß in Moskau oder Ostberlin selbst die vorsichtige, verständnisvoll zurückhaltende Kritik Feuchtwangers ausreicht, um einen Neudruck zu verhindern, läßt sich nur schwer beurteilen. Dieses Buch nicht gelesen zu haben ist jedenfalls kein Verlust.

Im Februar 1937 erscheint in der Zeitschrift „Das Wort" ein Artikel Feuchtwangers, der seine Haltung in diesen Monaten noch einmal beleuchtet. Der große französische Dichter André Gide hatte im Sommer 1936 seine Eindrücke von einem Besuch in Moskau unter dem Titel *Retour de l'U. R. S. S. R.* veröffentlicht. Im Gegensatz zu Feuchtwanger wendet sich Gide in dieser Schrift vom Kommunismus ab, schreibt kritisch über den Alltag in der Sowjetunion. Gides Bericht wird leidenschaftlich und kontrovers in den verschiedenen politischen Zirkeln debattiert; in der sowjetischen Presse, die ihn während des Besuches noch gefeiert hatte, erscheinen jetzt scharfe Angriffe auf den „Renegaten".

Unter der Überschrift *Der Ästhet in der Sowjetunion* antwortet Feuchtwanger auf dieses Buch. Eine Polemik, die mit manchem Satz ins Persönliche abgleitet und die zeigt, daß auch der freundliche, stoische Schriftsteller Lion Feuchtwanger das Seine zum kleinlichen Grabenkrieg im Lager der Antifaschisten beiträgt. Sicher, Gides Buch ist mäßig, nörglerisch und keineswegs eine tiefschürfende Analyse. Aber Feuchtwangers Entgegnung steht dem an mangelnder Qualität in nichts nach. Neben den bekannten, recht platten Lobeshymnen auf die Sowjetunion enthält sie immer wieder verächtliche Anmerkungen über den Franzosen: *„André Gide reiste, als Pariser geschmäcklerisch, wählerisch, überaus egozentrisch, Paris als den selbstverständlichen Mittelpunkt der Welt betrachtend... Gide hat es vorgezogen, sein Augenmerk in jeder Hinsicht auf den Mangel an Klosettpapier zu richten... er kam als ‚übersättigter' Ästhet, gierig nach neuen Geschmacksreizen."*

Feuchtwangers Bericht über seine Eindrücke in Moskau muß in seiner Einseitigkeit auch im Zusammenhang mit Gides *Retour de l' U. R. S. S. R.* gesehen werden. Er fühlte sich von seinem französischen Kollegen herausgefordert, sah in dessen Buch eine Schwächung der Volksfront. Es empörte Feuchtwanger, daß die gemeinsame Front durch die – wie er meinte – kleinliche, aber unter den Exilanten dennoch wirksame Kritik an der Sowjetunion gefährdet wurde, und das in einem Augenblick, in dem der Faschismus in Spanien erneut sein brutales Gesicht zeigte. Diese Empörung reißt ihn dazu hin, sein schwächstes Buch zu schreiben.

Exil

Erstaunlich angesichts der eindeutigen öffentlichen Äußerungen Feuchtwangers über seine Einschätzung der Verhältnisse in der Sowjetunion ist die sehr viel differenziertere Haltung, die er zu diesem Thema in den Romanen dieser Jahre einnimmt. Auch hier wird das sowjetische Experiment wohlwollend und die kommunistische Idee positiv aufgenommen, die Volksfront befürwortet. Aber an die Stelle unreflektierter Bejahung tritt die Diskussion, werden Gegenpositionen aufgezeigt, bleibt er Schriftsteller, wird er nicht zum Propagandisten. Bei der Betrachtung des dritten *Josephus*-Buches ist dies bereits deutlich geworden. Sehr viel direkter stellt Feuchtwanger die Debatten, politischen Ideen, das Leben der geflüchteten deutschen Intellektuellen in seinem Roman *Exil* dar. Er entsteht zwischen Mai 1937 und August 1939, wird ein umfangreiches Prosawerk und gehört zu den wichtigsten deutschsprachigen Romanen, die das Exil zum Thema haben.

Die Handlung spielt im Paris des Jahres 1935, in den Salons, Hotelzimmern, Redaktionen oder Cafés, in denen sich Exilanten und Nazis, Agenten und Offiziere, Künstler und Journalisten treffen. Feuchtwanger schildert den grauen, verzweifelten, einsamen Alltag des Exils, den Kampf der Flüchtlinge gegen Bürokratie und Depression, ihre politische Zerrissenheit, ihre Illusionen, ihr Versagen und ihren Mut. Es ist ein Buch mit einer Vielzahl von Personen, schnellen, dramatischen Szenenwechseln, mancher Verschlüsselung. Die Hauptpersonen sind der bayerische Musiker Sepp Trautwein und der Journalist Erich Wiesener. Trautwein, der Deutschland aus Ekel vor den neuen Machthabern verlassen hat, kämpft um die Befreiung des von den Nazis entführten Journalisten Friedrich Benjamin, schreibt in den „Pariser Nachrichten" leidenschaftliche Artikel, um die Öffentlichkeit auf diesen Fall aufmerksam zu machen. In dieser Auseinandersetzung tritt seine Künstlerschaft mehr und mehr zurück, sieht er seine Aufgabe im publizistischen Krieg gegen die Faschisten. Seine tapfere Frau Anna vereinsamt an seiner Seite, zerbricht am Exil, nimmt sich das Leben. Sein Sohn Hanns wird Kommunist, geht schließlich zum Architekturstudium in die Sowjetunion. Trautwein erlebt zwar die Freilassung Benjamins, bleibt jedoch isoliert zurück. Aber nicht geschlagen, denn er komponiert – im Exil gereift – die „Wartesaal"-Symphonie: *„Es ist ein weiter, harter Weg, den er hat machen müssen von der Rundfunkaufführung der ‚Perser' bis zu diesem ‚Wartesaal'. Mit Schmerz und Lust in einem spürte er die Erinnerung der Jahre des Exils, ihre Qual und ihren Triumph. Es waren böse Jahre gewesen, es waren gute Jahre gewesen, und wie er so saß, ganz still, dachte er, ihm seien sie zum Heil gewesen, ihn hätten sie nach oben gerissen. Früher hatte er's nur mit dem Verstande gewußt, daß es nicht möglich war, die scheußlich geordnete Gesellschaft auf sich beruhen zu lassen und dabei gute Musik zu machen: jetzt wußte er's mit dem Herzen."*

Erich Wiesener ist der „andere" Deutsche. Pariser Korrespondent der „Westdeutschen Zeitung", elegant, kultiviert, geistvoll schreibt er seine Feuilletons, erst als Republikaner, dann, als Hitler an die Macht kommt, im Sinne des neuen Reiches. Feuchtwanger schildert die Karriere eines Opportunisten, der seinen Lesern in brillanten Artikeln auch noch die Rassengesetze von Nürnberg erklärt. Wiesener muß jedoch all die Ängste und Schrecken des Karrieristen durchmachen, verliert mehr und mehr – Opfer des eigenen, feigen Handelns – sein Gesicht, seine „herrenhafte" Haltung. Die langjährige Geliebte Lea de Chassefiere verläßt ihn, ergreift Partei für die andere Seite, ihrer beider Sohn Raoul wendet sich vom einst tief bewunderten Vater ab.

Der Roman enthält neben vielen typischen Feuchtwanger-Motiven zwei Schwerpunkte. Eindringlich schildert der Autor zum einen das mühselige, oft demütigende, vom Kampf um einen Paß oder die Arbeitserlaubnis, von Streit und Hader gekennzeichnete Leben der deutschen Flüchtlinge in Paris. Wobei er Distanz bewahrt, den „Wartesaal" als Betrachtender beschreibt. Er will – wie es im Nachwort heißt – seinen Lesern vom *„Aufstand der Dummheit gegen die Vernunft"* erzählen.

In den Diskussionen zwischen Sepp Trautwein und seinem Sohn Hanns zeigt Feuchtwanger zum anderen die unterschiedlichen Einschätzungen der Emigranten über die Rolle der Kommunisten, ihre Einstellung zur Volksfront. Sepp Trautwein bleibt skeptisch, ein Liberaler, der seine bürgerlichen Freiheiten, seine Individualität nicht aufgeben kann, es nicht will. Trotzdem anerkennt er am Schluß des Romans die Beweggründe, die seinen Sohn zum Kommunisten werden lassen: *„Mit deinem wichtigsten Prinzip, Hanns, hast leider du recht und ich unrecht. Es ist leider ein Schmarrn, wenn man behauptet, Geist ohne Gewalt könne sich durchsetzen. Eine gerechte Ordnung auf der Welt läßt sich ohne Gewalt nicht herstellen. Diejenigen, die Interesse haben an der ungerechten Ordnung, geben nicht klein bei, wenn man sie nicht mit Gewalt dazu zwingt."* Aber eine gewisse Distanz bleibt: *„Ich kann nicht sagen, daß ich mich behaglich fühlte in meiner neuen Erkenntnis... Ich fühle mich nicht heimisch in deiner Welt, in der alles Vernunft und Mathematik ist. Ich möchte in ihr nicht leben. Mir scheint, es haben in ihr die Massen zu viel zu sagen und der einzelne zu wenig. Ich hänge an meiner altmodischen Freiheit."*

Gisela Berglund zieht aus diesen Gesprächen den Schluß, daß der Roman eine „politische Botschaft" enthält: „Er ruft zur Einigung des deutschen Exils unter der Führung der KPD und der Sowjetunion auf." Tatsächlich jedoch spürt Feuchtwanger beides in sich – die Skepsis des Älteren und die Visionen des Jüngeren. Bei aller Hochschätzung für die Sowjetunion, die auch in der Gestaltung des alten Vater Merkle zum Ausdruck kommt, der mit sicherer Überlegenheit Hanns für den Kommunismus und die Volksfront gewinnt – der Schriftsteller Lion Feuchtwanger macht es sich nicht so einfach wie der politische Publizist, der von seiner Moskaureise berichtet. In *Exil* ist er „Sympathisant", aber kein Parteigänger.

Der Zeitroman ist auch Schlüsselroman. Die Handlung nimmt einige Ereignisse und Personen dieser Jahre auf, verwertet sie literarisch. Die Geschehnisse in den „Pariser Nachrichten" des jüdischen Verlegers Gingold haben den erbitterten Streit zum Vorbild, der 1935 um die Exilzeitung „Pariser Tageblatt" entbrannte. Es tauchte damals der Verdacht auf, die Zeitung werde aus dem Hintergrund von den Nazis gelenkt. Auch die Entführung des Journalisten Benjamin beruht auf Tatsachen. Am 9. März 1935 kidnappen die Nationalsozialisten den Publizisten Berthold Jakob in Basel und verschleppen ihn über die Grenze. Erst nach massiven internationalen Protesten wurde er freigelassen. Friedrich Siegburg, der langjährige Pariser Korrespondent der „Frankfurter Zeitung" hat viel zur Darstellung Erich Wieseners beigetragen; der alte Freund Trautweins, der Dirigent Riemann, der unter Hitler in Deutschland bleibt und beim Treffen mit dem „Wartesaal"-Komponisten von seiner „inneren Emigration" spricht, läßt Parallelen zu Wilhelm Furtwängler vermuten. Aber wie in *Erfolg* sind solche Verschlüsselungen lediglich als Anregungen für den Autor zu werten. Es sollte nicht mehr dahinter gesehen werden.

Exil erscheint Ende 1939 bei Querido in Amsterdam, eine der letzten Publikationen dieses Verlages, bevor das deutsche Heer in Holland einbricht. Die englische Ausgabe kommt 1940 bei der Viking Press heraus. Die in Moskau gedruckte Exilzeitschrift „Internationale Literatur" hatte schon 1938 mit einem Vorabdruck begonnen. Er wurde im September 1939 sofort gestoppt, als Stalin und Hitler sich einig waren, wie sie die politische Beute untereinander aufteilen würden. Auch der sowjetische Film *Die Geschwister Oppenheim* verschwand in dieser Zeit aus den Moskauer Kinos. Sepp Trautweins nicht restlos überwundenes Mißtrauen war berechtigt.

Die erste deutsche Nachkriegsausgabe von *Exil* erscheint 1949 in der DDR. In der Bundesrepublik gibt es bis heute lediglich Lizenzausgaben. Der dritte Band der *Wartesaal*-Trilogie ist einer der wenig beachteten Romane über das Exil geblieben. Eine Kritik von Gert Ueding, am 30. April 1981 in der FAZ erschienen, zeigt recht gut den Zwiespalt, die gewundene Haltung der Literaturkritik zum deutschen Exilroman. „Als literarisches Kunstwerk ist es mißlungen", heißt es dort über den Roman. Und doch sei es, schreibt der Kritiker einige Zeilen weiter „ein Meisterstück politischer, zeitgeschichtlicher Kolportage..."

Lion Feuchtwanger schreibt das Nachwort zu *Exil,* als der Weltkrieg schon entfacht ist, Hitler und seine Generale ohne Kriegserklärung in Polen eingefallen sind, Warschau bereits in Schutt und Asche liegt, die Massenvertreibungen in diesem Land begonnen haben, die ersten Judendeportationen aus Österreich und der Tschechoslosakei beginnen, als Hitler den Befehl zur Tötung „lebensunwerten Lebens" gegeben hat. *„Ich selber bin überzeugt"*, schreibt er in diesem Nachtwort, *„daß die ungeheure, blutige Groteske, die sich in uns und an uns allen austobt, enden wird mit dem Sieg der Vernunft über die Dummheit. Darum setze ich auch kein ‚finis' unter diesen dritten Teil des Roman-Zyklus ‚Der Wartesaal'."*

Er ist nicht erschüttert in seiner Überzeugung, daß der Faschismus nur eine „Übergangszeit" darstellt. Obwohl die Jahre, in denen er an *Exil* schreibt, für die deutschen Flüchtlinge fürchterliche Enttäuschungen brachten. Am 13. März 1938 kommt der Anschluß Österreichs an das Reich, nachdem Hitler Kanzler Schuschnigg unter dem Druck der Bajonette einen Monat vorher ein Gleichschaltungsabkommen aufgezwungen hatte. Im September 1938 droht Hitler laut mit Krieg, Englands Premier Chamberlain eilt nach Godesberg, am 30. September unterwerfen sich England und Frankreich in München den Bedingungen des deutschen Diktators, verraten die Tschechoslowakei. Sechs Wochen später kommt es in der Reichskristallnacht zu Judenpogromen, zwei Brüder von Lion Feuchtwanger werden ins Konzentrationslager verschleppt, seine Schwester Bella wird in Teresienstadt sterben. Im März 1939 besetzt Hitler die Tschechoslowakei. Am 23. August unterzeichnen Molotow und Ribbentrop einen Nichtangriffspakt.

Feuchtwanger arbeitet an *Exil,* während all dies geschieht, läßt sich nur selten ablenken. Marta Feuchtwanger schreibt in ihren Erinnerungen: „Dieses Buch hat ihn sehr beschäftigt, fast möchte ich sagen, mitgenommen. Manchmal hat er unterbrochen, um Atem zu schöpfen, und ist dann mit Freunden, mit den Bruno Franks oder Eva Herrmann und Sibylle von Schönebeck nach Cannes zum Spielen gefahren. Und während alle anderen entweder wenig oder gar nichts verloren, vielleicht sogar gewannen, hat er stets viel gewagt und alles und noch mehr verloren. Von diesem selbstzerstörerischen Treiben kam er immer deprimiert und krank zurück. Sein Magen vertrug die Anstrengungen und Aufregungen nicht."

Er ist nach wie vor häufig in Paris, nimmt an den PEN-Sitzungen teil, wird mit anderen Schriftstellern vom französischen Präsidenten empfangen. Er versucht manch verzweifelten Freund aufzurichten. An Arnold Zweig schreibt er am 28. März 1938, wenige Tage nach dem Anschluß Österreichs: *„Aber leid tut es mir, daß durch diese Ereignisse selbst Ihr Vertrauen in den Endsieg ins Wanken geraten ist. Daß Österreich verloren sei,... haben eigentlich doch alle immer gewußt... Daß die Dinge sich so schnell und so besonders scheußlich abwickeln, ändert nichts an der gesamten Situation."* Aber natürlich spürt auch er die Bedrohung. Im selben Brief heißt es: *„Ich hätte schrecklich gern den Emigrantenroman noch hier in der Ruhe meines Sanarytanischen Hauses zu Ende geschrieben; aber ich fürchte, es wird nicht gehen, und ich werde, so leid mir das tut, die Arbeit unterbrechen müssen. Auf alle Fälle will ich die nächsten Wochen dazu benutzen, mein Reisepapier wieder einmal verlängern zu lassen und mir ein amerikanisches Visum zu sichern. Ich denke dann ernstlich daran, im Herbst herüberzufahren."*

Daß er dann doch bleibt, den Roman in Sanary zu Ende schreibt, die immer dunkler werdenden Wolken über dem europäischen Himmel nicht als persönliche Gefährdung erkennen will, darüber macht er 1940 in seinem Bericht über *Der Teufel in Frankreich* eine nur allzu menschliche Anmerkung: *„Wenn ich heute darüber nachdenke, was mich seinerzeit, im Jahr 1938, wohl in Frankreich zurückgehalten hat, dann waren es wahrscheinlich... tiefer in meinem Wesen liegende Gründe... Was mich hielt, war die innige Behaglichkeit des Lebens dort, die Schönheit des Ortes, mein wohleingerichtetes Haus, meine geliebte Bibliothek, der vertraute, in allem Kleinsten mir und meinen Methoden angepaßte Rahmen meiner Arbeit, die hundert Einzelheiten des dortigen Daseins, die mir zu lieben, schwer mißbaren Gewohnheiten geworden waren."*

In den ersten Septembertagen 1939 beginnt sich für die in Frankreich lebenden Deutschen die Lage schlagartig zu verändern. Auch wenn die Franzosen auf die Schüsse an der Danziger Westernplatte zunächst militärisch nicht reagieren und nach der Kriegserklärung wie gelähmt in Richtung Osten starren – die Mühlen der Bürokratie beginnen sofort zu mahlen, langsam, unaufhaltsam, sinnlos. Am 2. September hängt im Rathaus von Sanary die amtliche Anordnung aus, nach der sich alle im Departement Var lebenden Männer deutscher und österreichischer Abstammung im Alter von 18 bis 50 Jahren in einem Sammellager in Toulon einzufinden haben. In den Militärbaracken der Hafenstadt treffen sich Emigranten und Nazis, aber auch Männer, die seit Jahren in Frankreich leben, mit französischen Frauen verheiratet sind, und Fremdenlegionäre, die für das Land gekämpft haben, das sie nun rücksichts- und gedankenlos einsperrt.

Am 15. September kommt Feuchtwangers Dienstmädchen Leontine blaß aus dem Bürgermeisteramt von Sanary zurück in die Villa „Valmer". Jetzt müssen sich auch die Männer zwischen 50 und 60 Jahren bei den Militärbehörden melden. Marta Feuchtwanger fährt den Schriftsteller nach Toulon, am 23. September werden er und seine Leidensgefährten in das Lager Les Milles eingeliefert. Die verfallene staubige Ziegelfabrik liegt rund 80 Kilometer von Marseille entfernt, ganz in der Nähe der Stadt Aix-en-Provence. Sie ist das Sammellager für alle an der französischen Riviera lebenden „deutschstämmigen" Männer.

Marta schreibt von Sanary aus sofort an mehrere Stellen: an die französische und die englische Regierung, an den PEN-Club. Sie hat Erfolg, nach zehn Tagen wird der berühmte Mann entlassen, auf Intervention der Engländer, heißt es, die übereifrigen Franzosen entschuldigen sich. Er kehrt nach Sanary zurück. Für sieben Monate.

Es ist eine lange, sorgenbeladene Wartezeit. Feuchtwanger versucht sein altes, hilfreiches Rezept anzuwenden: Er arbeitet, schreibt am dritten Band seiner *Josephus*-Trilogie. Aber sein Optimismus ist erschüttert. Am 17. November 1939 schreibt er an Arnold Zweig: *„Uns hier geht es etwas auf und ab. Einen Tag sind wir geneigt, die Dinge etwas optimistischer anzuschauen, den anderen Tag leidet man wieder unter den kleinen Schwierigkeiten der Situation... Was ich in den nächsten Monaten tun werde, ist ganz ungewiß. Ich beschäftige mich nun doch wieder viel mit dem Plan, wenigstens auf einige Zeit nach Amerika zu gehen, aber obwohl ich im Besitz eines gültigen Visums und sogar von Schiffsbilletten bin,... so gibt es doch eine ganze Menge von technischen Schwierigkeiten, die man nicht übersehen kann."* Die Franzosen – und hier liegt das Hauptproblem – verweigern die Ausreiseerlaubnis. Das hätte für das Schriftstellerehepaar ein Alarmzeichen sein müssen. Marta Feuchtwanger schreibt jedoch in ihren Erinnerungen, wie befriedigt ihr Mann in diesen Tagen auf die Bemerkung Werfels reagiert habe, man gehöre nach Europa und nicht nach Amerika. Er kann sich nicht losreißen, verdrängt die Gefahr. Obwohl jetzt auch in den französischen Zeitungen die Stimmung feindlich geworden ist, die Bevölkerung immer mißtrauischer auf die „Fremden“ blickt, nicht den Gast, den Flüchtling, sondern wieder den „boche“ in ihnen sieht. Alfred Kantorowicz charakterisiert diese Wochen aus eigener Anschauung: „In der französischen Boulevardpresse, den Lokalzeitungen und natürlich dem überwiegenden Teil der Rechtspresse standen während der Zeit des ‚drôle de guerre‘ mehr Hetzartikel gegen die wehrlosen Flüchtlinge aus Nazideutschland als Auseinandersetzungen mit dem Kriegsgegner.“

Am 10. Mai 1940 beginnt der deutsche Angriff im Westen. Fünf Tage später kapituliert Holland, nach 18 Tagen Belgien. Am 5. Juni beginnt die Schlacht um Frankreich, die Dritte Republik steht vor einer Katastrophe. Die politischen Ereignisse brechen nun auch ganz unmittelbar in das Leben des Schriftstellers Lion Feuchtwanger ein: *„Es begann an einem Abend, Mitte Mai, nach Sonnenuntergang. Im Erdgeschoß meines Hauses in Sanary, in dem kleinen Zimmer, wo der Radioapparat stand, war es dämmerig, aber noch nicht so dunkel, daß ich Licht gemacht hätte. Ich war allein, lag auf der Ottomane und hörte die Meldungen des Rundfunks. Es stand nicht gut, weder in Belgien noch in den Niederlanden. Ich überdachte die spärlichen Nachrichten, mit geschlossenen Augen auf der Ottomane liegend, und ich hörte mit halbem Ohr auf die Bekanntmachungen, die im Anschluß an die Nachrichten verkündet wurden. Da, auf einmal, hieß es, alle im Bezirk von Paris ansässigen deutschen Staatsangehörigen oder in Deutschland geborenen Staatenlosen im Alter von 17 bis 55 Jahren, Männer und Frauen, hätten sich an dem und jenem Tage da und dort einzufinden, um interniert zu werden. Ich rührte mich nicht, ich blieb liegen. Ich befahl mir: ‚Keine Panik, denke ruhig nach.‘ Ich sagte mir, höchstwahrscheinlich werde die Maßnahme auf die Stadt Paris beschränkt bleiben und sicherlich nicht werde sie auf den vom Krieg nicht bedrohten Süden ausgedehnt werden. Aber ein inneres Wissen sagte mir gleichzeitig, daß diese vernünftigen Erwägungen Unsinn seien. Vom Beginn dieses Krieges an war immer das Schlechte eingetroffen, das man befürchtet, nie das Gute, das man gehofft hatte.“ (Der Teufel in Frankreich)*

So kommt es, wenige Tage später müssen auch die Deutschen, Österreicher und Tschechen in Südfrankreich im Sammellager antreten. Lion Feuchtwanger ist sieben Wochen zu spät geboren, um dem Schicksal der Lagerhaft zu entgehen, wird erst am 7. Juli 56 Jahre alt, fällt also noch unter die Verordnung. Achtundvierzig Stunden bleiben ihm. Groteske in dramatischer Zeit: Zusammen mit Alfred Kantorowicz, dem Maler Anton Räderscheidt und dessen Sohn fährt Feuchtwanger im Taxi bis vor das Lagertor. Am 21. Mai betritt er zum zweiten Mal Les Milles, diesmal allerdings schützt ihn sein Ruhm nicht. Die Welt vergißt ihn beim Anblick des Kriegsinfernos, des Zusammenbruchs der französischen und englischen Armeen. Vier Monate lang ist der 55jährige Schriftsteller Lion Feuchtwanger nur eine Zahl: der Gefangene Nummer 187.

Zwei Jahre später erscheint im mexikanischen Exilverlag „El Libro libre" sein Bericht über diese Zeit, den er *Unholdes Frankreich. Erlebnisse unter der Regierung Pétain* nennt. Die Neuausgabe wird nach dem Krieg unter dem noch härteren Titel *Der Teufel in Frankreich* erscheinen. Feuchtwanger erzählt in diesem Buch vom Leiden, von den Demütigungen, von der Verzweiflung der Menschen, die monatelang auf engstem Raum zusammengepfercht leben müssen. Krankheit und Angst suchen sie heim. Die Monotonie des Lagerlebens, die fürchterlichen hygienischen Verhältnisse, das ewige Schlangestehen vor den Kloaken, beim Appell, beim Essensempfang zermürben viele. Tag für Tag schichten sie Ziegel, völlig sinnlos, schlucken sie den Staub des heißen Sommers. In der Lagerhierarchie setzen sich die „Stärkeren" durch, manchmal auch mit den Fäusten, die Schieber machen ihre Geschäfte.

Feuchtwanger, immerhin ein älterer Herr, die Annehmlichkeiten des Wohlstandes gewohnt, ungeschickt, den praktischen Dingen des Lebens recht hilflos ausgeliefert – er zeigt ein zweites Mal Leidensfähigkeit, die Haltung des Stoikers. Nicht nur sein Bericht zeugt davon, sondern auch Erzählungen anderer Lagerinsassen, die später veröffentlicht werden. Alfred Kantorowicz schreibt: „Diese Zeit enormer gemeinsamer Prüfung hat meine Achtung vor dem Mann, mein Vergnügen am Umgang mit dem geselligen und weisen Freund Feuchtwanger... sehr vertieft durch die Beobachtung seiner Standhaftigkeit, seines moralischen Mutes und seiner vorbildlichen Selbstbeherrschung in Wochen, da wir viel mehr als den Tod zu fürchten hatten. Es erwies sich, daß der stille, zurückhaltende Intellektuelle die Widerwärtigkeiten, die physischen Strapazen und die seelische Not des Konzentrationslagers mit einer Gefaßtheit übernahm, die ihn sehr bald zu einem Mittelpunkt für viele der Gequälten und Geängstigten machte. Sie suchten sich an seiner Ruhe und seinem Rat aufzurichten. Er war von morgens bis in die Nacht hinein umlagert von Hilfesuchenden, denen er mit seiner leisen, eindringlichen Weise Mut zuzusprechen suchte – wiewohl nur wenige so sehr gefährdet waren wie er selber."

Allerdings ist der berühmteste Mann im Lager nicht ohne Eitelkeit – auch davon läßt sich manches aus seinem Bericht herauslesen. Aber er wird mehrmals zum Sprecher des Lagers gewählt, zum Kommandanten geschickt, muß vermitteln, Forderungen anmelden. „Er hat sich dieser unbequemen Aufgabe nicht entzogen" (Alfred Kantorowicz). Umgekehrt, als der Schriftsteller von der allgemeinen Lagerkrankheit, Dysenterie, besonders schwer getroffen wird, total geschwächt ist, erlebt er die Kameradschaft der Mitgefangenen.

Es sind nicht nur Schriftsteller, Professoren, Journalisten oder Künstler in Les Milles. Sie stellen unter den 3 000 Gefangenen eine kleine Minderheit dar. Max Ernst, Alfred Kantorowicz, der Proust-Kenner Franz Hessel und der Schriftsteller Walter Hasenclever sind Mitgefangene Feuchtwangers. Aber er kommt in diesen Monaten auch mit Menschen zusammen, denen er sonst nie begegnet ist. Und er schreibt – nicht ohne Hochmut – in einem Brief vom 11. Juni 1940 an Lola Sernau: *„Die Erzählungen der Internierten langweilen mich, jeder hält seinen Fall für etwas Besonderes, es ist aber immer das Gleiche. Das Ganze objektiv von oben sehen kann kaum einer, alle bleiben in ihren eigenen kleinen Nöten stecken. Mir passiert das, glaube ich, nur selten... Mir ist, als ob ich es von allen im Lager noch am besten trüge. Ich bin wirklich ohne Ungeduld."* Und über seine Gespräche notiert er: *„Aber immer wieder war ich erstaunt, auf was für kümmerliche Einzelmotive die meisten der anderen Lagerinsassen die großen Geschehnisse zurückführten, wie sehr ihnen der Blick fürs Ganze verbaut war durch ihre eigenen Interessen, wie sehr sie die Mühe und Unannehmlichkeit scheuten, die größeren Ursachen auch nur von fern zu sehen, geschweige denn, sie näher ins Auge zu fassen." (Der Teufel in Frankreich)*

Es ist für Feuchtwanger eine schwere Zeit. Die langen, heißen Nächte auf dem Notlager in den staubigen, nach Schweiß und Kot riechenden Bretterverschlägen der Fabrikhalle, die monotonen Tage, die fürchterlichen Aborte. *„Jede Scham hatte man sich im Lager schnell abgewöhnt. Niemand scheute sich, seine Häßlichkeiten und Gebrechen zu zeigen, die des Körpers wie der Seele. Es gab da manches über alle Worte hinaus Häßliche."* Dennoch, sein Bericht nimmt keinen wehleidigen Ton an, bleibt temperiert: *„Ich muß hier anmerken, daß ich weder bei meiner ersten Internierung in Toulon, noch in Les Milles und in Nîmes irgend etwas erlebt oder gesehen hätte, das man als Grausamkeit oder auch nur als schlechte Behandlung hätte bezeichnen können. Niemals wurde geschlagen oder gestoßen oder auch nur geschimpft. Der Teufel in Frankreich war ein freundlicher, manierlicher Teufel. Das Teuflische seines Wesens offenbarte sich lediglich in seiner höflichen Gleichgültigkeit den Leiden anderer gegenüber"*. Auch sein Mitgefangener Alfred Kantorowicz wird später in seinen Aufzeichnungen über diese Monate schreiben: „Von einer Episode in einem Marseiller Auslieferungsgefängnis abgesehen, hält keines meiner Erlebnisse dem Vergleich mit den Ernstfällen wie Dachau oder Buchenwald oder Auschwitz oder Workuta in Sibirien stand." Auch die unglücklichen Emigranten, die von den Behörden in Paris gesammelt und in die berüchtigten Pyrenäenlager Le Vernet und Gurs gebracht werden, hatten ein sehr viel härteres Los zu tragen, als die Häftlinge von „Les Milles".

Mitte Juni 1940 bricht Frankreich zusammen, die Armee ist geschlagen, viele Soldaten desertieren, die Straßen sind von Flüchtlingen verstopft. Hunderttausende strömen in Richtung Süden, in der Hoffnung, den Nazis zu entkommen. Am 22. Juni muß Frankreich einen Waffenstillstand unterzeichnen. Hitler demütigt die Geschlagenen, läßt den Vertrag am gleichen Ort unterschreiben, an dem 1918 Matthias Erzberger und die deutsche Delegation kapitulierten, in Compiègne. Der größte Teil Frankreichs wird besetzt, Pétain bildet eine neue Regierung.

Für die Häftlinge in „Les Milles" sind dies schlechte Tage. Niemand weiß genau, wie die Front verläuft, wie schnell die Nazitruppen das Lager erreichen werden. Es wird gerechnet, wann die Deutschen in Dijon sind, wann Lyon gefallen ist und das Tor zum Süden offensteht. Die Nazi-Sympathisanten im Lager legen Listen über ihre Mithäftlinge an. Die Juden, die politischen Emigranten, sie wissen, daß ihr Leben verloren ist, wenn die Verfolger ihrer habhaft werden. Feuchtwanger wird als Sprecher zum Lagerkommandanten geschickt, einem Seidenfabrikaten aus Lyon, aber die Auskünfte sind vage; eine Freilassung der gefährdeten Gefangenen wird abgelehnt, die Angst wächst, und die Gerüchte jagen sich. Am 19. Juni schließlich kommt der Befehl, das Lager zu verlassen. Die 3 000 Insassen marschieren zum Bahnhof, ein Transportzug steht bereit. 80 bis 90 Menschen werden in einen Waggon gepreßt, sie können nur stehen, Stunde um Stunde, tage- und nächtelang. In den Beinen staut sich das Blut, die Luft ist unerträglich. Fünf Tage dauert die Fahrt, über die Rhône geht es zur Hafenstadt Sète, bei Dauerregen in die Pyrenäen hinein. Nach drei Tagen ist der Bahnhof von Bayonne erreicht. Ist es das Ziel, vielleicht sogar die Freiheit?

Wieder muß Feuchtwanger als Sprecher mit dem Transportkommandanten verhandeln. Er kann kaum laufen, die Beine sind angeschwollen. Alfred Kantorowicz schildert eindrucksvoll diese Szene: „Wir sahen ihn schon nach kurzer Zeit auf dem Bahnsteig zurückhumpeln, von einem Kreis ebenfalls humpelnder deutscher Häftlinge umgeben. Ich zwängte mich aus dem Wagen und humpelte... auf diese Gruppe zu und erschrak, als ich Feuchtwangers Gesicht sah; er schien mir in diesem Augenblick völlig verfallen und zum ersten Mal, seit ich ihn kannte, seiner stoischen Haltung beraubt. Er rief mir und denen, die auf ihn eindrängten, mit brüchiger Stimme zu: ‚Die Deutschen sind in Bayonne. Rette sich, wer kann'." Panik bricht aus, Personalausweise, Briefe, Papiere, die die Identifikation erleichtern könnten, werden zerrissen. Ein Teil der Häftlinge flieht, andere – auch Feuchtwanger – besteigen wieder den Zug, der sich in Bewegung setzt, Bayonne verläßt. Bald stellt sich heraus, daß die Angst, die Panik grundlos war – eine Fehlinformation hatte den Schock ausgelöst. Ihr eigener Zug war als „Ankunft der Deutschen" gemeldet worden.

Die ganze Strecke geht es wieder zurück, zwei lange Tage und Nächte. In Nîmes können sie aussteigen, in der Nähe im Zeltlager San Nicola sitzen sie erneut fest. Warten, werden von Moskitos gepeinigt, leiden an Dysenterie, machen Schiebergeschäfte, diskutieren die Lage, haben Angst vor den Deutschen. Nicht ohne Grund. Die Vichy-Regierung hat im Waffenstillstandsvertrag zusagen müssen, alle Deutschen auszuliefern, die von der Gestapo gesucht werden. Wem dieses Schicksal widerfährt, der geht dem fast sicheren Tod entgegen. Dies geschieht dem Journalisten Theodor Wolff, den Sozialdemokraten Rudolf Breitscheid und Rudolf Hilferding – sie werden gefaßt, und in deutsche Konzentrationslager deponiert. Ernst Weiss, Walter Benjamin und Walter Hasenclever nehmen sich vor der drohenden Abschiebung selbst das Leben. Hasenclever schluckte in „Les Milles" eine Überdosis Tabletten, kurz bevor die Gefangenen den Transportzug bestiegen hatten.

Feuchtwanger verläßt das Lager San Nicola, will fliehen, vor den Deutschen entkommen. Er übernachtet in Nîmes, bei einer Dame, deren Adresse ihm ein Mitgefangener zugesteckt hat. Am nächsten Tag wird er in ein Haus außerhalb der Stadt gebracht, erhält dort unter dem Namen Monsieur Feust ein Zimmer, sitzt in einem herrlichen Garten und schreibt an Marta, an seine Sekretärin, an den amerikanischen Konsul in Marseille, hofft auf Hilfe.

Die Nachricht gelangt tatsächlich in die Hände Marta Feuchtwangers. Auch sie hat eine schwere Zeit hinter sich, saß zunächst in einem Lager in Hyère, dann im gefürchteten, im Schlamm fast versinkenden Internierungscamp Gurs. Schließlich ist sie entlassen worden, sucht ihren Mann, weiß nun, nach dem Brief, wo er zu finden ist.

Lion Feuchtwanger ist ins Lager zurückgekehrt, nachdem ihm berichtet worden ist, es gäbe angeblich legale Asylmöglichkeiten, die vor der Auslieferung an die Deutschen schützen würden. In den Tagen des Machtverfalls hat sich auch im Zeltlager bei Nîmes die Disziplin gelokkert. Die Gefangenen eröffnen Verkaufsbuden, machen Ausflüge in die Umgebung. Auf einer dieser Wanderungen erreicht Feuchtwanger eine Botschaft Martas.

Die tapfere, aktive Frau des Schriftstellers war bis zum amerikanischen Vizekonsul in Marseille, Hiram Bingham, vorgedrungen und hatte um Hilfe gebeten. Zu ihrer Überraschung war Bingham informiert, hatte Anweisungen aus Washington, Feuchtwanger zu helfen. Ein Foto, das den Schriftsteller als Häftling in „Les Milles" zeigte und durch den Stacheldraht von einem Unbekannten aufgenommen wurde, war einige Wochen vorher an Ben Huebsch gelangt. Der Verleger alarmierte die Präsidentengattin Eleonor Roosevelt, die nach einem Gespräch mit ihrem Mann sofort an das Konsulat telegraphieren ließ.

Schließlich wird Feuchtwanger „entführt". Ein Konsulatsbeamter nimmt ihn während einer der Lagerausflüge in seinen Wagen, zieht ihm Frauenkleider an, fährt ihn zur Privatvilla des Konsuls.

Es werden Pläne geschmiedet, wie der Gefährdete außer Landes gebracht werden kann. Zunächst sitzen sie aber in Marseille fest. Feuchtwanger nutzt die Zeit, arbeitet intensiv. Marta schreibt: „Lion, den Bingham nur nach Sonnenuntergang für ein paar Schritte aus dem Haus ließ, war in den dritten Teil seines Josephus-Romans vertieft und vergaß Gegenwart und Umwelt. Oder ließ sich zumindest nichts anmerken."

Heinrich Mann, sein Neffe Golo und die Werfels, die ebenfalls in Marseille festsitzen, werden schließlich an die spanische Grenze gebracht, steigen auf Schmugglerwegen über die Pyrenäen, gelangen dann mit dem Zug nach Lissabon. Einige Tage später fliehen Feuchtwangers auf dem gleichen Weg. Lion hat einen Paß des Konsulats, der auf den Namen J. L. Wetcheek ausgestellt ist, dem Pseudonym der Berliner Balladen-Zeit. Sie erreichen die portugiesische Hauptstadt. Schiffskarten sind in Lissabon, wo zahllose Flüchtlinge auf die Passage übers Meer hoffen, nur schwer zu erlangen. Wieder helfen die amerikanischen Freunde. Für den auch im „neutralen" Portugal bedrohten Schriftsteller ist ein Billett da, Marta muß noch 14 Tage warten.

Nach den vier dramatischsten Monaten seines Lebens verläßt Lion Feuchtwanger an Bord der „Excalibur" Europa. Während der Überfahrt schreibt er am 27. September an Arnold Zweig: *„Da wäre ich also endlich nach vier Monaten heftigen Konzentrationslagers, vielen recht scheußlichen Abenteuern und lächerlichen und erbitternden Kämpfen auf dem Weg zwischen Lissabon und den Bermudas nach New York, ausgestattet nur mit einem Rucksack, recht schäbig angezogen, ohne Geld, aber glücklich."*

Exil II: Amerika

Das Land, dem der Schriftsteller Lion Feuchtwanger Ende September 1940 entgegenfährt, hat Flüchtlingstradition. Seit 300 Jahren kommen sie aus allen Ecken der Welt: die Verfolgten, die Versklavten, die Abenteurer. Die einen vom Freiheitsdurst getrieben, die anderen von Goldgier gehetzt. Viele aber auch an Ketten geschlossen, eingepfercht in den stinkenden, modernden Bäuchen der Schiffe. Die Pilgrims kommen, weil sie im heimatlichen England ihren Glauben nicht mehr ausüben dürfen; die Deutschen, weil ihre Landesherren sie für Geld als Soldaten verkaufen wollen oder weil in den Polizeistuben ihre Steckbriefe hängen, nachdem sie Freiheit vom Joch der Feudalherrschaft gefordert haben. Die Schwarzen kommen nicht freiwillig; weiße Skavenjäger haben sie in ihren afrikanischen Dörfern brutal zusammengetrieben, sie auf ihre Schiffe gezwungen, verkaufen sie wie Vieh auf den Märkten der Südstaaten. Die Chinesen kommen, um dem Hungertod zu entgehen, bauen das riesige Eisenbahnnetz, kaum besser behandelt als die schwarzen Sklaven. Es kommen viele.

Sie ziehen in riesigen Trecks von Ost nach West, erobern das Land, rotten in jahrzehntelangen wilden Kämpfen die Ureinwohner aus, roden die Wälder, kultivieren die riesigen Landflächen, bauen die Städte. Es ist ein hartes Land, ein freies Land. Für den, der stark ist, der nimmt und hält. In Amerika erfüllen sich die Träume der Aufklärer, der Liberalen, der Vernunftgläubigen. Noch bevor in Paris die Bastille gestürmt wird, Robbespierre, Danton, Marat die Freiheit ausrufen, um sie streng und schrecklich zu reglementieren, haben sich die aufständischen Amerikaner eine Verfassung gegeben, die den Einzelnen vor dem Staat schützt, ihm Rechte einräumt, die bis heute für unverzichtbar gelten, wenn von Demokratie gesprochen wird.

Es bleibt das Land der Hoffnung. In immer neuen Wellen kommen die Menschen. Die überlebenden Juden aus dem Osten, wenn die Pogrome in Rußland und Polen sie wieder heimgesucht haben; die Armenier nach den Massakern, die die Türken unter ihnen anrichteten; die Italiener und Mexikaner, weil sie in der Heimat keine Arbeit finden. Und es kommen auch wieder die Deutschen. Zunächst, zu Beginn der 30er Jahre, sind es noch wenige, ab 1933 beginnt der Strom zu wachsen, dann, als Österreich und die Tschechoslowakei, Holland, Belgien und Frankreich in die Hände des Faschismus fallen, ist es eine Flut. Amerika wird für viele zum lebensrettenden Exilland. Fast 300 000 Flüchtlinge aus Europa finden hier zwischen 1933 und 1945 Zuflucht: Juden, Kommunisten, Sozialdemokraten, Wissenschaftler, Künstler und Schriftsteller.

Bis 1939 ist es recht einfach, ins Land zu kommen. Amerikanische Konsulate stellen bereitwillig Einreise- oder Besuchsvisa aus. Aber es gibt ein Quotensystem, das die Einwanderung reguliert und das sich ab 1938 für viele Flüchtlinge als schwer zu überwindendes Hindernis erweist. Jährlich dürfen nur 156 000 Einwanderer ins Land gelassen werden. Auf die Deutschen entfällt dabei ein Anteil von 25 000. Selbst Präsident Roosevelt, der viel für die Flüchtlinge getan hat, meint nach der Reichskristallnacht im November 1938 auf die Frage eines Reporters, ob Juden die Einreise nun erleichtert werde: „In dieser Angelegenheit gibt es keine neuen Überlegungen. Wir haben das Quotensystem." Mit Amerikas Kriegseintritt 1941 wird es noch schwieriger, das Außenministerium schließt alle deutschen Konsulate in den Staaten, Hitler antwortet mit der gleichen Maßnahme gegen die amerikanischen Konsulate. Für Hunderttausende gibt es keine Anlaufstelle mehr.

Wer ins Land hereinkommt, hat es nicht schwerer als die Exilanten in

Frankreich oder der Tschechoslowakei. Manches ist sogar einfacher. Es gibt leichter eine Arbeit: Im Westen in Kalifornien bietet Hollywood den Schriftstellern und Künstlern Überlebensmöglichkeiten; die Wissenschaftler finden in Princeton, an der University of Southern California in Los Angeles, an der „New School for Social Research" in New York oder an der Columbia Universität neue Betätigungsfelder. In diesem Land, in dem die Wohlfahrt weitgehend auf Privatinitiative, auf der Aktivität der Kirchen und Sekten beruht, gibt es zahllose Organisationen, die Unterstützung an viele zahlen, die nirgendwo Arbeit finden.

Amerika ist ein hartes Land; in den Häuserschluchten von New York, in den billigen, öden Hotelzimmern, verliert sich mancher Flüchtling, vereinsamt. Wer ohne Job bleibt oder wessen Gehaltsstreifen keine hohen Dollarbeträge ausweist, der ist auch gesellschaftlich im Aus, wird gemieden. Im Land des Erfolgs ist der Mißerfolg furchtbar. Und doch, im hektischen New York oder in der milden Sonne Kaliforniens geht es den meisten Emigranten zunächst materiell besser als in Prag oder Paris.

Die ersten erreichen das Land schon vor Hitlers Machtergreifung. Vicki Baum, Ullsteins große Erfolgsautorin, geht 1931 nach Hollywood, Marlene Dietrich macht vor der deutschen Katastrophe Karriere in der amerikanischen Filmmetropole. Aber das sind Ausnahmen. Der große Zug beginnt Ende der 30er Jahre. Bruno Frank ist klug genug, schon 1937 Europa zu verlassen, Thomas Mann läßt sich 1938 endgültig in Amerika nieder; im gleichen Jahr landen Oskar Maria Graf, Hermann Broch, Richard Beer-Hofmann, Carl Zuckmayer. Oster-Sonntag 1939 ist die Ankunft von Ludwig Marcuse im Hafen von New York. Dann kommen Alfred Döblin, Heinrich Mann, Franz Werfel, Alfred Polgar, Alfred Neumann, Erich Maria Remarque, Leonhard Frank, Hermann Kesten, Emil Ludwig, Bertolt Brecht, Lion Feuchtwanger. Die Musiker Bruno Walter, Arnold Schönberg, Hanns Eisler finden Zuflucht, die Wissenschaftler Albert Einstein, Theodor W. Adorno, Max Horkheimer, Herbert Marcuse, die Politiker Heinrich Brüning und Hermann Rauschning, die Theaterleute Max Reinhardt, Erwin Piscator, Fritz Kortner, Fritz Lang, Peter Lorre, Wilhelm Dieterle. Eine unvollständige Liste, Amerika ist für die vom Faschismus verjagten Deutschen das entscheidende Exilland geworden.

Den Schriftstellern geht es beruflich im amerikanischen Asyl sehr unterschiedlich. Vicki Baum und Erich Maria Remarque erobern Hollywood und verdienen Millionen. Thomas Mann, Franz Werfel und Lion Feuchtwanger bleiben erfolgreich, erreichen hohe Auflagen und beachtliche Honorare, können ihr großbügerliches und unabhängiges Leben weiterführen. Sie bauen beziehungsweise kaufen sich am Pazifik prächtige Häuser, schreiben ihre Bücher, leiden im übrigen am Weltgeschehen und der Zerrissenheit der Exilgruppen. Oskar Maria Graf und Leonhard Frank können von ihren Büchern in Amerika nicht oder doch nur spärlich leben. Alfred Döblin und Heinrich Mann vereinsamen, bleiben erfolglos in ihrem zweiten Exilland. Ernst Toller erhängt sich in seinem New Yorker Hotelzimmer.

Es gibt in den Staaten kein Zentrum der deutschsprachigen Flüchtlinge, wie das Paris, Prag und Wien in den europäischen Exilländern sind. Viele jedoch leben im pulsierenden, kulturell sehr aktiven New York. Dort erscheint die in den 40er Jahren wichtigste deutschsprachige Exilzeitschrift, das Wochenblatt „Aufbau", das eine Auflage von 30 000 Exemplaren erreicht und in dessen Inhaltsverzeichnis im Laufe der Jahre nahezu alle großen deutschen Autoren des Exils auftauchen, mehrfach auch der Name Lion Feuchtwanger. Weniger erfolgreich ist der Versuch von Wieland Herzfelde, der 1944 den Aurora-Verlag gründet. Trotz der Unterstützung vieler Autoren – darunter Alfred Döblin, Heinrich Mann, Oskar Maria Graf und Lion Feuchtwanger – erscheinen nur wenige Bücher.

„New Weimar" entsteht aber im Westen der Staaten, im sonnigen Kalifornien. Vor allem die Literaten zieht es dorthin, das milde Klima und die Arbeitsmöglichkeiten in Hollywood locken. Sie leben an der Küste des Pazifik in Santa Monica, in Santa Barbara, in Pacific Palisades, den grünen Vororten der endlosen Wüstenstadt Los Angeles. Oder in Beverly Hills, wo die großen Stars, Regisseure und Produzenten des amerikanischen Films ihre legendären Villen gebaut haben. Kalifornien ist sanft, Erna M. Moore schreibt wohl zu Recht: „Im Gegensatz zu Hitlerflüchtlingen in anderen Teilen der Welt und auch den in New York gelandeten, führte die Exilkolonie am Pazifik ein menschenwürdiges Dasein, frei von drückenden Sorgen ums nackte Leben, in einer heiteren Landschaft mit angenehmem Klima, betreut und unterstützt von hilfsbereiten Landsleuten, Freunde und Bekannte in erreichbarer Nähe." Thomas Mann meint an einem der gesellschaftlichen Abende in seinem Haus am Pazifik: „Nicht Paris noch das München von 1900 hätte einen Abend von intimerer Kunststimmung und Heiterkeit zu bieten gehabt."

Natürlich ist auch Kalifornien keine Idylle. Viele Schriftsteller sind durch die „Lebensrettungsverträge" nach Hollywood gekommen. Verträge, die ihnen ein 100-Dollar-Wocheneinkommen garantieren und die zugleich bei den Paß- und Visabehörden als Eintrittskarte für Amerika akzeptiert werden. Aber dann sitzen sie in den Büros der Studios von Warner oder Goldwyn-Meyer, acht Stunden täglich, schreiben Drehbücher, die keiner will, die sich dem amerikanischen Massengeschmack nicht anpassen. Niemand erwartet von den Emigranten im Grunde eine Leistung. „Was die Exilautoren zu bieten hatten", schreibt Erna

M. Moore in ihrem Aufsatz über das *Exil in Hollywood*, „waren ihre eigenen individuellen Auffassungen von Literatur und Kunst, die sie sich im kulturellen Klima Mitteleuropas erworben hatten. Was Hollywood wollte, waren Filme, die den Beifall des größtmöglichen Sektors des amerikanischen Publikums sichern konnten."

Der siebzigjährige Heinrich Mann sitzt mit Leonhard Frank in einem kleinen Schreibbüro, und niemand kümmert sich darum, ob er etwas produziert oder nicht. Carl Zuckmayer hält es nicht mehr aus, gibt einen guten Vertrag auf, zieht sich für Jahre auf eine einsame Farm zurück. Alfred Döblin kann nach einem Hollywood-Jahr nicht mehr, kündigt seinen Vertrag, lebt von der Arbeitslosenunterstützung und den Freunden. Fritz Kortner sagt über diese Zeit: „Was ich in Hollywood beruflich zu leisten Gelegenheit hatte, war so wenig bemerkenswert, daß ich darüber zu erzählen gern versäume." Und selbst Brecht, der dem Medium Film viele Impulse verdankt, resigniert, beginnt Kalifornien zu hassen: „Nachdenkend, wie ich höre, über die Hölle/ Fand mein Bruder Shelley, sie sei ein Ort/ Gleichend ungefähr der Stadt London. Ich/ Der ich nicht in London lebe, sondern in Los Angeles/ Finde, nachdenkend über die Hölle, sie muß/ Noch mehr Los Angeles gleichen."

Lion Feuchtwanger, der lange Jahre in diesem Kreis lebt, in Kalifornien bleibt, wenn viele es wieder verlassen haben, weiß um die Gründe, die den Exilgefährten die Anpassung an die neuen Verhältnisse so schwer werden lassen: *„Manche unter uns sind so von innen her gebunden an die Inhalte und Formen ihrer Jugend und Heimat, daß sie davon nicht loskommen und sich nach Kräften sträuben gegen ihre neue Umwelt. Dieses Sicheinschließen in die tote Vergangenheit, dieses Sichabsperren von dem wirklichen Leben ringsum, diese stolze Absonderung vermindert die Kraft der Dichter...; die exilierten Schriftsteller, die es so halten, ... haben das schwerste Los gezogen, und ihre Bitterkeit ist die tiefste."* (*Der Schriftsteller im Exil*, 1943) Er selbst hat dieses Los nicht gezogen, bleibt ein Glücklicher, schreibt im amerikanischen Exil sieben Romane, zwei Theaterstücke, dazu noch eines mit Brecht, mehrere Kurzgeschichten, einen Erlebnisbericht über die letzten Monate in Frankreich. Und als er 18 Jahre nach seiner Ankunft stirbt, steckt er mitten in der Arbeit an einem großen Essay über den historischen Roman.

Am 5. Oktober 1940 läuft die „Excalibur" in den Hafen von New York ein. Reporter stürzen an Bord, ein berühmter Flüchtling ist auf dem Frachter. Feuchtwanger sind die Spuren der Strapazen, die er in den letzten Monaten durchgemacht hat, deutlich anzumerken, der kleine stille Mann wirkt zurückhaltend. Der sonst so optimistische, freundliche Schriftsteller ist mitgenommen, die Ereignisse in Europa haben ihn erschüttert. Er spricht von Hasenclevers Freitod, von seiner Flucht aus dem Lager und seinem Grenzübertritt nach Spanien. Der treue Verleger Ben Huebsch befreit ihn von den Journalisten. Aber kaum hat er New York betreten, steckt er schon wieder mitten in den Exilstreitereien, den politischen Verdächtigungen, mit denen sich die Flüchtlinge das Leben in der Fremde so schwer machen. Sein Gespräch mit den Reportern erscheint verkürzt in der „New York Times". Die Formulierungen sind allgemein geblieben, aber sofort verdächtigen ihn die Mitemigranten, er habe durch seine „Geschwätzigkeit" Fluchtwege preisgegeben und damit Hunderten von Emigranten in Frankreich und Spanien den Weg in die Freiheit versperrt.

Noch in einem 1983 erschienenen Buch des Amerikaners Anthony Heilbut heißt es: „After his release from the camps, a loose-lipped Feuchtwanger told american journalists specific facts about the underground railroad that was moving émigrés out of Europe." („Als er aus den Lagern entlassen war, erzählte ein leichtsinniger Feuchtwanger amerikanischen Journalisten genaue Einzelheiten über die geheimen Wege, auf denen die Emigranten aus Europa herausgebracht wurden.") Nichts in dem Artikel in der „New York Times" rechtfertigt eine solch unsinnige Darstellung. Aber der Empfang zeigt, welche Nachwirkungen sein Reisebericht *Moskau 1937* hat, wie sehr er Verdächtigungen ausgesetzt ist. Denn wenig später erscheint auch ein ziemlich gehässiger Artikel in der konservativen „Time", die seine Teilnahme an einer Veranstaltung linker Exilautoren nutzt, an seine Thesen über die Sowjetunion zu erinnern. Feuchtwanger muß bereits in den ersten Wochen erleben, daß auch in Amerika der Ideologiestreit recht persönlich genommen wird. Ein Umstand, der nicht ohne Einfluß auf sein Leben in den Staaten bleiben wird und seine letzten Jahre mitprägt. Nie wird er die amerikanische Staatsangehörigkeit erlangen, weil in umfangreichen Dossiers, angefertigt von einer stumpfsinnigen Bürokratie die sich von intoleranten Politikern bestätigt sieht, recht häufig die Unterstellung auftaucht, er sei Kommunist.

Aber es gibt auch Positives zu berichten. Ben Huebsch erweist sich als umsichtiger Verleger, hilft mit Vorschüssen aus, sorgt dafür, daß Feuchtwanger erst einmal zur Ruhe kommt. Im Hotel „St. Moritz" findet er sein erstes Quartier. Von seinem Fenster aus blickt er auf den Central Park. Da das Manuskript des dritten *Josephus*-Bandes noch im Diplomatengepäck des Marseiller Konsulats unterwegs ist, beschließt er über das *Unholde Frankreich* zu berichten. Bereits am zweiten Tag seiner Ankunft stellt er die 34 jährige Hilde Waldo als Sekretärin ein, läßt einen großen Tisch vor das Fenster seines Hotelzimmers stellen und beginnt die Geschichte seiner Internierung im Lager „Les Milles" zu diktieren. Hilde Waldo, die ungewohnte, neue Schreibhilfe, war 1939 in die Staaten gekommen und hatte vorher schon in England gelebt. Die Berliner Jüdin ist eine glühende Bewunderin des Schriftstellers. Sie wird ihm bis zu seinem Tod eine treue Helferin sein. Wenn das *Josephus*-Manuskript ankommt, wird der Frankreich-Bericht zunächst unterbrochen, die große Biographie nach über 10 Jahren beendet. Dann hat auch Marta Feuchtwanger New York erreicht, beide beschließen zunächst an der Ostküste zu bleiben.

Feuchtwanger gewöhnt sich nicht leicht ein. Es wird ihm im hektischen New York viel abgefordert; Verträge, Resolutionen, Empfänge, zahlreiche Bekannte aus Berlin und Sanary treffen ein, häufig im letzten Augenblick dem Zugriff der Gestapo entronnen. Der kühle Winter in New York behagt ihm nicht. Er besitzt nur ein Einreisevisum, die Angriffe in der Presse belasten ihn, die Zukunft ist wieder einmal ungewiß. Vor allem, sein Bankkonto ist gesperrt, eine der zahlreichen Behördenschikanen, mit denen er zu kämpfen hat. In diesen Monaten fehlt das Geld besonders, weil er Brecht nichts schicken kann, der in Moskau sitzt und nach Amerika will.

Ein Brief vom 8. Dezember 1940 an Lola Sernau, die in Europa ungeduldig auf ein Einreisevisum für Amerika wartet, zeigt seine gedrückte Haltung: „*Meine eigene Situation ist hier nach wie vor ungemütlich. Ich werde zwar außerordentlich geehrt, aber die Sache mit meinen Papieren geht überhaupt nicht weiter, und meine Bankkonten bleiben nach wie vor gesperrt. Verdienen tue ich so gut wie gar nichts, und unsere guten alten Freunde greifen mich zuweilen auf ziemlich heimtückische Art in den amerikanischen Zeitungen an. Dazu kommt, daß ich mir jetzt die Schmidt'schen Zähne wieder alle herausreißen und zu diesem Behufe noch ein paar Wochen in New York bleiben muß. Ringsum sind natürlich alle Leute beleidigt, weil ich mich zu wenig um sie kümmere. Derjenige aber, um den ich mich am wenigsten kümmere, bin augenblicklicherweise ich selber.*" Die depressive Stimmung hält an. Am 15. Januar 1941 schreibt er wieder an Lola Sernau: „*Die Geschichte mit den Zähnen ist natürlich auch im ganzen recht deprimierend, ich werde mich nicht so bald daran gewöhnen können, mit einem Gebiß herumzulaufen, und ich fühle mich sehr oft als Krüppel und alter Mann*".

Aber allmählich klärt sich die Lage. Feuchtwanger hat eine dringliche Aufforderung des Freundes Bruno Frank erhalten, nach Kalifornien zu kommen. Er entschließt sich, das ungemütliche New York zu verlassen, in den Westen überzusiedeln. Ende Januar 1941 fliegt er nach Los Angeles. Am 9. Februar trifft er seine Frau, die von einem Skiurlaub kommt, in Tucson an der mexikanischen Grenze. Sie gehen nach Mexiko auf das amerikanische Konsulat und erhalten endlich ein Einreisevisum, das den unbeschränkten Aufenthalt in den Staaten ermöglicht.

Nur eine Formsache, aber Emigranten sind in diesen Fragen aus leidvollen Erfahrungen sensibel geworden.

In Los Angeles nimmt sie zunächst die Freundin Eva Herrmann auf, die bereits vor ihnen aus Frankreich in ihre Heimat Amerika zurückgekehrt war. Zwei Monate später mieten sie ein Haus, neue literarische Pläne sind gereift, harren der Ausführung. Es gelingt Feuchtwanger sogar, sein Geld frei zu bekommen, nachdem er in einem Brief an den amerikanischen Finanzminister Henry Morgenthau auf die groteske Situation hingewiesen hat, in der er steckt: „*I have been told you have an appreciation of the anomalous. Certainly it is an anomaly that I was interned by French authorities while at the same time English flyers dropped leaflets in Germany, which quoted sentences from my books, and the American authorities are keeping my accounts blocked because I was interned in France.*" („*Man hat mir gesagt, Sie schätzten die Anomalie. Sicher ist es eine Anomalie, daß ich in Frankreich interniert war, während zur gleichen Zeit englische Piloten Flugblätter über Deutschland abwarfen, in denen Sätze aus meinen Büchern standen, und die amerikanischen Behörden blockieren meine Konten, weil ich in Frankreich interniert war.*")

Trotzdem, der Alltag bleibt in diesen Monaten belastend, nur die Arbeit scheint davon unberührt zu bleiben. In einem Brief vom 27. Mai 1941 schildert er Lola Sernau sein Leben in Los Angeles, und es lassen sich in diesen Jahren viele ähnliche Briefanmerkungen des Schriftstellers finden: „*Mir geht es wie immer in den wichtigen Dingen gut. In den zahllosen Dingen des Alltags geht alles quer... Für den dritten Josephus hat Huebsch noch immer keinen Übersetzer gefunden. Unmittelbar neben dem Haus, in dem ich jetzt wohne und das ich wegen meiner Ruhe gemietet habe, hat man zu bauen angefangen, 5 Meter entfernt, die Arbeit wird mit Maschinen und Gehämmer jeder Art betrieben und macht eine gesammelte Arbeit einfach unmöglich. Ich habe Beschwerden mit dem Magen und die Ärzte kriegen nicht recht heraus, was es ist. Meine Post besteht ausschließlich aus Klagen und Bittschriften. Alle Leute, die ich nicht mag, wissen mich zu finden, und mit denen, die ich mag, kommen Verabredungen nicht zustande. Mit Marta ist es, wie Sie wissen, auch nicht immer leicht. Ich könnte noch vielerlei anführen. Andernteils habe ich ausgezeichnet gearbeitet, und über Mangel an Einfällen kann ich nicht klagen.*" Der Stoiker ist „*grantig*", wie eines seiner Lieblingswörter für die Beschreibung des eigenen unzufriedenen Zustands lautet. Aber es ist mehr als nur die Wehleidigkeit des um seine Arbeitsruhe gebrachten Schriftstellers, die in dieser Zeit bei ihm durchbricht. Die schweren persönlichen Erlebnisse seit seinem Aufbruch aus der Idylle des Hauses über dem französischen Mittelmeer und die dramatischen politischen Entwicklungen, die aus Europa gemeldet werden, haben ihn mitgenommen. Am 16. Oktober 1941 heißt es in einem Brief an Lola Sernau: *„Was mich anbelangt, so ist mein Grundgefühl eine tiefe Müdigkeit."*

Dennoch läßt er sich äußerlich keine Resignation anmerken. In einem Interview mit der „Los Angeles Times" lobt er Roosevelts „New Deal"-Politik als „Sozialismus ohne Konflikt", gibt zu, daß er als Antifaschist Schwierigkeiten mit dem Hitler-Stalin-Pakt hat, atmet auf, als der deutsche Überfall am 20. Juni 1941 auf die Sowjetunion die Fronten klärt. An Arnold Zweig schreibt er am 9. Juli 1941: *„Ich brauche Ihnen nicht zu sagen, daß ich allerhand auszustehen hatte deshalb, weil ich bei meiner Meinung über die Russen blieb, und daß ich deshalb von sehr vielen Leuten sehr häufig angefeindet wurde."*

Nachdem er wieder über sein Geld verfügen kann, unterstützt Feuchtwanger viele mittellose Emigranten, stellt Geld bereit, damit Flüchtlinge aus dem brennenden Europa herausgebracht werden können. Im Juli kommt Brecht aus der Sowjetunion, Ruth Berlau ist bei ihm. Feuchtwanger lebt auf, die alten Streitgespräche beginnen wieder, regen ihn an, bald schreiben sie auch an einem neuen Stück. Dann kommen endlich die lange erwarteten Kisten aus Frankreich, mit einem beträchtlichen Teil der Bücher seiner Bibliothek in Sanary. Viele sind beschädigt, *„aber lesbar sind sie, und sie stehen vertraut um mich herum, und sie machen mir eine große Freude"*. Lola Sernau hatte im Herbst 1940 die 45 Bücherkisten in Marseille lagern lassen. Sie selbst jedoch kann nicht nachkommen; es gelingt Feuchtwanger nicht, ein Visum für sie zu erlangen. Seine langjährige Sekretärin lebt seit 1940 in Ascona. Inzwischen ist allerdings Hilde Waldo auf Feuchtwangers Wunsch nach Los Angeles gekommen. Sie wird dort bleiben über seinen Tod hinaus, Marta Feuchtwanger helfen, das literarische Werk zu betreuen.

Das Leben der Emigranten in Amerika ändert sich mit dem Kriegseintritt der Vereinigten Staaten ein weiteres Mal. Plötzlich nämlich sind sie wieder „feindliche Ausländer", unterliegen unwürdigen und auch recht sinnlosen Bestimmungen. Seit März 1942 gilt für sie eine Ausgangssperre zwischen 20 und 6 Uhr, sie dürfen in den Staaten nur mit einer amtlichen Genehmigung reisen. Feuchtwangers Kommentar: *„Am meisten erbitternd ist die prinzipielle Torheit der Maßnahmen."*

Ihn persönlich allerdings stören diese Anordnungen der Behörden nicht allzu sehr. Trotz aller äußeren Unruhe arbeitet er auch in Los Angeles schon wieder intensiv. Der Erlebnisbericht *Unholdes Frankreich* und der dritte *Josephus*-Band sind abgeschlossen, mehrere Erzählungen geschrieben. Sie beschäftigen sich mit Emigrantenschicksalen im eroberten Frankreich oder spielen im Deutschland der Nazis. Im übrigen zeigen die Erzählungen, daß seine literarischen Stärken nicht in der Short-Story liegen.

Die Brüder Lautensack/Simone

Die Brüder Lautensack oder – wie der Arbeitstitel zunächst lautet – *Der Zauberer* ist Feuchtwangers letzter Roman, dessen Handlung in Deutschland spielt. Noch einmal versucht er mit satirischen Mitteln das Irrationale der Herrschaft Hitlers darzustellen, die Massensuggestion, die seine Erscheinung auslöst. Im Aufstieg und Fall des Hellsehers Oskar Lautensack zeigt Feuchtwanger die Scharlatanerie, das Betrügerische, auf dem aus seiner Sicht das Herrschaftssystem der Nationalsozialisten ruht. Nach einem Auftritt im Zirkus Krone wird der gescheiterte, heruntergekommene Lautensack dem „Führer" vorgestellt, der Hellseher und der Politiker schließen *„ohne Worte ein Bündnis."* Beide wissen: *„Die Herzen der Menschen muß man gewinnen, nicht ihre armen Gehirne."* Der Triumph der Nazis wird zur Grundlage von Lautensacks Karriere, die ihn, den schwankenden, unpolitischen, eitlen Charakter in unmittelbarer Nähe der Mächtigen bringt, ihn hochmütig, leichtsinnig macht, und schließlich selbst zum Opfer werden läßt. Als er versucht, Politik zu treiben, als seine intime Nähe zum „Führer" ihn zu eitler Geschwätzigkeit verleitet, ist sein Ende besiegelt. Brutal beseitigt ihn das System.

Die Brüder Lautensack sind Feuchtwangers erster Versuch, speziell auf den amerikanischen Leser einzugehen. Sein Briefwechsel mit dem Verleger Ben Huebsch in diesen Jahren dreht sich immer wieder um die Frage, wie das amerikanische Publikum angesprochen werden kann. In Bezug auf den Hellseher-Roman schreibt Feuchtwanger an den Verleger: *„Die seltsame Mischung von Okkultismus, Schwindel und großer Politik muß, glaube ich, auch ein sehr breites Publikum ansprechen."* Eine Prognose, die nur teilweise eintrifft. Am 21. Januar 1942 teilt Feuchtwanger dem Freund Arnold Zweig selbstkritisch mit: *„Es ist nicht die glücklichste Wahl, die ich getroffen habe."* Das Echo auf den Roman ist geteilt. Ein gekürzter Vorabdruck bringt immerhin dringend notwendige Einnahmen. Aber insgesamt gilt wohl, daß der Leser Feuchtwangers Darstellung des Okkulten im Zusammenhang mit Hitlers Karriere nur schwer nachvollziehen konnte.

Interessant ist, daß den *Brüdern Lautensack* zunächst ein dramatischer Entwurf des Stoffes vorausgegangen ist, ein Verfahren, das Feuchtwanger lange nicht mehr angewandt hat. Vorbild des Oskar Lautensack im übrigen ist die politisch zwielichtige Gestalt des Hellsehers Hanussen, mit der sich mehrere Publikationen in der antifaschistischen Literatur beschäftigt hatten, die Lion Feuchtwanger kannte.

Auch das nächste Prosawerk, das er in Los Angeles schreibt, gehört zu seinen „kleinen" Romanen. Wieder ist es zunächst eine dramatische Version, die der epischen vorausgeht. Wie in alten Münchner und Berliner Zeiten hockt er ab Oktober 1942 fast täglich mit Freund Brecht zusammen, und sie arbeiten an dem Stück *Die Gesichte der Simone Machard*. Es wird heftig gestritten, aber auch fleißig gearbeitet. Brechts Eintragungen aus diesen Monaten im *Arbeitsjournal* zeigen, wie gut er mit dem Älteren arbeiten kann, wie wichtig ihm sein Rat ist, welche Sympathien der sonst nicht gerade freundliche Dramatiker Feuchtwanger entgegenbringt. Das Stück aber, an dem sie den Winter über arbeiten, läßt vor allem Feuchtwanger unbefriedigt. Heftige Auseinandersetzungen gibt es über das Alter der Hauptdarstellerin: Brecht will Simone als Kind, Feuchtwanger als junge Frau. Und doch schlägt die gemeinsame Arbeit für beide am Ende zum Guten aus. Feuchtwanger entschließt sich, die Fabel für einen Roman zu verwenden, und Brecht ist an den Filmrechten des Buches beteiligt, erhält 1943 dafür 25 000 Dollar, und damit ist er wieder für ein Jahr materiell gesichert.

Simone spielt im Frankreich des Jahres 1940, in den Tagen, in denen die Dritte Republik zusammenbricht, von der deutschen Heereswalze überrollt wird. Das Mädchen Simone, das in einer französischen Kleinstadt bei ihrem Onkel, einem Garagenbesitzer arbeitet, wird in den Wochen des deutschen Einmarsches von den „Stimmen", den „Gesichten" der Jeanne d'Arc heimgesucht, die Frankreich 600 Jahre vorher durch ihr patriotisches Handeln von einer fremden Macht, den Engländern, befreit hatte. Im Hause ihres Onkels und bei den Honoratioren der kleinen Stadt entdeckt das Mädchen Simone, daß der Patriotismus dieser Menschen dort aufhört, wo ihre materiellen Interessen berührt werden, wo sie zur Rettung ihres Besitzes selbst mit den ins Land einfallenden Feinden kollaborieren. Um ein Signal zu setzen, steckt Simone beim Einmarsch der Deutschen das Benzinlager in der Garage des Onkels in Brand. Eine nur scheinbar sinnlose Tat, denn auch wenn der Anschlag den deutschen Vormarsch nicht aufhalten kann – Simone hat zum Widerstand aufgerufen, das „Volk" hat sie verstanden. Am Ende des Romans, als sie abgeführt wird, heißt es: *„Da geriet die Menge, die stumm und reglos verharrt hatte, in Bewegung. Arme hoben sich, ihr zuzuwinken, Frauen und Mädchen weinten, der Gendarm hatte Haltung angenommen, Rufe schallten ihr zu: ‚Adieu, Simone... Wir vergessen dich nicht, Simone Planchard – wir holen dich, Simone'."*

Feuchtwanger stellt die Entwicklungsgeschichte des Mädchens Simone dar, das durch das Erkennen der Wirklichkeit, die *„Herrschaft der zweihundert Familien"* in Frankreich, zur Aktion treibt. Schon Brecht hatte während der Entstehung der dramatischen Fassung darauf hingewiesen, daß Jeanne d'Arc nicht von den Feinden, sondern von den eigenen Landsleuten verurteilt worden war. Die deutschen Soldaten in Feuchtwangers *Simone* werden daher auch keineswegs als finstere Bösewichter dargestellt: *„Simone hatte keine klare Vorstellungen gehabt,* *welcher Art die einrückenden Sieger sein würden; nur soviel hatte sie geglaubt, daß das Böse, das da kommen werde, auch rein äußerlich als böse erscheinen müsse, sie hatte geglaubt, die Sieger würden sich durch harte, grausame Gesichter und wüstes Gewese von den Einwohnern unterscheiden. Dem war nun keineswegs so. Die Soldaten der Boches waren jung, laut und vergnügt, und das war alles.*" Schon 1941 hatte Feuchtwanger in einem Aufsatz über *Die psychologische Wirkung der Niederlage in Frankreich* die patriotische Haltung der Mehrheit der Franzosen, ihren Widerstandswillen hervorgehoben, sie der Kollaborationshaltung der Vichy-Regierung gegenübergestellt: „*Die Art, wie Pariser Studenten gegen die Nazis kämpften, wie Marseiller Patrioten Munitionszüge in die Luft sprengten; ... der kluge Heroismus, mit welchem die Arbeiter gewisser Flugzeugwerke Sabotage übten..., das wird einmal... Stoff sein für manche Heldenballade.*"

Brecht und Feuchtwanger machen mit dem Simone-Thema also auch ihre Haltung in einer während des Entstehens von Stück und Roman sehr aktuellen Diskussion unter den Emigranten deutlich. Wer hat den deutschen Faschismus zu verantworten, das deutsche Volk insgesamt oder nur seine Führer? Beide Autoren vertreten die Auffassung, daß der Faschismus eine Folge der Entwicklung des Kapitalismus ist, und nicht auf ein Versagen des deutschen Volkes zurückgeführt werden kann. In einem Vortrag auf dem Schriftstellerkongreß an der Universität von Kalifornien, der 1943 während der Arbeit am Roman stattfindet, sagt Feuchtwanger: „*Im Gegenteil, gerade die hervorstechendsten Züge der Nazi sind solche, welche die Deutschen nicht haben.*" Er wirft seinen Landsleuten zwar vor, daß sie der Politik leichtfertig, gleichgültig gegenübergestanden haben, daß sie erstaunt gewesen seien, „*als sie eines Tages erfuhren, dieser Mann, den ihre Majorität nie ernst genommen hatte, sei ihr Reichskanzler*", aber eine Kollektivschuld lehnt Feuchtwanger ab. „*Den Faschismus austilgen heißt das deutsche Volk befreien*", lautet seine Formel. In der Bundesrepublik ist die nüchterne, kluge Haltung Feuchtwangers nie gewürdigt worden. Im Gegenteil, die peinlichen entgleisenden Äußerungen der „inneren Emigration", die beispielsweise von Frank Thieß nach dem Krieg formuliert wurden, fanden großen Beifall. Auch wenn Thieß sich in seiner Polemik gegen die Emigranten vor allem auf Thomas Mann bezog, der das deutsche Volk stärker in die Verantwortung für den Faschismus miteinbezog, als Brecht oder Feuchtwanger es taten – über die abgewogenen Urteile vieler Verfolgter in der Schuldfrage schwieg man sich in Deutschland West weitgehend aus.

Als *Simone* im Jahre 1943 entsteht, hat sich Feuchtwangers persönliche Lage erheblich verbessert. Die Wende des Krieges ist gekommen, das

Ende Hitlers zeichnet sich ab, nach fast einem Jahrzehnt ist der scheinbar nicht aufzuhaltende Vormarsch der Faschisten gestoppt worden. Ende Januar 1943 kapituliert die 6. Armee in Stalingrad, im Juli beginnen die sowjetischen Gegenoffensiven, am 3. September landen die Alliierten in Italien.

Feuchtwanger, der „chronische Optimist", atmet auf, denkt schon wieder an die Zukunft des Nachkriegsdeutschland. Auf dem Schriftstellerkongreß Anfang Oktober 1943, von dem bereits gesprochen wurde, spricht er sich für ein sozialistisches Nachkriegsdeutschland aus, plädiert, ebenso wie Thomas Mann, für eine Versöhnung der verschiedenen politischen Lager, die sich in und außerhalb Deutschlands in ihrer antifaschistischen Haltung einig sind. Thomas Mann ruft den Kongreßdelegierten zu: „Glauben Sie mir; für viele dort ist das Vaterland dort ebenso zur Fremde geworden wie für uns." Aber auch Gräben werden schon sichtbar. Brecht und Feuchtwanger werben für die Gründung des „Nationalkomitees Freies Deutschland", Thomas Mann zieht seine Unterschrift unter einer gemeinsamen Erklärung im August wieder zurück. Auch die konservative „Free Germany"-Bewegung kann den Repräsentanten des deutschsprachigen Exils in Amerika nicht für sich gewinnen, bleibt genauso bedeutungs- und einflußlos wie Brechts nach sowjetischem Vorbild geplantes „Nationalkomitee".

Feuchtwangers Aktivitäten in den zahllosen Exilorganisationen wechseln sich ab mit Wochen angespannter, zurückgezogener Schaffensphasen. 1943 findet Marta Feuchtwanger endlich auch ein festes Heim. Dreimal schon haben sie in Los Angeles das Quartier gewechselt. Jetzt kaufen sie ein Haus in Pacific Palisades, auf einem Hügel der Berge von Santa Monica gelegen, wieder mit einem weiten Blick auf das Meer. Ein herrliches Haus, ganz im spanischen Landhausstil, mit großen weiten Räumen, alten Holzdecken und Holztreppen, die aus einem Kloster Spaniens stammen. Im obersten Stockwerk wird die Schriftstellerwerkstatt eingerichtet, auf der großen Terrasse, die über der blauen Bucht von Santa Monica liegt, frühstücken sie, machen sie Gymnastik. Und überall baut er wieder neue Bücherwände, bald sind es 35 000 Bände. Wertvolle Erstausgaben, bibliophile Kostbarkeiten umgeben ihn. Seine Frau legt ihren dritten Garten an. Sie sind wieder zu Hause.

Das Anwesen im Paseo Miramar war einige Jahre unbewohnt, der Besitzer starb vor seinem Einzug. Marta kann es recht preisgünstig kaufen. Trotzdem, die letzten Finanzreserven werden aufgebraucht. Ein Glück, daß *Simone* vom größten Buchclub Amerikas, der „Literary Guild", gekauft und in 350 000 Exemplaren verbreitet wird.

Der Kauf dieses Hauses steht am Beginn des letzten Lebensabschnitts von Lion Feuchtwanger. Die tiefe Ruhe, der großbürgerliche Lebensstil, den er hier wieder findet, werden ihn bis zu seinem Tod in Amerika halten. In einem Fernsehinterview, das der Verfasser mit Marta Feuchtwanger im Januar 1984 gemacht hat, meinte sie auf die Frage, in welchem seiner Häuser sich ihr Mann am glücklichsten gefühlt habe: „Hier in seinem kalifornischen."

Ludwig Marcuse, inzwischen auch Bewohner der weiten Stadt von Los Angeles, weiß warum: „Er ging auch in Gesellschaften, nicht zu oft. Lud auch ein; nicht zu eifrig... Aber lieber war er ungestört. Er hatte soviele erlauchte Dauergäste im Haus, die er zum Sprechen bringen konnte, wann er wollte; er hatte keine Sehnsucht, häufiger als gelegentlich einmal gesellig zu sein."

Er verläßt sein Haus in den letzten 15 Jahren seines Lebens nur noch selten. Erst nach sechs Jahren in Kalifornien unternimmt er im April 1947 zum ersten Mal wieder eine weite Reise, fliegt er nach New York. Es wird der letzte Aufenthalt in einer anderen Stadt sein. Bücher lesen und Bücher schreiben – das füllt ihn nun fast ganz aus.

Natürlich bleibt der freundschaftliche Verkehr mit den Menschen, die er schätzt. Zweimal im Monat treffen Feuchtwangers sich zu einem gemeinsamen Abendessen mit Thomas und Katja Mann. Brecht, der sich vom *Simone*-Honorar ein Haus in Santa Monica gekauft hat, bleibt, bis zu seiner Rückkehr nach Europa im Herbst 1947, der vertraute Gefährte. Bruno Frank kommt häufig von Beverly Hills herüber oder lädt in sein gastfreundliches Haus ein. Franz und Alma Werfel gehören zu diesem engeren Kreis, obwohl der konservative Katholik Werfel und der Sozialist Feuchtwanger politisch häufig aneinandergeraten. Der einsame Heinrich Mann wird oft von Marta mit dem Wagen abgeholt, zu langen ruhigen Abenden über der Bucht. Die deutschen Emigranten in Hollywood – Schauspieler, Regisseure und Drehbuchautoren – laden zu Premieren, Rezitationsabenden oder politischen Diskussionen. Neue Freundschaften werden geschlossen oder zumindest doch anregende Bekanntschaften. Charles Laughton, der Shakespeare deklamiert, Edward G. Robinson, der Hollywoods große Gangsterrollen spielt, Ingrid Bergmann, die durch den Emigrantenfilm *Casablanca* zu Weltruhm gelangt, und auch Charlie Chaplin besuchen das Haus am Paseo Miramar, sind Gesprächspartner auf großen Abendgesellschaften. Feuchtwanger schätzt vor allem Chaplin sehr, er bewundert seine Filme, stimmt mit ihm politisch überein, steht ihm zur Seite, als Amerikas Kommunistenjäger den kleinen großen Mann schließlich aus dem Land hetzen. Nur als Chaplin einmal den Wunsch äußert, den Jud Süß Oppenheimer spielen zu wollen, überfordert er die Vorstellungskraft des Schöpfers der Romanfigur.

Zweimal im Jahr gibt es große Gesellschaft im Hause Feuchtwanger. 50 bis 60 Gäste sind geladen. Zunächst werden sie in das weiträumige Arbeitszimmer gebeten, der Gastgeber liest eine gute halbe Stunde aus seinem Werk. Wie immer mit leiser, etwas monotoner Stimme, die Manuskriptblätter liegen auf einem schmalen Pult, hinter dem der Autor stehend liest. Anschließend wird das Gehörte diskutiert – angeblich, so wissen es die häufig phantasievollen Miterlebenden später zu berichten, wird Thomas Mann stets der erste Redebeitrag überlassen. Auch soll an solchen Abenden die Vorlesung immer pünktlich um 20 Uhr begonnen haben, da der herausgehobene Nobelpreisträger spätestens um 23 Uhr zu Hause zu sein pflegte.

Zwei Wochen später dann werden in der Regel die amerikanischen Freunde geladen; ein Schauspieler liest die übersetzten Texte, und hier erhält stets Charlie Chaplin das erste Wort in der Diskussion. Beide Abende enden unten in der Bibliothek, mit einem von Marta Feuchtwanger angerichteten Buffet.

Revolutionsromane

1944 beginnt Feuchtwanger den ersten seiner drei umfangreichen Romane, deren Handlung er in das Zeitalter der europäischen Revolutionen verlegt. *Die Füchse im Weinberg*, *Goya* und *Narrenweisheit* sind seine große Auseinandersetzung mit der Revolution, ein breites, mit zahllosen historischen Figuren angefülltes Panorama der Geschichte des 18. Jahrhunderts. Sie sind aber auch Feuchtwangers Bekenntnis zu den beiden Staaten, die ihm Exil gewährt haben: zu Frankreich und zu Amerika. Keiner der drei Romane kann hier ausführlich dargestellt, aber die Grundmotive sollen doch skizziert werden.

Im Nachwort zum ersten dieser Bücher, *Die Füchse im Weinberg*, schreibt Feuchtwanger: *„Sie werden ohne weiteres verstehen, daß der Held des Romans nicht Benjamin Franklin ist, auch nicht Beaumarchais, auch nicht der König oder Voltaire, sondern jener unsichtbare Lenker der Geschichte, der, im achtzehnten Jahrhundert entdeckt, im neunzehnten Jahrhundert deutlich erkannt, beschrieben und gepriesen wurde, um dann im zwanzigsten Jahrhundert bitter verleugnet und verleumdet zu werden: der Fortschritt."*

Der Fortschritt ist aber nicht nur der Held dieser Geschichte der Allianz, die der Amerikaner Benjamin Franklin mit dem Frankreich der Bourbonen aushandelt, sondern auch der Held des Buches über *Den argen Weg der Erkenntnis*, den der spanische Maler Francisco Goya gehen muß, um zu entdecken, daß es nur eine engagierte Kunst geben kann – eine Kunst, die mit dem Volk verbunden ist, aber gleichzeitig auch zur Universalität führt. Und der Fortschritt ist der Held im Buch über den weltfremden Rousseau, der den Völkern den Satz zuruft: „Der Mensch ist frei geboren, und überall liegt er in Ketten."

Das Exil ist die innere Landschaft, die diese Romane zeichnen. Der Amerikaner Franklin in Frankreich, der Spanier Goya, der am Ende seines Weges die Heimat verläßt, Rousseau, der politische Flüchtling – alle drei erleiden sie, wenn auch in äußerlich unterschiedlicher Form, das Schicksal der Emigranten des 20. Jahrhunderts.

Mit dem Roman *Waffen für Amerika* oder – wie das Buch später heißt – *Die Füchse im Weinberg* hat sich Feuchtwanger nach eigenen Angaben lange beschäftigt, bevor er ihn diktierte: „*Der erste Entwurf liegt lange zurück, zwanzig Jahre, um genau zu sein.*“ Die eigenen Exilerfahrungen, der drohende Untergang Europas mit Beginn des Krieges und die neu gewonnene Nähe zu Frankreich lassen den Roman-Plan reifen: „*Als das Amerika Roosevelts in den Krieg gegen den europäischen Faschismus eingriff und den Kampf der Sowjetunion gegen Hitler unterstützte, wurden mir die Geschehnisse im Frankreich des ausgehenden achtzehnten Jahrhunderts leuchtend klar und sie erleuchteten mir die politischen Geschehnisse der eigenen Zeit...*“ (Nachwort) „*Sehr deutlich wurde mir durch meine eigenen Erlebnisse die geschichtliche Verbundenheit der beiden Kontinente und insbesondere Frankreichs und Amerikas dokumentiert*“. (*Zu meinem Roman ‚Waffen für Amerika‘*, 1954)

Im Ringen Franklins um den Vertrag mit Ludwig XVI., ohne den Amerikas Befreiungskrieg zu scheitern droht, zeigt Feuchtwanger die vielen Facetten der politischen Diskussion über Freiheit und Demokratie, Fortschritt und Gewalt. „*Ich fürchte*“, meint der alte Franklin, „*Freiheit und bessere Ordnung wird sich nirgends in der Welt ganz ohne Gewalt und Unrecht herstellen lassen.*“ Allerdings, er selbst hat am Ende Erfolg, weil er zu warten weiß, von der tiefen inneren Überzeugung getragen, daß seine Stunde kommen wird. Ein Glaube, den auch der *Wartesaal*-Autor in schwersten Zeiten immer in sich getragen hat. Die Allianz, die dem Fortschritt dient, da sie die Freiheitsidee der Völker unterstützt, kommt zustande. Der lebenszugewandte Franklin hat die „Welt“ überwunden: „*Er fand, es sei gut, auf dieser Erde zu sein, trotz der Kollegen, trotz des Kongresses, trotz der Einsichtslosigkeit... und der meertiefen Dummheit der Bewohner dieses Planeten im allgemeinen.*“

Im nächsten Roman, im *Goya*, setzt Feuchtwanger die Auseinandersetzung mit den Ereignissen seiner Zeit fort. Es ist ein Künstler-Roman, der den Weg des Malers vom Hofmaler zum revolutionären Darsteller der gesellschaftlichen Wirklichkeit im feudalistischen Spanien nachzeichnet. In seinen *Caprichos*-Graphiken geißelt Goya die Ausbeutung des spanischen Volkes durch Adel und Geistlichkeit, deutet er mit den Mitteln der Kunst die kommende Revolution an. Das letzte Blatt der

80 Radierungen trägt die Unterschrift: „Sie ist da, die/Stunde, abgelaufen ist die/Zeit. Und jeder mußte sehen:/sie war da, die Stunde."

Neben den aufklärerischen, gesellschaftspolitischen Perspektiven taucht im *Goya*-Roman auch Feuchtwangers sehr biographisch gefärbtes Motiv von den Forderungen auf, denen sich der Künstler zu stellen hat. Goya, der sich den Demütigungen der Inquisition aussetzen muß, die im Roman bewußte Parallelen zu McCarthys Hexenjagd besitzt, weiß am Ende eines leidvollen inneren Prozesses, daß es keine apolitische Kunst geben kann. Der Künstler muß Diener des Fortschritts sein.

Der Goya-Roman, dessen geplanter zweiter Teil nicht mehr geschrieben wird, ist außerordentlich erfolgreich. In Amerika, wo er unter dem etwas melodramatischen Titel *This is the Hour* erscheint, wird dies Buch zu Feuchtwangers meist gelesenem Roman.

Im letzten Buch dieses „Revolutions"-Zyklus schildert Feuchtwanger die Wirkung jener Ideen, die von den aufgeklärten Intellektuellen der Zeit vor der Französischen Revolution entwickelt und veröffentlicht worden sind. Der Roman beginnt in der Zeit der Übersiedlung von Jean-Jacques Rousseau auf das Gut des Marquis Girardin, wenige Wochen vor seinem Tod. Rousseau,der weltfremde Einsiedler, hat den großen, revolutionären Begriff vom „Gesellschaftsvertrag" formuliert, der an die Stelle der absoluten Monarchie gesetzt werden soll. Feuchtwanger zeigt in *Narrenweisheit* stärker als in jedem anderen seiner Romane, wie die revolutionäre, aufklärerische Idee auf das Volk wirkt. *„Er war nur ein Schriftsteller gewesen, ein Philosoph, und sie wußten nicht recht, was das war, und kaum einer unter hundert hatte seine Bücher gelesen. Aber ein paar Worte von ihm, ein paar Sätze von ihm hatte man ihnen in die Ohren und ins Herz gerufen in der Stunde ihrer Unschlüssigkeit. Und es waren solche Worte, daß man marschieren und zuschlagen mußte, wenn man sie hörte. Und sie* waren *marschiert, und sie* hatten *zugeschlagen. Und sie hatten gesiegt. Und folglich taugten die Bücher dieses Toten mehr als die Kanonen der Generäle und die Federn der Staatsmänner."*

Neben dem Revolutionsthema, das Feuchtwanger in diesem Roman besonders hervorhebt – die Terrorherrschaft Robespierres wird sehr realistisch geschildert – setzt er sich erneut mit dem Handeln des Intellektuellen, der Frage von Denken und Tun auseinander: *„Man konnte ohne Philosophie nicht wirken, aber die Philosophie, die Theorie allein schafft es nicht."* Feuchtwangers Selbstbekenntnis ist dabei unüberhörbar: *„Man mußte die harte, leibhaftige Wirklichkeit betasten, sich an ihr reiben, sich von ihr stoßen und schürfen lassen. Mußte durch eigene bittere und süße Erfahrung herauskriegen, was bekömmlich war und was nicht."*

Späte Jahre

Acht Jahre lang, von 1944 bis 1952, hat sich Feuchtwanger mit dem Zeitalter der europäischen Revolution im 18. Jahrhundert beschäftigt. Es sind in dieser Zeit aber auch zwei Theaterstücke entstanden, *Wahn oder Der Teufel in Boston* und *Witwe Capet*, eine Kurzgeschichte und zahlreiche Aufsätze. Ein umfangreiches Werk also, das den langsam arbeitenden Schriftsteller restlos ausgefüllt hat. Eine glückliche Schaffenszeit, wie viele Briefbemerkungen Feuchtwangers belegen – eine Zeit jedoch, in der die Beschwernisse des Alters stärker geworden sind. Er leidet unter der umfangreichen Korrespondenz und den großen Entfernungen in Los Angeles, die ihn von Chauffeur – Marta Feuchtwanger oder Hilde Waldo – und Auto abhängig machen. Es sind die „kleinen" Dinge, die ihn von jeher bedrückt, belastet, nervös gemacht haben. Ein Brief vom 18. Dezember 1945 mag als Beweis dienen, weil er Klagen enthält, die sich in diesen Jahren wiederholen: „*Äußerlich ist alles großartig. Ich habe das schöne, Thomas Mann sagt immer: das fürstliche Haus, Marta hat aus dem Garten ein kleines Wunder gemacht, meine Bibliothek ist vier oder fünf mal größer als in Sanary, ich habe alles, was ich für meine nächsten vier Bücher brauche, und bin unabhängig von jeder Bibliothek. Aber – und nun kommen eine ganze Menge Aber – wir haben kein Personal, überhaupt niemand. Marta macht alles allein, sie macht es sehr gut, aber Sie wissen ja, daß es nicht sehr einfach ist. Jemand einzuladen oder jemand auch nur auf eine Stunde zu sehen, ist immer ein Problem. Dazu die Entfernungen. Das Haus liegt viel mehr abgelegen als in Sanary... Dann kommt der ständige große Ärger mit den Übersetzungen, und hier ist es schon sehr störend, daß man so weit ab von New York sitzt. Ich muß öfter mit New York telefonieren, als einem lieb ist. Und überhaupt macht mir der Betrieb der schon in Sanary lästig war, hier enorm zu schaffen. Des morgens um acht Uhr werden die Telegramme durchgesagt, immer so vier, fünf, um elf Uhr kommt Hilde mit der Post, argwöhnisch schau ich auf den Haufen, es ist fast nichts, was mich unmittelbar angeht, es sind Bitten, Hilferufe, Politisches, man soll Empfehlungen schreiben, Manuskripte und Bücher lesen, Geld schicken, ... den und jenen sehen, es ist kein Ende, und der Kampf um freie Zeit für die eigentliche Arbeit ist schwerer als je.*"

Es gibt natürlich größere Sorgen. Die Politik, obwohl er sie jetzt manchmal leid ist, läßt ihn nicht los. Amerika hat eine zutiefst konservative Tradition, die Angst vor Kommunisten, Anarchisten ist stark. Seit Feuchtwanger im Oktober 1940 amerikanischen Boden betreten hat, haben ihn die Gralshüter einer Law-and-Order-Demokratie nicht aus den Augen gelassen. Schon der Schriftstellerkongreß in Los Angeles 1943 ließ die Überwachungsbürokratie auf Hochtouren laufen. Obwohl der damalige Präsident Roosevelt ein Grußtelegramm schickte, gab es heftige Angriffe, bei denen sich besonders Senator Jack B. Tenney, Vorsitzender des kalifornischen Untersuchungsausschusses für unamerikanische Umtriebe hervortat. Der Kongreß in Los Angeles war für Tenney die Sache einer kommunistischen Tarnorganisation. Der Beginn mußte um drei Tage verschoben werden, dann aber konnte die Veranstaltung doch stattfinden, da der Senator den Beweis für seine Behauptungen schuldig blieb. Immerhin, im fünften Bericht des Untersuchungsausschusses, der 1949 erschien, wird Feuchtwanger neben Thomas Mann und Albert Einstein den Intellektuellen zugerechnet, die Kontakte zu „kommunistischen Tarnorganisationen" unterhalten. Es erstaunt also im Grunde wenig, daß nach dem Krieg, als das Bündnis gegen Hitler auseinanderbricht, Moskau und Washington rasch in ein starkes Konkurrenzverhältnis treten, mit dem McCarthyismus eine neue Welle von Verdächtigungen, Überwachungen, Diffamierungen über die Linksintellektuellen in Amerika hereinbricht. Der Boden dafür war schon in den 30er und frühen 40er Jahren vorbereitet worden.

Aktueller Hintergrund des Aufstiegs von Joseph Raymond McCarthy, dem republikanischen Senator aus Wisconsin, war das Scheitern der amerikanischen „Containement Policy", der Eindämmungspolitik gegenüber dem Kommunismus. Als die Sowjetunion 1948 in der Tschechoslowakei den Kommunisten zur Macht verhalf, 1949 ihre erste Atombombe zündete, in England und den USA spektakuläre Spionageprozesse gegen Dr. Klaus Fuchs und das Ehepaar Rosenberg inszeniert wurden, brachen die Dämme. Mit der Unterstützung von Fernsehen, Radio und Presse gelang es McCarthy, die latenten Abwehrgefühle vieler Bürger gegen die „Roten", die „Handlanger des Kommunismus" in Bahnen hysterischer Verfolgung zu lenken. Unter Bruch der verfassungsmäßig gesicherten Grundrechte werden zahlreiche Menschen vor McCarthys Untersuchungsausschüsse geladen und befragt, wird ihre Loyalität gegenüber Amerika angezweifelt. Eine Welle von Angst und Opportunismus geht durch das Land. Wenige nur wagen offenen Widerspruch, wehren sich gegen die Verfassungsbrüche. Der amerikanische Soziologe Samuel A. Houffer stellte im Sommer 1954 in einer Untersuchung fest, daß 77 Prozent der Amerikaner dafür waren, überzeugten Kommunisten die Staatsbürgerschaft zu entziehen, 51 Prozent stimmten dafür, Kommunisten einzusperren. Der Spuk, der viele Menschen in Verzweiflung stürzte, einige in den Tod trieb, dauerte bis Ende 1954, als eine Rüge des Senats McCarthys Hexenjagd beendete.

Feuchtwanger ist Betroffener. Die Angriffe in der Presse nehmen zu. Am 15. Dezember 1946 schreibt er in einem Brief an Arnold Zweig mit bitterem Humor: *„So schreibt zum Beispiel die Hearst-Presse, daß Chaplin und ich bei Hanns Eisler Champagner trinkend finstere Pläne* *gegen die United States schmieden, und in Paris werde ich als Collaborateur gebrandmarkt, weil der Umschlag der französischen Ausgabe von ‚Simone' verkündet: ‚par l'auteur de Juif Süß', und der Film ‚Jud Süß' zwei Jahre hindurch von den Nazis in Paris gezeigt wurde. Worauf meine Freunde erwiderten, es sei unwahrscheinlich, daß ich an diesem Film mitgewirkt habe, da ich all die Jahre hindurch in Rußland gewesen sei. Es herrscht mancherlei Mißverständnis in der Welt."*

Auch die Bürokratie beginnt mit zunehmendem Interesse auf den Exilanten zu achten. Das FBI legt eine recht umfangreiche Akte an, zeitweise wird Feuchtwanger überwacht. Er steht bald auf mehreren Amtslisten, auf denen angebliche oder tatsächliche „Kommunisten" aufgeführt sind. Als er 1948 die amerikanische Staatsbürgerschaft beantragt, wird seine „Loyalität" streng geprüft. Lothar Kahn schreibt: „Das erste Verhör fand am 5. März statt, zahlreiche andere folgten während der nächsten Jahre, und die beiden letzten wurden am 20. und 24. November abgehalten, einen Monat vor seinem Tod." Der Antrag wird nicht abgelehnt, aber auch nicht bewilligt. Feuchtwanger hat nicht ohne Verbitterung auf diese Behandlung seiner Person und das bedrückende Klima der McCarthy-Ära reagiert. Charlie Chaplin zitiert ihn aus diesen Jahren mit dem Satz: „Es mag etwas Bezeichnendes in der Tatsache liegen, daß, als ich mein neues Haus in Berlin fertiggebaut hatte, Hitler zur Macht kam und ich ausreisen mußte. Als ich meine Wohnung in Paris eingerichtet hatte, marschierten die Nazis ein, und wieder zog ich aus. Nun habe ich hier in Amerika gerade ein Haus in Santa Monica gekauft." Wenn Chaplin hier auch sicher nicht ganz richtig zitiert – Feuchtwanger hatte nie eine Wohnung in Paris, und sein amerikanisches Haus liegt in Pacific Palisades – so hat er die Meinung des Schriftstellers damit trotzdem recht gut charakterisiert.

Zweifellos wird mancher von der Kommunistenhysterie des ersten Nachkriegsjahrzehnts erheblich stärker getroffen als Feuchtwanger. Charlie Chaplin, der keinen amerikanischen Paß hat, darf nach einem Europabesuch nicht wieder in die Staaten einreisen. Brecht muß sich vor dem „Ausschuß für unamerikanisches Verhalten" in Washington verhören lassen. Vierundzwanzig Stunden später ist er auf dem Weg nach Europa.

Dennoch haben diese politischen Vorgänge Feuchtwangers letzte Jahre überschattet. Sein Wunsch, Deutschland noch einmal wiederzusehen, bei mancher Ehrung persönlich anwesend zu sein, bleibt unerfüllt. Er befürchtet, daß die Amerikaner ihn nicht mehr zurücklassen, daß er sein Haus, seine Bibliothek, seine gewohnte Umgebung zum dritten Mal verlieren könnte. An Lola Sernau schreibt er am 28. August 1950: *„Wenn es möglich gewesen wäre, dann wäre ich nach der Vollendung des ‚Goya' gern nach Europa gegangen. Meine Situation hier ist bei wei-*

tem nicht so schlimm wie die im letzten Winter von Sanary, aber sie ist auch reichlich unbehaglich, und die semifaschistischen Maßnahmen haben sich durch den Krieg sehr vermehrt. Es ist nicht daran zu denken, daß ich das Land verlassen könnte ohne großes Risiko."

Aber es gibt natürlich auch andere Gründe, die ihn von einer Reise nach Deutschland abhalten. Eine endgültige Rückkehr kommt ohnehin für ihn nicht in Frage. Zu sehr liebt er das Haus über dem Pazifik, seine ledergebundenen zigtausend Bände, den herrlichen Garten mit seinen Schildkröten und Waschbären, die sanfte Sonne Kaliforniens und das blaue Wasser des Meeres. Es ist seine Heimat geworden.

Er will sich nicht mehr – es ist am Anfang dieses Buches schon davon gesprochen worden – in die eisigen Winde des Kalten Krieges zwischen den beiden Deutschland begeben. Er begrüßt die Gründung der sozialistischen DDR, er äußert sich nicht negativ über die bürgerlich-demokratische Bundesrepublik, er hält die Teilung für eine der vielen Dummheiten, von denen die Welt voll ist und von denen er in seinen Büchern so häufig reden muß.

Doch während die Jahre dahinfließen, in gewohnter Regelmäßigkeit Roman für Roman erscheint – Frieden läßt man ihm nicht, und auch er kann es noch immer nicht lassen, laut zu verkünden, was er denkt. Am 14. Oktober 1949 schickt er gemeinsam mit Heinrich Mann ein Grußtelegramm an den neu gewählten ersten Präsidenten der DDR, Wilhelm Pieck: „Erlauben Sie uns, Ihnen und dem Ministerpräsidenten Otto Grotewohl unsere herzlichsten Glückwünsche auszusprechen. Wir brauchen Ihnen nicht zu versichern, mit welch tiefer Anteilnahme wir das Schicksal der jungen Republik unter ihrer beider Führung verfolgen."

Das hört man nicht gern im jungen Adenauer-Staat, wo man aufs Alleinvertretungsrecht pocht. Aber dort schweigt man über Lion Feuchtwanger und Heinrich Mann. In der DDR oder – wie sie bis dahin hieß – in der sowjetischen Zone werden beide Autoren wegen ihrer antifaschistischen Haltung gewürdigt, ihre Werke gelobt und das eine oder andere davon schon wieder gedruckt. Heinrich Mann, vereinsamt in Amerika, soll Präsident der neu gegründeten Akademie der Künste in Ostberlin werden, ihm wird ein materiell gesicherter, würdiger Lebensabend angeboten. In Bonn, in München, in Hamburg oder in Westberlin kümmert sich niemand um jene Autoren, die 1933 aus dem Land gejagt worden waren.

Nur einige Bücher Feuchtwangers werden auf dem westdeutschen Markt angeboten; er glaubt zudem – es ist nicht nachgewiesen – daß die Buchhändler ihn boykottieren. Er hat auch Pech mit den Verlagen. Eugen Kogon druckt in seiner Frankfurter Verlagsanstalt mehrere Romane, aber der Verlag hat keine Zukunft, die Bestände werden verramscht.

Rowohlt kommt in den 50er Jahren mit dem *Josephus* und *Goya* auf den Markt, aber Feuchtwanger fühlt sich in der Bundesrepublik vernachlässigt. So bleibt er zwischen den Fronten. Als sein Roman *Waffen für Amerika* erscheint, schreibt die sowjetische Literaturzeitschrift „Nowyi Mir", nun habe sich Feuchtwanger „dem amerikanischen Imperialismus verkauft". Alfred Kantorowicz, der in der von ihm redigierten Ostberliner Zeitschrift „Ost und West" diesen Artikel übernehmen soll, wehrt sich. Bald erscheint eine von Heinrich Mann geschriebene, positive Besprechung des Buches in dieser Zeitschrift. Und fast symbolisch: Im Westen kommt das Buch zunächst unter dem Titel *Waffen für Amerika* heraus, im Osten heißt es *Die Füchse im Weinberg*.

Im November 1952 erhält der Autor Post aus München: Die Universität beehrt sich, den 1933 aberkannten Doktortitel wieder zurückzugeben. Allerdings hatte man wohl den Hausmeister der Universität mit der Erledigung dieser Angelegenheit beauftragt, denn ein Begleitschreiben war nicht dabei, und aus dem Titel der Dissertation, *Rabbi von Bacherach,* war ein „Rabbi von Biberach" geworden. Der Geehrte dankt freundlich, er wird geschmunzelt haben.

Am 29. September 1953 erreicht ihn ein Brief des Präsidenten der Akademie der Künste in Ostberlin, Johannes R. Becher, der ihm die Verleihung des „Nationalpreises Erster Klasse für Kunst und Literatur" ankündigt. Auch hier wird freundlich gedankt: *„Daß die Republik den Preis einem Schriftsteller verleiht, der nicht in ihrem Bereich lebt, scheint mir ein schlagender Beweis für die Weitherzigkeit, mit welcher sie die Vereinigung alles dessen, was deutsch ist, anstrebt. Ich bin glücklich darüber, daß unter meinen Lesern diejenigen, an denen mir am meisten liegt, die deutschen, mich nicht vergessen haben."*

Im Sommer 1954 erscheint zu seinem 70. Geburtstag in der DDR eine Festschrift, der Sammelband *Worte seiner Freunde.* Grüße manches Weggefährten – Thomas und Heinrich Mann, Bertolt Brecht, Arnold Zweig, Hanns Eisler – und auch Geburtstagsanmerkungen, die mehr von Amts wegen Eingang gefunden haben. In der Bundesrepublik wird zu diesem runden Geburtstag nichts neu aufgelegt. Am 5. Juli 1957 meldet sich dann schließlich doch noch die Heimatstadt beim so wenig geliebten Sohn. Der „Kultur- und Literaturpreis der Stadt München" wird ihm verliehen. Und im Urkundentext – es bleibt im Verhältnis zwischen dieser Stadt und diesem Schriftsteller etwas Satirisches – da schickt man ihn schon im Jahr 1933 in die Emigration nach Amerika.

Aber der Preisträger freut sich trotzdem sehr: *„Es ist mir eine Herzensfreude, daß mir meine Heimatstadt nach so vielem Auf und Ab den Literaturpreis zuerkannt; daß die Wahl auf mich fiel, scheint mir ein Zeichen wachsender innerer Befriedigung, und ich nehme den Preis mit warmem Dank an."*

Doch mit dem Auf und Ab sollte es sehr rasch weiter gehen. Gab es schon hinter den Kulissen heftiges Gerangel in den Münchner Parteien, als Lion Feuchtwanger zum Preisträger vorgeschlagen wurde, kam es kurz nach der Ehrung zum Eklat. Der Schriftsteller nämlich sandte zum 40. Jahrestag der Russischen Oktoberrevolution ein Schreiben in Richtung Moskau: *„Jetzt, wo der 40. Jahrestag der Revolution gefeiert wird, ist es mathematisch sicher, daß das Bestehen der Sowjetunion für Hunderte von Jahren garantiert ist. Und auf unserem Planeten gibt es keine Macht, die heute die Sowjetunion überfallen könnte, ohne damit sich selbst und die Zivilisation der gesamten Welt den Untergang zu bereiten. Ein kolossales Beginnen ist geglückt – der Aufbau eines Staates nicht nur aufgrund der Erfordernisse des Augenblickes, sondern in Übereinstimmung mit einem durchdachten Plan. Die Oktoberrevolution hat das dritte Jahrtausend eingeleitet, und die Historiker der Zukunft werden den 7. November 1917 als den Beginn einer neuen Ära bezeichnen.“*

Die Münchner Stadträte empörte nicht etwa das etwas hohle Pathos dieser Sätze, zumal es ihnen selbst geläufig war, sondern die Tatsache an sich. Es gab eine leidenschaftliche Debatte und am Ende eine beachtenswerte Resolution: „Der Stadtrat stellt fest, daß er bei der Verleihung des Kulturpreises der Stadt München nur die künstlerische Leistung, nicht die politische Haltung des Geehrten anerkennt, von der er sich ausdrücklich distanziert.“ Niemand war überrascht. Aber ein Nachspiel gab es trotzdem noch, denn Feuchtwanger schrieb an die „Abendzeitung“, er habe nie ein Telegramm an die Moskauer Führung geschickt, sondern einen Leserbrief an die „Literaturnaja Gazeta“. Und an den Kulturdezernenten telegraphierte er: *„Verständigung mit Sowjetunion der einzige Weg zur Wiedervereinigung Deutschlands. Bin froh um jede Gelegenheit, dazu beitragen zu können.“* So ganz falsch – das weiß man zumindest 25 Jahre später – war dieser Gedanke sicher nicht.

Aber es sollen hier keine falschen Gewichte gesetzt werden. Diese politischen Querelen füllten zwar hie und da die Schlagzeilen, machten allerdings nicht das Leben des Schriftstellers Lion Feuchtwanger aus. Auch die letzten Jahre gehören ganz dem Werk.

Im September 1952 beginnt Feuchtwanger mit dem Diktat seines nächsten Romans. Es ist die Geschichte des Juden Jehuda Ibn Esra und seiner schönen Tochter Raquel. Das Buch erscheint 1954 unter dem Titel *Spanische Ballade*, später nennt er es *Die Jüdin von Toledo*.

Die Handlung spielt im Spanien des 12. Jahrhunderts. Der reiche, alte Jude Jehuda Ibn Esra verläßt das von den Arabern regierte Sevilla und geht nach Toledo, wo der christliche König Alfonso VIII. herrscht. Er tritt dort in den Dienst des Königs, wird sein „Finanzminister“. Jehuda, dessen Volk wieder einmal unter grausamen Verfolgungen leiden mußte, will durch den wirtschaftlichen Aufschwung des Landes einen Krieg zwischen Christen und Arabern verhindern, der vor allem auch den Juden Spaniens neues Unglück bringen müßte. Es gelingt ihm lange, seinen König von der Notwendigkeit des Friedens zu überzeugen, obwohl der temperamentvolle Alfonso den schon dahinschwindenden alten Ritteridealen nachhängt, das Schwert für wichtiger hält als den Federkiel. Alfonso verliebt sich in Raquel, die Tochter Jehudas. Der Jude willigt in die leidenschaftliche, illegitime Beziehung ein, empfindet das Schicksal seines Kindes als Opfer für die Interessen des Landes, denn mit ihrer Hilfe wird Alfonso von seinen kriegerischen Plänen abgelenkt. Aber schließlich zieht der König doch in die Schlacht und wird vernichtend geschlagen. Jehudas Traum – *„eine Unze Frieden ist besser als eine Tonne Krieg"* – erfüllt sich nicht. Das Volk macht die Juden für diesen verlorenen Kampf verantwortlich; es kommt zu Pogromen, denen auch Jehuda Ibn Esra und seine Tochter Raquel, *„la Fermosa"*, zum Opfer fallen. Alfonso aber muß sich einem neuen, langen Frieden beugen, den Prinzipien der Vernunft gehorchen, für die sein jüdischer Minister sich geopfert hat.

Die Jüdin von Toledo erinnert zweifellos in vielem an Feuchtwangers ersten großen Roman *Jud Süß*. Die Hauptperson, der Jude Jehuda, macht in der Nähe eines sehr willkürlichen, heftigen, vernunftfeindlichen Herrschers politische Karriere, wird als Jude gehaßt, stürzt schließlich, opfert sich für sein Volk. Er verliert seine Tochter Raquel wie Süß die zarte Naemi, er träumt von der jüdischen Integration in die Gesellschaft wie der württembergische Finanzrat, und er holt wie dieser sein Volk ins Land.

Aber während der *Jud Süß* in seiner Gesamtanlage doch die Tragödie eines Einzelnen darstellt, zeigt Feuchtwanger im Schicksal Jehuda Ibn Esras sehr viel stärker die gesellschaftliche Bezogenheit seines Handelns. Das Werk ist – und damit knüpft der spanische Roman eng an die vorangegangenen Revolutionsbücher an – erneut ein Plädoyer Feuchtwangers für die Vernunft. In *Die Jüdin von Toledo* macht er deutlich, *„wie Dummheit und wüste Wut immer von neuem wegspült, was die Erkenntnis und die Arbeit von Jahrhunderten aufgerichtet hat."* Es ist auch ein Buch gegen den Krieg, denn als es geschrieben wird, sind am politischen Horizont – nur wenige Jahre nach der Katastrophe des Hitler-Krieges – neue düstere Wolken des Ost-West-Konflikts aufgetaucht.

„Jahrzehnte hindurch hat mich die Geschichte jener Hadassa beschäftigt", so schreibt Feuchtwanger in seinem Nachwort, *„die von dem persischen Großkönig Ahasver zu seiner Königin erhöht, unter dem Namen Esther ihr Volk, die Juden, vom sicheren Untergang rettet."* Aber es ist nicht nur der 2 000 Jahre alte Bibeltext, der Feuchtwanger anregt, son-

dern vor allem Grillparzers gleichnamiges Drama und die alte, aus dem 13. Jahrhundert stammende Chronik des Alfonso el Sabio. Und es ist auch der Geist Lessings in diesem Buch zu spüren – die Weisheit, das melancholische Wissen Nathans leuchtet an den schönsten Stellen des Textes durch, macht die Ballade, obwohl sie sicher nicht die Sprachkraft des *Jud Süß* besitzt, zu einem Loblied der Vernunft.

In seinem letzten Roman, *Jefta und seine Tochter*, wendet sich Feuchtwanger noch einmal der Geschichte seines Volkes zu. Jefta, dem unehelichen Sohn eines israelischen Stammesführers, wird ein großer Aufstieg verheißen; ihm wird prophezeit, er werde die Stämme Israels einigen. Aber er will, vom Hochmut getrieben, die Verheißungen aus eigener Kraft, ohne fremde Hilfe erfüllen. Von maßlosem Ehrgeiz besessen, schwört er seinem Gott Jahwe vor einer entscheidenden Schlacht, für den Sieg den *„liebsten Besitz"* herzugeben. Er siegt und muß seine Tochter opfern. Vereinsamt, erstarrt von seiner Selbstüberhebung, von der Sinnlosigkeit seiner Tat, herrscht der Richter Jefta über sein Volk.

Das Opfer der Tochter, der Ehrgeiz seines Romanhelden, der ein Außenseiter ist, die Darstellung des jüdischen Problems – am Ende des Lebens und in den letzten Büchern kehrt Feuchtwanger zurück zu den Motiven seiner Frühwerke. Aber der *Jefta*-Roman ist auch noch einmal eine aktuelle Antwort des jüdischen Schriftstellers auf die jüngste Geschichte seines Volkes. In der Zeit des biblischen Jefta wird das Volk Israel seßhaft, wird es vom Nomaden- zum Bauernvolk. In der Zeit Lion Feuchtwangers werden die Juden – oder doch ein Teil von ihnen – wieder „seßhaft", sie kehren zurück ins Land der Propheten und Richter, ins Land Israel. Und der Gott Jahwe wird ein Friedensgott, wenn die Menschen den Acker bestellen und ihre Häuser bauen, „Schwerter zu Pflugscharen" machen.

Feuchtwangers letzter Roman stieß bei seinem Erscheinen auf ein sehr unterschiedliches Echo. Vor allem seine Sprache – der Versuch des Autors, das Archaische des Bibeltextes im Roman anklingen zu lassen – hat Widerspruch ausgelöst. Joachim Kaiser schreibt am 14. Dezember 1957: „Der Roman schwankt zwischen unangemessenem Jargon und substanzlosem Archaisieren hin und her." Eine Kritik, die zutrifft, wenn man einzelne Sätze isoliert herausnimmt. In seiner Gesamtheit ist *Jefta* aber auch sprachlich zweifellos ein gelungenes Werk.

Nach dem *Jefta* schreibt er an seinem großen Essay über den historischen Roman, *Das Haus der Desdemona*. Es ist stiller geworden um ihn, Brecht lebte in Ostberlin, sein Tod 1956 hat Feuchtwanger tief getroffen. Thomas Mann ging in die Schweiz, Heinrich Mann, Bruno Frank, Franz Werfel – schon lange hatte die Exilgemeinde in Kalifornien von ihnen Abschied genommen.

Doch Lion Feuchtwanger ist immer noch voller Pläne. Im September 1957 aber muß er sich einer schweren Operation unterziehen, die ihn schwächt; er braucht lange, um sich zu erholen. Im Frühjahr 1958 hat er Schmerzen und Schwindelanfälle, im August kommt die zweite schwere Operation, eine Niere wird entfernt. Krebs. Der Tod steht schon an seinem Bett. Am 2. September gibt er genaue, ausführliche Anweisungen für die „Ausgabe letzter Hand" seines Gesamtwerkes. Am 21. September kann er das Krankenhaus verlassen, noch einmal zurückkehren in das geliebte Haus.

Seit dem Sommer hat er einen Aufsatz über *Figaros Hochzeit* von Beaumarchais für die Berliner Staatsoper geschrieben, dann an einem Filmskript, *Bolivar. Ein Heldenleben*, auch eine Überarbeitung des Stückes *Simone* ist begonnen worden. Er hat neue Romanpläne.

Doch die Müdigkeit wächst. Am 20. Dezember stellt sich eine Magenblutung ein, er wird ins Hospital von Santa Monica gebracht. Hilde Waldo schreibt in einem Brief am 27. Dezember 1958: „Aber wie furchtbar muß es gewesen sein, als Frau Feuchtwanger einen Fall hörte, und ihn blutend am Boden liegen fand. Sie versuchte, einen Arzt zu erreichen. Kurz darauf kam ich. Das Warten auf den Arzt – das Warten auf die Ambulanz. Endlich im Hospital. Gleich Bluttransfusionen. Er fühlt sich besser, hat gute Farbe. Muß sehr still auf dem Rücken liegen und darf nur kleine Eisstückchen schlucken. Die Angst, daß sich die Blutung wiederholen könne. Am nächsten Morgen scheint er viel besser. Schläft beim Waschen ein. Schläft ruhig. Wacht auf. Ihm wird schlecht. Emergency! Wieder Warten auf den Arzt – Bluttransfusionen – Oxigen – vier Bluttransfusionen auf einmal – drei Ärzte – viele Schwestern – Man muß draußen warten – es soll operiert werden, sobald er mehr Blut aufgenommen hat – aber die Blutung ist stärker – Lungenödem – die Transfusionen müssen eingestellt werden – man versucht es mit kompressierter Atmung – endlich geht der Blutdruck ein bißchen herauf – dann wieder herunter – man darf ihn sehen – dann kommt der Arzt bleich heraus. Das ist das Ende."

Es ist der 21. Dezember 1958, 5 Uhr 30.

Literaturverzeichnis

Die folgende Übersicht beansprucht nicht, eine vollständige Bibliographie über das Werk Lion Feuchtwangers zu liefern. Die Angaben sollen dem interessierten Leser Hinweise für die weitere Beschäftigung mit dem Werk dieses Autors geben.

Im Werkverzeichnis beziehen sich die Zahlen in runden Klammern auf die *Entstehungs*zeit. Jahreszahlen, die nicht in Klammern stehen, geben das *Erscheinungs*jahr an. Die für dieses Buch verwendeten zahlreichen unveröffentlichten Briefe werden hier nicht eigens genannt.

Für die Sekundärliteratur war die Zusammenstellung von Wolfgang Müller-Funk, die im TEXT & KRITIK-Band über Lion Feuchtwanger veröffentlicht ist, eine große Hilfe.

Die aufgeführten Biographien und Erinnerungen sowie die Werke über historische, kulturelle und soziologische Hintergründe sind bei der Arbeit an diesem Buch verwendet worden.

Für die Unterstützung bei der Beschaffung und Einsicht schwierig erreichbarer Literatur, unveröffentlichter Briefe und Sammlungen danke ich der Akademie der Künste, Berlin (Feuchtwanger-Sammlung), dem Deutschen Literaturarchiv im Schiller-Nationalmuseum Marbach am Neckar, der Bayerischen Staatsbibliothek, der Stadt- und Universitätsbliothek Frankfurt/Main, der Stadtverwaltung Feuchtwangen, Harold von Hofe, University of Southern California, Walter Feuchtwanger, München, Wolf-Dietrich Freiherr Speck von Sternburg, München, und Carl-Ernst Kohlhauer, Feuchtwangen.

I. Werkverzeichnis

1. Romane

Der tönerne Gott (1910)
Jud Süß (1921–22)
Die häßliche Herzogin Margarete Maultasch (1922–23)
Wartesaal-Trilogie:
– *Erfolg. Drei Jahre Geschichte einer Provinz* (1927–30)
– *Die Geschwister Oppermann* (früherer Titel: *Die Geschwister Oppenheim*) (1933)
– *Exil* (1937–39)
Josephus-Trilogie:
– *Der jüdische Krieg* (1931–32)
– *Die Söhne* (1934–35)
– *Der Tag wird kommen* (1939–41)
Der Falsche Nero (1935–36)
Die Brüder Lautensack (1941)
Simone (1943)
Die Füchse im Weinberg (früherer Titel: *Waffen für Amerika*) (1944–46)
Goya oder Der arge Weg der Erkenntnis (1948–50)
Narrenweisheit oder Tod und Verklärung des Jean-Jacques Rousseau (1950–52)
Die Jüdin von Toledo (früherer Titel: *Spanische Ballade*) (1952–54)
Jefta und seine Tochter (1955–57)

2. Erzählungen

Die Einsamen. Zwei Skizzen (1903)
Karneval von Ferrara (1908)
Venedig (Texas) und vierzehn andere Erzählungen. 1946
Odysseus und die Schweine und zwölf andere Erzählungen. 1950.

3. Theaterstücke

a) Eigendichtungen
Kleine Dramen (Joel/König Saul/Das Weib des Urias/Der arme Heinrich/Donna Bianca/Die Braut von Korinth) (1905–06)
Der Fetisch. Schauspiel in fünf Akten (1906)
Julia Farnese. Ein Trauerspiel in drei Akten (1915)
Warren Hastings. Schauspiel in vier Akten und einem Vorspiel (1915)
Jud Süß. Schauspiel in drei Akten (1918)
Die Kriegsgefangenen. Ein Schauspiel in fünf Akten (1918)
Thomas Wendt. Ein dramatischer Roman (1918–19)
Der holländische Kaufmann. Schauspiel (1920)
Der Amerikaner oder Die entzauberte Stadt. Eine melancholische Komödie in vier Akten (1921)
Die Petroleuminsel. Ein Stück in drei Akten (1923)
Wird Hill amnestiert? Komödie in vier Akten (1923)
Wahn oder Der Teufel von Boston. Ein Stück in drei Akten (1946)
Die Witwe Capet. Ein Stück in drei Akten (1947)

b) Nachdichtungen und Bearbeitungen
Ein' feste Burg ist unser Gott. Volksstück von A. Müller (1911)
Die Perser des Aischylos. Übersetzung (1914)
Vasantasena. Ein Schauspiel in drei Akten. Nach dem Indischen des Königs Sudraka (1915)
Der König und die Tänzerin. Ein Spiel in vier Akten. Nach dem Indischen des Kalidasa (1916–17)
Friede. Ein burleskes Spiel. Nach Aristophanes (1917)
Appius und Virginia. Trauerspiel nach John Webster (1918)
Der Frauenverkäufer. Ein Spiel in drei Akten nach Calderon (1923)

c) Stücke mit Bertolt Brecht
Leben Eduards des Zweiten von England. Historie nach Marlowe (1924)
Kalkutta 4. Mai. Drei Akte Kolonialgeschichte. Überarbeitung des Warren Hastings (1925)
Die Gesichte der Simone Machard (1941–43)

4. Lyrik

PEP. J. L. Wetcheeks amerikanisches Liederbuch (1924–25)

5. Berichte

Moskau 1937 (1937)
Der Teufel in Frankreich (früherer Titel: *Unholdes Frankreich*) (1940–41)

6. Aufsätze, Rezensionen, Vorträge usw.

Die Texte sind im wesentlichen chronologisch in der Reihenfolge der Veröffentlichung angeordnet. Mit einem Sternchen * sind hier alle Publikationen gekennzeichnet, die in folgendem Sammelband veröffentlicht wurden: Lion Feuchtwanger, *Centum Opuscula.* Hrsg. von Wolfgang Berndt. Rudolstadt 1956

Zum Geleit. München: Der Spiegel, Nr. 1/2, 30. 4. 1908
Zur Aufführung des „Baumeister Solneß" *. Der Spiegel, Nr. 1/2, 30. 4. 1908
Die junge Welt *. Der Spiegel, Nr. 3, 15. 5. 1908
Zur Psychologie der Bühnenreform *. Der Spiegel, Nr. 5/6, 15. 6. 1908
Reinhardts Feldzug an der Isar *. Der Spiegel, Nr. 7, 15. 7. 1908
Zum Gastspiel der Triesch *. Der Spiegel, Nr. 11, 15. 9. 1908
Heinrich Heine und Oscar Wilde *. Der Spiegel, Nr. 12, 30. 9. 1908
Der Karneval von Ferrara *. Der Spiegel, Nr. 14, 17. 10. 1908
Maß für Maß *. Die Schaubühne, 5. Jg. Nr. 3, 21. 1. 1909
Ein Bruderzwist in Habsburg *. Die Schaubühne, 5. Jg. Nr. 4, 28. 1. 1909
Das Erlebnis und das Drama *. Die Schaubühne, 5. Jg. Nr. 7, 18. 2. 1909
Vom münchner Hoftheater *. Die Schaubühne, 5. Jg. Nr. 12, 25. 3. 1909
Coriolan in München *. Die Schaubühne, 5. Jg. Nr. 15, 15. 4. 1909
Dichter und Deklamator *. Frankfurter Zeitung vom 24. 4. 1909
Aus München *. Die Schaubühne. 5. Jg. Nr. 21, 27. 5. 1909
Die Braut von Messina *. Schaubühne, 5. Jg. Nr. 32/33, 12. 8. 1909
Judith *. Die Schaubühne, 5. Jg. Nr. 36, 2. 9. 1909
Die natürliche Tochter *. Die Schaubühne, 5. Jg. Nr. 37, 9. 9. 1909
Shylock auf unseren Bühnen *. Frankfurter Zeitung vom 15. 9. 1909
Hanneles Himmelfahrt *. Die Schaubühne, 5. Jg. Nr. 39, 23. 9. 1909
Die Hermannsschlacht *. Die Schaubühne, 5. Jg. Nr. 41, 7. 10. 1909
Aus Lion Feuchtwangers Tagebuch. München, 18. 11. 1909
Schauspielkunst und Religiosität *. Die Schaubühne, 5. Jg. Nr. 48, 25. 11. 1909
Aus München. Die Schaubühne, 6. Jg. Nr. 1, 6. 1. 1910
Ernst Possart und Clara Ziegler *. Die Schaubühne, 6. Jg. Nr. 7, 12. 2. 1910
Die Anfänge der französischen Theaterjournalistik. Die Schaubühne, 6. Jg. Nr. 13, 31. 3. 1910
Oberammergau *. Die Schaubühne. 6. Jg. Nr. 15, 14. 4. und Nr. 16, 21. 4. 1910
Solneß in München. Die Schaubühne, 6. Jg. Nr. 17, 28. 4. 1910
Der Retter Oberammergaus *. Die Schaubühne, 6. Jg. Nr. 19, 12. 5. 1910
Oberammergau 1910 *. Die Schaubühne, 6. Jg. Nr. 22/23, 2. 6. 1910
Das historische Urbild des Landvogts Geßler *. Frankfurter Zeitung vom 29. 10. 1910
Sophokles und Hofmannsthal *. Die Schaubühne, 6. Jg. Nr. 46, 17. 11. 1910
Nordische Heerfahrt *. Die Schaubühne, 6. Jg. Nr. 51, 22. 12. 1910
Kilians Genoveva. Die Schaubühne, 7. Jg. Nr. 1, 5. 1. 1911
Die Kinder *. Die Schaubühne, 7. Jg. Nr. 2, 12 1. 1911
Zum großen Wurstel. Die Schaubühne, 7. Jg. Nr. 5, 2. 2. 1911
Lulus Kritikaster. Die Schaubühne, 7. Jg. Nr. 6, 9. 2. 1911
Alles um Liebe. Die Schaubühne, 7. Jg. Nr. 9, 2. 3. 1911
Cäsar und Cleopatra *. Die Schaubühne, 7. Jg. Nr. 10, 9. 3. 1911
Glaube und Heimat *. Die Schaubühne, 7. Jg. Nr. 12, 23. 3. 1911
Aus München, Die Schaubühne, 7. Jg. Nr. 16, 20. 4. 1911
Ernst Possart. Zum 70. Geburtstag *. Die Schaubühne, 7. Jg. Nr. 19, 9. 5. 1911
Die Spielereien einer Kaiserin *. Die Schaubühne, 7. Jg. Nr. 21, 25. 5. 1911
Nathan der Weise in der Franziskanerkutte. Die Schaubühne, 7. Jg. Nr. 21, 25. 5. 1911

Das Münchner Theaterjahr. Die Schaubühne, 7. Jg. Nr. 24/25, 22. 6. 1911
Was bedeutet journalistisch? * Das literarische Echo, 1. 8. 1911
Die schöne Helena *. Die Schaubühne, 7. Jg. Nr. 30/31, 3. 8. 1911
Reinhardt in München. Die Schaubühne, 7. Jg. Nr. 30/31, 3. 8. 1911
Der Münchner Wedekind-Zyklus. Die Schaubühne, 7. Jg. Nr. 34/35, 31. 8. 1911
Die Tragödie eines Volkes *. Die Schaubühne, 7. Jg. Nr. 37, 14. 9. 1911
Reinhardts Orestie *. Die Schaubühne, 7. Jg. Nr. 38, 21. 9. und Nr. 39, 28. 9. 1911
Aus München. Die Schaubühne, 7. Jg. Nr. 43, 20. 10. 1911
Offener Brief an Schönherr. Die Schaubühne, 7. Jg. Nr. 49. 7. 12. 1911
Münchens Hoftheater und das Zentrum *. Die Schaubühne, 8. Jg. Nr. 16, 18. 4. 1912
Die Quellen des „Faust"-Vorspiels *. Vossische Zeitung vom 4. 5. 1912
Die deutschen Reimchroniken des 14. und 15. Jahrhunderts *. Frankfurter Zeitung vom 4. 8. 1912
Die politischen Sprüche und Lieder der Deutschen im Mittelalter *. Frankfurter Zeitung vom 15. 9. 1912
Der heimliche Parsifal *. Berliner Tageblatt vom 30. 1. 1913
Die Ahnfrau des modernen Feuilletons *. Vossische Zeitung vom 23. 9. 1913
Klassische Spiele im antiken Theater von Syrakus *. Münchner Neueste Nachrichten vom 7. 5. 1914
Aischylos, Syrakus und Reinhardt *. Die Schaubühne, 10. Jg. Nr. 20, 14. 5. 1914
Flucht aus Tunis *. Die Schaubühne, 10. Jg. Nr. 39, 1. 10. 1914
München und der Krieg. Die Schaubühne, 10. Jg. Nr. 46, 19. 11. 1914
Leopold von Ranke. Literarisches Echo. Nr. 19, 1914
An die patriotischen Dichter. Die Schaubühne, 11. Jg. Nr. 4, 28. 1. 1915
Aus München. Die Schaubühne, 11. Jg. Nr. 5, 4. 2. 1915
Eduard von Keyserling *. Die Schaubühne, 11. Jg. Nr. 19, 13. 5. 1915
Strindberg-Zyklus in München *. Die Schaubühne, 11. Jg. Nr. 22, 3. 6. 1915
Vasantasena *. Die Schaubühne, 11. Jg. Nr. 29, 22. 7. 1915
Das Gänsemännchen *. Die Schaubühne, 12. Jg. Nr. 1, 6. 1. 1916
Der Kirschgarten *. Die Schaubühne, 12. Jg. Nr. 34, 23. 8. 1916
Alfred Döblins Roman *. Die Schaubühne, 12. Jg. Nr. 37, 12. 9. 1916
Warren Hastings. Selbstanzeige *. Vossische Zeitung vom 22. 10. 1916
Christian Wahnschaffe *. Die Weltbühne, 15. Jg. Nr. 27, 26. 6. 1919
Der Wald- und Wiesenregisseur *. Münchner Neueste Nachrichten vom 13. 9. 1919
Die Verjudung der abendländischen Literatur *. Der Spiegel, 2. Jg. Nr. 14/15, 1920
Gespräche mit dem Ewigen Juden *. *Erstmalig veröffentlicht in dem Bändchen An den Wassern von Babylon. Ein fast heiteres Judenbüchlein.* München 1920, S. 52–92
Aristoteles und Zettlmaier. Die Weltbühne, 17. Jg. Nr. 9, 3. 3. 1921
Die Bühnenkunst und die neue Zeit. Glossarium. Satirische Monatsschrift für Theater, Kientop, Musik und Bücher (Hg.: Gerhard Schäke), Leipzig, Nr. 2, 1921
Bertolt Brecht. Das Tagebuch, Nr. 40. 7. 10. 1922
Roda Rodas Roman. Die Weltbühne, 21. Jg. Nr. 1, 6. 1. 1925
Tage des Königs (Bruno Frank). Die Weltbühne, 21. Jg. Nr. 2, 13. 1. 1925
Über R. L. Stevenson *. Die Weltbühne, 22. Jg. Nr. 38, 21. 9. 1926
Versuch einer Selbstbiographie *. Die Literatur, 29. Jg., 1926/27

Zu meinem Stück „Die Petroleuminseln“ *. Die Weltbühne, 23. Jg., 18. 10. 1927

Die Konstellation der Literatur *. Berliner Tageblatt vom 2. 11. 1927

Rede anläßlich der Nobelpreisverleihung an Sinclair Lewis. Berliner Rundfunk, 8. 11. 1927 (Photokopie im Arhiv des Aufbau-Verlages, Berlin/DDR.)

Der Sergeant Grischa *. Berliner Tageblatt vom 9. 11. 1927

Der Geschmack des englischen Lesers *. Berliner Tageblatt vom 1. 12. 1927

Der Autor über sich selbst *. Frankfurter Zeitung vom 18. 3. 1928

Von den Wirkungen und Besonderheiten des angelsächsischen Schriftstellers *. Berliner Tageblatt vom 29. 3. 1928

Wie ich meine erste Dichtung schrieb *. Die Literarische Welt, 4. Jg. Nr. 16, 20. 4. 1928

Historische Gegenwart. Berliner Tageblatt vom 7. 6. 1928

The Essentials of German Character *. The New Republic, New York, 55. vol., 1928

Bertolt Brecht *. Die Weltbühne, 24. Jg. Nr. 36, 4. 9. 1928

Über „Jud Süß“ *. Freie Deutsche Bühne (Das blaue Heft), 11. Jg. Nr. 1, 5. 1. 1929

Ratschläge für die Lektüre meiner „Angelsächsischen Stücke“ *. Die Literarische Welt. 5. Jg. Nr. 13/14, 28. 3. 1929

Die Tagespresse als Erlebnis. Eine Frage an deutsche Dichter (darunter auch Lion Feuchtwanger), Die Literarische Welt, Berlin, Nr. 39, 1929

Francis Bacon *. Zuerst erschienen in der Berliner Illustrierten. Nachgedruckt u. a. in der Neuen Freien Presse, Wien, 13. 7. 1930

Der Weg zur Politik. Die Weltbühne, Jg. 25, Nr. 37, 9. 9. 1930

Der historische Prozeß der Juden *. Jüdisches Gemeindeblatt, Berlin, 20. Jg. Nr. 10, Oktober 1930

Ode an die Schreibmaschine. Bergische Bühnenblätter, Remscheid, Januar 1931

Dostojewski in Deutschland. Bayerische Israelitische Gemeindezeitung, München, 7. Jg., 1931

Rede zum 60. Geburtstag Heinrich Manns. In: Heinrich Mann. Fünf Reden und eine Entgegnung zum 60. Geburtstag. Weimar, 1931

Was bedeutet der Weltkrieg dem deutschen Romancier? Neue Freie Presse, Wien, 10. 5. 1931 (Beilage)

Der Roman von heute ist international *. Berliner Tageblatt vom 25. 9. 1932

Nationalism and Judaism. Adress delivered before Men's Club of Congregation Emanuel, New York City, 26. 1. 1933, abgedruckt in: New York Compliments of the Men's Club of Congregation Emanuel, New York, 1933

Selbstdarstellung *. Die Literarische Welt, 27. 1. 1933

Suis-je un écrivain allemand ou international? *. Revue Politique et Littéraire, Revue Bleue, 15. 4. 1933

(Mitverf.) von L. F./H. Mann/A. Holitscher, *Gegen die Phrase vom jüdischen Schädling.* Prag, 1933

Nationalismus und Judentum *. Erstmalig veröffentlicht in der Broschüre *Die Aufgabe des Judentums,* herausgeg. mit Arnold Zweig. Europäischer Merkur, Paris 1933

Vorwort zu den „Drei Stücken“ *. Die Sammlung, Amsterdam, 1. Jg. Heft 11, Juli 1934

Murder in Germany. In: The Reichstag Fire Trial. The second Brown Book of the Hitler-Terror. London, 1934

(Vorwort) zu: *World Comitee for the Victims of German Fascism.* London, 1934

Wahrer der großen Traditionen. Deutsche Zentral-Zeitung, Moskau, 1934, Nr. 189

Ernst Tollers „Jugend in Deutschalnd". Die Sammlung, Amsterdam, 1934, S. 325

Tiefe Verbundenheit mit den Sowjetschriftstellern. Die Deutsche Zentral-Zeitung, Moskau, Nr. 167, 1935

*Offener Brief an den Bewohner meines Hauses *.* Zuerst englisch veröffentlicht, dann im Pariser Tageblatt vom 20. 3. 1935

*Vom Sinn und Unsinn des historischen Romans *.* Internationale Literatur, Moskau, Nr. 9, September 1935

Der Film „Potemkin" und mein Buch „Erfolg". (Ms. von 1936, abgedruckt in:) Text + Kritik, München, Nr. 79/80, 1983

Anläßlich des Henri Quatre von Heinrich Mann. Das neue Tagebuch, Paris, Nr. 3, 1936

(Vorwort) zu: *Der gelbe Fleck.* Die Ausrottung von 500 000 deutschen Juden. Paris, 1936

Ličemerie i besstydstvo. Pis'mo L. Feuchtwangera. Literaturnaja gazeta, Moskau, 1. 5. 1936

Pri čtenii projekta Sovetskoj konstitucii. Prawda, Moskau, 1. 7. 1936

Perepiska druzej. Literaturnaja gazeta, Moskau, 26. 6. 1936

*Gedanken an Gorkis Todestag *.* Das Wort, Moskau, 1. Jg. Nr. 3, Sept. 1936

Der Ästhet in der Sowjetunion. Das Wort, Moskau, 2. Jg. Nr. 2, Februar 1937

Eine neue Barriere gegen den Krieg. Zum Moskauer Prozeß gegen die Trotzkisten. Das Wort, Moskau, Nr. 3, 1937

Wie das Dritte Reich die Schriftsteller verfolgt. Pariser Tageszeitung, Paris, 23. 6. 1937

*Der Abgrund *.* Das Wort, Moskau, 2. Jg. Nr. 6, Juni 1937

Das deutsche Buch und die Emigration. Pariser Tageszeitung, 3. 7. 1937

*Über „Haben" von Julius Hay *.* Das Wort, Moskau, 2. Jg. Nr. 7, Juli 1937

Ulrich Becher. Das Wort, Moskau, Nr. 10, 1937

Arnold Zweig (zum 50. Geburtstag). Die neue Weltbühne, Prag, Nr. 45, 1937

*An meine Sowjetleser *.* Das Wort, Moskau, 3. Jg. Nr. 7, Juli 1938

Der Realist (Carl von Ossietzky). Die neue Weltbühne, Prag, Nr. 19, 1938

Ein ernstes Wort Lion Feuchtwangers. Deutsche Volkszeitung, Paris, 13. 8. 1938

Zwei an der Grenze (Friedrich Wolf). Die neue Weltbühne, Prag, Nr. 52, 1938

*Dem toten Ernst Toller *.* Die neue Weltbühne, 35. Jg., 8. 6. 1939

Heinrich Manns ‚Henri Quatre'. Die neue Weltbühne, Prag, Nr. 21, 1939

(*Vorwort* zu) *Exil.* Amsterdam, 1940

Die psychologische Wirkung der Niederlage in Frankreich. New York, Januar, 1941, Common Sense

*Offener Brief an sieben Berliner Schauspieler *.* Zuerst englisch veröffentlicht im „Atlantic Monthly" April 1941; deutsch im „Aufbau" (New York) vom 4. Juli 1941

My stand on the war. New Masses, New York, 15. 7. 1941

Ein Baustein. Freies Deutschland, Mexiko, 1941

Caliban, Hitler und die Juden. Libro libre, Mexiko, 21. 11. 1942

Zum Tod von Stefan Zweig. Freies Deutschland, Mexiko, Nr. 5, 1942

Ansprache zur Jessner-Feier am 6. 3. 1943 in Los Angeles

Arbeitsprobleme des Schriftstellers im Exil. Proceedings of the Writers' Congress, Los Angeles 1943

Lion Feuchtwanger an Döblin zum 65. Geburtstag (10. 8. 1943). In: *Alfred Döblin, 1878–1978.* Eine Ausstellung des Deutschen Literaturarchivs im Schiller-Nationalmuseum,

Marbach am Neckar, München, 1978, S. 401.
Der Zauberer. Freies Deutschland, Mexiko, Nr. 9, 1943
Die Zukunft Deutschlands. Freies Deutschland, Mexiko, Nr. 12, 1944
Thomas Mann im Exil. Neue Rundschau, Frankfurt/M., 1945, Sonderheft
Der Prozeß von Nürnberg, ein Ende und ein Anfang. De Groene Amsterdamer, Amsterdam, 8. 12. 1945
Über das Buch von Alexander Abusch. Freies Deutschland, Mexiko, Nr. 3/4, 1946
Für Maxim Gorki zum 10. Jahrestag seines Todes (Juni 1946, Manuskript im Archiv des Aufbau-Verlages)
Heinrich Mann *. Aufbau, Berlin, 2. Jg. Heft 4, 1946
Über den französischen Roman des 19. Jahrhunderts. Die Wandlung, Heidelberg, Nr. 3, 1948
Der Gespensterzug. Die Weltbühne, Berlin/Ost, 3. Jg., Nr. 9/10, 1948
Hanns Eisler zum 50. Geburtstag. Die Weltbühne, Berlin/Ost, 3. Jg., Nr. 27, 1948
Thomas Manns ‚Doktor Faustus'. (Manuskript im Besitz von Marta Feuchtwanger)
Thomas Mann uses Faustian theme in 20th century allegory. Daily News, Los Angeles, 20. 11. 1948
Er kämpfte (Heinrich Mann). Aufbau, Berlin/Ost, Nr. 27, 1948
Friedrich Wolf *. In: *Ein Dichter seiner Zeit.* Hrsg. von A. Kantorowicz, Rudolstadt 1948
Künder des 20. Jahrhunderts. (Heinrich Mann). Kulturaufbau. Berlin/DDR, Nr. 6, 1950
(*Vorwort* zu): Bruno Frei, *Die Männer von Vernet.* Bericht, Berlin/DDR, 1950
Johannes R. Becher *. Aufbau, 7. Jg. Heft 5, 1951
Jeder Deutsche. Aufbau, Berlin/DDR, 1951
Biographical Sketch. The Saturday Review of Literature, New York, 19. 5. 1951
Arnold Zweig *. Sinn und Form, Sonderheft Arnold Zweig, Nov. 1952
Zur Vorgeschichte von „Narrenweisheit". (Manuskript für den englischen Verleger, 1952, im Archiv des Aufbau-Verlages)
Brief an das Börsenblatt für den deutschen Buchhandel vom 16. 11. 1953, in Börsenblatt für den deutschen Buchhandel, Leipzig, 5. 12. 1953
An American Tragedy. Clyde Brions „Thudburry". Daily News, Los Angeles, 7. 12. 1953
Ketzerisches über Leo Tolstoi *. Sinn und Form, 5. Jg. Heft 5, 1953
Zu meinem Roman „Waffen für Amerika" *. Neue Deutsche Literatur, 2. Jg. Heft 7, Juli 1954
Die Feuerpause (Arnold Zweig). Sinn und Form, Potsdam, H. 1, 1955
Felix Krull, ein bürgerlicher Schelm. Neue Deutsche Literatur, Nr. 2, 1955
Zum achtzigsten Geburstag (Thomas Mann). Aufbau, Nr. 6, 1955
Den Einstein, den ich kannte (Rede vom 12. 5. 1955 in Los Angeles, Rückübersetzung aus dem Englischen im Archiv des Aufbau-Verlages)
Literatura-sila sbližajaščaja narody. Inostrannaja literatura, Moskau, Nr. 5, 1955
Nachwort zu Ernst Fischer/Louise Eisler, *Prinz Eugen.* Ein Roman in Dialogen, Wien, 1955
Živopis a ne fotografija. Literaturnaja gazeta, Moskau, 21. 6. 1956
Die eindrucksvollsten Bilder aus der Mitte des 20. Jahrhunderts. Literarische Gazette, Moskau, 21. 6. 1956
Zur Entstehungsgeschichte des Stückes „Simone". Neue Deutsche Literatur, Nr. 6, 1957
Bertolt Brecht. Sinn und Form, Potsdam 1957, 2. Sonderheft.

Vom Geschichtsbewußtsein der Juden. In: Hans Lamm, *Von Juden in München.* 1958, S. 208–211
Der literarische Verein „Phoebus" und seine Heine-Feier. In: Hans Lamm, *Von Juden in München.* A. a. O., S. 211
Münchner Erinnerungen. Süddeutsche Zeitung, München, 8. 7. 1958
Zur Wiederkehr des Todestages von Ossietzky. Die Weltbühne (Neue Folge), Berlin/DDR, 13. Jg. Nr. 18, 1958
Gruß an die SED. Neues Deutschland, Berlin, 23. 12. 1958
Der Kaiser und sein Genie. Abendzeitung, München, 23. 12. 1958
Des Dichters Vermächtnis. Berliner Zeitung, Berlin/DDR, 24. 12. 1958
Lion Feuchtwanger über seine Beziehungen zum Münchner Judentum. Münchner Jüdische Nachrichten, München, Nr. 6, 1959
Lion Feuchtwanger an Maxim Gorki (Faksimile des Briefes vom Februar 1928). Sinn und Form, Potsdam, Nr. 1, 1959
Briefe an die Freunde. Sinn und Form, Potsdam, Nr. 1, 1959
Lehren und überzeugen. Erinnerungen an F. C. Weiskopf. Neues Deutschland, Berlin/DDR, 4. 4. 1959 (Beilage Nr. 13)
Aus meinem Leben. Almanach für deutsche Literatur III, Berlin, 1963
Frank Wedekind. Neue Deutsche Literatur, Berlin/DDR, H. 7, 1964

7. Nachlaß

Das Haus der Desdemona oder Größe und Grenzen der historischen Dichtung. (Fragment) (1956–58)

8. Zeitschriften

Der Spiegel. Blätter für Literatur, Musik und Bühne. Hrsg. von Lion Feuchtwanger. München, April–Oktober 1908
Das Wort. Literarische Monatsschrift. Hrsg. von Bertolt Brecht, Lion Feuchtwanger, Willi Bredel. Moskau 1936–39

9. Briefe

Briefwechsel Arnold Zweig – Lion Feuchtwanger, Hrsg. von Harold von Hofe. Berlin/DDR 1984

II. Biographien

Kahn, Lothar: *Inside and Action. The life of Lion Feuchtwanger.* Cranbury-London 1975
ders.: *Lion Leuchtwanger.* In: John Spalek/Joseph Strelka (Hrsg.): *Deutsche Exilliteratur seit 1933.* München 1976
Köpke, Wulf: *Lion Feuchtwanger.* München 1983
Leupold, Hans: *Lion Feuchtwanger.* Leipzig 1967
Pischel, Joseph: *Lion Feuchtwanger. Versuch über Leben und Werk.* Leipzig 1983
Waldo, Hilde: *Lion Feuchtwanger. A Biography.* In: John M. Spalek (Hrsg.): *Lion Feuchtwanger. The Man. His Ideas. His Work.* Los Angeles 1972

III. Lebenszeugnisse von Zeitgenossen

1. Erinnerungen

Brandenburg, Hans: *München leuchtet.* München 1953

Chaplin, Charly: Die Geschichte meines Lebens. Frankfurt 1964

Durieux, Tilla: *Meine ersten 90 Jahre.* München-Berlin 1979

Feuchtwanger, Marta: *An Emigree Life.* München-Berlin-Sanary-Pacific Palisades, Los Angeles 1976

dies.: *Nur eine Frau.* München 1983

Feuchtwanger, Martin: *Ebenbilder Gottes.* Tel Aviv o. J.

The Feuchtwanger Family. Tel Aviv 1952

Fleißer, Marieluise: *Frühe Begegnung.* In: Akzente 1966

Forster, Rudolf: *Das Spiel – mein Leben.* Berlin 1967

Fuchs, Georg: *Sturm und Drang in München um die Jahrhundertwende.* München 1936

Gumppenberg, Hanns von: *Lebenserinnerungen.* Berlin-Zürich 1929

Haas, Willy: *Die literarische Welt. Lebenserinnerungen.* Frankfurt 1983

Humm-Sernau, Lola: *Erinnerungen an Lion Feuchtwanger.* Rudolstadt 1960

Ihering, Herbert: *Von Reinhardt bis Brecht.* Berlin 1958

Kesten, Hermann: *Meine Freunde, die Poeten.* Berlin 1980

Mahler-Werfel, Alma: *Mein Leben.* Frankfurt 1963

Mann, Heinrich: *Ein Zeitalter wird besichtigt.* Düsseldorf 1974

Mann, Katja: *Meine ungeschriebenen Memoiren.* Frankfurt 1974

Mann, Klaus: *Der Wendepunkt.* Frankfurt 1966

Marcuse, Ludwig: *Mein Zwanzigstes Jahrhundert.* Zürich 1975

Reinhardt, Gottfried: *The Genius. A memoir of Max Reinhardt.* New York 1979

Schnitzler, Arthur: *Jugend in Wien.* Frankfurt 1981

Wedekind, Tilli: *Lulu. Rolle meines Lebens.* München-Bern-Wien 1969

Zuckmayer, Carl: *Als wär's ein Stück von mir.* Frankfurt 1966

2. Briefe und Tagebücher

Brecht, Bertolt: *Arbeitsjournal.* 2 Bände, Frankfurt 1973

ders.: *Briefe.* 2 Bände, Berlin-Weimar 1983

Döblin, Alfred: *Briefe.* Olten 1973

Kafka, Franz: *Tagebücher 1910 bis 1923.* Frankfurt 1967

Mann, Klaus: *Briefe und Antworten.* 2 Bände, München 1975

Mann, Thomas: *Briefe.* 3 Bände, Frankfurt 1961 bis 1965

ders.: *Tagebücher 1933–1943.* 5 Bände, Frankfurt 1977 bis 1982

Marcuse, Ludwig: *Briefe von und an Ludwig Marcuse.* Zürich 1975

Musil, Robert: *Tagebücher.* 2 Bände, Hamburg 1976

Reventlow, Franziska: *Tagebücher 1895 bis 1910.* Frankfurt 1971

Tucholsky, Kurt: *Briefe aus dem Schweigen.* 1932–1935. Hamburg 1977

Zweig, Stefan: *Briefe an Freunde.* Frankfurt 1978

IV. Spezialliteratur über Feuchtwanger

Améry, Jean: *Ein Romancier der reinen Vernunft. Erinnerung an Lion Feuchtwanger.* Sendung des Hessischen Rundfunks, 30. 5. 1971.

Antkowiak, Alfred: *Begegnungen mit der Literatur.* Berlin/DDR 1953, S. 218–253

Arnold, Heinz Ludwig (Hrsg.): *Lion Feuchtwanger.* TEXT & KRITIK. Band 79/80, München 1983. Der Band enthält folgende Beiträge:
– Modick, Klaus: *L. F. als Produzent*
– Fischer, Matthias Johannes: *In der Küche des Kochs? Aspekte einer fragmentarischen Theorie des historischen Romans bei Feuchtwanger*
– Hans, Jan/Winckler, Lutz: *Von der Selbstverständigung des Künstlers in Krisenzeiten. Lion Feuchtwangers „Wartesaal"-Trilogie*
– Müller-Funk, Wolfgang: *Der Erfolg der Sinngebung oder: die List der Vernunft. Mythographie und Aufklärung in Lion Feuchtwangers Roman „Erfolg"*
– Naumann, Uwe: *Ein Gleichnis von gestern. Über Lion Feuchtwangers antifaschistische Satire „Der falsche Nero"*
– Schmitz, Matthias: *Feuchtwanger/Eisenstein oder: Romanmontage und Montagefilm. Anmerkungen zu einem produktiven Mißverständnis*
– Rumler, Kurt A.: *Filmisches Erzählen in Zusammenarbeit mit Brecht. Feuchtwangers Roman „Simone"*
– Knilli, Friedrich/Zielinski, Siegfried: *Lion Feuchtwangers „Jud Süß" und die gleichnamigen Filme von Lothar Mendes (1934) und Veit Harlan (1940)*
– *Zwerenz, Ingrid: Feuchtwangers Frauen*

Bab Julius: *Das Buch Bayern.* Der Morgen, Berlin, Heft 5, 1930

Batt, Kurt: *Klio und Kalliope. Gedanken zu Lion Feuchtwangers „Das Haus der Desdemona".* Rudolstadt 1961. In: Neue Deutsche Literatur, Berlin/DDR, Heft 10/1962, S. 98–105

ders: *Nachwort zu Lion Feuchtwanger, „Die Füchse im Weinberg".* Berlin/DDR und Weimar 1972, S. 899–913

Beer, Roland: *Nachwort zu Lion Feuchtwanger, „Altindische Schauspiele".* Leipzig 1976, S. 175–190

Berendsohn, Walter A.: *Feuchtwangers Historische Romane.* In: Tribüne. Zeitschrift zum Verständnis des Judentums, Frankfurt/M., Heft 10, 1964, S. 1084–1091

ders: *Der Meister des politischen Romans: Lion Feuchtwanger.* Stockholm 1975 (Abdruck eines Manuskriptes aus dem Jahr 1958)

Berndt, Wolfgang: *Feuchtwangers frühe Romane „Jud Süß" und „Die häßliche Herzogin".* Diss., Berlin/DDR 1953

Bessmertny, Alexander: *Der falsche Nero.* Die neue Weltbühne, Prag, Nr. 7, 1937

Böttcher, Kurt/Krohn, Paul Günther (Bearb.)/Gysi, Klaus (Hrsg.), Kollektiv für Literaturgeschichte: *Lion Feuchtwanger.* (Reihe Schriftsteller der Gegenwart). Berlin/DDR 1961 (mit Textauszügen)

Böttcher, Kurt: *Dichter der historischen Vernunft. Zu Lion Feuchtwangers Tod am 21. Dezember 1958.* Deutschunterricht, Berlin/DDR, Heft 2, 1959

Brauer, Wolfgang: *Tun und Nichttun. Zu Lion Feuchtwangers Geschichtsbild.* In: Neue Deutsche Literatur, Berlin/DDR, Heft 6, 1959

Bredel, Willi: *Feuchtwanger in Moskau.* In: Neue Deutsche Literatur, Berlin/DDR, Heft 2, 1959

Bütow, Wilfried: *Probleme der Gestaltung des historischen Stoffes in der*

Revolutionstrilogie Lion Feuchtwangers („Die Füchse im Weinberg", „Goya oder der arge Weg der Erkenntnis" und „Narrenweisheit oder Tod und Verklärung des Jean Jacques Rousseau") untersucht am System der Ereignisse und Figuren. Diss., Greifswald 1966

Brückener, Egon/Modick, Klaus: *Lion Feuchtwangers Roman „Erfolg". Leistung und Problematik schriftstellerischer Aufklärung in der Endphase der Weimarer Republik.* Kronberg/Taunus 1978

Canaris, Volker: *Leben Eduards des Zweiten von England" als vormarxistisches Stück Brechts.* Bonn 1973

Claas, Herbert: *Satirische Gesellschaftsromane mit historischem Stoff bei Lion Feuchtwanger und Bertolt Brecht.* In: Winckler, Lutz (Hrsg.): *Antifaschistische Literatur.* Bd. 3: *Prosaformen.* Königstein/Ts. 1979, S. 202–226

Clason, Synnöve: *Die Welt erklären. Geschichte und Fiktion in Lion Feuchtwangers Roman „Erfolg".* Stockholmer germanistische Forschungen, 19, Stockholm 1975

Dahlke, Hans: *Geschichtsroman und Literaturkritik im Exil.* Habil.-Schrift, Leipzig 1976 (S. 130–144, 379–389)

ders.: *Das Zeugnis des Erfolgs. Nachtrag zum 90. Geburtstag Lion Feuchtwangers.* Weimarer Beiträge, Jg. 21, 1975, S. 167–178

Denis, Joseph: *Feuchtwanger.* Revue d'Allemagne, Paris, Nr. 19, 1929

Dick, Gerhardt: *Tschechow und Feuchtwanger.* Neue Deutsche Literatur, Berlin/DDR, Heft 7, 1960

Fanning, Rita Hertha: *Das Amerikabild im Werk Lion Feuchtwangers.* Diss., Los Angeles 1970

Faulseit, Dieter: *Die Darstellung der Figuren (speziell Figurentechnik) in den beiden Romantrilogien Lion Feuchtwangers („Wartesaal"-Trilogie und „Josephus"-Trilogie).* Diss., Leipzig 1961

ders.: *Die sprachliche Charakterisierung der Romanfiguren Lion Feuchtwangers.* In: Sprachpflege. Zeitschrift für gutes Deutsch in Schrift und Wort, Leipzig, Jg. 13, 1964, S. 136–139

Feldstein, V.: *Lion Feuchtwanger občan a spisovatel své doby.* In Svetova literatura, Prag, Nr. 1, 1958

Lion Feuchtwanger zum 70. Geburtstag. Worte seiner Freunde. Berlin/DDR 1954

Lion Feuchtwanger zum Gedenken. Von seinen Freunden auf der Heidecksburg. Rudolstadt o. J.

Fischer, Ludwig Maximilian: *Vernunft und Fortschritt. Geschichte und Fiktionalität im historischen Roman Lion Feuchtwangers dargestellt am Beispiel „Goya".* Königstein/Ts. 1979

Fischer, Ulrich: *Ästhetische Strategien im antifaschistischen Kampf, dargestellt am Vergleich von Lion Feuchtwangers Roman „Simone" mit Brechts Stück „Die Gesichte der Simone Marchard".* Mag.-Arbeit, Berlin-West (FU) 1976

Friedmann, R.: *A visit with Feuchtwanger.* In: Chicago Jewish Forum, Chicago, Nr. 17, 1958

Fürst, Lilian R.: *Zu Lion Feuchtwangers Romanwerk.* In: Revue de langues vivantes/Tijdschrift vor levente talen. Twemandeliske publikatie, Brüssel, Nr. 32, 1965, S. 45–54

Gottschalk, Günther: *Die ‚Verkleidungstechnik' Lion Feuchtwangers in „Waffen für Amerika".* Bonn 1965

Grimm, Reinhold (Hrsg.): *Episches Theater.* Berlin-Köln 1966

Grosshut, F. S.: *Lion Feuchtwanger and the Historical Novel.* In: Books Abroad, Oklahoma, Vol. 34, 1960

Groth, Peter: *Die Zusammenarbeit von Bertolt Brecht und Lion Feuchtwanger 1918–1925.* Staatsexamensarbeit, Berlin/W. o. J.

Grübler, Vera: *Satzbau und Kompositionselemente im Spätwerk Lion Feuchtwangers.* In: Der Greifenalmanach für 1959. Rudolstadt 1959, S. 230–265

Günther, Hans: *Lion Feuchtwanger, ein Stück neuer deutscher Literaturgeschichte.* In: Internationale Literatur, Moskau, Heft 5, 1935, S. 92–100

Harpprecht, Klaus: *Ein Schuft, sichtbarlich erhöht. Über Lion Feuchtwangers „Jud Süß".* In: Frankfurter Allgemeine Zeitung vom 11. 11. 1981

Hartmann, Christa: *Konfliktkonstellationen und Konfliktursachen in Lion Feuchtwangers Roman „Exil".* Staatsexamensarbeit, Berlin/West (FU) 1977

Hartmann, Horst: *Die Antithetik ‚Macht–Geist' im Werk Lion Feuchtwangers.* Weimarer Beiträge, Heft 4, 1961, S. 667–691

ders.: *Kunst ist Waffe – Lion Feuchtwanger, 1884–1958.* In: Deutschunterricht, Berlin/DDR, Jg. 17 Heft 12, 1964, S. 641–653

ders.: *Lion Feuchtwanger, Waffen für Amerika. Eine gattungsästhetische Untersuchung.* In: Weimarer Beiträge, 1962/III

Hefti, Hansjakob: *Macht, Geist und Fortschritt. Der Roman „Die häßliche Herzogin" in der Entwicklung von Lion Feuchtwangers Geschichtsbild.* Zürich 1977

Hegedüs, Geza: *Lion Feuchtwanger.* In: Die deutsche Literatur im 20. Jahrhundert. Budapest 1966 (ungarisch)

Heinz, Georg: *Der Wartesaal.* In: Kindlers Literaturlexikon, Bd. VIII, Zürich 1965, Sp. 968–970

Heller, Otto: *Das dritte Reich Israel.* In: Neue deutsche Blätter, Prag, Nr. 5, 1934

Hilscher, Eberhard: *Aus biblischer Frühzeit. Zu Feuchtwangers Roman „Jefta und seine Tochter".* Der Greifenalmanach auf das Jahr 1960, Rudolstadt 1960

ders.: *Aus dem „Wartesaal" in den Zug nach Moskau. Über Lion Feuchtwanger.* In: Poetische Weltbilder, Berlin/DDR, 1977

Hofe, Harold von: *Lion Feuchtwanger. His major Novels And The Archives.* Manuskript Los Angeles 1983

Hoffmann, Gerd: *Menschen in der Entscheidung („Die Jüdin von Toledo").* In: Aufbau, Berlin/DDR, Nr. 6 u. 7, 1956

Horst, Karl August: *Lion Feuchtwanger.* In: Hermann Kunisch (Hrsg.), Handbuch der deutschen Gegenwartsliteratur. München 1968 ff., 202 ff.

Jahn, Werner: *Die Geschichtsauffassung Lion Feuchtwangers in seiner Josephustrilogie.* Rudolstadt 1954

Jarmatz, Klaus: *Aktivität und Perspektive im historischen Roman des kritischen Realismus, 1933–1945, Weimarer Beiträge, Heft 3, 1965, S. 350–376*

Jegorow, Oleg: Feuchtwangers Roman über Rousseau. In: Sowjetliteratur, Moskau, Nr. 2, 1955

Joachim, Hans A.: *Romane zwischen Krieg und Frieden.* Die neue Rundschau, Berlin, Nr. 12, 1930

Kamnitzer, Heinz: *Das Testament des letzten Bürgers.* Berlin 1974/1981, S. 133–143

Kändler, Klaus: *Um die Einheit des Volkes („Jefta und seine Tochter").* Neue Deutsche Literatur, Berlin/DDR, Heft 4, 1958

Kantorowicz, Alfred: *Nachwort zu Lion Feuchtwanger „Der Teufel in Frankreich".* Rudolstadt 1954

ders.: *Anwalt der Wahrheit.* In: *Lion Feuchtwanger zum 70. Geburtstag.* A. a. O., S. 29 ff.

ders.: *Lion Feuchtwangers dramatischer Roman Thomas Wendt.* Neue Deutsche Literatur, Berlin/DDR, Heft 4, 1954, S. 112–122

Karst, Roman: *Begegnung mit dem „Erfolg“.* In: *Lion Feuchtwanger zum 70. Geburtstag.* A. a. O., S. 61–77

Kaufmann, Hans: *Arnold Zweig und Lion Feuchtwanger.* In: *Krisen und Wandlungen der deutschen Literatur von Wedekind bis Feuchtwanger.* Berlin und Weimar 1959, S. 450–479

Kenter, Dietrich: *Der Jahrmarkt der Gerechtigkeit.* In: Literatur XXXII, S. 189 f. (1930)

Kesselmann, Heidemarie: *Lion Feuchtwangers historischer Roman „Jud Süß“ und seine Lehren für die Geschichte.* In: Literatur für Leser (Lili), 1979, S. 81–102

Klemperer, Victor: *Lion Feuchtwanger. Der gläubige Skeptiker. Lion Feuchtwangers zentraler Roman.* In: Neue Deutsche Literatur, Berlin/DDR, Heft 2, 1959, S. 5–17

ders.: *Der zentrale Roman Lion Feuchtwangers.* In: *Lion Feuchtwanger zum Gedenken.* A. a. O., S. 37–74

ders.: *Kunst und ‚Nur-Kunst‘.* Lion Feuchtwanger: Centum Opuscula. In: Neue Deutsche Literatur, Berlin/DDR, Heft 7, 1957, S. 138–145

Koebner, Thomas: *Das Drama der neuen Sachlichkeit.* In: Wolfgang Rothe (Hrsg.), *Die deutsche Literatur in der Weimarer Republik.* Stuttgart 1974, S. 19–46

Kolbe, Jürgen: *Erfolg – ein Thema für München. Anmerkungen zu Lion Feuchtwangers Schlüsselroman.* In: Süddeutsche Zeitung vom 29./30. 11. 1980

Königshof, Kaspar: *Über den Einfluß des Epischen in der Dramatik.* In: Reinhold Grimm (Hrsg.), *Episches Theater.* A. a. O., S. 19–46

Köser, Heide: *Figurendarstellung in Lion Feuchtwangers Roman „Erfolg“.* Staatsexamensarbeit, Bremen 1977

Landshut-Martin, Peter: *Die Romantechnik bei Lion Feuchtwangers „Jefta und seine Tochter“.* Diss., Los Angeles 1967

Leites, N. S.: *Zur Entwicklung der Gattung Roman in der deutschen Literatur der zwanziger Jahre.* In: Kunst und Literatur, Berlin, Nr. 6, 1970

Leupold, Hans: *Feuchtwangers Weg zur materialistischen Geschichtsauffassung.* Neue Deutsche Literatur, Berlin/DDR, Heft 12, 1963, S. 43–60

Linn, Rolf N.: *Attizismus in asianischer Zeit.* In: Weimarer Beiträge, Heft 1, 1965, S. 75–83

Lukács, Georg: *Wendung zum Volk.* In: *Lion Feuchtwanger zum 70. Geburtstag.* A. a. O., S. 47–56

Mann, Thomas: *Freund Feuchtwanger.* In: *Lion Feuchtwanger zum 70. Geburtstag.* A. a. O., S. 7–12

Mayer, Hans: *Lion Feuchtwanger oder Die Folgen des Exils.* In: Neue Rundschau, 1965, S. 120–129

ders.: *Wiederbegegnung mit Feuchtwanger. Zur neuen Auflage der „Häßlichen Herzogin“.* In: Deutsche Literatur und Weltliteratur. Reden und Aufsätze. Berlin/DDR 1957

Modick, Klaus: *Lion Feuchtwanger im Kontext der 20er Jahre. Autonomie und Sachlichkeit.* Königstein 1981

Müller, Hans-Harald: *Lion Feuchtwanger: Erfolg (1930).* In: Lützeler, Paul Michael (Hrsg.): *Deutsche Romane des 20. Jahrhunderts.* Königstein/Ts. 1983, S. 167–182

Müller, Joachim: *Bemerkungen zu Lion Feuchtwangers neuem historischen Roman „Die Füchse im Weinberg“.* In: Neue Deutsche Literatur, Berlin/DDR, Heft 9, 1953

ders.: *Philosophie, geschliffen an der Wirklichkeit.* In: Neue Deutsche Literatur, Berlin/DDR, Heft 7, 1954

Müller-Funk, Wolfgang: *Literatur als geschichtliches Argument. Zur ästhe-*

tischen Konzeption und Geschichtsverarbeitung in Lion Feuchtwangers Romantrilogie „Der Wartesaal“. Frankfurt/M.-Bern, 1981

Noss, Peter: *Lion Feuchtwangers Auseinandersetzung mit dem deutschen Faschismus, dargestellt an seinen Romanen bis zu seiner Flucht aus Frankreich.* Berlin/W. (FU) 1976

Nyssen, Elke: *Geschichtsbewußtsein und Emigration. Die historischen Romane der deutschen Antifaschisten 1933–45.* München 1974, S. 142–175

Oheim, Gertrud: *Feuchtwangers Sprache in seinem „Goya“.* In: Der Greifenalmanach auf das Jahr 1958 (Rudolstadt)

Olden, Balder: *Der falsche Nero.* Das Wort, Moskau, Nr. 6, 1937

Ottwalt, Ernst: *Das gute Beispiel (Über Heinrich Manns „Der Haß. Deutsche Zeitgeschichte“ und Lion Feuchtwangers „Die Geschwister Oppermann“).* Neue deutsche Blätter, Prag, Heft 6, 1934

Pfanner, Helmut F.: *Die ‚Heimatliteratur‘ der zwanziger Jahre.* In: Wolfgang Rothe (Hrsg.), *Die Literatur der Weimarer Republik.* A. a. O., S. 237–254

Pischel, Joseph: *Lion Feuchtwangers Wartesaal-Trilogie. Zur Entwicklung des deutschen bürgerlich-kritischen Romans in den Jahren 1918–1945.* Rostock 1967

ders.: *„... daß der Kenner alter Kulturen eine neue zu erkennen weiß ...“.* Lion Feuchtwangers Weg zum Verteidiger der Sowjetordnung. Weimarer Beiträge, Berlin/DDR, Heft 5, 1967

ders.: *Zeitgeschichtsroman und Epochendarstellung: Exil in Erfahrung.* Exil, 1979, S. 243–266

ders.: *Lion Feuchtwanger und sein Verhältnis zur Sowjetunion.* In: Begegnung und Bündnis, 1972, S. 360–376

Raddatz, Fritz J.: *Weihnachten gehen wir zu Brecht.* In: Die Zeit vom 22. 12. 1978

Ranicki, Marcel: *Ein neues Meisterwerk deutscher Prosa.* Neue Deutsche Literatur, Berlin/DDR, Heft 3, 1956, S. 134–138

Reich-Ranicki, Marcel: *Lion Feuchtwanger oder Der Weltruhm des Emigranten.* In: Manfred Durzak (Hrsg.), *Die deutsche Exilliteratur 1933–1945.* Stuttgart 1973, S. 443–456

Rindfleisch, Ruth: *Lion Feuchtwangers Josephus-Trilogie. Gestaltungsprobleme und Entwicklungstendenzen beim literarischen Erfassen der Held-Volk-Beziehungen im Roman mit vergangenheitsgeschichtlichem Stoff des deutschen bürgerlichen Realismus von 1932/33 bis 1945.* Greifswald 1969

Saks, E. M., u. a.: *Lion Feuchtwanger.* Moskau 1959

Schmückle, Karl: *Von der Freiheit und ihrem Trugbild (Bemerkungen zu den antifaschistischen Schriften Lion Feuchtwangers, Heinrich Manns, Hermann Kestens u. a.).* In: Internationale Literatur, Moskau, Nr. 3, 1934

Schmidt, Johannes: *Untersuchung zur Abgrenzung syntaktischer Mittel in den Redebereichen moderner Literatur, dargestellt an ausgewählten Werken Lion Feuchtwangers.* Diss. Leipzig 1973

Schneider, Sigrid: *‚Double, double, toil and trouble‘. Kritisches zu Lion Feuchtwangers Roman „Die Brüder Lautensack“.* In: Modern Language Notes, 95, 1980, S. 641–654

Schulz, Eckhard: *Lion Feuchtwanger, ‚dramatischer Roman‘ – ‚episches Theater‘.* Berlin/W. 1975

ders.: *Lion Feuchtwanger als Dramatiker.* Berlin o. J.

Schwärzler, Gertrud (Hrsg.), *Die Dich-*

ter des humanistischen Aufstands. Porträts. München 1960

dies.: *Geschichte als Lebenselement. Zum Tode Lion Feuchtwangers am 21. Dezember.* In: Deutsche Woche, München, Nr. 1, 1959

Schwerin, Christoph: *Synthetischer Stil.* In: Neue deutsche Hefte. Beiträge zur europäischen Gegenwart, Gütersloh, Heft 48, 1958, S. 369 ff.

Spalek, John M. (Hrsg.): *Lion Feuchtwanger. The Man. His Ideas. His Work.* A Collection of Critical Essays. Los Angeles 1972. Der Band enthält folgende Beiträge:
– Waldo, Hilde: *Lion Feuchtwanger: A Biography (July 7, 1884–December 21, 1958)*
– *Berendsohn, Walter A.: Lion Feuchtwanger and Judaism*
– Hofe, Harold von: *Lion Feuchtwanger and America*
– Jahn, Werner: *The Meaning of „Progress" in the Work of Lion Feuchtwanger*
– Faulhaber, Uwe Karl: *Lion Feuchtwanger's Theory of the Historical Novel*
– Keune, Manfred: *Das Haus der Desdemona: Lion Feuchtwanger's Apologia for a Mimesis of History*
– Mueller, Dennis: *Characterization of Types in Feuchtwanger's Novels*
– Yuill, W. E.: *Jud Süss: Anatomy of a Best-Seller*
– Berndt, Wolfgang: *The Trilogy Der Wartesaal*
– Weisstein, Ulrich: *Clio, The Muse: An Analysis of Lion Feuchtwanger's Erfolg*
– *Weissenberger, Klaus: Flavius Josephus – A Jewish Archetype*
– Kahn, Lothar: *Der arge Weg der Erkenntnis*
– Moeller, Hans-Bernhard: *Feuchtwanger's Rousseau: Springboard of Dialectism and Revolution*
– Wagener, Hans: *Lion Feuchtwanger's Die Jüdin von Toledo*
– Jespersen, Robert C.: *Jefta und seine Tochter: The Problem of Credibility*
– Schnauber, Cornelius: *Feuchtwanger as a Theatre Critic*
– Norris, Faith G.: *The Collaboration of Lion Feuchtwanger and Bertolt Brecht in Edward II*
– Fuegi, John: *Feuchtwanger, Brecht and the „Epic" Media: The Novel and the Film*

Stocker, Karl: *Lion Feuchtwanger: Erfolg.* In: Lehmann, Jakob (Hrsg.): *Deutsche Romane von Grimmelshausen bis Walser.* Bd. 1 Königstein/Ts. 1982, S. 231–250

Szepe, Helena: *Zwischen Heimatstil und Sozialkritik. Feuchtwangers Roman „Erfolg".* In: orbis litterarum. Revue internationale d'études littéraire, Kopenhagen, Vol. 32, 1977, S. 159–165

Thieß, Frank: *Ein Bayernspiegel.* In: Die Literarische Welt, Berlin, Nr. 42, 1930

Turajew, Sergej: *Lion Feuchtwangers Bücher in der UdSSR.* In: Sowjetliteratur, Moskau, Heft 5, 1964

Ueding, Gert: *Emigrantenschicksal, melodramatisch. Über Lion Feuchtwangers „Exil".* In: Frankfurter Allgemeine Zeitung vom 30. 4. 1981

Varga, József: *Zur weltanschaulichen Entwicklung und Geschichtsauffassung Feuchtwangers in seinen historischen Romanen nach 1945.* (Diss.), Debrecen 1971

Washausen, Klaus: *Auffassungen Lion Feuchtwangers über Wesen und Funktion realistischer Literatur in ihrer Entwicklung bis 1945.* Diss., Rostock 1976

ders.: *Bemerkungen zur Feuchtwanger-Rezeption nach 1945 unter besonderer Berücksichtigung seiner Erschließung in der DDR.* In: Kwartalnik neofilologiczny/Neophilolocial quarterly, Warschau 1976, R. 23, Z. 4, S. 405–423

ders.: *Lion Feuchtwangers zentrales Werk.* In: Studia Germ. Posnaniensa, 8/79, S. 85–93

Weinrich, Harald: *Es war etwas faul im Staate Bayern. Über Lion Feuchtwangers Roman „Erfolg".* In: Frankfurter Allgemeine Zeitung vom 4. 12. 1980

Weisstein, Ulrich: *Vom dramatischen Roman zum epischen Theater.* In: Reinhold Grimm (Hrsg.), *Episches Theater ... A. a. O., S. 36–49*

ders.: Als wärs ein Stück von Brecht. Ein Vergleich zwischen Lion Feuchtwangers Schauspiel „Warren Hastings. Gouverneur von Indien" und dessen Neufassung „Kalkutta, 4. Mai". Weimarer Beiträge, Heft 9, 1970, S. 191–211

ders.: *The first version of Brecht / Feuchtwangers „Leben Eduards des Zweiten von England".* In: Journal of English and Germanic Philology, 1970, Vol. LXIX, Nr. 2, S. 193–210

Werzmann I. J.: *Ein Roman über Jean Jacques Rousseau.* In: Sowjetwissenschaft. Kunst und Literatur. Berlin/DDR, Heft 5, 1955

Wittner, Victor: *Lion Feuchtwanger.* In: Schweizer Annalen, Aarau, Nr. 6 u. 7, 1946–1947

Winckler, Lutz: *Ein Künstlerroman: Lion Feuchtwangers „Exil".* In: Christian Fritsch/Lutz Winckler (Hrsg.), Faschismuskritik und Deutschlandbild im Exilroman (Argument-Sonderband, 76), S. 152–178 (1981)

Wolf, A.: *Lion Feuchtwanger und die russische Literatur.* Zeitschrift für Slavistik, Berlin/DDR, Bd. 18, Nr. 6, 1973, S. 853–863

Wolf, Arie: *Lion Feuchtwanger und das Judentum.* Bulletin des Leo Baeck Instituts, Nr. 61 und 62, Jerusalem 1982

Yuill, W. E.: *Lion Feuchtwanger.* In: German Men of Letters, Ed.: Alex Natan, London 1964

Zweig, Arnold: *Essays.* Bd. 1, Berlin/DDR, 1959. (Darin: *Feuchtwangers imaginäres Theater – Feuchtwangers Reifezeit)*

ders.: *Rede über Feuchtwanger.* In: Die Weltbühne, 23. Jg. Heft 30, 26. 7. 1927

ders.: *Nachwort zu Lion Feuchtwangers Roman „Erfolg".* Berlin/DDR o. J. (Bibliothek fortschrittlicher deutscher Schriftsteller)

V. Ferner benutzte Literatur

1. Geschichte

Balfour, Michael: *Der Kaiser. Wilhelm II. und seine Zeit.* Berlin o. J.

Beyer, Hans: *Die Revolution in Bayern 1918–19.* Berlin/DDR 1982

Deuerlein, Ernst: *Der Freistaat Bayern zwischen Räteherrschaft und Hitler-Putsch.* Beilage zur Wochenzeitschrift DAS PARLAMENT, 1964

Drews, Richard/Kantorowicz, Alfred (Hrsg.): *Verboten und verbrannt. Deutsche Literatur 12 Jahre unterdrückt.* München 1983

Egger, Josef: *Geschichte Tirols.* Innsbruck 1872

Elwenspoek, Kurt: *Jud Süß Oppenheimer. Der große Finanzier und galante Abenteurer des 18. Jahrhunderts.* Stuttgart 1926

Engelmann, Bernd: *Trotz alledem. Deutsche Radikale 1777–1977.* Hamburg 1979

Fest, Joachim: *Hitler.* Frankfurt-Berlin-Wien 1973

Fischer, Fritz: *Griff nach der Weltmacht. Die Kriegszielpolitik des kai-*

serlichen Deutschland 1914/18. Kronberg/Ts. 1977

ders.: *Krieg der Illusionen. Die deutsche Politik von 1911 bis 1914.* Düsseldorf 1969

Fritzsche, Walter: *Die Intellektuellen der bayerischen Revolution.* In: Kürbiskern 1969

Fröhlich, Hans J.: *Maximilian Harden.* In: Schulz, Hans Jürgen (Hrsg.): *Journalisten über Journalisten.* München 1980

Gall, Lothar: *Bismarck. Der weiße Revolutionär.* Frankfurt, Berlin, Wien 1980

Geiss, Imanuel: *Das deutsche Reich und der Erste Weltkrieg.* München, Wien 1978

ders.: *Das deutsche Reich und die Vorgeschichte des Ersten Weltkriegs.* München, Wien 1978

Gritschneder, Otto: *Elf Jahre Zuchthaus für Felix Fechenbach.* Sendung des Bayerischen Rundfunks am 27. Mai 1979

ders.: *Adolf Hitler vor dem Münchner Volksgericht.* Sendung des Bayerischen Rundfunks am 2. Juli 1978

ders.: *Der Eisler-Mörder Anton Graf Arco-Valley und die bayerische Justiz.* Vortrag am 24. Februar 1983

Grundmann, Herbert: *Wahlkönigtum oder Territorialpolitik und Ostbewegung im 13. und 14. Jahrhundert.* In: Gebhardts Handbuch der Deutschen Geschichte. Band 1, Stuttgart 1970

Gumbel, Emil Julius: *Verschwörer. Zur Geschichte und Soziologie der deutschen nationalistischen Geheimbünde 1918–1924.* Heidelberg 1979

ders.: *Vom Rußland der Gegenwart.* Heidelberg 1982

Haffner, Sebastian: *Die deutsche Revolution 1918/19.* München 1979

Höhne, Heinz: *Die Machtergreifung. Deutschlands Weg in die Hitlerdiktatur.* Hamburg 1983

Johann, Ernst (Hrsg.): *Innenansicht eines Krieges. Deutsche Dokumente 1914–1918.* München 1973

Kristl, Wilhelm Lukas: *Ernst Toller in der Revolution 1918/19.* In: Gewerkschaftliche Monatshefte, Nr. 20/1969

Kroll, Gerhard: *Die deutsche Wirtschaftspolitik in der Weltwirtschaftskrise.* In: Born, Karl Erich (Hrsg.): *Moderne deutsche Wirtschaftsgeschichte.* Köln, Berlin 1966

Lüke, Rolf E.: *Die deutsche Bankwirtschaft unter dem Dawes-Plan.* In: Born, Karl Erich (Hrsg.): Moderne deutsche Wirtschaftsgeschichte. Köln, Berlin 1966

Lütge, Friedrich: *Deutsche Sozial- und Wirtschaftsgeschichte.* Berlin, Heidelberg, New York 1966

Mann, Golo/Heuß, Alfred (Hrsg.): *Rom. Die römische Welt.* Propyläen Weltgeschichte, Band 4. Berlin, Frankfurt, Wien 1963

Navasky, Victor S.: *Naming Names.* New York 1981

Rosenberg, Arthur: *Entstehung und Geschichte der Weimarer Republik.* Frankfurt 1983

Schade, Franz: Kurt Eisner und die bayerische Sozialdemokratie. Hannover 1961

Schaudig, Wilhelm: *Geschichte der Stadt und des ehemaligen Stiftes Feuchtwangen.* Feuchtwangen 1927

Schöffling, Klaus (Hrsg.): *Dort wo man Bücher verbrennt.* Frankfurt 1983

Schulze, Hagen: *Weimar. Deutschland 1917–1933.* Berlin 1982

Schulztendorff, Walther von: *Proletarier und Prätorianer. Bürgerkriegssituationen aus der Frühzeit der Weimarer Republik.* Köln 1966

Stürmer, Michael: *Das ruhelose Reich. Deutschland 1866–1918.* Berlin 1983

Tuchmann, Barbara: *August 1914.* Bern, München 1979

Versich, Rüdiger Bernd: *Zeitgenössi-*

scher Rechtsextremismus in den Vereinigten Staaten. München 1978

Wehler, Hans-Ulrich: *Das deutsche Kaiserreich 1871–1918.* Göttingen 1973

Wirth, Gerhard: *Der jüdische Krieg. Nachwort.* München 1980

Zimmermann, Manfred: *Josef Süß Oppenheimer, ein Finanzmann des 18. Jahrhunderts.* Stuttgart 1874?

2. Literatur

Abosch, Heinz: *Die Linke und das NS-Phänomen.* In: Koebner, Thomas (Hrsg.): *Weimars Ende.* Frankfurt 1982

Anger, Siegfried (Hrsg.): *Heinrich Mann 1871–1950. Werk und Leben in Dokumenten und Bildern.* Berlin, Weimar 1977

Bance, Allan (Hrsg.): *Weimar, Germany. Writers & Politics.* Edingburgh 1982

Berglund, Gisela: *Deutsche Opposition gegen Hitler in Presse und Roman des Exils.* Stockholm

Ebersbach, Volker: *Heinrich Mann. Leben, Werk, Wirken.* Leipzig 1982

Eggebrecht, Axel und Pinkerneil, Dietrich: *Das Drama der Republik.* Zum Neudruck der Weltbühne. Königstein/Ts. 1980

Estermann, Alfred: *Zeitschriften.* In: Glaser, Horst Albert (Hrsg.): *Deutsche Literatur. Eine Sozialgeschichte.* Band 8, Hamburg 1983

Hayman, Ronald: *Brecht. A Biography.* New York 1983

Kaes, Anton (Hrsg.): *Manifeste und Dokumente zur deutschen Literatur 1918–1933.* Stuttgart 1983

Lethen, Helmut: *Neue Sachlichkeit 1924–1932. Studien zur Literatur des „Weißen Sozialismus".* Stuttgart 1975

ders.: *Neue Sachlichkeit.* In: Glaser, Horst Albert (Hrsg.): *Deutsche Literatur. Eine Sozialgeschichte.* Band 9, Hamburg 1983

Links, Roland: *Alfred Döblin. Leben und Werk.* Berlin/DDR 1980

Madrasch-Groschopp, Ursula: *Die Weltbühne. Portrait einer Zeitschrift.* Königstein/Ts. 1983

Magris, Claudio: *Prag.* In: Glaser, Horst Albert (Hrsg.): *Deutsche Literatur. Eine Sozialgeschichte.* Band 8, Hamburg 1983

ders.: *Reininger, Anton: Jung Wien.* In: Glaser, Horst Albert (Hrsg.): *Deutsche Literatur. Eine Sozialgeschichte.* Band 8, Hamburg 1983

Mendelssohn, Peter de: *Der Zauberer. Das Leben des deutschen Schriftstellers Thomas Mann.* Frankfurt 1975

Michaelis, Rolf: *Von der Bühnenwelt zur Weltbühne. Siegfried Jacobsohn und die Schaubühne.* Königstein/Ts. 1980

Nyssen, Elke: *Geschichtsbewußtsein und Emigration. Der historische Roman der deutschen Antifaschisten 1933–1945.* München 1974

Petzet, Wolfgang: *Theater.* München 1973

Prater, Donald A.: *Stefan Zweig. Das Leben eines Ungeduldigen.* München, Wien 1981

Scheunemann, Dietrich: *Romankrise.* Heidelberg 1978

Schneider, Sigrid: *Das Ende Weimars im Exilroman.* München, New York, London, Paris 1980

Schröter, Klaus: *Heinrich Mann in Selbstzeugnissen und Bilddokumenten.* Hamburg 1967

ders.: *Alfred Döblin in Selbstzeugnissen und Bilddokumenten.* Hamburg 1978

Trommler, Frank: *Verfall Weimars oder Verfall der Kultur? Zum Krisengefühl der Intelligenz um 1930.* In: Koebner, Thomas (Hrsg.): *Weimars Ende.* Frankfurt 1982

ders.: *Theatermoderne.* In: Glaser, Horst Albert (Hrsg.): *Deutsche*

Literatur. Eine Sozialgeschichte. Band 8, Hamburg 1983

ders.: *Theorien und Programme der literarischen Bewegungen.* In: Glaser, Horst Albert (Hrsg.): *Deutsche Literatur. Eine Sozialgeschichte.* Band 8, Hamburg 1983

Völker, Klaus: *Bertolt Brecht. Eine Biographie.* München, Wien 1976

Wagenbach, Klaus: *Franz Kafka in Selbstzeugnissen und Bilddokumenten.* Hamburg 1964

Zeller, Bernhard: *Hermann Hesse in Selbstzeugnissen und Bilddokumenten.* Hamburg 1963

Žmegač, Viktor (Hrsg.): *Geschichte der deutschen Literatur vom 18. Jahrhundert bis zur Gegenwart.* Bd. I, 1–II, 2. Königstein/Ts. 1978–1980

3. Judentum

Lamm, Hans (Hrsg.): *Vergangene Tage. Jüdische Kultur in München.* München 1982

Mosse, Werner E. (Hrsg.): *Juden im wilhelminischen Deutschland 1890–1914.* Tübingen 1976

ders.: (Hrsg.): *Deutsches Judentum in Krieg und Revolution 1916–1923.* Tübingen 1971

ders. (Hrsg.): *Entscheidungsjahr 1932. Zur Judenfrage in der Endphase der Weimarer Republik.* Tübingen 1966

Noth, Martin: *Geschichte Israels.* Göttingen 1950

Poliakov, Leon: *Geschichte des Antisemitismus.* Band I–V, Worms 1977–1983

Rad, Gerhard von: *Theologie des alten Testaments.* Band I: *Die Theologie der geschichtlichen Überlieferungen Israels.* München 1961

Reich-Ranicki, Marcel: *Über Ruhestörer. Juden in der deutschen Literatur.* Frankfurt, Berlin, Wien 1977

Wassermann, Jakob: *Mein Weg als Jude und Deutscher.* Berlin 1921

Zmarzlik, Hans-Günther: *Antisemitismus im Deutschen Kaiserreich 1871–1918.* In: Martin, Bernd/Schulin, Ernst (Hrsg.): *Die Juden als Minderheit in der Geschichte.* München 1981

4. Exil

Bahr, Ehrhard: *Der Schriftstellerkongreß 1943 an der Universität von Kalifornien.* In: Spalek, John M./Strelka, Joseph (Hrsg.): Deutsche Exilliteratur seit 1933

Durzak, Manfred: *Literarische Dispora. Stationen des Exils.* In: ders. (Hrsg.): *Die deutsche Exilliteratur 1933–1945.* Stuttgart 1973

ders.: *Die Exilsituation in USA.* In: ders. (Hrsg.): *Die deutsche Exilliteratur 1933–1945.* Stuttgart 1973

Heilbut, Anthony: *Exiled in Paradise. German Refugees, Artists and Intellectuals in America from the 1930's to the present.* New York 1983

Kantorowicz, Alfred: *Exil in Frankreich.* Hamburg 1983

ders.: *Politik und Literatur im Exil.* München 1983

Knütter, Hans-Helmuth: *Zur Vorgeschichte der Exilsituation.* In: Durzak, Manfred (Hrsg.): *Die deutsche Exilliteratur 1933–1945.* Stuttgart 1973

Middell, Elke: *Exil in den USA.* Leipzig 1983

Moore, Erna M.: *Exil in Hollywood: Leben und Haltung deutscher Exilautoren nach ihren autobiographischen Berichten.* In: Spalek John M./Strelka, Joseph (Hrsg.): Deutsche Exilliteratur seit 1933

Noth, Ernst Erich: *Die Exilsituation in Frankreich.* In: Durzak, Manfred (Hrsg.): *Die deutsche Exilliteratur 1933–1945.* Stuttgart 1973

Sease, Virginia: *Bruno Frank.* In: Spalek, John M./Strelka, Joseph (Hrsg.): *Deutsche Exilliteratur seit 1933*

Stephan, Alexander: *Die deutsche Exilliteratur 1933–1945.* München 1979

Weissenberger, Klaus H.: *Alfred Döblin.* In: Spalek, John M./Strelka, Joseph (Hrsg.): *Deutsche Exilliteratur seit 1933*

5. Kataloge

Die Zwanziger Jahre in München. Katalog zur Ausstellung im Münchner Stadtmuseum. Mai bis September 1979

Paris–Berlin 1900 bis 1933. Katalog zur Ausstellung vom 12. Juli bis 6. November 1978 im Centre national de l'art et de culture George Pompidou

Schatten über München. Wahrheit und Wirklichkeit in Lion Feuchtwangers Roman „Erfolg". Katalog zur Ausstellung vom November 1980 bis Oktober 1981 im Hause des Bayerischen Rück

Lion Feuchtwanger 1884–1958. Katalog zur Ausstellung der Sammlung Lion Feuchtwanger bei der Akademie der Künste Berlin, vom 13. April bis 11. Mai 1969

Lion Feuchtwanger. Bücher, Briefe, Bilder. Ausstellungskatalog Kreuzgangspiele Feuchtwangen 1976

6. Zeitschriften

Die Schaubühne. 1905–1918. Nachdruck, Königstein/Ts. 1979

Die Weltbühne. 1918–1933. Nachdruck, Königstein/Ts. 1978

Der Zwiebelfisch. München, Heft 1, 1926/27

Personenverzeichnis

Die Zahlen in Klammern verweisen auf die Fotos.